民法1

我妻　榮
有泉　亨
川井　健
鎌田　薫

総則・物権法
Civil Law

第4版

勁草書房

第4版　はしがき

　最も信頼できる基本書として幅広い人々に親しまれてきた『ダットサン民法』は、昭和8年に刊行された我妻榮先生の『民法』（岩波全書）を淵源とし、有泉亨先生、遠藤浩先生、川井健先生によって、岩波全書版の骨格を維持しつつ、時代の推移に合わせて全面的な改版および逐次の補訂を重ね、常に最新で最高の内容を維持してきた。

　しかし、川井健先生の手になる勁草書房版も、その第3版が公刊されてから10年余の歳月が流れてしまった。この間も法令の改正は続き、新しい判例も数多く出され、学説も発展してきた。とりわけ平成29年には民法債権編および総則編が大幅に改正され、かなりの部分で旧版の記述を改める必要が生じた。こうしたことから、今般、全巻について全面的に改訂をし、第4版を上梓することになった。

　はからずも、その第1巻（総則・物権法）の改訂を小生が担当することとなったが、改訂作業にあたっては、「通説の到達した最高水準を簡明に解説すること」という当初からの基本方針を踏襲し、かつ、我妻先生・有泉先生・川井先生が積み重ねてこられた達意の文章をできるだけ維持することとしたが、時代にそぐわなくなった記述等を現代的なものに改めるとともに、理解の困難な問題については具体的な説明を付け加えるなど、初学者にも分かりやすいものにするように努めたつもりである。今後とも本書が多くの読者に信頼され、親しまれていくことを願っている。

i

　最後に、直接・間接に多大なご指導をたまわった我妻先生、有泉先生、遠藤浩先生、川井先生の学恩に対して深甚な謝意を表するとともに、このたびの改訂に際して大変お世話になった勁草書房編集部部長の竹田康夫氏に心からのお礼を申し上げる。

　　令和3年2月

鎌　田　　薫

第3版　はしがき

　本書第1版を公刊したのが平成15年9月である。それ以来、法令の改正は目覚ましいものがあった。新しい判例も続出している。重版の都度、補充に努めてきたが、平成18年の法人に関する規定の改正および特別法の制定に対応するためには、補充では足りず、本書の改訂を必要とするに至った。幸い本書は、我妻栄先生と有泉亨先生のご執筆以来、今日まで安定した基本書として、学生や世の中の人々にダットサン民法として親しまれてきた。簡にして要を得た本書の伝統を絶やさないように、必要かつ十分な改訂に努めたつもりである。今後とも読者に愛されるようにと願っている。

　このたびの改訂にあたっては、従来と同じく、勁草書房の竹田康夫氏のお世話になった。同氏の協力がなければ、適時の改訂は困難であった。ここに厚く竹田氏に謝意を表したい。

　平成20年2月

川　井　　健

はしがき

　「ダットサン民法」（小回りのきく小型車）の愛称で親しまれてきた我妻栄先生著『民法』の沿革は、古くは、昭和8年の岩波全書に溯る。それが有泉亨先生との共著となったのは、昭和29年のことである。本書には、我妻先生の手になる昭和29年の序が掲載されている。我妻先生の没後、有泉亨先生が改訂されたのが昭和51年である。本書には、有泉先生の手になる昭和51年の序も掲載されている。その後、私たち遠藤浩と川井健のほか、故水本浩元立教大学名誉教授の手による補訂等がされてきたが、出版社の一粒社の廃業に伴い、このたび遠藤浩、川井健の加筆により、新たな装いのもとに本書は勁草書房から刊行されることとなった。

　この新版においては、私たちは、我妻先生の序に示されている「通説の到達した最高水準を簡明に解説する」という方針に従いつつ、最新の立法・判例の動向を取り入れるように努めた。「著者の主観的な意見をあまり前面におしださない」という方針（我妻・序）に従い、かつ我妻、有泉両先生がされたであろう方向で加筆したつもりである。

　加筆にあたり、この書物の基礎がきわめて卓抜なものであることを痛感する次第である。上記の岩波全書が発行されて以来、すでに70年を経過した。その間の社会・経済事情の変化は実にめまぐるしいものがある。もとよりその後の数時の改訂により、そのときどきの状況に応じた加筆がされてきた。しかしながら、基本となる本書

の骨組みには不変なものがあり、ここに現象の変化にかかわらず本書が長く人々に親しまれてきた原因がひそんでいると思われる。その骨組みの根幹を形成するものは、法制度に対する歴史をふまえた深い社会的洞察力と市民感覚に支えられた解釈理論のすぐれた説得力である。しかも叙述のしかたは、あるべき方向を示唆し、力強い表現となっている。

　改訂に当たっては、私たちが、我妻先生のもとで仕事をしていた頃を思いつつ、できるだけ字句を統一し、最近の用語法に従うよう努めた。改訂は、民法1と2を川井健、3を遠藤浩が担当した。今後、読者の方々からのご批判をいただきながら、本書がさらに長く人々に愛され、社会の共通財産となり続けることを期待したいと思う。

　最後に、あらためて我妻、有泉両先生の学恩に感謝しつつ、改訂にさいして、たいへんお世話になった勁草書房編集部の竹田康夫氏に、厚く御礼申しあげたい。

　　平成15年10月

遠　藤　　　浩

川　井　　　健

　平成15年の現代用語化に関する民法の改正、平成16年の破産法および不動産登記法の公布等に伴って改訂をした。

　　平成17年2月

　重版の機会に平成17年改正の不動産登記法および同年公布の会社法に関する加筆をした。

　　平成18年2月

川　井　　　健

全 訂 の 序

　昭和29年に版を新しくし、その後なんどか訂正や増補を加えてきた本書も、ここ十数年の間に既存の法令の改正、新法の制定、判例の移りかわり、それに学説の発展も加わって、かなり大幅に書き改める必要にせまられていた。そして昭和48年のはじめ頃に、我妻先生の立てられていた予定の中には、本書の全訂作業が含まれていて、一粒社の担当者との間で具体化の話し合いが行われ、執筆の態度や、書物の形など従来のものを踏襲するという方針もきまっていた。ところが悲しいことに、先生は同じ年の十月、にわかに不帰の客となられた。全訂の仕事は私一人の肩にかかってしまったのである。しかし、私の身辺を取りまく事情から仕事ははかばかしく進まなかった。それでも昭和50年の末にようやく第1巻（民法総則・物権法）の原稿ができ上り、ここに発行の運びとなったのである。

　執筆に当たって、民法典の体系をくずさないという基本方針など、旧版を踏襲したことはいうまでもないが、特に我妻先生の見解の発展に留意し、民法講義（岩波書店刊）、民法案内（一粒社刊）を参照した。しかし問題によっては、先生の最終の意見がどの辺にあったかを明確にできない分野もあって、私個人の見解が表に出ていることも少なくないと思われる。現代の民法学の、いわば通説の到達した最高水準を簡明に解説するという「ダットサン民法」の目標をはずれていなければ幸いである。

　なお、形の上では、この版から主要な判例を註記することとし、

また、全書版からＢ６判にかえたため、心もち形が大きくなった。後者は主として用紙の無駄をはぶいて、できるだけ廉価で提供しようとの趣旨から出たものである。引きつづいて第２巻（債権法）、第３巻（親族法・相続法）の全訂作業を進め、同じ様式で統一する予定である。

　最後に、全訂版の刊行については、終始、岩田元彦さんのお世話になった。ここに記して、感謝の意を表しておきたい。

　　昭和51年３月

　　　　　　　　　鎌倉の山荘にて

　　　　　　　　　　　有　泉　　亨

序

　この書は、私が、昭和8年に、岩波全書と呼ばれた叢書の一つとして書いた民法Ⅰを有泉君と二人で再検討し、有泉君が筆をとって、全面的に書き替えたものである。

　全書の民法を書いた後、私は、一方では、民法各論の理論を詳細に説くものとして、民法講義の公刊の仕事をすすめるとともに、他方では、民法理論の大綱を説くものとして、民法大意3冊を完成した。新制度の大学の講義では、民法大意を教科書として使っている。だから、私の計画では、全書の民法はもはや存在意義のないものとなり、長く絶版にしておいたのであった。

　ところが、全書の民法に対する学生諸君の需要はなくならない。その再生復版を希望する声がかなり強い。民法大意は、民法典の編別を無視して、私の独得な体系によっているので、他の先生の講義の参考書としては不便だということや、民法大意は、民法周辺の特別法にかなり重点をおいて、全法律体系における民法の地位を明らかにしようとしているが、例えば司法科試験の準備のためなどには、民法だけをもっと簡明に説くものがほしいということなどが、その理由らしい。

　学生諸君のかような希望にはもっともな点がある。しかし、実をいうと、私はその仕事にあまり気のりがしなかった。他にもっと研究すべき問題をもっておりながら、民法の教科書だけをいろいろの形で書くことは、それほど興味のある仕事ではないからである。

　右のような事情であったが、この度、有泉君という有能な協力者をえたので、いよいよ決心して版を新たにすることにした。元来、岩波全書は、「現代の科学の一般的な理論、すなわち、いわば通説の到達した最高水準を簡明に解説すること」を目的とし、著者の主観的な意見をあまり前面におしださない方針の下に編集されたものであり、私もむろんその方針に従って書いた。だから、いま有泉君の協力によって書き替えても、全体としての統一を破るおそれは全然ない。いや、かえって、有泉君の清新な思想が打ち込まれることによって、一層その水準を高めたものだと信じている。

　　昭和29年3月欧州に旅立つにあたって

　　　　　　　　東京大学法学部研究室にて

　　　　　　　　　　　　　　　　我　妻　榮

凡　　例

1、序論と総則および物権法に、それぞれ、項目の通し番号をつけ、検索の便をはかった。たとえば、総76(1)とあるのは、第1編総則の項目76の(1)を示す。なお、総は総則（第1編・1巻）、物は物権法（第2編・1巻）、親は親族法（第4編・3巻）、相は相続法（第5編・3巻）の略語である。

2、判例の引用は、『民法基本判例集』との関連に留意し、通常の方式・用例に従って、必要な個所に注記した。たとえば、最判平成元・10・13民集43巻9号985頁とあるのは、平成元年10月13日の最高裁判所判決で、最高裁判所民事判例集43巻9号985頁所載を示す。

　　『民法基本判例集』に収録されている判例については、判例年月日登載誌につづけて、「・基本判例〇」とし、判例番号を明記した。並行して読まれたい。

3、法令の略語は、原則として有斐閣六法全書の法令名略語によった。

4、事項索引と判例索引を各巻末に収録した。

目　次

序　論

第 1 編　総　則

目　　次

序　論

第1章　民法典の沿革

1　民法典の成立

　民法典は明治31年（1898年）7月から施行された大法典であって、民事に関する原則的法規（序9参照）の主要なものをすべて包含している。

　民法典編纂の事業は明治の初年から企図された。すなわち、当時の最も優れた民法典であったフランス民法（1804年ナポレオンの編纂にかかる）にならって案を作成し、明治23年（1890年）に一度成案を得て公布し、明治26年から施行する予定となった。これがいわゆる旧民法である。しかし、あまりに外来思想の直訳であってわが国の家族制度を無視しているという理由でその施行を延期すべしと主張する反対論が生じ、断行論との間に有名な論争（いわゆる民法典論争）を重ねたが、結局この法典の施行は無期延期の運命に陥った。そこであらためて法典調査会を設置し、当時あたかも発表されていたドイツ民法典の草案を参考とし、わが国の慣習をも取り入れ、全く新たに案を作成した。前3編（総則・物権・債権）は明治28年に、後2編（親族・相続）は同30年に草案を完成し、それぞれ完成の翌年に公布して、ともに明治31年7月16日から施行することになった。これが昭和22年に第4編と第5編に大改正を受けるまでの民法典である。

2　民法典編纂以前の状態

　わが国においては古くから中国の法律制度を輸入し、相当完備した法典を作成したこともあった。しかし、いずれも、わが国の実社会のどの範囲にまで事実上施行されたかは疑問である。実際は種々

の特別法および各地の慣習によって規律された部分が多かったろうと思われる。明治政府の成立した後は、これらの固有法を基礎とし、重要な事項については、そのたびごとに特別の法令（主として太政官布告）を制定した。しかし新社会に生ずるもろもろの社会現象については、むしろ条理に基づく裁判が行われた。明治8年太政官布告103号は法律や慣習がない場合には「条理ヲ推考シテ裁判」すべきことを明定している（スイス民法1条参照）。そしてこれらの法令および条理には開国の機運に伴い幕末の頃からわが国に紹介された先進欧州諸国の法律思想が大きな影響を及ぼしたのであって、明治初年のわが国の法律制度には、この意味において、近代のいわゆる個人自由の法律思想が徐々に行きわたった。ドイツおよびフランスの民法典を範とした民法典の施行は、この徐々の進展の大詰めともいうべきものである。

3　統一的民法典の作用

統一的な民法がないと一国内の法律状態は紛糾し、法律生活の安定は得られない。そればかりでなく、法律、ことに私法は、ある程度まで社会生活を誘導する力をもっている。したがって、徳川時代の封建制を打ち破り、統一国家の形成後30数年にして民法典の編纂を成し遂げ、よって統一的な規定を作り、しかも先進諸国の近代的個人主義的な法律理想を取り入れたことは、法律生活の安定と、社会生活近代化の誘導という2つの大きな功績をもたらしたものであって、わが国に法治国の実を備えさせるうえにおいても大きな働きをした。

4　民法典と社会生活

しかし、社会生活はたえず移りかわり、国民道徳の具体的内容は日に月に進化する。ところが法律はその形式的で論理的な性質から、

その内容は固定的である。したがって社会生活の規範を統一的な法規に収めることは、一面において流転する生活関係の進歩を阻止する不都合を生ずるきらいがある。そればかりでなく、社会生活はこの法律の阻止的作用にもかかわらずその進展の歩みをとどめないから、法典の形式論理に固執することは、社会の生活関係をゆがめ、さらに法律と生活との間にくいちがいを生じさせることにさえなりかねない。そこで、われわれは、一方で法典の有する法律生活の安定という長所を尊重するとともに、他方でこれから生ずる弊害をできる限り避けるように努めねばならない。新しい生活関係と新しい道徳内容とに順応した特別法の制定を怠らないことがその１である。慣習法に対して適当な効力を与えることがその２である。しかしさらに、法典の解釈にあたっていたずらに形式的理論にとらわれることなく、社会事象の本体と法律の理想とを究明して具体的に妥当な解釈をすることに努めねばならない。これがその努力の３であって、解釈法律学にとって最も重大な任務である。

　そうした妥当な解釈をするためには、問題に応じ、必ずしも条文の文言どおりの解釈（文理解釈）をすべきではなく、文言を拡張したり（拡張解釈）、縮小し（縮小解釈）、法文の直接の定めがない事項には類似の法文を当てはめるという類推解釈、その逆の反対解釈をし、また、法の目的に適った目的解釈や法文の論理を尊重する論理解釈をする必要がある。

5　民法の改正

　民法典の編纂は前記のように数十年の準備を経たが、それがわが国の法律制度の根本的変革であったのみならず、その最後の行程では、いわゆる条約改正（治外法権の撤廃）を一日も早く実現させるためにその成案を急いだので、外来の法律思想を取り入れた割合に

比較して、わが国固有の制度や慣習を調査し、これを法典に取り入れる点において遺憾な点がないわけではなかった。また、社会生活の進展に伴って、実生活との間に、あるいは法が不当な拘束となり、あるいは法の規定の不備・不足が痛感される場合が生じた（序4参照）。そこで民法制定以来、折に触れて民法典自体が修正され、また民法典のほかに多くの特別法（序7参照）が制定されて今日に至っている。

(1)　**第2次大戦前**　　制定が急がれたために、民法典が有していた欠陥については若干の応急の措置がとられたが（たとえば明治33年の地上権ニ関スル法律、同じ年の永小作権の存続期間に関する民法施行法47条3項の追加）、慣習にまかされたまま今日でもなお問題を残しているものもある（たとえば入会権、水利権など。なお昭和41年の入会林野等に係る権利関係の近代化の助長に関する法律（物77）参照）。家族関係についても、わが国固有のものに対する配慮が十分でなく、特に古来の淳風美俗に反するものがあるということで、大正中期に、親族・相続両編の改正の議が起こり、昭和のはじめまでに臨時法制審議会によって改正要綱が作られた。その内容は必ずしも復古的ではなく、進歩的なものを含んでいたが、無謀な戦争突入などのために法律とはならずに終わった。

　民法施行後の社会情勢の変化に対応する法改正は、多くの場合に特別法の制定という形をとった。たとえば明治末期の立木に関する諸立法（総85(4)参照）、大正中期の借地・借家など不動産賃借権の強化を図る諸立法、必要に応じて逐次制定された財団抵当等の特殊の担保制度に関する諸立法（物6(2)参照）などが主要のものであって、民法典そのものの改正はそう多くはなかった。

(2)　**第2次大戦後**　　戦後の新憲法は家族生活における個人の尊

厳と男女の本質的平等の大原則（憲24条）を掲げたので、民法の親族・相続両編は、この理想から検討していわゆる封建遺制をとり除かねばならないこととなり、全面的改正の必要に迫られた。そこで、憲法の施行（昭和22年5月3日）までに間に合うように、民法、特に親族編と相続編の改正が急がれたが、ついに間に合わず、とりあえず「日本国憲法の施行に伴う民法の応急的措置に関する法律」によって、新憲法の大原則に反する民法の規定を概括的に失効させ、ついで、両編を全く新しく規定し直した。それとともに、総則編の妻の行為能力を制限する規定を削除するとともに、その他民法全体にわたって関連ある規定に修正を加えた。なお同時に、民法の冒頭に、民法の全編を支配する理念として、公共の福祉・信義誠実の原則・権利濫用の禁止、および個人の尊厳・男女の本質的平等の2大原則を宣言した（序9）。

　その後も、戦後のわが国社会経済の復興に伴う、自動車事故の激増、深刻な公害の発生、共同住宅の増加や借地・借家関係の変遷、仮登記担保の利用の増大、サラ金（サラリーマン金融）・闇金融の横行、欠陥商品や詐欺的取引による深刻な被害などに対応するため、また、経済活動とりわけ金融取引の活性化や非営利活動の促進のために、さまざまな特別立法の制定または修正が行われ、さらには民法典自体についても修正が行われた。

　まず、昭和37年には親族・相続両編の中で学説や判例が分かれていて実際上不都合を生じていた点について、これを解決するための修正が行われた。また、昭和46年に、これまで慣行上認められていた根抵当権の制度を整理して、民法典の中に1節を設けて組み入れた（物113以下参照）。さらに、昭和51年には、離婚による復氏（767条）の改正、昭和55年には配偶者の相続分（900条）や代襲相続人の

範囲（889条・901条）の改正、昭和62年には特別養子の導入（817条の2以下）等が行われた。また、平成11年には、高齢化社会の進展に伴い、成年後見制度が導入され、民法総則の行為能力（7条以下）、親族編の後見（838条以下）ほかの改正が行われ、特別法として、任意後見契約に関する法律などが制定された。また、平成15年には、抵当権の実行を妨げるために悪用されていた短期賃貸借の保護に関する民法395条の廃止等を目的とする民法の一部改正が行われ、さらに、平成16年には保証の規定の改正（446条）、貸金等根保証契約に関する規定の追加（465条の2以下）および民法第1編から第5編までを1つの法律にし、全体を現代語化する改正が行われ、文語体で書かれていた財産法が口語化され、民法は国民にとって親しみやすい法律となった。

　平成18年には、平成17年の会社法制定を受けて、民法の法人に関する規定の大改正があった。従来、民法は公益法人しか認めず、特別法として中間法人法があったが、民法33条以下が改正され、また中間法人法が廃止されて、①一般社団法人及び一般財団法人に関する法律（以下「一般法人法」と略称する）、②公益社団法人及び公益財団法人の認定等に関する法律（以下「公益法人法」と略称する）、③一般社団法人及び一般財団法人に関する法律及び公益社団法人及び公益財団法人の認定等に関する法律の施行に伴う関係法律の整備等に関する法律（以下「一般法人整備法」と略称する）が制定された。平成23年には、家事事件手続法が制定され、家事審判法が廃止されたことに伴う用語の修正を行う改正、および親権喪失制度を見直すための改正が行われた。

　また、最高裁判所による違憲の判断を受けて、平成25年には嫡出でない子の法定相続分を嫡出子の2分の1とする規定が廃止され、

平成27年には女性の再婚禁止期間が短縮された。さらに、平成28年には成年後見人の事務手続の円滑化を図るため郵便転送および死後事務に関する改正が行われた。

　平成29年には、民法制定以来121年の間の社会・経済の変化に対応することや国民一般に分かりやすいものにすることを目指して、経済活動に密接に関連する契約法を中心に、債権編のほぼすべてと総則編の法律行為および時効に関する規定等の大改正が行われた（一部を除いて令和2年4月1日に施行）。

　平成30年には、生存配偶者の居住権の確保と自筆証書遺言の方式緩和、遺産分割・遺留分に関する規定の見直し等を内容とする改正、および成年年齢を18歳に引き下げる一方で、女性の婚姻開始年齢を18歳に引き上げ、養親年齢を20歳とする改正（令和4年4月1日に施行）が行われ、令和元年には特別養子制度の利用を促進するために養子候補者の上限年齢を大幅に引き上げるなどの改正がなされた。

第 2 章　民法の構成

6　民法典の構成

　わが民法典は全体を総則・物権・債権・親族・相続の 5 編に分ける。

　物権編と債権編とは物権・債権という財産権の 2 大類別に従って財産関係を規定するものである。この両編に規定するもの以外にも重要な財産は少なくない。ことに手形・株式などは主として商法、会社法およびこれらの付属法に規定される。特許権・著作権・鉱業権・漁業権などの財産権はいずれもそれぞれの特別法に規定される。また、債権編中には単に債権そのものに関する規定だけではなく、債権の発生原因、すなわちわれわれが契約によって合法的な財産関係を結び、不法な行為によって他人に対して損害賠償の義務を負担するなどの債権債務関係についても規定しているから、その内容はきわめて広汎である。この分野でも、商取引に関するものは商法・会社法およびこれらの付属法・特別法に規定される。また自動車事故、公害、欠陥商品などによる賠償義務や消費者取引の特則については特別法が制定されている。

　親族編は親子・夫婦などの家族関係の成立および内容のすべてにわたって規定し、相続編は主として家族関係を中心とする財産の承継（相続）と遺言の方式などについて規定する。

　総則編は他の 4 編の冒頭に位して全部に通ずる通則を掲げている。しかし親族・相続両編とはもともと制定のときから成立時期を異にし、平成16年改正で一本化されるまで別個の法律となっていたばかりでなく（序 1 参照）、その内容においてもこの両編に例外なく適

用しては不当な結果を生ずるものも少なくない。ことに親族法上の行為について総則編の行為能力・法律行為などの規定をそのまま適用することが不当な場合はきわめて多い。これらの点は親族・相続両編の学習にあたって特に注意すべきことである。

7 特別民法法規

民法典のほかにも個々の事柄について特別民法法規というべきものが実に多い。民法典は一般法であり、これを修正する特別法は民法典に優先して適用される（特別法は一般法を破る）。借地借家法、大規模な災害の被災地における借地借家に関する特別措置法、利息制限法、身元保証法、立木法、信託法、各種の財団抵当法、農業動産信用法、建物区分所有法、仮登記担保法、製造物責任法、消費者契約法などが特別法の例である。終戦後には労働基準法、労働組合法などの労働関係についての立法が行われ、今では独立の法領域となっている。また主として公法的な規定を収める法律のなかに特別民法法規が散在する場合もその例にとぼしくない。不動産登記法、戸籍法をはじめとして、動産債権譲渡対抗要件特例法、土地収用法、農地法、労働基準法、質屋営業法、建設業法、宅地建物取引業法、国家賠償法、自動車損害賠償保障法、環境基本法以下の公害諸立法、消費者基本法以下の消費者保護諸立法などがその主要な例である。さらに実質的な民法法規のすべてを数えるには、前に述べた著作権・特許権・鉱業権などに関する規定もこれに加えねばならない。つまり、民法典は実質的にみた民法法規（総9参照）の大部分を収めるが、そのほかに、特殊の事柄について、これを修正補充する多数の特別民法法規が存在する。しかし本書では民法典の編別に従ってその内容を説明し、特別民法法規は直接にこれを修正補充するものだけをそれぞれの個所で説明するにとどめる。ことに商法と労働

法、消費者法とに関するものは、それぞれ独立の法体系を作っているので、特別に関係の深いものだけに言及する。

8　民法の法源

　法の存在する形を法源という。民法の主な法源は民法典である。民法典を形式的意義での民法というが、民法典中の規定のすべてが、実質的意義での民法とはいえない。罰則のような刑事法の規定も含まれているからである。実質的意義での民法は民法典以外にも存する。前述した民法特別法もそうであるが、慣習民法、判例民法および条理がそうである。これらは条文化された成文法に対し、不文法といわれる。

　(1)　慣習民法　　われわれは通常社会で行われる規範（慣習）に従って生活している。そこでひとたび紛争が生じたときには、慣習を基準として紛争を解決することが合理的である。法の適用に関する通則法3条は、公の秩序または善良の風俗に反しない慣習は、法令の規定によって認めたものおよび法令に規定のない事項に関するものに限り、法律と同一の効力を有すると定めた。これを慣習法といい、そのうち民法に関するものを慣習民法という。慣習民法は、公序良俗に反しないことを条件とし、法令の空白を埋める役割を果たす。

　(2)　判例民法　　裁判所の判断の集積（裁判例。厳密には、裁判例のうち先例的価値を有する最上級審のものを判例という）は、事実上法源の役割を果たす。裁判所法4条は、「上級審の裁判所の裁判における判断は、その事件について下級審の裁判所を拘束する」と定め、その判断が他の事件を拘束しないとしているが、大審院・最高裁の判例は事実上将来の事件につき先例としての役割を果たしており、判例変更には慎重な手続が定められている（裁10条3号）。その意味

で判例も民法の法源の1つである。

　(3)　条理　　ものごとの道理を条理という。前述したように（序2）明治8年太政官布告103号裁判事務心得3条は、民事の裁判に成文の法律がないものは慣習により、慣習がないものは条理を推考して裁判せよ、と定めた。今日でも、法令、慣習法、判例がないときは、最後の拠りどころとして条理も民法の法源となる。ただし、今日では、法令が整備されているし、後述の1条（信義則、権利濫用の禁止など）などの一般条項を活用する場合が多く、条理による裁判はまれである。

9　現代民法の指導原理——1条・2条

　(1)　形式的自由・平等　　現在の民法は18世紀末の個人自由の思想をその根本的な指導原理とするものであるから、その構成は理論的にも形式的にも個人の権利本位にできている。すなわち物権編・債権編はともにわれわれの生活資料の支配ならびに経済的活動関係を物権・債権という2種の財産権とその移動という立場から規定する。親族編においては親族的結合の法律的紐帯は親権・夫婦の権利というような親族的（身分的）な権利であるという理論に立ち、相続編においては被相続人の権利義務の承継という構成をとる。そして総則編は、権利の主体・客体ならびに権利の発生・変更・消滅の通則を掲げるという考え方なのである。

　財産法についていえば、基本的には人々のする契約および財産を尊重するという契約の自由および所有権の絶対という原則があり、また、不法行為については、過失がない限り責任はないという過失責任の原則が支配している。

　(2)　実質的自由・平等　　個人の権利本位の法律思想は、封建制度における封鎖的階級制度を打破し、各個人に対して、その身分・

階級などに関係なく平等な法律的地位を確認し、各人に対して自由な活動を保障したものであって、人類文化の発達のために寄与した功績は否定することができない。ところが、戦後の社会改革、ことに現憲法以下の法律制度改革の指導理念は、個人の権利と個人の自由とを中心とする法律思想を一歩出て、各方面において社会思想を取り入れているようにみえる。たとえば憲法自体、国民の自由権的基本権の保障（憲19条—24条・29条・31条）のほかに、新たに生存権的基本権の保障の条項（憲25条—28条）を加えている。

　しかしよく考えてみると、そこを流れるものはいずれも、個人の形式的な権利・形式的な自由平等を、社会共同生活の理想に適した生活資料の分配と実質的な自由平等とに高めようとする思想にすぎない。決して個人の法律的地位を否定し、すべての自由と平等とを排斥して、封建制度の支配的法律関係を復活させようとするものではない。なぜならば、ある時代に主張される法律理想の具体的内容はその主張された時代の社会における特定の弊害を打破しようとするものである。近代法の個人の権利の尊重・個人活動の自由という理想も、個人の価値を無視し特権階級の絶対的支配を維持した封建制度の行き詰まりを打開する目的をもったものであった。そしてこれらの理想は一応その使命を果たし、今はかえってその結果生じた貧富の差から生ずる財産的支配関係が社会の現実として現われている。そこで、法律理想は、さらに一歩を進め、その具体的な内容を変更しなければならないことになる。封建制度を打破するための消極的内容にすぎなかった個人の権利・個人の自由に対して、個人の社会的生存を保障する積極的な内容すなわち社会性を吹きこまなければならない。

　そのような観点からは、前述した契約の自由、所有権の絶対の原

則は制限されざるをえないし、また、場合によっては無過失責任の
原則も採用しなければならなくなっている。

　(3)　**権利の社会性**　　われわれの民法学は、いまだ、その個人の
権利と自由とを中心とする構成を根本的に改造する時期には達して
いない。それどころか、実質的な自由・平等の実現という理想とな
らんで、今なお完全にぬぐい去られたとはいえない前近代的なもの
ないし封建遺制の打破、個人の解放が叫ばれている。したがって、
民法の理論を攻究し、これを解釈適用するにあたっても、常にわが
国の社会の現実と上述の理想の変遷とを念頭にとどめておかねばな
らない。一方では身分的支配の排除を念頭におきながら、他方では
権利の社会性を認識し、その妥当な実現を図らなければならない。

　上に述べた権利の社会性は、昭和22年の親族編・相続編の改正に
あたって、総則編の最初に追加された2つの条文（1条・2条）に
きわめて明瞭に宣言されている。すなわち、これらの規定は権利の
社会性に関する規定である。

　(ア)　**公共の福祉**　　1条1項はその原則を宣明していう。「私権
は、公共の福祉に適合しなければならない」と。公共の福祉とは社
会共同生活の全体としての向上発展である。私権の内容および行使
はこれと調和を保つべきであり、その範囲で効力を認めるという趣
旨である。憲法は、その保障する基本的人権の行使にあたって「公
共の福祉のためにこれを利用する」ことを国民に求めているが（憲
12条）、民法も、それが国民相互の関係における基本原則であるこ
とを宣明した。

　(イ)　**信義誠実の原則**　　1条2項はいわゆる信義誠実の原則（信
義則）を規定して「権利の行使及び義務の履行は、信義に従い誠実
に行わなければならない」という（総97(1)参照）。権利義務関係の当

事者が社会共同生活の一員として、互いに相手の信頼を裏切らない
ように誠意をもって行動することが要請されることを宣明するので
ある。先に一言したように民法典は権利本位の法律思想の所産であ
るため、これを実生活に適用するにあたって、人間関係尊重の見地
から形式的な権利義務の背後に信義の原則のあることが強調されて
きた。それが行動原理として民法典に取り入れられた。したがって、
さらにさかのぼっては、当事者間にどのような内容の権利義務関係
が生ずるかを決定するにあたっても、この原則を標準とすべきもの
と解されている（最判昭和27・4・25民集6巻4号451頁・基本判例
211）。つまり信義則は契約の解釈の基準にもなる（最判昭和32・
7・5民集11巻7号1193頁・基本判例1）。

　信義則のもとに、各具体的な場合に応じた法理が形成されている。
契約当時に比べて事情が著しく変化した場合に、契約の解除等を認
めるという事情変更の原則（最判昭和29・2・12民集8巻2号448頁・
基本判例213、総97(3)参照）、権利者が長年にわたり権利を行使しな
いでいてもはや権利を行使しないかのような態度を示した後の権利
の行使は許されないという権利失効の原則（最判昭和30・11・22民集
9巻12号1781頁・基本判例2、総144(2)参照）のほか、法人格否認の法
理（総48参照）、背信的悪意者排除の法理（物14(3)(イ)参照）、信頼関係破
壊の法理などである。

　立法でも信義則を取り入れたものがある。すなわち、平成12年に
公布された消費者契約法（法61号）は、事業者と消費者との間の情
報の質・量および交渉力の格差からみて消費者を保護するために、
民法・商法その他の法律の公の秩序に関しない規定の適用による場
合に比し、消費者の権利を制限し、または消費者の義務を加重する
契約条項で、民法1条2項に規定する基本原則に反して消費者の利

益を一方的に害するものは、無効とするとしている（消費契約10条）。

(ウ) 権利濫用の禁止　「権利の濫用は、これを許さない」（1条3項）。外形的には権利の行使のようにみえるが、具体的・実質的にみると、権利の社会性に反し、これを是認できない場合には、法は権利の行使とは認めないという趣旨である。その結果、第1に、その権利が請求権である場合に法はこれに助力せず（大判昭和10・10・5民集14巻1965頁―宇奈月温泉事件・基本判例4、最判昭和40・3・9民集19巻2号233頁―板付基地事件・基本判例5参照。また、請求権の行使ではないが、虚偽の出生届により55年も続いた事実上の親子関係につき実子からの親子関係不存在確認請求をしりぞけた最判平成18・7・7民集60巻6号2307頁も同様の考慮によるものといえよう）、第2に、形成権である場合（たとえば解除権または解約申入権）にその効果を否定し（前掲最判昭和30・11・22参照）、第3に、それによって他人に損害を加えれば違法な行為として損害賠償の責任を負わされる（大判大正8・3・3民録25輯356頁―信玄公旗掛松事件・基本判例3）。なお、場合によっては権利行使以前の原状に回復することを命じ、またはその権利そのものの剥奪という制裁を加えることもある（834条参照）。

(エ) 個人の尊厳・両性の平等　2条は個人の解放を特に身分的制約の面から規定して「この法律は、個人の尊厳と両性の本質的平等を旨として、解釈しなければならない」という。親族編・相続編の改正がこの理想に基づいて行われたことはいうまでもないが、民法はここになお民法全編にわたる解釈の原理として、これを規定した。それは単に民法の解釈の標準であるばかりでなく、私法関係のすべてにわたる理念の宣言とみるべきであろう。

第3章　民法の適用範囲

10　事柄についての適用範囲

　民法は一般的な私法関係に適用される。すなわち私法の通則である。

　⑴　私法関係と公法関係　　私法関係とは公法関係に対するものである。われわれの生活関係は、人類としての社会生活関係、すなわち主として財産および身分の関係と、国民としての生活関係、すなわち国家の構成・組織および統治権の運用などに関する関係とに大別することができる。同一の事実がこの2つの側面をもつことは少なくないが、前者の側面からみたものが私法関係であり、後者のそれは公法関係である。そして従来は、大体において、私法関係は自由平等の原理に支配され、公法関係は命令服従の原理に支配されてきた。しかし、この原則を適用するにあたっては2方面の注意を要する。

　㋐　公法関係　　国家・公共団体の行動に関しても、常に民法の適用が排斥されるのではない。国家公共団体が一個の企業者として郵便事業のような企業を営むときは、特別法の修正を受けながらも原則として民法の適用を受ける。しかし、さらに治安・水利・交通・教育などのように統治権の作用としての行動をするときにも、民法の適用を受ける範囲が少なくない。ことにこれらに関連する行為によって私人の権利を侵害するときは、不法行為として損害賠償の責任を負う。明治時代には、国家・公共団体が統治権の行使によって人民に損害を加えても賠償責任は負わないという、いわば「切り棄てごめん」の思想が一般に行われていたが（国家無答責の原則）、

その後学説と判例によって、この思想は次第に改められ、ついに現憲法に至って、これを明定するようになった（憲17条とこれに基づく国家賠償法参照）。

(イ) 私法関係　　純粋の私法関係、ことに財産関係においても、一方で、命令服従の原理によって支配される関係が次第に増加している。これは国家が従来私人の自由に委ねていた関係について積極的な保護干渉を試みようとするにつれて生じた現象である。そして、それは経済的強者の自由を制限し、あるいは経済的弱者の団結を促進する場合に最も多い。労働関係・借地借家関係などにおける契約の制限、一定の設備の強制、同業者の強制的組合の促進、企業の合同に対する干渉などの法律現象がそうである。私法関係がこの特殊の分野において、命令服従の原理に立つ特別法によって修正されつつあることは注目すべき現象であって、前述のように、国家の態度が個人の形式的な自由平等を確保するという消極的なものから、実質的な自由平等を回復し、さらに進んで社会の各員の生存を保障しようとする積極的なものに推移しつつあることに対応するものである（序9参照）。しかしながら、他方で、規制緩和による経済活動の活性化という政策もとられ、可能な限り国家による統制・規制を撤廃することが国民の福祉の増進につながるという考え方が採用されている。事柄に応じ、規制か、その緩和かという選択をしなければならないであろう。

(2) 民法の通則性　　民法は私法関係の通則法（原則法・一般法）である。これに対して特別法というべきものがある。私法関係中「商事」関係に適用される商法が、その最も主要なものである（商1条参照）。「労働」関係に適用される労働法にも民法に対する特別法としての意味を有するものが多い。民法は第一段にこれらの特別法の

規律を受ける特殊の私法関係を除外した普通の私法関係に適用される。

11　時についての適用範囲

民法はその施行以後に生じた事柄についてだけ適用されるのを原則とする。これを**法律不遡及の原則**という（民施1条参照）。しかしこの原則は法律を適用するうえのものであるから、立法をするにあたって遡及効を与えることは妨げない。ことに緊急な社会政策的必要に迫られた立法には遡及効を与える場合が少なくない（昭和22年改正の民法附則4条等参照）。また、私法関係ではあまり多くはないが、一定の期間を限って効力を有する立法もある（時限立法・限時法）。

12　人についての適用範囲

民法はその所在のいかんを問わずすべての日本人に適用され（いわゆる属人主権の作用）、また日本領土内にいる外国人にも適用される（いわゆる属地主権の作用）のを原則とする。しかし、前者については、外国においてわが国の裁判の内容を強制することには一定の制限があることを注意すべきであり、後者については、外国人に対して民法をそのまま適用することの不便を避けるため、一定の事項について外国法の内容に従うべきことを定める場合の多いこと（法適用4条以下参照）を記憶すべきである。

なお、民法は身分・階級などによってその適用を区別しないのを原則とする。旧法時代には皇族に関する皇室令・華族に関する華族令や華族世襲財産法ならびに陸海軍現役軍人の婚姻に関する条例などによって多少の例外が認められていたが、新憲法施行後はこれらの法令はすべて廃止された（憲14条参照）。

13　場所についての適用範囲

　民法の適用は日本領土の全部に及ぶのを原則とする。ただし、事柄によっては、適用範囲が制限される場合もある。借地借家法の前身の借地法・借家法は、制定当時には、住宅難のはげしい都市地域に限って施行されたものである。相隣関係に大きな影響をもつ建築基準法の一部の規定は都市計画区域内にだけ適用がある（建基41条の2以下）。

第1編　総　　則

第1章　序　　説

14　総則編の内容

　民法典第1編総則（3条－169条）は、人・法人・物・法律行為・期間の計算・時効の6章を収める。権利の主体（人・法人）、権利の客体（物）および権利の得喪変更に重大な関係のある一般的な事由（法律行為・期間の計算・時効）についての規定を掲げた。これらの規定は他の4編に共通する通則ではあるが、親族・相続両編に対してはその適用を制限される場合の多いことは前述した（序6参照）。なお、戦後の改正によって1条と2条とを追加し、民法全編に通じる大理想を宣言したこと前述のとおりである（序9参照）。これが封建社会と近代の市民社会の基本的な差だといってよいであろう。

　注意すべきは人を抽象的な権利能力の担い手（これをドイツ語でPerson、日本では人格と呼ぶ。語感として妥当とは思われない）としてとらえ、全く平等に扱うのは、近代社会においては、必ずしも公正とはいえないことである。人には貧富の差、社会生活に対応する能力の差があり、平等ではないからである。そこから人を人間（ドイツ語でMensch という）としてとらえ、弱い者を保護する社会立法がつぎつぎと要請されている。そしてそれは民法の領域にも影響を及ぼしている。

15　権利の主体

　私法関係はすべての人（法人に対して特に自然人という）と法律の認めた法人とを主体として構成されている。民法は第1にこの私法関係の主体となりうるものについて規定する。ところで現代の民法は前に述べたように、私法関係をすべて権利関係として規律するか

ら（序9参照）、私法関係の主体たる地位は権利能力（または人格）と呼ばれる。現代法においては権利を有しうるものは同時に義務を有しうるのであるから、権利能力は同時に義務能力でもあるが、民法は権利を中心として構成されているので権利能力という。

　すべての自然人は出生と同時に当然私法上の権利能力を取得する（3条参照）。すなわち人種・信条・性別・社会的身分または年齢などに関係なく、ひとしく財産を所有し身分関係に立つ能力を取得する。前に近代法はすべての個人に対して法律の前に平等の地位を認めると述べたことは、この点において最も明瞭に現われる（序9参照）。

　法人には人の結合体（社団法人）と一定の目的に捧げられた財産（財団法人）とがある。社会関係は個人を中心とするものだけには限らない。個人の結合または財産の集団をも中心として成立する。したがって、個人の自由を第1に尊重する近代法も、権利の主体として個人を認めるだけでは足らず、このほかに法人をも認めざるをえない。ただ近代法は当初この法人に対して必要やむをえない場合にだけこれを認めるという消極的な態度を示した（総46・47参照）。しかし、近時の法律理想が社会の各員に対して人間らしい生存を保障するために進んで社会の共同生活関係を助長保護する傾向に進むに従って、民法関係でも団体を中心としてその法律関係を規律すべき必要がますます痛切に感じられる（序9・10参照）。資本の集団である会社のほかに労働組合・各種の同業組合・企業の連合などにおいて、法人としての規律を受けるものが次第に多くなってきたのは、まさにこの理由に基づく。民法の法人は後に述べるように（総45）公益を目的とするものに限られていたが、平成18年の法改正により（序5⑵参照）、一般法人も認められるようになり、詳細は一般法人

法等の特別法に委ねられることになった（総45・50参照）。ほかにも、特別法において各種の法人がきわめて多種多様の目的のもとにその設立を認められるに至っていることに注意すべきである（総50参照）。

16　権利の客体

権利の客体となりうるものは物には限らない。権利の目的を構成する対象はすべて権利の客体である。物権においてはその客体は物であるが、債権においては債務者、親族権においては一定の親族関係に立つ人、人格権（自分の生命・身体・自由・名誉などに対する権利）においては権利主体その人がそれぞれの権利の客体である。ただ、人に対する権利はその意思に関係なくこれを絶対的に支配するほどの力を認められないのが、近代法の原則であるが、物に対する権利はこれを絶対的に支配しうる。その点において、物は権利の客体として特殊の性質を有する。また、債権が一定の物の給付を内容とするときは、物は間接に債権の客体となる。このような理由から民法総則は権利の客体の中の物についてだけ規定を設けた。

17　権利の得喪変更

権利（私権）の変動にはさまざまなものがあるが、それが議論の対象になるのは主として物権に関してであるから、詳しくは物権編で説明することとして（物10⑴⑺参照）、ここでは大ぐくりに「権利の発生・変更・消滅」としておこう。これらの権利変動を生ずる事由（原因）はきわめて多いが、大別すると、人の行為と、人の行為に関係のないいわゆる事件とに分けられ、前者はさらに合法的な行為（適法行為）と違法な行為（違法行為＝不法行為・債務不履行）とに分けられる。

意思表示と法律行為とは合法的な行為中の最も重要なものであっ

て、各種の契約と遺言などがこれに属する。したがってそれぞれの意思表示・法律行為に関する規定は民法の各編にわたってはなはだ多い。総則編の意思表示・法律行為に関する規定はそれらのすべてに通じる通則を掲げたものである。したがって総則のこれらの規定を適用するにあたっては、まず当該の行為に関する特則が関連のあるそれぞれの編に存在しないかどうかを検討することを忘れてはならない。

　不法行為については民法総則には規定がない。債権発生の原因として債権編の最後の章（709条－724条の２）に規定されている。

　時効は一定の事実状態が一定の期間継続することによって権利の得喪を生ずる制度であるから、上にいわゆる事件に属する。なお、事件に属するものは時効のほかにもその例が少なくない（添付（242条－248条）・不当利得（703条－708条）等）。しかし、時効はすべての財産権の得喪に及ぶ広い制度であるから、民法はこれを総則編に規定した。

　期間はある時点からある時点まで継続する時の区分である。独立に権利の得喪を生ずる（たとえば出生から18年（令和４年３月31日までは20年）経過すると成年となる（４条））ばかりでなく、他の事実と結合して重要な作用をする（たとえば20年間一定の事実が継続すると所有権を取得する（162条））。契約によって期間の定められることも多い（たとえば借地借家の存続期間）。そこで総則編は主としてこの計算方法に関する通則を定めた。

第2章　人

第1節　権利能力

18　権利能力の始期

　自然人の権利能力は出生に始まる（3条）。すなわちすべての自然人は出生と同時に私法上の権利を享有しうる地位を取得する（総15参照）。人でありながらこの地位を享有しない者（たとえば奴隷）の存在は許されない。私法上出生とは胎児が母体から全部露出することであり、その瞬間に権利能力の主体となる。その後まもなく死亡しても出生であることに変わりはないが、死体で生まれた場合には出生ではない（886条2項参照）。

　出生はもとより事実上の問題である。それは戸籍簿に記載されるが（戸13条・49条以下）、その記載は一応の証明にすぎない。したがって、戸籍簿の記載が事実と異なるときは事実に基づいて、たとえば、成年に達しているかどうかを主張することができる。またこれを証明して戸籍の記載を変更することができる（同113条）。

19　胎　　児

　胎児は権利能力を有しない。したがって、たとえば母を代理人として権利を行使することもできない（母は胎児のために認知請求の訴えはできない（787条参照））。ただ民法は特定の場合に、主として胎児の利益を保護するために、すでに生まれたものとみなして一定の権利能力を与えることがある。相続に関するものが最も重要である（886条。ほかに遺贈（965条）・不法行為に基づく損害賠償請求（721条）

がある）。ただし、これらの場合においても、判例は、胎児である間に権利能力を取得するのではなく、後に生きて生まれた場合に、当該の時期に胎児がすでに生まれていたと同一の法律的取扱いがなされるにすぎないと解している（停止条件説。721条に関する大判昭和7・10・6民集11巻2023頁－阪神電鉄事件・基本判例6）。相続についていえば、一子と胎児とを残して父が死亡したとすれば、父の遺産は母とその一子とが一応相続し、後に胎児が生きて生まれたときは、父の死亡の時にすでに生まれていたものとみなして相続分を計算し直し、もしそれ以前に遺産の分割が行われていればこれを回復させるにとどまる。この解釈は胎児の不利となることもあるので、かつて胎児中に将来胎児に帰属すべき財産の管理をしうる方法を講じようとする改正が企てられたことがあるが、改正相続法はこれを採用しなかった。立法論として考慮すべき点であり、解釈論としても、胎児の間に、民法によって生まれたものとみなされる範囲において制限的な権利能力があり、法定代理人も存在しうると解する余地がある（解除条件説）。なぜなら、一応胎児を生きて生まれるものと仮定して財産管理等を行い、生きて生まれなかったときは遡及的に胎児の権利関係が消滅すると解するほうが、実情にあうからである。

20　権利能力の終期

　権利能力は死亡によって終了する。ある人が死亡した事実および死亡の日時については、臓器の移植に関する法律との関係では脳死が死亡とみられるが、通常は医師の死亡診断または死体検案の証明によって確認される（戸86条参照）。危難に遭遇して死体が見つからない場合においても、死亡したことが確実なときは、一定の官庁の責任ある証明によって死亡として戸籍簿に記載しうることになって

いる（戸89条・91条・15条参照）。これを認定死亡という。なお、数人の人が同一の危難にあって死亡した場合には（同死者）、死亡時の前後の証明が困難なことが多い。しかも、相続の関係などでは、その前後によって重大な差異を生じる。民法はこれについて何も規定していなかったのでその欠陥が指摘されていたが、昭和37年の改正の際に、数人が同一の危難にあって死亡した場合に限らず、別の場所で別々の原因によって死亡した数人の死亡の前後が明らかでない場合にも、それらの者は同時に死亡したものと推定する規定が設けられた（同時死亡の推定、32条の2）。なお、同時に死亡したとされる者相互間では相続が生じない（相5⑵参照）。

　権利能力の消滅は死亡に限る。たとえ行方不明になっても、世界のどこかに生存しているときは、その地において権利能力者と認められることはもちろんである。のみならず、後に帰来した場合には、たとえその帰来地においてすでに後述の失踪宣告を受けていて、まだ宣告の取消しが行われなくても、新しい法律関係についてはなお当然権利能力者として取り扱われる。

21　失踪宣告

　死亡の証明ができず、かつ認定死亡とするだけの事実もない場合に、行方不明者をいつまでも生存者として取り扱わなければならないとすると、その財産関係や身分関係がいつまでも不確定な状態にあることとなって不都合である。そこで一定の条件のもとに失踪宣告をして、行方不明者の従来の法律関係を確定させる制度（失踪宣告）が設けられている。

　⑴　失踪宣告の要件　　①従来の住所または居所を去った者、すなわち不在者の生死が不明であって、②普通には7年間、特別な危難に遭遇した場合には危難の終わった時から1年間、生死不明の状

態が継続したときに、③この者に失踪宣告をすることについて法律上の利害関係を有する者が請求をし、④家庭裁判所が一定の手続でこれをするのである（30条、家事148条、家事則88条・89条）。

(2)　**失踪宣告の効果**　　通常の不在者は失踪期間（前記7年）の満了した時に、特別の危難に遭遇した者は危難の終わった時に死亡したものとみなされる（31条）。したがって相続が開始し、生存配偶者との婚姻関係が終了するなどの効果を生ずる。

(3)　**失踪宣告の取消し**　　失踪宣告を受けた者が帰って来たり、そのほかどこかに生存していることがわかったとき、または宣告によって死亡したとみなされる時期と異なる時に死亡したことが証明された場合には、本人または利害関係人の請求によって、家庭裁判所は失踪宣告の取消しをする（32条1項前段）。その結果、失踪宣告によって被宣告者を特定の日時に死亡したものとみなしたことは事実に反したことになり、これによって発生した法律効果は原則として全部復活還元すべきことになる。しかし、この理論を貫くと、失踪宣告を信じた者は不測の損失を被るおそれがあるから、民法はこの復活還元の理論に一定の制限を設けた。①宣告の後その取消しまでの間に、善意で、すなわち宣告が事実に反することを当事者が知らずにした行為はその効力に影響を受けない（同条1項後段）。当事者双方の善意を必要とするというのが判例（大判昭和13・2・7民集17巻59頁・基本判例9）だが、取引の安全から相手方が善意であれば足りるという学説が有力となっている。相続された財産の譲渡行為（ただし、相続人として譲渡した者は譲渡によって得た対価を不当利得として返還しなければならない）や生存配偶者の再度の婚姻（ただし、宣告を受けた者との婚姻は復活しないという説と、復活して重婚関係となるという説とがある。前説をとりたい）などがその例である。

また、②宣告によって直接に財産を取得した者、たとえば相続人は、その財産が原形のまま、またはその形を変えて残っている限度で返還すれば足りる（同条2項）。

22　外国人の権利能力

外国人すなわち日本国民でない者（国籍4条参照。無国籍者を含む）の権利能力をどんな範囲で認めるべきかは、古くから、各国の主義の分かれたところであるが、今日においては、ほぼすべての国が内国人と平等の能力を認めることを原則とするようになった（3条2項参照）。しかし、この原則は一国の独立的立場を維持するために、個々の権利に関して多少の制限を受けざるをえない。わが国においては、戦後この制限は大幅に緩和されたが、なお主として産業上の立場から制限が加えられている（鉱業権、日本船舶の所有権、銀行業を営む権利等）。ただし、外国人の土地所有権は大正の終りにこれを認めることを原則とするようになり（大正14年の外国人土地法参照）、第2次大戦後の占領時代に出された土地・建物・工場、特許権等を取得するには主務大臣の認可を必要とする政令（外国人の財産取得に関する政令は、昭和55年12月1日から廃止され、特許法その他の法律の中で一定の制限を加えることになった（特許25条参照））。

第2節　意思能力

23　意思能力

人は生まれただけで権利能力を取得することは前に述べたが（総18参照）、これは単に権利を享有することができる地位を取得するというにとどまる。したがって、人格権などは出生と同時に享有することになるが、その他の権利を取得するには相続をするとか、贈

与・売買などの契約をするというような原因を必要とする。そして
これらの原因のうちで、各人がその欲するところに従ってする行為
（法律行為）が最も主要なものである。これらの行為は普通の精神
能力を有する者なら自由にやらしても問題はないが、そうでない者
に単独でこれを行わせると自由競争の犠牲となる危険がある。そこ
で民法は、行為の結果を弁識するに足るだけの精神能力（意思能
力）のない者は単独で法律行為ができないもの、すなわちこのよう
な者の行為は法律的に効力を生じないもの（無効）としている（3
条の2）。このことは、平成29年改正法によって3条の2の規定が
設けられる以前から、近代法の大原則として、判例（大判明治38・
5・11民録11輯706頁）・学説で認められてきた。その結果、意思能
力の欠けている者、すなわち幼年者や精神障害のある者（泥酔など
で一時的に精神障害を生じた者を含む）は、たとえ売買・贈与などの
行為をしても、その行為の当時意思能力のなかったことを証明すれ
ば、その行為が無効であることを主張できる。

第 3 節　行為能力と制限行為能力

24　行為能力

⑴　**行為能力の意義**　　行為能力とは、単独で、完全に、契約のよ
うないわゆる法律行為ができる能力である。

㋐　**制限行為能力**　　意思能力を有しない状態で行った法律行為
は無効であるとしても、実際問題として意思表示をした当時に意思
能力を有しなかったことを証明するのは困難な場合が少なくない。
のみならず、証明された場合には、意思能力があると思って取引を
した相手方が不測の損害を被ることにもなる。そこで民法はさらに

進んで、意思能力の不十分な者、すなわち、後述する未成年者、成年被後見人、被保佐人または被補助人は、これを制限行為能力者（13条1項10号参照）とするという形式的な標準を定め、これらの者が単独でした法律行為は一定の要件のもとにこれを取り消すことができるものとした。その趣旨は、これらの者はいちいちその行為についてその当時意思能力が欠けていたことを証明する必要はなく、単に自分が制限行為能力者であることを理由としてその行為を取り消してその無効であることを主張できるから、本人の保護が十分になるが、それと同時に、これらの者と取引をする相手方にこれらの者が制限行為能力者であることを知る手だてを用意すれば、あらかじめ警戒できることになるだろうというのである。

　(イ)　行為能力　　このようにして法律行為が完全な効力を生ずるためには、行為者が2方面の能力を備えているかどうかが問題となる。1つは、個々の行為について意思能力があるかどうかという実質的なものであり、2つは、行為者が民法の定める制限行為能力者ではないかという形式的なものである。民法上この形式的な標準からみた能力を行為能力という。意思能力がない場合には行為は無効とされ（3条の2）、制限行為能力者である場合には行為は取り消しうるものとなる（無効と取消しとの差は後述する。総125・128参照）。

　(2)　責任能力　　他人に損害を加えその賠償をしなければならない場合、すなわち不法行為の責任においても、行為者がその行為の結果を弁識するに足るだけの能力のないときは、責任を負わないことになっている（712条・713条参照）。この能力を責任能力という。上に述べたように法律行為には意思能力を要し、また不法行為には責任能力を要することをさらに統一的にみれば、われわれが私法関係においてその行為によって権利義務を取得するには、原則として

自己の正常な意思活動によらねばならないという根本原理が潜んでいるということができる。学者はこれを近代私法における意思自治の原則あるいは私的自治の原則という（総92(1)参照）。

25　制限行為能力者

　民法の定める制限行為能力者は未成年者・成年被後見人・被保佐人および被補助人である。このほか戦後の改正までは妻は形式的には制限行為能力者とされていた。夫婦関係の和合円満のためであると説明されていたが、何といっても両性の本質的平等の理想に反するものであった。そこで先に述べたように（序5(2)参照）、新憲法の施行と同時に妻を制限行為能力者とする制度は廃止された。

　明治民法の定めていた禁治産者・準禁治産者制度は、本人の保護のために十分な機能を営んでこなかったため改正の必要を生じた。特に高齢化社会において、高齢者が自己の財産の管理を行いにくい場合に、本人の意思を尊重し、残存能力を活用させながら、必要に応じて保護を与えることができるようにするために、新たな成年後見制度の創設が必要となった。ここに平成11年に民法が改正され、従来の禁治産者に代わる成年被後見人、準禁治産者に代わる被保佐人のほか、これらの者に至らない程度の精神上の障害がある者を被補助人とする制度が創設され、この改正法は介護保険法と同時の平成12年4月1日に施行された。

		能力の範囲	保　護　者	保護者の権能
(ア)	未　成　年　者	特定の行為だけ単独でできる（総27）	法定代理人（親権者または後見人）（総28）	同意権と代理権（総28）
(イ)	成年被後見人	原則として単独でできる行為はないが、日常生活に関する行為はできる（総30）	法定代理人（後見人）（総31）	代理権だけ（総30）

(ウ) 被 保 佐 人	特定の行為だけ単独ではできない(総33)	保　佐　人(総34)	同意権だけ(総34)。ただし、審判で代理権付与できる(876条の 4)
(エ) 被 補 助 人	特定の行為につき補助人の同意を要する審判がある場合のほかは、単独で行為ができる(総36)	補助人(総37)	特定の行為につき審判があるときは同意権(総37)。ただし、審判で代理権を付与できる(876条の 9)

　制限行為能力者の能力の範囲には広狭がある。成年被後見人の能力が最も狭く、未成年者・被保佐人・被補助人の順に広くなっている。民法はこれらの者の保護手段として制限行為能力者自身が行為をするには一定の者の同意を得なければならないとし、また一定の者に制限行為能力者を代理してその財産管理その他の行為をさせるという 2 個の方面を考えている。ただし、一方で、成年被後見人は同意を与えられても自分では完全な行為をすることはできない。他方で、被保佐人および被補助人には原則として代理人として財産の管理をする保護者はついていないが、保佐人・補助人に代理権付与の審判があるときは別である（876条の 4・876条の 9）。未成年者は保護者（法定代理人）の同意を得てみずから行為をすることもでき、また保護者に代理してもらうこともできる。

　民法が制限行為能力者を形式的標準に従って画一的に定めたことは、前述のように、意思能力の不十分な者の保護を完全にすることと、相手方の予防警戒を容易にすることとの両効果をねらったものである。しかし、今日のように経済取引が迅速になり、かつその取引関係が、あるいは他の一連の取引の一環となり、あるいは多くの集団によって行われることにより、広く網の目のように相関連するようになると、制限行為能力者制度は本人保護のほうに傾きすぎ、相手方に不測の損失を与え、一般経済取引の安定をおびやかすこと

になる。学者が取引の安全という理想のもとに制限行為能力者制度
を適当に制限する必要があると論ずるゆえんである。

　また、財産の乏しい家庭に育った未成年者は他人に雇われて働か
ねばならない。そして今日では中小企業における雇用契約において
も昔のように使用者との間の恩情関係にまかせ切れないものがある。
いわんや大工場に取り込まれる未成年労働者は全く保護のない状態
におかれる。しかし、このような事情に対して民法の制限行為能力
者制度だけでは――単に行為者に対してその行為の取消しを認める
という消極的なものであるから――ほとんど何らの作用を営まない。
法律は進んで、未成年者の深夜労働を禁ずるとか、危険なまたは衛
生・教育などに害ある業務への従事を制限するとか、雇主に一定の
設備をさせるとかいう積極的な干渉を試みねばならない。この見地
から、労働立法により、未成年者の保護は、民法上の消極的なもの
から、公法的な積極的なものに移り、大いにその歩を進めてきたの
であって（労基56条以下参照）、ここにも前述した個人本位の法律思
想の修正・発展が認められる。

第 4 節　未成年者

26　成年期

　成年期は18年である（4条。ただし令和4年3月31日までは20年）。
年齢計算の方法は出生の日から起算し、暦に従って日をもって計算
する（年齢計算ニ関スル法律）。4月1日生まれの者は18年後の3月
31日の終了で、つまり4月1日午前零時に成年に達する。初日を計
算する点で通常の期間計算方法と異なる（140条参照）。

　なお、令和4年4月1日より前には、未成年者も婚姻によって成

年に達したものとみなされていたが（削除前の753条）、女性の婚姻年齢が18歳に引き上げられたので、この特例は廃止された（ただし、改正法施行前の婚姻による成年擬制の効力は改正法施行後も覆らない。成年年齢に達する前に離婚した場合も同様である）。また、営業許可の制度（総27(2)）もある意味で未成年者の制限行為能力を緩和するものとして注意すべきであろう。

27　未成年者の行為能力

　未成年者は、単に権利を得、または義務を免れる行為、つまり実質的に自分に何らの不利益もない行為は単独にできるが、その他の行為については法定代理人の同意を要し、同意なしにしたときはこれを取り消すことができる（5条）。ただし、民法はこの同意に関してさらに場合を分けて詳しく規定している。

　(1)　財産処分の許可　　法定代理人は勉学のため、旅行のためなどというように特定の目的を定めて一定の財産の処分を許すことができるだけでなく、財産さえ一定していれば目的を特定せず自由に処分してよいというふうに許可を与えることもできる（5条3項）。

　(2)　営業の許可　　営業の許可についてはさらに規定は詳細である。営業（商業に限らず広く営利を目的とする事業を含む）を許可するには、社会観念上1個の営業と認められるものについてその1種または数種（たとえば文房具店・靴修繕業）と範囲を明瞭にしてこれをしなければならない（6条1項）。また、法定代理人が後見人であり後見監督人が置かれている場合には、その同意を得てから許可しなければならない（857条・864条・865条）。営業の許可があれば、未成年者はその営業を営むために直接間接に必要な行為については全く成年者と同一の行為能力を有することになる（6条1項。大判大正4・12・24民録21輯2187頁）。したがって、営業上の個々の行為

をするのに法定代理人の同意を要しないばかりでなく、法定代理人はこれらの行為を当然に代理することもできなくなる。ひとたび営業を許可した以上は、営業にたえない事跡がある場合でなければその許可を取り消しまたは制限することはできない（同条2項）。なお、後見人は、これについても、後見監督人がある場合にはその同意を要する（857条）。

このように営業の許可は未成年者の行為能力に重大な影響を与えるので、これを公示することが望ましい。しかし、その営業が商業である場合には、登記をしなければならない（商5条）ことになっているが、その他の営業については公示する方法がないのは問題である。

なお、未成年者が労働者として雇用契約を結ぶ場合にも法定代理人の同意を得なければならないが、その同意が営業の許可と同様の効果をもつかどうかは明確でない。肯定すべきものと思う（労基58・59条。なお総28参照）。

28　法定代理人

未成年者の保護機関は第1次に親権者、第2次に後見人であるが、両者をあわせて法定代理人という。父母は婚姻中は原則として共同して親権者になる（818条）。親権を行う者がないとき、または親権を行う者が財産管理権を有しないときは、未成年後見人が法定代理人となる（838条）。その詳細は親族編に規定されている（818条・839条以下）。未成年者の法定代理人は前に述べたように同意権と代理権とを有する。これを行使するについて、親権者は共同行使の拘束を受ける場合のほかは、特別の拘束を受けないが（ただし、子の行為を目的とする債務を生ずべき代理行為には本人の同意を要する。824条但書）、未成年後見人が未成年者に代わって営業もしくは13条1

項に掲げる行為をし、または未成年被後見人がこれをすることに同意するには、後見監督人があるときはその同意を得なければならない（864条）。なお労働基準法は、法定代理人が未成年者を食い物にすることを防ぐ趣旨で、親権者または後見人が未成年者に代わって労働契約を締結したり賃金を受け取ってはならない旨を規定している（労基58条・59条）。

第5節　成年被後見人

29　後見開始の審判

　成年被後見人は家庭裁判所から後見開始の審判を受けた者である。後見開始の審判は人の行為能力を制限する制度だから、その要件および手続は慎重にしなければならない。

　(1)　後見開始の審判の要件　　後見開始の要件はつぎの2つである（7条）。

　(ア)　実質的要件　　本人が精神上の障害により事理を弁識する能力を欠く常況、すなわち、行為の結果を弁識するに足るだけの精神能力を欠くのを普通の状態としていること。この標準は大体7歳未満の未成年者の判断能力程度と考えてよいであろう。

　(イ)　形式的要件　　本人もしくは本人の配偶者・4親等内の親族（親族・親等については725条以下参照）・未成年後見人・未成年後見監督人・保佐人・保佐監督人・補助人・補助監督人または検察官の請求があること。

　家庭裁判所は上記2つの要件が備わっていると考えたときは必ず後見開始の審判をすべきであり、後見開始の審判をするときは職権で成年後見人を選任する（843条1項）。

⑵　手続　　審判の手続は家事事件手続法（同117条以下）および家事事件手続規則（同規則78条以下）に詳細に定められているが、普通の訴訟と違って、家庭裁判所がすすんで本人の事理弁識能力を審査し、鑑定人の意見を聴くなど積極的な態度に出て審判することを特色とする。後見開始の審判があったときはこれを後見登記等ファイルに登記する。従来、戸籍に記載されていた禁治産・準禁治産の宣告を改め、平成12年に後見登記等に関する法律が制定され、後見等（後見、保佐および補助）のほか任意後見契約を法務大臣の指定する登記所に登記するものとし、登記事項証明書の交付を請求できるのは成年後見人、成年被後見人等に限定することとなった（同10条）。

⑶　成年後見開始審判の取消し　　被後見人が行為能力を回復したときは制限行為能力者としておくことは不当である。しかしこの場合にも、審判の請求をしうる者の請求があってはじめて家庭裁判所が成年後見開始審判の取消しをするのであり（10条）、これをしない間はやはり制限行為能力者である。制限行為能力制度が形式的な標準によって行為能力を制限しようとするものであることからみて当然のことであろう（総24⑴参照）。

⑷　本人が被保佐人・被補助人である場合の後見開始の審判　　後見開始の審判をする場合に、本人が被保佐人または被補助人であるときは、家庭裁判所は、その本人に係る保佐または補助の開始の審判を取り消さなければならない（19条1項）。

30　成年被後見人の行為能力

　成年被後見人の行為能力の制限は、前述のように、制限行為能力者のなかで最も広汎である。すなわち、その行為は日用品の購入その他日常生活に関するもの以外は、常に取り消しうる（9条）。成

年後見人の同意を得てした行為でも同様である。成年被後見人はときどき正常な精神能力に復することがあってもすぐその後にまたその能力を欠くおそれのある者だから、あらかじめ同意を与えることも認められない。

31　成年後見人

成年被後見人には成年後見人がつけられる（8条・838条2号）。成年後見人は成年被後見人の生活療養看護および財産の管理に関する事務を行うにあたっては、成年被後見人の意思を尊重し、かつ、その心身の状態および生活の状況に配慮しなければならない（858条）。後見人は被後見人の財産を管理し、また、その財産に関する法律行為について被後見人を代理する（859条）。したがって一種の法定代理人である。その代理権の行使にあたっては前述の未成年者の後見人と同様の制限を受ける（総28、864条・859条2項参照）。成年後見人となる者は親族編に定められている（843条）。

第6節　被保佐人

32　保佐開始の審判

被保佐人は家庭裁判所から保佐開始の審判を受けた者である。この要件・手続は後見開始の審判に似ている。

(1)　保佐開始の審判の要件　　保佐開始の審判の要件はつぎの2つである（11条）。

(ア)　実質的要件　　本人が精神上の障害により事理を弁識する能力が著しく不十分であること。それは事理弁識能力を欠く常況に至らないものであって、大体やや成長した未成年者の判断能力程度と考えればよいであろう。従前は浪費者も準禁治産者とされていたが、

それは削除された。また、かつては、聾者・啞者・盲者であることも準禁治産宣告の要件とされていたが、その当否は疑問だといわれていた。近時一般に身体障害者に対する差別が社会的に問題とされるに及んで、この三者が削除された（昭和54年）。

　(イ)　形式的要件　　本人、配偶者、4 親等内の親族、後見人、後見監督人、補助人、補助監督人または検察官の請求があること。

　家庭裁判所は上の 2 つの要件が備わっていると考えたときは必ず保佐開始の審判をすべきであり、保佐開始の審判をするときは職権で保佐人を選任する（12条・876条・876条の 2 第 1 項）。

　(2)　手続　　審判の手続は後見開始の審判の手続とほとんど同様である（家事128条以下、家事則85条）。

　(3)　保佐開始審判の取消し　　被保佐人にしておく必要がなくなった場合には、本人、配偶者、4 親等内の親族、未成年後見人、未成年後見監督人、保佐人、保佐監督人または検察官の請求によって、家庭裁判所は保佐開始の審判を取り消さなければならない（14条 1項、家事128条以下、家事則85条）。

　(4)　本人が成年被後見人・被補助人である場合の保佐開始の審判
保佐開始の審判をする場合に、本人が成年被後見人または被補助人であるときは、家庭裁判所はその本人に係る後見開始または補助開始の審判を取り消さなければならない（14条 2 項）。

33　被保佐人の行為能力

　被保佐人の行為能力は未成年者の行為能力より大きい。すなわち民法13条 1 項が列挙する重要な財産上の行為（13条 1 項）および一定の者の請求に基づいて審判で特に定められた行為（同条 2 項）については、日用品の購入その他日常生活に関するものを除いて、保佐人の同意を要するが、その他の行為は単独ですることができる。

保佐人の同意を得ることを要する行為につき、保佐人が被保佐人の利益を害するおそれがないのにかかわらず、同意をしないときは、家庭裁判所は、被保佐人の請求により保佐人の同意に代わる許可を与えることができる（同条3項）。家庭裁判所は、一定の者の請求により13条2項の審判の全部または一部を取り消すことができる（14条2項）。同意を要する行為を、同意またはこれに代わる許可を得ないでした場合には、被保佐人みずから取り消しうることは未成年者の場合と同様だが（13条4項）、保佐人も、後述するように取り消すことができる。

　民法が保佐人の同意を要する行為として列挙するものはつぎのとおりであるが、この列挙は現在の経済状態からみると不十分である。家庭裁判所は11条本文に掲げた者または保佐人もしくは保佐監督人の請求により、被保佐人が民法の列挙する以外の行為についてもなお保佐人の同意を要する旨の審判ができる（13条2項）。けれども、これも必ず常に行われるわけでもない。したがって13条1項を適当に拡張する解釈が行われている。なお、日用品の購入その他日常生活に関する行為については保佐人の同意を要しない（同条1項・2項）。

　(ア)　元本を領収し、または利用すること（13条1項1号）　　元本すなわち利息・賃料などを生ずる財産の返還を受け（利息や賃料を受領することはよい）、またはさらに元本として貸与することをいう。ただし、602条の期間を超えない短期の賃貸は処分に当たらないという趣旨から、同意を要しないとされている（同条1項9号）。

　(イ)　借財および保証をすること（13条1項2号）　　すべての名目での金銭の借入れおよび保証をいう。判例は手形の振出し・裏書なども金銭の借入れに準ずるとするが（大判大正3・11・20民録20輯

959頁、大判昭和8・4・10民集12巻574頁）、取引の安全の考慮から含まれないと解すべきである。

　(ウ)　不動産その他重要な財産に関する権利の得喪を目的とする行為をすること（13条1項3号）　　直接間接に不動産または重要な財産に関する権利の得喪を目的とする行為をいう。有価証券（520条の2以下参照）、特許権、著作権なども重要な財産に含まれる。

　(エ)　訴訟行為をすること（13条1項4号）　　民事訴訟において原告となって訴訟を追行する一切の行為をいう。ただし、相手方の提起した訴訟に応ずることは単独でできる（民訴32条1項）。なお、同意のない訴訟行為は、他の場合のように取り消しうるのではなく、無効である。ただ後に保佐人の同意を得て追認して有効なものとすることができる（民訴34条2項）。訴訟行為については取り消しうる行為というものを認めない民事訴訟法上の理論に基づく。

　(オ)　贈与・和解または仲裁合意をすること（13条1項5号）　　他人に物を贈与し（549条以下参照）、他人との争いを互いに譲歩して止めるいわゆる和解契約（695条以下参照）をし、または民事訴訟事件を第三者に判断させることにするいわゆる仲裁合意（仲裁2条1項参照）をすることをいう。

　(カ)　相続の承認もしくは放棄または遺産の分割をすること（13条1項6号）　　相続を承認し（920条以下・922条以下参照）、もしくは相続を放棄し（938条以下参照）、または遺産分割（906条以下）をすることをいう。

　(キ)　贈与の申込みを拒絶し、遺贈を放棄し、負担付の贈与の申込みを承諾し、または負担付遺贈を承認すること（13条1項7号）他人から贈与もしくは遺贈を受けることを拒絶し（986条参照）、または負担の伴う贈与もしくは遺贈を受ける（553条・1002条・1003条

参照）ことをいう。

　(ク)　新築・改築・増築または大修繕をすること（13条1項8号）これらを目的とする契約をすることをいう。

　(ケ)　602条に定める期間を超える賃貸借をすること（13条1項9号）　602条の定める期間を超える長期の賃貸または賃借をすることをいう。

　(コ)　上記の(ア)から(ケ)までの行為を制限行為能力者の法定代理人としてすること（13条1項10号）。

　(サ)　以上のほか家庭裁判所が特に保佐人の同意を要する旨の審判をした行為（13条2項本文）　日用品の購入その他日常生活に関する行為については、この限りでない（同条2項但書）。

34　保佐人

　被保佐人には保佐人がつけられる（12条）。保佐人は被保佐人が前段で述べた行為をするについてこれに同意を与えることができるだけであって（大判大正5・2・2民録22輯210頁）、原則としてこれを代理する権能はない。したがって保佐人は、本来は法定代理人ではない。しかし、保佐人はその同意を得ないでした被保佐人の行為を取り消すことができる（120条1項）。平成11年の改正前には、その明文がなかったため、保佐人の取消権の有無につき判例・学説が分かれていた。例外的に保佐人が代理権を有する場合がある。すなわち、家庭裁判所は、民法11条本文に掲げる者または保佐人もしくは保佐監督人の請求によって、被保佐人のために特定の法律行為について保佐人に代理権を付与する旨の審判をすることができる（876条の4第1項）。なお、家庭裁判所は、職権で保佐人を選任するが（876条の2第1項）、詳細は親族法に譲る（親69(1)参照）。

第7節　被補助人

35　補助開始の審判

⑴　**補助開始審判の要件**　精神上の障害により事理を弁識する能力が不十分な者については、家庭裁判所は、本人、配偶者、4親等内の親族、後見人、後見監督人、保佐人、保佐監督人または検察官の請求によって、補助開始の審判をすることができる。ただし、被後見人に関する7条または被保佐人に関する11条に定める原因（後見・保佐開始事由）がある者については、この限りでない（15条1項）。本人以外の者の請求によって補助開始の審判をするには、本人の同意がなければならない（同条2項）。補助開始の審判は、17条1項の審判または876条の9第1項の審判とともにしなければならない（15条3項）。補助開始の審判を受けた者は、被補助人としてこれに補助人を付する（16条）。

⑵　**補助開始審判の取消し**　15条1項本文に定める原因が消滅したときは、家庭裁判所は、本人、配偶者、4親等内の親族、未成年後見人、未成年後見監督人、補助人、補助監督人または検察官の請求によって、補助開始の審判を取り消さなければならない（18条1項）。家庭裁判所は、上に掲げる者の請求によって、17条1項の審判の全部または一部を取り消すことができる（18条2項）。17条1項の審判および876条の9第1項の審判をすべて取り消す場合には、家庭裁判所は、補助開始の審判を取り消さなければならない（同条3項）。

⑶　**本人が成年被後見人・被保佐人である場合の補助開始の審判**
補助開始の審判をする場合に、本人が成年被後見人または被保佐人

であるときは、家庭裁判所は、その本人に係る後見または保佐の審判を取り消さなければならない（19条2項）。

36　被補助人の行為能力

　家庭裁判所は、15条1項本文に掲げる者または補助人もしくは補助監督人の請求によって、被補助人が特定の法律行為をするにはその補助人の同意を要する旨の審判をすることができる。ただし、その同意を得ることを要する行為については、13条1項に定める行為の一部に限る（17条1項）。本人以外の者の請求によってその審判をするには、本人の同意があることを要する（同条2項）。補助人の同意を得なければならない行為について補助人が被補助人の利益を害するおそれがないにもかかわらず同意をしないときは、家庭裁判所は、被補助人の請求により、補助人の同意に代わる許可を与えることができる（同条3項）。補助人の同意を得なければならない行為であって、その同意またはこれに代わる許可を得ないでしたものは、取り消すことができる（同条4項）。

　補助人が代理権を有する場合がある。すなわち、家庭裁判所は、15条1項本文に掲げる者、または補助人もしくは補助監督人の請求によって、被補助人のために特定の法律行為について補助人に代理権を付与する旨の審判をすることができる（876条の9第1項）。遺産分割についての代理権付与がその一例である。

37　補助人

　家庭裁判所は、補助開始の審判をするときは、職権で補助人を選任する（876条の7第1項）。家庭裁判所は、必要があると認めるときは、被補助人、その親族もしくは補助人の請求によって、または職権で、補助監督人を選任することができる（876条の8第1項）。以上の手続等の詳細は親族法に譲る（親73以下）。

第 8 節　制限行為能力者の相手方の保護

38　催告権

(1)　**催告の意義と要件**　　制限行為能力者と取引をした相手方には催告権が与えられている（20条）。制限行為能力者の行為は前述のように取り消すことができる。すなわち制限行為能力者はその行為が自分に有利であると考えたときはその行為の効果を主張し、不利であると考えたときはこれを取り消してその無効を主張できる。しかもこの取消権は追認をすることができる状態が生じた時から 5 年間は行使できる（126条）。したがって、相手方が長い間不確定の状態におかれるばかりでなく、これを基礎とする一般社会の取引関係も不安な状態におかれる。そこで民法は相手方に、制限行為能力者側に対して最後通牒を発する権能を与え、制限行為能力者がこれに返答をしなくても取消しまたは追認（取消権の放棄）の効果を生じさせて、相手方を不確定な状態から救い、一般取引関係を安定させる途を講じた。一定の法律関係を作り出す権利（形成権）が当事者の一方に与えられている場合に相手方に認められる催告権の適例である（114条・547条参照）。

　相手方が催告権を行使するには、制限行為能力者またはその法定代理人・保佐人もしくは補助者に対して取り消すことのできる行為を指示し、これを取り消すかどうかの返答を求めるのであるが、制限行為能力者側の考慮期間として 1 ヵ月以上の猶予をおかなければならない（20条 1 項）。

(2)　**催告の効果**　　催告を発する相手方と返答をしないときの効果とは場合によって異なるが、概括していえば、単独に追認できる

者が催告を受けて考慮期間内に返答しないときは追認とみなされ、単独では追認できない者が返答しないときは取り消したものとみなされる（122条・124条参照）。すなわち、①制限行為能力者が能力者となった後にその者に対してした催告（20条1項）、および制限行為能力者が行為能力者とならない間に、法定代理人、保佐人または補助人に対して、それらの者が単独で同意を与えうる行為について（総28・31参照）した催告（同条2項）にあっては、考慮期間内に返答を発しない場合には追認とみなされる。②これに反し、後見人に後見監督人がいて後見人が単独で同意を与えることができない場合（864条参照）に後見人に対してした催告などにあっては、考慮期間内に後見監督人の同意を得るなど特別の方式を具備した旨の通知が発せられなければ、取り消したものとみなされる（20条3項）。③被保佐人または17条1項の審判（特定行為につき補助人の同意を要する旨の審判）を受けた被補助人に対しては、1ヵ月以上の考慮期間内にその保佐人または補助人の追認を得るようにと催告をすることができる。もしその被保佐人または被補助人がその期間内にその追認を得た旨の通知を発しないときは、これを取り消したものとみなす（同条4項）。④未成年者または成年被後見人に対する催告は返答がなくても何らの効果を生じない。これらの者は催告を受領してもそれが何であるかを理解する能力さえないとされているからである（98条の2参照）。

39　制限行為能力者が詐術を用いたとき

　制限行為能力者が相手方を欺いて行為能力を有すると誤信させた場合には、もはやこれを保護する必要はないから、その行為は取り消しえないものとされる（21条、大判昭和8・1・31民集12巻24頁）。「詐術」という文字は強い響きをもつが、制度の趣旨を考えるとき

は、一般人を欺くに足るような何らかの術策を用いたときは、広く本条の適用を受けると解すべきである。したがって黙秘も他の言動などと相まって詐術に当たることもあるが、単純な黙秘は詐術に当たらない（最判昭和44・2・13民集23巻2号291頁・基本判例7）。「行為能力者であること」を信じさせるとは、単に完全な行為能力者であると欺く場合だけでなく、当該行為について同意を得たと欺く場合をも含む。なお、入札による契約において契約書作成により本契約が成立する場合には、落札は予約にとどまるので、落札後契約書作成前に詐術があったときは、本契約の取消しはできない（最判昭和35・5・24民集14巻7号1154頁）。

第 9 節　住　　　所

40　住所

われわれの生活は、一定の土地すなわち住所を中心として行われる。したがって法律の規定も住所と関連して定められる場合が多い。そこで民法は総則に住所の意義を定めた。

(1)　住所の意義　　住所は各人の「生活の本拠」である（22条）。生活の本拠というためには、単にその土地がその人の全生活の中心地であるという事実だけでは足りず、さらにその人がその土地を生活の中心にしようとする意思が必要であると説く説が多い。判例（大決大正9・7・23民録26輯1157頁）もそうである。ドイツ、スイスなどの民法にならった解釈であるが、純粋に客観的に観察すべきもの、すなわち意思は必要ではないと解するのが正しいと思う。なぜならば、上のような意思を必要とすることは、他人からみて住所であるかどうかを決定することを困難にするだけで格別実益がない

のみならず、民法の解釈としてもこのような理論をとるべき根拠が
ないからである（意思を必要とする立法では、意思無能力者のために
特別の規定を設けるのが常である）。

　(2)　**住所の個数**　　説が分かれているが、数個の住所を認めても
よいと思う。なぜならば、今日のような複雑な私法関係においては、
1人の人が種々の私法生活関係について数個の異なる中心点をもつ
こともありうるからである。なお、住所は、私法関係以外の法律関
係、ことに選挙の関係などにおいても重要な意義を有する（最大判
昭和29・10・20民集8巻10号1907頁—星嶺寮事件・基本判例8）。しか
し、住所の観念はすべての法律を通じて同一に解すべきではなく、
それぞれの法律に従ってその意義を定めるべきである（住民台帳1
条・4条、公選9条、自治10条）。

　(3)　**本籍・住民票**　　住所と区別すべきものに本籍がある。かつ
ては親族法上の「家」の所在地であったが、今は夫婦ならびに夫婦
と氏を同じくする未婚の子の戸籍上の所在地である（戸6条参照）。
届出によって形式的に定まるものであって（戸16条・17条等参照）、
生活の実質を基礎とする住所と一致しない場合が多い。そこで別に
市町村の区域内に住所を有する個人を単位として住民票が作られ、
世帯ごとに編成して住民基本台帳が作られる（住民台帳6条）。多く
の場合に住所と一致するが、原則として届出によって記載するから
（同3条3項・21条の4以下）、必ずしも実質的な住所と一致しない。
住民基本台帳法は、平成11年に改正され、「本人確認情報の処理及
び利用等」に関する第4章の2が追加され（同30条の2以下）、住民
票コードの記載が行われ、一定の要件のもとで、他の市町村や国の
機関等へ、その提供が認められる。また、平成18年改正により、住
民票の悪用を防ぐためにその閲覧等が制限された（同11条の2等）。

⑷　住所の法律的効果　　住所の法律的効果は総則に一括して規定されているわけではない。それぞれの法律関係について民法中の関係部分ならびに各種の法令に規定されている。主要なものは、不在者および失踪の標準（25条・30条）、債務の履行地（484条1項・商516条）、相続の開始地（883条）、裁判管轄の標準（民訴4条2項、人訴4条、家事3条の13・4条・117条・128条・136条・145条等）、国際私法の準拠法決定の標準（法適用5条・6条2項）、帰化の条件（国籍5条－8条）などである。

41　居　　　所

⑴　居所の意義　　住所と類似するものに居所がある。居所はその人との密接の度が住所ほどではないが、なお生活の中心となる地である。住所に、前述のように、生活の中心とする意思を必要とすると説く学説は、居所にはこの意思がなく、これが住所と居所との差異だと説く。居所よりなお関係のうすい現在地という観念を認めることもできるが、民法上格別その実益がない。

⑵　居所の効果　　居所の法律的効果はつぎの2つの場合に住所の代わりとなることである。①住所が知れないとき（23条1項）。住所が全然ない場合もこれに準ずる。②日本に住所をもたないとき（同条2項本文）。ただし、国際私法上外国人の住所地の法律によるべき場合には、その外国の住所地の法律によるべきであって、たとえこの者が日本に居所をもっていても日本の法律によるべきではない（同条2項但書）。なお、国際私法上は、国によって住所の要件が異なることから生ずる混乱を避ける等の考慮から「常居所」という概念を用いることがある（法適用8条2項・25条等参照）。

42　仮住所

民法は仮住所という観念を認める。これはある行為について当事

者が一定の場所を任意に選定し、その行為に関して住所の代わりとするものである（24条）。その人の生活の中心点である実質を有するものではないから、真の意味の住所の一種ではない。

第10節 不 在 者

43 不在者の意義

住所または居所を去って容易に帰ってくる見込のない者を不在者という。生死不明を必要としない。その者が生死不明となり、その状態が永年続いた場合には、失踪宣告をして、一定の法律関係について死亡と同一の効果を生じさせうることは前述した（総21参照）。不在者制度は、この最後の処置をとるまで残留財産の管理をして、本人が帰ってくるのを待つための制度である。

44 不在者の財産の管理

不在者の財産の管理について、民法は2つの場合を区別する。1つは、不在者自身が管理人を置いている場合であり、2つは、このような者を置いていない場合である。前者においては国家の干渉は最小限度にとどめられるから、民法の規定は主として後者に関する。なお不在者について法定代理人のような法律上の財産管理人があるときは、不在者の規定が適用される余地はない。

⑴ 不在者みずからが管理人を置いていない場合

㋐ 家庭裁判所の処分　　家庭裁判所は利害関係人または検察官の請求に基づいて財産管理に必要な処分を命ずる（25条1項前段、家事146条）。この処分としては管理人の選任が最も重要である。なおこの裁判所の命令は、後日不在者がみずから管理人を置いた場合には、一定の者の請求によって、これを取り消さなければならない

（25条2項）。

　㈠　管理人の権限　　裁判所の選任する管理人は不在者の法定代理人であって、普通の管理行為を代理してすることができるが、さらに広い代理権能を行使する必要があるときは、特に家庭裁判所の許可を得なければならない（28条前段）。管理人はその職務の執行にあたってはあたかも委任を受けた者と同様の地位に立つ（家事事件手続法146条6項によって、民法644条・646条・647条・650条が準用されている）。なお、常に財産目録を作成し（27条1項）、家庭裁判所の命ずる処分をし（同条3項）、担保を供する（29条1項）などの義務を負う（家事146条・147条）。管理人は管理のために支出した必要費の償還、損害の賠償などを請求できる（家事146条3項・6項、民650条）が、さらに事情によっては報酬を受けることができる（29条2項）。

　⑵　不在者みずから管理人を置いた場合　　その管理人と不在者との間は普通は委任関係である（643条以下）。したがって管理人の権限の範囲は両者間の契約によって定まり、ただこれを定めなかった場合に103条の適用があるだけである。そこで国家が特に干渉を試みるのはつぎの2つの場合に限る。

　㈠　本人の不在中に管理人の権限が消滅した場合　　このときは、管理人が最初からなかったときと同様に取り扱う（25条1項後段）。

　㈡　不在者の生死が不明となった場合　　このときは、家庭裁判所は一定の者の請求によって不在者の置いた管理人を解任して別の管理人を選任し、前段におけると同様の監督をすることもできるが（26条）、改任せずに監督することもできる。その手段は、一定の者の請求によって財産目録の作成および管理に必要な処分を命じ（27条2項・3項、家事146条2項）、権限を越えた行為をすることに対し

同意を与え（28条後段）、相当の担保を供させ（29条1項）、報酬を
与える（同条2項）などである。

第3章　法　　人

第1節　法人序説

45　法人の意義

　法人とは、前に一言したように、自然人以外のもので法律によって権利能力を認められたものである。自然人のほか、権利の主体には法人がある。自然人の生命や財産には限界がある。長期に多額の財産を集めて大事業を行う目的を達成するには、自然人のほか、一定の要件を備えたものを法人として認める必要がある。民法は、法人は民法その他の法律の規定によらなければ、成立せず（33条1項）、学術、技芸、慈善、祭祀、宗教その他の公益を目的とする法人、営利事業を営むことを目的とする法人その他の法人の設立、組織、運営および管理については、民法その他の法律の定めるところによる、と定める（同条2項）。権利の主体かどうかを明確にする必要があるからである。

　従来、民法は公益法人しか認めず、特別法として中間法人法を定めていた。主務官庁の許可によって成立し、税法上の優遇措置を受ける2万6千余りの公益法人が、必ずしも公益の役割を果たしていないことなどの反省から、平成18年の民法の一部改正によって、民法33条以下が改正され、また中間法人法が廃止されて、新たに3つの特別法が制定された。すなわち、一般法人法、公益法人法、一般法人整備法である（序5(2)参照）。

　法人には人の結合体である社団法人と、一定の目的に捧げられた

財産である財団法人との２種がある。

(1)　社団　　人類の社会生活は個人だけを中心として成立しているものではない。家族集団、地域団体、国家などはいうに及ばず、近代においては公益または私益を目的とする大小強弱の無数の団体が存在し、個々の構成員の単なる集合ではなく、独立の一体的存在として社会関係の中に現われてくる。これらの団体は個人の力ではとうてい達することのできない事業を行い、人類文化の発展に欠くことのできない作用を営む。それは複数の人の集団であるため、内部的にはその構成員の意思を統一し、外部的には団体として財産を保有し、代表者を通じて活動をする仕組みや、団体自体の責任について明確にすることが要請される。法律はこの種の団体に権利主体としての法人格を認め、各種の団体の社会的作用に対応して、それらが１個の社会構成の単位として円滑にその機能を営むことができるよういろいろの型を認め、それぞれに種類や程度の違った規制をしている。このようにして認められた社団法人が、社会生活のあらゆる部面で重要な役割を担当している。個人はあれこれの部面でこれらの法人の運営に直接に参加し、または財産を出資することによって間接に参加している場合が多い。

(2)　財団　　人類社会において蓄積された財産が重要な意味をもつことはいうまでもない。そして特定の財産が一定の非個人的目的に捧げられ、それを運用するための根本規則が定められ、なかんずく、人の組織が確立すると、それが独立の社会活動の主体と認められる場合が少なくない。つまり、社団の場合と異なって、はじめに財産があって、これをそれが捧げられた目的に奉仕させるために、人の組織が付加される。したがってそれは運営を担当する者の交替があっても独自の存在を続ける。この種の財産は一般に財団といわ

れる。法律は一定の条件のもとで、財団そのものを権利の主体と認める。今日、きわめて多種多様の財団法人が設立され、重要な機能を営んでいることは周知のとおりである。

このように、法人は、社団・財団の区別なく現代の社会構成の単位としてきわめて重要な機能を営んでいるので、法律はその成立・内部組織・外部に対する法律形式などを詳細に規定する。

46 法人の本質

(1) **法人の本質をめぐる諸学説** 法人の本質が何であるかは学者の大いに論議したところである。

(ア) **法人擬制説** 権利の主体となりうる実体は本来自然人に限るべきものだという前提をとれば、法人は法律が特に自然人に擬制したものだと説くことになる。これを法人擬制説という。この理論はさらに法人は特に国家または法律が認許する場合にだけ成立することができると説くことになるから、近代法がその初めに個人だけを尊重して団体を軽視したときには、その要求にも適し、学説および立法をふうびした。

(イ) **法人否認説** 社会の法律関係をその終局の利益の帰するところに従って把握しようとする思想を突き詰めてゆくと、自然人以外に法律関係の主体たる実体を有するものはなく、法人は結局その本体を否認されるべきものだという思想を生ずる。これを法人否認説という。

(ウ) **法人実在説** これと反対に、個人は社会生活において決して孤立するものではなく、種々の関係において相結合して生活するものであり、人類文化の発達は人類結合の歴史の成果であることに着目すると、人の結合は少なくとも個人と同等の立場において法律関係の中心点である地位を与えられねばならぬと考えられてくる。

ここに法人は社会生活関係のなかで否定することのできない実体を
有し厳として存在するものだと説く説が生まれる。この種の説を総
称して法人実在説という。ことに近代法が次第に個人のほかに団体
の重要性を意識し、社会関係を種々の結合体を基礎として規律しよ
うとする傾向に進むとき（総15参照）、この理論はこれに対して強
い理論的根拠を与えることになる。今日多くの学説は実在説に属す
る。ただこの実在説中にも、人の結合体の社会学的研究に重きをお
いてこれを一種の有機体であると説くもの（有機体説）や、法人の
法律的組織に重きをおいてこれを法律的組織体であると説くもの
（組織体説）や、さらに法人の担当する独特の社会的作用を主眼と
して、これを構成員たる個人を離れた独自の社会的作用を営むもの
であると説くもの（社会的作用説）など、その色調に多少の差異が
ある。以上の法人本質論に対しては、法人の種類に応じて国家の関
与の度合いが異なるとし、必ずしも法人につき一元的に法人の本質
を論ずるのは妥当でないという指摘もある。

　(2)　法律の立場　　明治民法の規定中には、立法者は擬制説に根
拠をおいたのではなかろうかと思われる節もないではなかった。し
かし法人の本質というような根本理論は必ずしも１、２の条文の片
言によって決すべきものではなく、わが民法の解釈としても学者は
一般に実在説をもって説明している。

　(3)　法人本質論の意義　　わが民法を実在説で説くことは一見あ
まり利益のない学理上の問題にすぎないようにみえる。ことに法人
の理事が他人に損害を加えたときに法人自身の賠償責任が認められ
るか、という重要な問題は実在説でなければ理論上は肯定できない
ように思われるが、法律は明文をもって肯定しているから（一般法
人78条・197条参照）、いずれの学説をとっても不都合を生じないと

もいえそうである。しかし、この条文を解釈するにあたって、擬制説をとればこれを理論に反した便宜規定とみることになり、実在説をとれば理論上当然の規定となる。その結果、前者においてはその適用の範囲が後者に比べておのずから狭くならざるをえない（総62参照）。同様に、後で述べる法人の行為能力（法人が行為しうる能力）の範囲という問題も、直接には34条の解釈によって定まるが、擬制説は特にその法人の目的として列挙された行為に限る傾向を示し、実在説は法人の社会的作用を観察して妥当な範囲に拡張する傾向を示す（総61参照）。さらに、社会に事実上生ずる種々の団体に対して民法が偏狭な態度をとってこれを法人として取り扱うことを拒否する場合に、擬制説はこれを当然のこととするのに反し、実在説はこれを不当とし、この種の団体に対してもできるだけ独自の法律的地位を認めるように努力することになる。このように擬制説をとるか実在説をとるかは、一面、民法の条文を解釈するにあたっての指導的理想を与えるとともに、他面、民法に規定のない社会生活関係を取り扱う場合の態度を決定させるものであって、実際上も重要な結果を生ずる。

47　権利能力のない社団・財団

　社会には営利を目的とするものではないが、そうかといって社会公共のための公益を目的とするともいえない団体が非常に多い。もっぱら会員相互の精神的または肉体的向上を目的とし、社会一般の利益を直接の目的としない結合、すなわち社交的なクラブや体育クラブ、ある学校の関係者だけの自治会や運動団体などをはじめとして、労働者の団体、同業者の団体などがこれである。これらのものは多数の団体員を有し、多数決によって意思を決定し、代表者によって行動し、団体の独立財産を有するから、その実体において社団

法人と異なるところはないが、平成13年の中間法人法によって中間法人（平成18年改正以後は一般社団法人）の設立が可能となるまでは、これを法人とすることは、特別の法律がない限り不可能であった。

　そのため、かつて、学者は一般に、法人でない団体はすべて組合として667条以下の適用を受けると説いていた。しかし、民法の組合は、後に述べるように、団体員個人の個性の強い結合体であって、組合員の脱退・加入は全員の同意を要し、代表者の行動は全員の代理人としての行動とみられ、ことに財産は全員の共有であり、債務は全員の無限責任である。このような理論は上述のような特殊の団体に適用できないことはきわめて明瞭である。ある学校の職員生徒全員の結合団体に対して、債務は全員の無限責任であり、財産は全員の共有であって脱退する者にその持分を分与すべきであり、代表者は全員の名において代理人として行動すべしといっても、とうてい納得できないであろう。そこでその後の学説および判例はこのような団体を権利能力のない社団あるいは人格なき社団と呼び、民法の組合とは本質を異にするものと考えるに至った（最判昭和39・10・15民集18巻8号1671頁・基本判例16（成立要件）、最判昭和32・11・14民集11巻12号1943頁（財産関係）、最判昭和47・6・2民集26巻5号957頁・基本判例17（財産関係）、最判昭和48・10・9民集27巻9号1129頁・基本判例18（取引上の債務の個人責任否定）、最判昭和55・2・8民集34巻2号138頁（沖縄の血縁団体である門中））。そうして、その法律上の取扱いはできる限り社団法人に準ずべきものとする（ただし、権利能力のない社団名義の登記は認められない。前掲最判昭和47・6・2）。労働組合は労働委員会の証明を受けて登記をすれば法人格を与えられ（労組11条1項）、そうでなければ法人格を与えられないことになっているが、この学説によれば法人格を取得したかどうかに

よって実質上大した差は生じないことになる。社会の実際において合法的なものと認められる活動をする団体が、法律上法人であると宣言されるか否かによって、その法律関係が根本から異なるものになるということは、あまりにも社会の事実に即しない法律論といわねばなるまい。そうして近時このような理論が主張されることは、前述した法人実在説が、直接民法の規定のない団体的関係に対しても、できる限り団体としての独自的存在を認めるような態度をとらせるといったことの1つの現われなのである（総46(1)(ウ)参照）。

　今日では一般社団法人の設立が可能となって、公益も営利も目的としない団体について権利能力のない社団の法理を適用せざるをえない状況はなくなった。しかし、公益も営利も目的としない社団に限らず、法人の設立手続をとっていない場合については、今後とも権利能力のない社団の問題が残る。

　なお、社団と同様、権利能力のない財団の存在も認められる（最判昭和44・11・4民集23巻11号1951頁）。

48　法人格否認の法理

　株式会社が実質は個人企業でありながら税金対策上法人格をもつに至ったにすぎないときには、これと取引をする相手方にとっては、個人と取引をしたのか、会社と取引をしたのかがはっきりしないことがある。このように法人格が形骸化しているときには、相手方は、その会社の法人格を否認してその背後にある個人の責任を追及することができる（最判昭和44・2・27民集23巻2号511頁・基本判例19）。また、法人の代表者が法人格を濫用して自己の責任を逃れようとするときも同様である（最判昭和48・10・26民集27巻9号1240頁）。このように、法人と取引する相手方が法人格を否定して実質的な責任者個人の責任を追及できるという法理を法人格否認の法理という。そ

の基礎に、信義則（1条2項）、権利濫用の禁止（同条3項）が控え
ていることはいうまでもない。主として株式会社につき論じられ、
法人が形骸化している場合（前掲最判昭和44・2・27）と権利濫用の
場合（前掲最判昭和48・10・26）とを分けて論ずべきだとされている。

49　財団法人と信託

　法律の認める2種の法人のうち他の1つは財団法人である。先に
一言したように一定の財産を学術・育英・慈善・宗教などの目的に
捧げ、これを運用する仕組みを設けることによって、寄付者もしく
はその運用を担当する人の死亡・更迭などによって事業が中絶する
ことなく、財産の存続する限り永遠に存在させようとする制度であ
る。同様の目的は信託によっても達せられる。信託は財産を一定の
地位にある人または特定の施設（地方公共団体や会社など）に帰属さ
せ、法律上これらのものの財産として一定の目的のために運用させ
る制度である。つまり、その受託者を信頼してこれに財産を託する
という思想に基づくものであるが、法律がその信託財産を受託者の
固有財産から区別し、信託財産運用の方法などについて規定を設け
れば、財団法人と同様の目的を達することができる。仕組みとして
どちらがすぐれているとはいえず、国民ないし担当者がいずれの行
き方に慣れていて、その運用が円滑に行われるかが問題なのである。
もともと信託は英米に発達した制度であり、財団法人は欧州大陸に
発達した制度である。民法は後者を輸入したにとどまったが、後に
信託法（大正11年）を制定して英米法にならうに際して、営利信託
だけでなく公益信託の制度をも取り入れた。この信託法は、平成18
年に全面的に改正された。大正11年制定の公益信託ニ関スル法律は、
改正をみながら、今日まで存続している。現在では、財団法人と信
託との両制度が同一の目的に対して併存することになった。しかし、

今日でもまだ従来からの財団法人のほうが圧倒的に優勢なようである。

50　法人の種類

　法人には社団法人と財団法人の区別があることはすでに述べたとおりであるが、特別法によって認められるものが非常に多い。それらのものを含めて整理してみると、つぎのように分類することができよう。

　⑴　一般社団法人と一般財団法人　　一般法人法によって認められる法人である（両者を合わせて「一般法人」と呼ぶことがある）。剰余金の分配を目的としない社団と財団であり、その行う事業の公益性の有無にかかわらず、準則主義（登記）により法人格を取得できる。それらは、一般社団法人・一般財団法人の名称を用いなければならない（一般法人5条）。一般社団法人・一般財団法人でないものはこれらと誤認させる名称の使用が禁止される（同6条以下）。住所は主たる事務所の所在地にある（同4条）。

　⑵　公益社団法人と公益財団法人　　一般社団法人と一般財団法人のうち、公益法人法に基づき内閣府に設ける有識者7人の公益認定等委員会（公益法人32条）により公益性があると認定された法人である（同4条）。法人の財務につき、公益目的事業比率が100分の50以上とされ（同15条）、内閣総理大臣または都道府県知事の監督を受ける（同27条）。税法上の優遇措置がある。公益については、公益法人法の別表に「学術及び科学技術の振興を目的とする事業」その他計23項目の事業等が掲げられており、また、公益性認定の基準として18項目が掲げられている（同5条）。

　⑶　ＮＰＯ法人（特定非営利活動法人）　　特別の法律によって設立された宗教法人、学校法人、医療法人、社会福祉法人、ＮＰＯ法

人等は、公益法人に類似するが、別のタイプの法人として存続する。

NPO法人とは、平成10年に公布された特定非営利活動促進法に基づく法人をいう。この法律は、特定非営利活動を行う団体に法人格を付与すること等により、ボランティア活動をはじめとする市民が行う自由な社会貢献活動としての特定非営利活動の健全な発展を促進して、公益に資することを目的とする（同1条）。不特定かつ多数のものの利益に寄与し、営利を目的としない、保険、医療または福祉増進を図る活動等20項目の特定非営利活動を営む団体が法人の対象となる（同2条）。設立は認証主義とされ（同10条）、登記が必要とされる（同7条・13条）。所轄庁は原則として都道府県知事とされる（同9条）。

(4)　営利法人　　営利法人は、もっぱら構成員の私益を目的とし、したがって、団体の利益を結局何らかの形式で構成員に分配するものである。社団に限り、財団には営利を目的とするものはない。営利法人には、会社法上、営利を目的とする株式会社や持分会社（合名会社・合資会社または合同会社）がある。なお営利法人のうち特殊の国策に関連の深いものについて、特別法によって設立され、規制されている場合もある（日本銀行）。

(5)　公法人・私法人　　法人は公法人と私法人に大別されるのが普通である。しかし、この区別の標準については従来から学説が大いに分かれ、判例も一貫していない。今日このような区別をすることが適当であるか、あるいは実益があるかどうかは疑問であるが、一応これまで説かれたところに従って説明を進めてみよう。

(ア)　公法人　　公法人とは、従来一般に説かれているところによれば、その設立または管理について国家の公権力が加わるものである。国家の統治的作用を担当する国・都道府県・市町村などのいわ

ゆる地域団体と水利組合・土地改良区などのいわゆる公共組合とが
これに属する。そしてある法人が公法人であることから、つぎのよ
うな効果が生まれる。すなわち、会員に対する会費その他の金銭の
取立てが税法の認める強制徴収の方法によること、その法人の不法
行為について国家賠償法の適用があること、その法人の役員につい
て汚職の罪が成立し、また関係文書について公文書偽造罪が成立す
ることなどである。

　しかし、一般に公法人といわれるものでも、その設立または管理
についての国家の公権力の関与する程度には各種の法人によって著
しい強弱があり、またそれぞれの法律関係について関与の仕方が異
なるから、上の標準から公法人とされるものに前記の効果が一律に
認められるとはとうてい考えられない。ことに第2次大戦後は、か
つて存した公法人の事件を扱った行政裁判所はなくなり（もっとも
行政庁の処分についてだけは行政事件訴訟法の適用がある）、国または
公共団体の公権力の行使に当たる公務員の不法行為についても、国
家または公共団体が損害賠償の責任を負うことになった（憲17条、
もっとも国家賠償法の規定と民法の不法行為の規定では若干の差があり、
その意味では区別はある）。これらのことを考え合わせると、法人を
公法人と私法人とに2分することは不適当でもあり不必要でもある。
それぞれの法人について、それぞれの問題について、特別の規定が
ある場合にだけ、公法人的取扱いをすれば足りるであろう。

　㈡　私法人　　私法人とは、公法人以外の法人のすべてを含む概
念である。社団法人であると財団法人であるとを問わず、また公益
法人・営利法人もすべて私法人である。その法人を設立する旨の具
体的な法律の規定に基づいて設立される特殊法人・独立行政法人・
認可法人・特別民間法人には、公的な金融を目的とする金庫（国策

的目的の金融を行う法人、たとえば農林中央金庫と、特定の集団の金融
を目的とする協同組合的な法人、たとえば信用金庫・労働金庫などを含
む）、主として国の資金と責任においてすべきでありながらも、そ
の運営に民間の創意を導入することを目的として設立された公団
（独立行政法人都市再生機構など）、国民大衆および小企業者に対する
資金供給を目的として設立された公庫（株式会社日本政策金融公庫・
独立行政法人住宅金融支援機構など）などの、公的色彩が強く、特殊
の名称をもつ法人も(ア)に述べた意味ではすべて私法人に属する。近
年、特殊法人の整理統合、民営化、独立法人化等が進められ、公的
色彩はいっそう弱まっている。

(6)　その他の法人

(ア)　相続財産法人　　相続人が不存在のときに、相続財産法人が
成立し、財産の清算などが行われる（951条）。

(イ)　地域団体法人　　判例は、一定地域の住民団体を権利能力の
ない社団としていたが（最判昭和42・10・19民集21巻8号2078頁）、地
方自治法は、地縁に基づいて形成された団体（地縁による団体）は、
地域的な共同活動のための不動産または不動産に関する権利等を保
有するため市町村長の認可を受けたときは、その規約に定める目的
の範囲内で権利を有し、義務を負うと定めた（自治260条の2第1
項）。認可を受けた地域団体は、市町村長が作成する地縁団体台帳
に登載される。

第2節　法人の設立・組織変更および登記

51　法人設立の諸主義

法人の設立に関しては種々の主義がある。これを大別すれば、国

家が個々の法人の設立に積極的に干渉する主義と、干渉しない主義
とに分かれる。

(1)　**積極的に干渉する主義**　　国家の干渉の度合によってさらにつ
ぎのように分けられる。①その1は、各個の法人を設立するために
特別の法律を制定する**特許主義**である（たとえば日本銀行その他の特
殊銀行、その他公団・公庫・公社等）。②その2は、各個の法人の設
立について国家の自由裁量による許可を必要とする**許可主義**である
（平成18年改正前の民法上の公益法人）。③その3は、一定の組織を備
え、かつ、主務大臣・所轄行政庁などの認可によって成立するとい
う**認可主義**である（たとえば農業協同組合・健康保険組合等の特殊の組
合、学校法人等）。これと許可主義との差は、認可主義においては法
律の定める要件を具備していれば、必ず認可が与えられねばならな
い点にある。④その4は、**認証主義**である。許可と認可との中間に
あって、むしろ認可主義に近いものである（宗教法人、いわゆるN
PO法人。総50(3)参照）。⑤さらに別の観点からすると、あるいは法
人の設立を強制し（たとえば弁護士会・森林組合等）、あるいは一定
の地区ないし地位の者が組合を結成した場合にそれへの加入を強制
する（たとえば土地改良区・健康保険組合・司法書士会等）主義が考
えられる。これを**強制主義**という。

(2)　**積極的な干渉をしない主義**　　さらに法律の定める一定の組織
を備えることによって成立を認める**準則主義**（一般社団法人、一般財
団法人、会社、労働組合等）と、全く自由に放任する**自由設立主義**
（わが国にはその例がない。33条参照）とに分かれるが、いずれもそ
の組織内容を公示するために、登記または登録を必要とするのが普
通である。社会で活動している法人のうち、圧倒的多数である会社
について会社法は準則主義を採用している（会社49条・579条）。

52 一般社団法人の設立

(1) **一般社団法人の設立行為**　社員2名以上で設立できる。設立時の財産保有は規制しない。定款の作成が必要であり、それは公証人の認証を受けないと効力を生じない（一般法人10条以下）。社員総会（同35条以下）と理事（同60条1項）は必ず置く。定款の定めによって理事会、監事、会計監査人を設置できる（同条2項）。資金調達および財産的基礎の維持のために基金制度を採用できる（同131条以下）。設立時社員等の一般社団法人および第三者に対する損害賠償責任等（同23条以下）、設立時役員等の選任・解任（同15条以下）、設立時理事等による調査（同20条）、設立時代表理事の選定等（同21条）の定めがある。一般社団法人は、その主たる事務所の所在地での設立の登記によって成立する（同22条）。

(2) **定款の作成**　一般社団法人の社員となろうとする者（設立時社員）が共同して定款を作成し、その全員がこれに署名または記名押印しなければならない（一般法人10条1項）。「定款」は、社団法人の組織の準則を記載した書面であり、電磁的記録でも作成できる（同条2項）。定款には、目的、名称、主たる事務所の所在地等を記載または記録しなければならない（同11条1項）。これらの記載事項は必要的記載事項といわれ、記載を欠くと定款は無効となる。その他の事項の記載も許され（同12条）、これを任意的記載事項という。任意的記載事項も記載をすると必要的記載事項と同じ効力を有する。社員に剰余金または残余財産の分配を受ける権利を与えるという定款の定めは、その効力を有しない（同11条2項）。定款は、公証人の認証を受けなければ、その効力を生じない（同13条）。

(3) **一般社団法人設立行為の性質**　一般社団法人の設立行為は、契約か、それとも当事者間で同一の目的に向けての意思表示である

合同行為かをめぐって学説が分かれるが、設立行為者中に制限行為能力者がいたり錯誤者がいてその者の行為が取り消されても（120条1項、95条）設立行為は影響を受けないという意味で合同行為説が有力である（組合契約に関する667条の3も参照されたい）。

　(4)　社員　　社員は、定款の定めにより、一般社団法人に対し、経費を支払う義務を負う（一般法人27条）。任意退社（同28条）、法定退社（同29条）、除名（同30条）、社員名簿（同31条以下）等の定めがある。

53　一般財団法人の設立

　(1)　定款の作成　　一般財団法人の設立者全員が定款を作成し、全員がこれに署名または記名押印をしなければならない（一般法人152条1項）。設立者は、遺言で一般財団法人を設立する意思を表示できる（同条2項）。定款には、目的、名称等の事項を記載または記録しなければならない（同153条1項）。理事または理事会が評議員を選任・解任する旨の定款の定め、および設立者に剰余金または残余財産の分配を与えるという定款の定めはその効力を有しない（同条3項）。定款は公証人の認証を必要とする（同155条）。

　(2)　財産の拠出等　　設立者（遺言執行者を含む）は、公証人の認証後遅滞なく300万円以上の財産を拠出しなければならない（一般法人153条2項・157条）。設立時評議員等の選任（同159条）、設立時理事等による調査（同161条）、設立時代表理事の選定等（同162条）、設立者等の一般財団法人および第三者に対する損害賠償責任等（同166条以下）の定めがある。一般財団法人は、その主たる事務所の所在地での設立の登記によって成立する（同163条）。

54　一般社団法人の定款の変更

　一般社団法人は、その構成を定める定款がなくては成立しない。

しかし、一度成立すれば、後述する総会によってみずから意思を決定し、必要に応じてその組織を修正しながら自主的に活動する。したがって、社員総会の決議によって定款を変更することができる（一般法人146条）。

55 一般財団法人の定款の変更

一般財団法人は、その成立後、評議員会の決議によって、定款を変更できる（一般法人200条1項本文）。ただし、財団法人の目的、評議員の選任・解任の方法に関する定款の定めは、変更することができない（同条1項但書）。この但書にかかわらず、設立者が評議員会の決議によって変更できる旨を定めたときは別である（同条2項）。一般財団法人は、その設立の当時予見できなかった特別の事情により、上記但書に規定する定款の定めを変更しなければその運営の継続が不可能または著しく困難になるに至ったときは、裁判所の許可を得て、但書に規定する定款の定めを変更できる（同条3項）。

明治民法のもとでは、財団法人の寄附行為（定款に相当）の目的の変更はできないと解されていたが、改正法は、厳格な要件のもとに、目的の変更を可能とし、財団法人の柔軟な運営を図ることにした。

56 法人の登記

法人は一定の組織を有することを要するが、この組織を具備するかどうかを監督しかつ組織内容を一般人に知らせるために、法律は法人登記の制度を設け、一定の事項を登記すべきものとしている。すなわち、法人は、民法その他の法令の定めるところにより、登記をするものとする（36条）。一般社団法人は、その主たる事務所の所在地で設立の登記をすることによって成立する（一般法人22条）。

一般財団法人も同様である（同163条）。

　一般法人法の規定により登記すべき事項は、登記の後でなければ、善意の第三者に対抗できない。登記の後であっても、第三者が正当な事由によってその登記があることを知らなかったときは、同様とする（同299条1項）。故意または過失によって不実の事項を登記した者は、その事項が不実であることを善意の第三者に対抗できない（同条2項）。主たる事務所の所在地における設立登記として、一般社団法人は、目的、名称等15項目（同301条）、一般財団法人は、評議員の氏名等13項目（同302条）の事項を登記しなければならない。そのほか従たる事務所の所在地における登記事項等（同312条以下）、登記の嘱託（同315条）、登記の手続等（同316条以下）に関する規定がある。登記を怠った理事等には、過料の制裁がある（同342条1号）。

57　法人の住所

　法人も、自然人と同様に、一定の場所を中心として社会的活動を行う。一般社団法人および一般財団法人の住所は、その主たる事務所の所在地にあるものとする（一般法人4条）。すなわち、法人の一般的統轄を行う最高首脳部の存在する場所がその中心地であり、そこに法人の住所があるとする。

　住所としての効果は自然人について述べたところと同様である（総40(4)参照）。

58　公益社団法人と公益財団法人の認定

　この問題については、すでに法人の種類の箇所で述べた（総50(2)参照）。

第3節　法人の能力

59　序　　説

　法人は、社会生活において1個の作用を担当する独立の存在であるとする実在説が広く認められるに従って、その能力の範囲もまた、社会的作用を標準として決定されることになる。個人本位から団体活動尊重へという法律思想の移り変わりがこれを側面から支持している。法人の能力には、法人が、①どの範囲の権利義務を享有することができるか（権利能力）、②この権利義務を享有するためにどのような種類の行為ないし取引をすることができるか、それをだれがどういう形式ですべきか（行為能力）、③だれのどのような不法行為について、法人自身が賠償責任を負担するか（不法行為能力）の3個の側面がある。判例・学説は、そのいずれの側面についても、次第にその範囲を拡大する傾向を示している。

　なお、注意すべきは、法人の能力の問題はすべての法人に適用があることである。民法34条は会社法に準用されていないが、会社についても同一の理論を認めねばならない。その他の特別法による法人についても、これらの規定を準用するか、そこに含まれる法理によって規律されるべきである。

60　権利能力

　法人はどんな種類の権利を享有できるか、すなわちその権利能力の範囲いかんに関しては、自然人とつぎの3つの点で異なることを注意すべきである。

　⑴　性質上の制限　　自然人が性・年齢・親族関係などのようにその天然の性質を要件として享有する権利は、法人がこれを享有で

きないことは説くまでもないであろう。しかし、氏名権、名誉権などの人格権はこれを享有できる（最判昭和39・1・28民集18巻1号136頁）。法人は成年後見人になれる（843条4項）。また相続人となることは相続法の規定上認められないが（886条―890条）、遺贈を受けることはできる（990条参照）。

　(2)　**法令による制限**　　法人の権利能力の範囲は法律または命令によって制限することができる。すなわち、法人は、法令の規定に従い、定款その他の基本約款で定められた目的の範囲内において、権利を有し、義務を負う（34条）。自然人においてはすべての個人は法の下に平等であるという近代法の一大理想により、その権利能力を制限することは原則として許されないと解される（憲14条）。これに対し、法人は、その権利能力に関しては外国人と同じに取り扱われる（3条2項参照）。もっとも、現行法上一般的に法人の権利能力を制限した法令はなく、ただ個々の制限があるだけである。

　(3)　**目的による制限**　　法人の権利能力はその目的を中心として広狭がありうる（34条）。なぜならば、前に述べたように法人は一定の目的の下に統一された組織をもち、この目的を担当するために権利の主体たる地位を認められるものだからである。しかし、この際特に注意すべきことは、法人の権利能力の範囲は定款または基本約款に列挙されている目的自体に限られるのではなく、「目的の範囲内」つまりこの目的を中心としてその達成に必要な範囲の権利に及ぶことである。したがって民法上の法人においても、社会生活の一員として適当な行動をするためにはあらゆる私法上の権利を享有する必要があるのであるから、民法の法人としては目的によって享有できる権利の種類が限定されるということはほとんどないといってもよいと思う。

61　行為能力

　法人の行為能力については自然人のそれとはやや異なる観察をすべきである。すなわち、自然人においては、精神能力発達の程度から独立に行為をさせてもよいかどうかを考えたのであったが（総24参照）、法人においては、法人はどんな行為をなしうるか、いいかえればだれがどのような行為をしたときにこれを法人の行為と認めるかを問題とするのである。

　(1)　**法人自体の行為**　　法人自体の行為なるものを認めることができるか。法人は単に権利を享有できる仮装物として自然人に擬制されたものにすぎないとする法人擬制説は、法人は権利能力はあるが行為能力はない、現実の権利義務の取得は代理人の行為によるほかはないと説くことになろう。しかし、法人は1個の組織体として社会生活のなかで独自の社会的作用を担当する実体を有するものだ、とする実在説によるときは、社会生活においてその作用を達成するために法人自体が行為をするということもまた認められる。いいかえれば、法人の代表機関の一定の行為は法人と対立する他人の行為ではなく法人の活動自体であると認められることになる。この意味において法人の行為というものが存在する（総46参照）。

　(2)　**代表機関**　　ではだれの現実にする行為が法人の行為と認められるのか。それは代表機関の行為である。すなわち、一般社団法人および一般財団法人では、理事（代表理事その他の代表者を定めたときはその者）が代表機関である（一般法人77条・197条）。代表機関が法人を代表する関係および代表機関の行為の効果が法人に帰属する関係は代理と同じである。したがって法律行為の形式・要件についてはすべて代理の規定に準拠して妨げない。民法はこれを予想して特別に規定を設けなかった。したがって代表機関は法人のために

することを示して行為しなければならない（99条・100条参照）。なお、代表機関の行為が無権代理・表見代理などに当たる場合にも代理の規定を適用すべきものと解されている（総121以下参照）。

(3)　**目的の範囲内の行為**　　代表機関の行為であっても法人の目的と関係のないものは法人の行為とは認められない。いいかえれば、法人はその目的の範囲内においてだけ行為能力を有する。たとえば理事の家庭生活上の行為などはもちろん、理事個人の業務のためにする行為なども法人の行為とならないことはいうまでもない。このことは、法人は1個の目的を担当し、その目的を中心としてのみ独自の存在を認められるものであることからおのずと理解されることであるが、34条は、前述のように権利能力の範囲を示すとともに、行為能力の範囲をも示すものと解することができる。しかし目的の範囲内ということは、ここでも前に述べた権利能力におけると同じく、定款または基本約款に目的として列挙された行為だけではなく、その目的の下に活動する社会の一員として適当な範囲の行為を包含するものであることは特に注意しなければならない。法人といえども手形その他の金融取引上の行為や町内の祭典への寄附などができることはいうまでもない。

　学説において実在説が次第に有力になり行為能力の範囲を広く解するようになったことは、先に述べたとおりである。判例も、営利法人につき、かつて役員に対する報酬支払の約束や、他人の債務の保証などを行為能力の範囲外として無効としたが、次第に広く解し、「定款ニ具体的ニ記載シタル事業ヲ遂行スルニ必要ナル事項」はすべて法人の行為能力の範囲内であると明言するに至った（大判昭和6・12・17新聞3364号17頁。同旨、最判昭和27・2・15民集6巻2号77頁）。株式会社が政党に政治献金をするのも目的の範囲に属すると

している（最大判昭和45・6・24民集24巻6号625頁－八幡製鉄政治献金事件・基本判例10参照）。

　これに対し、非営利法人については、目的の範囲はやや狭く解されている（税理士会の政治団体への寄付を目的の範囲外とした最判平成8・3・19民集50巻3号615頁－税理士会献金事件・基本判例11。ただし、阪神・淡路大震災により被災した兵庫県司法書士会に復興支援金3000万円を寄付するために特別に負担金を徴収する旨の群馬県司法書士会の総会決議の効力は同会の会員に対して及ぶとした最判平成14・4・25判時1875号31頁がある）。会員への融資を目的とする産業組合が会員外に貸し付けた行為（員外貸付け）を無効とした判例があり（大判昭和8・7・19民集12巻2229頁）、その後農業協同組合に関する同様の事件において、これを付帯事業として目的の範囲内であるとした判例があるものの（最判昭和33・9・18民集12巻13号2027頁）、そうした貸付けが組合の目的と無関係であり、定款違反を双方が承知していたときは、その貸付けは組合の目的の範囲内に属しないとした判例がある（最判昭和41・4・26民集20巻4号849頁）。

　このような場合に、その行為を担当した役員が、法令違反を理由に罰則の適用を受け、または法人内部において規約違反の責任を問われることがありうる。

　(4)　法人の行為の効力　　行為能力の問題に関連しては、ある行為が内部的に定款上理事が単独でなしうるものであったか、あるいは総会の同意を要するものであったか、理事個人の利益のために行われたか、などが問題になることがある。

　(ア)　通常の行為の場合　　その行為が外形上法人の行為能力の範囲に属し、かつ理事の権限に属する以上、原則として法人の行為となる。なぜならば理事が個人的な利益を図るために権限内の行為を

したということは理事の権限濫用の問題であり、法人の行為であることに影響はないはずであり、また、当該の行為が法人の不利益に帰したというのは法人がその行為を下手にやったというにすぎないからである。ただ相手方がそのことを知りまたは知りえた場合には後述するように（総103）、93条1項但書の類推適用により、法人はその効果を否定できるものとされてきたが、平成29年改正によって代理権の濫用に関する明文の規定（107条）が設けられた。

　(イ)　越権行為の場合　　法人の行為能力の範囲内の行為ではあるが、代表機関がその職権の範囲を越えて行為した場合には、正常の法人の行為であるとはいえない。しかし、表見代理に関する110条を類推適用して（総122⑴(イ)）法人の責任を認めるべきである。しばしば問題になるのは、村の代表機関が地方自治法の定める代表権限を越えて、しかし、外形上職務行為とみられる行為をしたような場合（たとえば収入役がいるのに、権限のない村長が村の名で借金をした場合）に、110条を類推適用すべきかどうかである。権限が法律上明確にされているので、相手方が代理権があると信ずべき正当な理由はないとして否定する説もあるが、判例はこれを肯定する（最判昭和34・7・14民集13巻7号960頁）。

62　不法行為能力

　法人の不法行為能力の問題も前段に述べた行為能力の問題と同じ観点から考えられる。

　⑴　法人の不法行為　　一般社団法人は、代表理事その他の代表者がその職務を行うについて第三者に加えた損害を賠償する責任を負う（一般法人78条）。一般財団法人についても同様である（同法197条）。それは、平成18年改正前の民法44条1項と同趣旨である。法人の行為なるものを認めることはできないとする擬制説が法人の

不法行為能力を否認することはいうまでもない。したがって上記の諸法条が一定の場合に法人の賠償責任を認めたのは理論上は法人が他人の行為について負担する責任だとみることになる。そうして、そもそも被用者の不法行為について使用者が賠償責任を負うのはその選任監督をあやまった場合に限るのが民法の一般原則であるが（715条但書参照）、前掲の諸法条がこのことを要件としないのは政策上法人について特に責任を重くしたものだと説くことになる。しかし実在説によって法人の行為というものの存在を認めるときは、その行為によって他人に損害を加えることも起こりうるわけであって、したがってこれについて自己の行為としての責任を負うのは当然であるということになる。上記諸法条はこの当然の事理を定めたものであり（総46参照）、その要件は以下のとおりである。

　(ア)　代表機関による不法行為　　法人の不法行為はやはり代表機関の現実の行為によって成立する。法人の代表者の行為についての法人の責任であるから、法人の代表機関ではない代理人、たとえば支配人の行為の場合には、法人が使用者としての責任（715条）を負うことはあっても、法人そのものの不法行為が成立すべき理由はない。一般社団法人の代表機関は、理事または（定款、定款の定めに基づく理事の互選もしくは社員総会の決議によって定めた）代表理事である（一般法人77条・90条3項）。一般財団法人の場合は、社員総会に代えて評議員会とするほかは、一般社団法人の場合と同様である（同170条1項・197条）。清算法人の代表者は清算人である（同208条・209条・214条）。

　(イ)　職務を行うについて　　代表機関の不法行為が法人の不法行為となるのは法人の目的の範囲内の行為に限ることも、前に行為能力について述べたことからおのずから理解できるであろう。前述し

たように一般法人法78条は代表機関が「その職務を行うについて」第三者に加えた損害という文字をもってこの趣旨を示した（大判大正7・3・27刑録24輯241頁参照）。なぜならば、代表機関の職務は法人の行為を代表することにあり、法人の行為は前述のように法人の目的の範囲においてのみ成立するものだからである。そうしてここでも法人の目的の範囲というのは、法人の社会的作用を中心として適当に広く解されるべきことは行為能力の場合と同様である。学説・判例はこの標準を具体的に示すために、職務を行うについてとは、行為の外形上職務行為自体と認められるものおよび社会観念上これと適当な牽連関係に立つ行為であると説く（外形標準説。最判昭和37・9・7民集16巻9号1888頁－村長の手形振出事件・基本判例12（平成18年改正前の民法44条1項による判決）ほか）。ただし、外形上職務に属すると認められる行為につき、悪意または重過失のある相手方は、法人の責任を問うことができない（最判昭和50・7・14民集29巻6号1012頁・基本判例13）。

　なお、先に述べたように、法人の代表機関が権限を越えて不正な代表行為（取引行為）をした場合に、110条などの表見代理の規定を類推適用して、できる限り法人にその行為の効果を帰属させるべきであるが、相手方の過失などを理由にそれが否定される場合には、相手方が法人の不法行為として損害の賠償を請求し、これが（必要に応じて過失相殺を伴って）認められる可能性もある（最判昭和41・6・21民集20巻5号1052頁）。

　㋑　故意・過失　　代表機関の行為は不法行為の一般的要件を満たすもの、すなわち故意または過失に基づき他人の権利を侵害するものでなければならない。つまり個人が不法行為の賠償責任を負う場合と同様の要件を必要とする（709条参照）。なぜならば、一般法

人法78条・197条は法人自身の不法行為の成立要件を定めたものであると考えれば、それは結局709条を法人に適用するための特別要件にすぎないことになるからである。

　(2)　役員等の第三者に対する損害賠償責任　　法人自身の不法行為と関連して役員等（理事、監事および会計監査人）自身の責任も問題となる。

　第1に、役員等の不法行為がその職務執行の範囲外のものであるときは、法人は責任を負わず、役員等だけが一般の原則に従って不法行為上の責任を負うことになる。この場合、その行為に関係する事項の決議に賛成した社員および理事ならびにその決議を履行した理事その他の代理人は、連帯してその損害を賠償する義務を負う（平成18年改正によって削除された民法旧44条2項参照）ものと解すべきである（719条1項参照）。

　第2に、役員等の不法行為が法人の目的の範囲内のものであり法人がこれについて責任を負う場合に、役員等自身もこれと並んで責任を負うものであるかどうかは法律に規定はない。しかし、役員等の行為が法人の行為と認められる場合にも、同一の行為は同時に役員等個人の行為としての存在をも認められないわけではないから、役員等個人もまたこれによって責任を負うと解するのが適当である（大判昭和7・5・27民集11巻1069頁－「ああ玉杯に花うけて」事件・基本判例14）。このように解することは役員等の責任を重くし、被害者の保護を十分にするから実際上の結果もまさっている。とはいえ、役員等に任務懈怠（法人に対する職務遂行上の過失）があっても、第三者に対する加害についての故意・過失がなければ、役員等の第三者に対する不法行為責任を肯定することに困難がある。しかし、このような場合にも、役員等の地位にあるものは法人の有する社会

的信用を直接間接に利用することになり、世人の被る損害も大きいであろうことを考慮し、一般社団法人法は、法人に対する職務遂行上の任務懈怠について悪意または重大な過失があったときは、役員等は、これによって第三者に生じた損害を賠償する責任を負い（一般法人117条1項）、役員等が虚偽の報告等をした場合も、同様とする（同条2項）ものとした。役員等が第三者に生じた損害を賠償する責任を負う場合に、他の役員等も損害を賠償する責任を負うときは、これらの者は、連帯債務者とする（同118条）。一般財団法人においても、上記とほぼ同様である（同198条）。

　なお、役員等は、その任務を怠ったときは、第三者に対してだけでなく、一般社団法人・一般財団法人に対しても、それによって生じた損害を賠償する責任を負う（同111条1項・116条・118条・198条）。

第4節　法人の機関

63　理　　事

　法人は理事によって活動する。一般社団法人には、1人または2人以上の理事を置かなければならない（一般法人60条1項）。理事会設置法人においては、理事は、3人以上でなければならない（同65条3項）。一般社団法人の理事は社員総会の決議によって選任し（同63条）、一般財団法人の理事は評議員会の決議によって選任する（同177条）。理事は、法人の行為をする機関であるから、自然人に限られるなど、理事の資格についての定めがある（同65条）。

　一般社団法人において、役員（理事および監事）が欠けた場合または一般社団法人法もしくは定款で定めた役員の員数が欠けた場合

には、任期満了または辞任により退任した役員は、新たに選任され
た役員が就任するまで、なお役員としての権利義務を有する（同75
条1項）。この場合に、裁判所は、必要があると認めるときは、利
害関係人の申立てにより、一時役員の職務を行うべき者を選任する
ことができる（同条2項）。一般財団法人についても、これが準用
されている（同177条）。

　理事の選任は法人と理事との間の委任に類似した契約である。法
人を外部から観察するときは、理事は法人の機関として法人の活動
を担当するものであって、法人の外に存するものではない。しかし、
法人の内部組織を観察するときは、理事は法人との間に契約によっ
て権利を取得し義務を負担する。したがって、その義務違反の責任、
報酬その他の権利、退任・解任などは、いずれも、定款で定められ
ていないときは、この契約によって解決されるべきである。なお、
理事の氏名は登記をしなければならない（同301条2項5号）。

　理事の職務はつぎの2つに大別される。

⑴　法人代表　　法人の代表とは、法人の行為と認められる行為
をすることである。一般社団法人の理事は、代表理事その他の代表
者が定められている場合を除いて、各自単独で代表権を有する（一
般法人77条1項・2項）。代表の形式については民法に特別の規定は
ないが、普通に行われるように法人の名を示してすればよい。代表
の範囲は法人の目的の範囲に属する一切の行為にわたる（同77条4
項・197条）。もっとも、定款の趣旨に違反することはできないし、
また一般社団法人においては総会の決議に従わなければならないこ
とはいうまでもないが（同83条）、理事と一般社団法人との間の競
業および利益相反取引（たとえば、理事個人の債務について法人が保
証人になること）については、社員総会でこれらの取引につき重要

な事実を開示して、その承認を受けなければならない（同84条1項）。一般財団法人では、理事会の承認を要する（同197条）。理事の代表権に関して最も注意すべきは、代表理事の権限に加えた制限は、善意の第三者に対抗できないことである（同77条5項・197条）。すなわち、問題となっている行為について代表権のないことを主張できない。代表理事は一般代表権を有する者だと信じている第三者を保護しようとするものであって、実際上重要な意義をもつ。その場合の善意の立証責任は第三者にある。第三者が善意（代表権に理事会決議を要するという制限が加えられていることを知らない）とはいえない場合でも、その行為については理事会の決議を得て適法に代表権を与えられたものと信じ、それにつき正当の理由があるときには、110条が類推適用される（最判昭和60・11・29民集39巻7号1760頁・基本判例15）。

　(2)　事務執行　　理事は、法人一般の事務を処理してその内部組織を維持しなければならない。理事が数人あるときはその事務執行は原則として多数決によって行う（（一般法人76条2項）。もっとも、多数決で決定したところに従って第三者と取引をするには1人の理事で代表することができる）。

　代表理事は、法人の業務に関する一切の裁判上または裁判外の行為をする権限を有する（同77条4項・197条）。理事は、法令および定款ならびに社員総会の決議（一般財団法人にあっては定款）を遵守し、法人のため忠実にその職務を行わなければならない（同83条・197条）。

　社員は、理事が一般社団法人の目的の範囲外の行為その他法令・定款に違反する行為をし、またはこれらの行為をするおそれがあり、その行為により法人に著しい損害が生ずるおそれがあるときは、そ

の理事に対し、その行為の中止を請求できる（同88条１項）。一般財団法人にあっては、回復することができない損害の場合に評議員が請求できる（同197条）。

　そのほか、一般社団法人の理事に関する規定で重要なのは、表見代表理事の行為についての法人の責任（同82条）、理事の報告義務（同85条）等である（一般財団法人への準用につき197条）。

64　理事会

　一般社団法人は、定款の定めにより理事会を置くことができる（一般法人60条２項）。理事会設置一般社団法人の理事会は、理事の中から代表理事を選定しなければならない（同90条３項）。理事会の権限（同90条）、理事会の招集（同93条以下）、理事会の決議（同95条）等の定めがある。一般財団法人は必ず理事会を置かなければならず（同170条12項）、理事会の権限等は一般社団法人のそれと同様である（同197条）。

65　監　　事

　監事は理事の職務執行を監督する機関である。一般社団法人は、定款の定めにより監事を置くことができる（一般法人60条２項）。しかし、理事のように必ず置かねばならない機関ではない。一般財団法人では必ず監事を置く（同170条１項）。

　監事と法人との内部の関係は前段64に述べた理事と法人との関係と同様である。一般社団法人の監事は、理事の職務の執行を監査し、監査報告書を作成する（同99条１項）。監事による理事の行為の差止め（同103条）、監事設置一般社団法人と理事との間における法人の代表（同104条）等の定めがある。以上述べたことは、一般財団法人についても、当てはまる（同197条）。

66　会計監査人

　一般社団法人は、定款の定めによって、会計監査人を置くことができる（一般法人60条 2 項）。大規模一般社団法人は、会計監査人を置かなければならない（同62条）。会計監査人は、一般社団法人の計算書類およびその附属明細書を監査し、会計監査報告を作成しなければならない（同107条）。以上述べたことは、一般財団法人に当てはまる（同172条 2 項・197条）。

67　社員総会・社員権・評議員・評議員会

　⑴　社員総会の意義　　社員総会は社団法人にだけあるものだが、社団法人にあっては最高の、必ず置かねばならない意思決定機関である。社員総会は、法人の組織、運営、管理その他一切の事項について決議ができる（一般法人35条 1 項）。ただし、理事会設置一般社団法人においては、一般法人法に規定する事項および定款で定めた事項に限り決議ができる（同条 2 項）。社員総会は、社員に剰余金を分配する決議はできない（同条 3 項）。一般法人法の規定により社員総会の決議を必要とする事項について、理事、理事会その他の社員総会以外の機関が決定できるという定款の定めは、効力を有しない（同条 4 項）。のみならず、前述の定款変更（同146条、総55参照）および後述の任意解散（同148条 3 号、総71参照）は社団法人の根本的変更であるから必ず総会の決議によらねばならない。そのほか、社員総会については、その招集（同36条以下）、社員総会参考書類および議決権行使書面の交付等（同41条以下）、社員提案権（同43条以下）、議決権（同48条以下）、理事等の説明義務（同53条）等の規定がある。

　⑵　社員権　　社団法人の社員個人は機関ではないが、法人存立の基礎をなし、最高の機関である総会を構成する。その地位を統一

的な権能として社員権と呼ぶことがある。法人の事業に参与する表決権などの共益権と、社員個人として利益を享受する自益権とに大別される。社員権は営利法人（会社）または中間的な法人（たとえば労働組合）にあってはそれら２つの権利の関連が重要な意味をもつが、公益法人においては、自益権はほとんど意味をもたない。すべての法人を通じて１個の社員権という本体を認めるべきかどうか、なお研究を要するところである。

　(3)　評議員・評議員会　　一般財団法人の必須の機関である。評議員会は、一般社団法人の社員総会に代わる重要な役割を果たす。評議員および評議員会は、理事の業務執行を監督し、かつ、法人の重要な意思決定に関与する。評議員は、定款で定める方法によって選任する。

　評議員会は、すべての評議員で組織し（178条１項）、一般法人法に規定する事項および定款で定めた事項に限り決議ができる（同条２項）。一般法人法の規定により評議員会の決議を必要とする事項について、理事、理事会その他の評議員会以外の機関が決定できるとする定款の定めは効力を有しない（同条３項）。

第5節　計算・基金

68　計　　算

　(1)　会　　計　　一般法人の会計は、その行う事業に応じて、一般に公正妥当と認められる会計の慣行に従う（一般法人119条・199条）。一般法人は、法務省令の定めにより、適時に正確な会計帳簿を作成しなければならない（同120条１項・199条）。会計帳簿の保存期間（同条２項）、会計帳簿の閲覧等の請求（同121条・199条）、会計

帳簿の提出命令（同122条・199条）の定めがある。

　⑵　計算書類等　　計算書類とは、貸借対照表と損益計算書をいう。一般法人は、法務省令の定めにより、その成立の日における貸借対照表を作成しなければならない（一般法人123条1項・199条）。各事業年度の計算書類および事業報告ならびにそれらの付属明細書の作成・保存（同123条・199条）、監査・承認（同124条・199条）その他の定めがある。

69　基　　　金

　一般社団法人に拠出され、法人が拠出者に返還義務を負う財産を基金という。基金を引き受ける者の募集（一般法人131条以下）、基金の返還（同141条以下）の定めがある。

第6節　法人の譲渡・消滅

70　法人の譲渡

　一般法人の譲渡が認められる。一般社団法人が事業の全部の譲渡をするには、社員総会の決議によらなければならない（一般法人147条）。一般財団法人が事業の全部の譲渡をするには、評議員会の決議によらなければならない（同201条）。

71　一般社団法人の解散

　一般社団法人は、つぎの事由によって解散する（一般法人148条）。
　①定款で定めた存続期間の満了
　②定款で定めた解散の事由の発生
　③社員総会の決議
　④社員が欠けたこと
　⑤合併（合併により当該一般社団法人が消滅する場合に限る）

⑥破産手続開始の決定

⑦解散を命ずる裁判（同261条1項または同268条による）

　注目されるのは、休眠一般社団法人のみなし解散の規定である。休眠一般社団法人というのは、一般社団法人に関する登記が最後にあった日から5年を経過したものをいうが、法務大臣が休眠一般社団法人に対し2ヵ月以内に登記所に事業を廃止していない旨の届出をせよと官報に公告し、その届出がないときは、その2ヵ月の満了の時に解散したものとみなされる（同149条1項）。

　一般社団法人が解散した後でも、社員総会の決議によって継続ができる場合がある（同150条）。解散した一般社団法人の合併には制限がある（同151条）。

72　一般財団法人の解散

　一般財団法人は、つぎの事由によって解散する（一般法人202条1項）。

　①定款で定めた存続期間の満了

　②定款で定めた解散の事由の発生

　③基本財産の滅失その他の事由による一般財団法人の目的である事業の成功の不能

　④合併（合併により当該一般財団法人が消滅する場合に限る）

　⑤破産手続開始の決定

　⑥解散を命ずる裁判（同261条1項または同268条による）

　これらの事由のほか、純資産額が300万円未満となったときにも解散する（同202条2項・3項）。また、一般財団法人についても前述したみなし解散が認められる（同203条1項）。一般社団法人の場合と同様、解散した後でも、評議員会の決議によって継続ができる場合がある（同204条）。解散した一般財団法人の合併にも制限があ

る（同205条）。

73　清　　算

　法人は解散しても直ちに権利能力の主体たることをやめるのではなく、その財産関係の整理の済むまでは、その範囲においてなお権利能力者である地位を持続する（一般法人207条）。これを清算法人といい、その財産整理の手続を清算手続という。一般社団法人または一般財団法人は、解散等の場合には、清算をしなければならない（同206条）。

　清算手続について一般法人法はつぎに述べるようにかなり詳細な規定を設けているが、これは普通の場合の手続であって、破産手続開始の決定の場合には破産法の規定に従ってさらに厳重な財産整理が行われる（同215条参照）。

　(1)　清算法人の機関　　清算法人には、1人または2人以上の清算人を置かなければならない（一般法人208条1項）。定款の定めによって、清算人会または監事を置くことができる（同条2項）。大規模一般社団法人・財団法人であった清算法人は、監事を置かなければならない（同条3項）。清算人は、清算法人を代表する（同214条1項）。

　(2)　清算人の職務・権限　　清算人は、継続中の現務を結了し、債権の取立てをし、債務を弁済し、残余財産をその帰属者に引き渡すために一切の行為をすべきである（一般法人212条）。上記の行為のうち債務の弁済が最も困難でありかつ重要である。なぜなら、一面ですべての債権者に対して公正な弁済をすることを期するとともに、他面でできるだけ速やかにこれを終了すべきだからである。そこで一般法人法はこれについてさらに詳細な規定を設けたが（同233条以下）、その要旨を一言すれば、清算法人は知れている債権者

には各別にその債権内容の申出を催告して必ずこれに弁済すべきものとし、知れていない債権者のためには官報に公告をして申出を催告し、それでも一定の期間内に申し出がないときは弁済しないでもよいとする。もし清算中に債務超過がはっきりしたときは直ちに破産手続を開始し、あらためて公平な分配をする（同215条1項）。そのほか、清算人の清算法人に対する損害賠償責任（同217条）、清算人の第三者に対する損害賠償責任（同218条）の定めがある。

すべての清算人で組織する清算人会（同220条以下）、財産目録等の作成（同225条以下）についての定めがある。

(3)　残余財産の帰属　　公益法人が解散した場合にその残余財産がどこに帰属するかは立法政策上一個の問題であるが、一般法人法は定款に定めがあればそれに従い、定めがなければ清算法人の社員総会または評議員会の決議によって定め、それもうまくいかない場合には最後に国庫に帰属する（一般法人239条）。

第7節　合併・解散命令・訴訟・登記・公告

74　合　　併

一般社団法人または一般財団法人は、合併契約の締結により他の一般社団法人または一般財団法人と合併できる（一般法人242条）。合併には、吸収合併（同244条以下）と新設合併（同254条以下）がある。

75　解散命令

一般社団法人等の設立が不法な目的に基づいてされたとき、一般社団法人等が正当な理由がないのにその成立の日から1年以内にその事業を開始せずまたは引き続き1年以上その事業を休止したとき

などに、裁判所は、法務大臣または社員、評議員、債権者その他の利害関係人の申立てにより、解散を命ずることができる（一般法人261条以下）。

76　訴　　　訟

社員は、一般社団法人に対し、書面その他の法務省令で定める方法により、設立時社員、設立時理事、役員等または清算人の責任を追及する訴えの提起ができる（一般法人278条以下）。これは、民法旧規定になかったもので、会社法における株主代表訴訟（会社847条以下）に相当するものである。そのほかに、一般法人の組織に関する行為の無効の訴え（一般法人264条以下）、一般法人の役員等の解任の訴え（同284条以下）の定めがある。

77　公　　　告

一般法人は、公告方法として、官報、日刊新聞紙への掲載のほか電子公告等を定めることができる（同331条以下）。

第8節　法人の監督等

78　公益法人の監督

従来の民法上の法人は主務官庁の許可によって成立する公益法人であったので、成立後も、主務官庁の監督に服した。平成18年の法改正により、一般法人は準則主義によって成立するため、一般法人に対する監督は行われない。しかしながら、公益法人に認定された法人は別である。

行政庁は、公益法人の事業の適正な運営を確保するために必要な限度で、公益法人に対し、運営組織および事業活動の状況に関し必要な報告を求め、またはその職員に、公益法人の事務所に立ち入り、

運営組織および事業活動の状況もしくは帳簿、書類その他の物件を検査させ、もしくは関係者に質問させることができる（公益法人27条1項）。そのほか、行政庁は、勧告・命令をすることができ（同28条）、一定事由があれば公益認定の取消しができる（同29条）。

79　罰　　則

　法人制度の公正な運用を図るための罰則が定められている。理事等の特別背任罪（一般法人334条）、法人財産の処分に関する罪（同335条）、虚偽文書行使等の罪（同336条）、理事等の贈収賄罪（同337条）、国外犯（同338条）、法人における罰則の適用（同339条）、虚偽記載等の罪（同340条）、両罰規定（同341条）、過料に処すべき行為（同342条以下）の定めがある。

第9節　外国法人

80　外国法人

　外国法人とは日本法人でない法人である。日本法人とは日本の法律に準拠した組織を備え、かつ日本に住所を有するものと解してよい。なぜなら、法人はその住所の所在地においてその社会の一員である活動をするものであるが、わが民法は、社会生活の中に実在する団体のうちで、特にわが国法に準拠した組織を有するものだけを法人と認める主義をとるものであること、前述のとおりだからである（総51参照）。ただし、内外法人の区別の標準に関しては多少学説が分かれている。詳細は国際私法に譲る。

81　外国法人の認許

　外国法人のうち国、国の行政区画（たとえば外国の都市）および商事会社はわが国においても当然に権利能力の主体であることを認

許される。しかしこれ以外の法人、ことに公益法人は法律または条約によって特例を認められない限り認許されない（35条1項）。これは外国または外国の都市が公債を起こす場合や、商事会社の国際的活躍はこれを認めるべきであるが、公益は国によってその観念を異にするおそれがあるから、当然にはこれを認めるべきではないという思想に立脚する規定である。しかし、人類文化の発達のためにする公益事業も国際的活動をする必要の多い今日の状況からみれば、必ずしも適当な態度ではあるまい。

　認許された外国法人は同種の日本法人と同一範囲の権利能力を有する。ただし、外国人の享有できない権利（総22参照）および法律または条約に特別の制限あるものはこれを取得することはできない（35条2項）。なお外国会社については会社法に詳細な規定がある（会社817条以下）。

　認許された外国法人が日本にはじめて事務所を設けたときは、その所在地において日本法人と同一内容の登記をすべきである。この登記をしない間は、第三者はその法人の成立を否認することができる（否認すれば代表者個人の責任を追及することになる）。その後の事務所の新設または移転その他登記事項の変更にあたっても同様の登記をすべきである（37条）。事務所を設けて活動することになれば一般人の利害に関係するところが大きいから、その組織内容を一般人に知らせる必要があるという趣旨である。

第4章　物

第1節　物の意義とその分類

82　物の意義

　権利の客体は物に限らないが、物が法律関係の中で特別の地位を有することは前に述べた（総16参照）。わが民法は物を有体物に限り、これについての通則を総則に規定しているが、有体物以外の権利の客体にも性質上可能な限り準用されることを注意すべきである。

　(1)　有体物　　物は有体物に限る（85条）。多くの学者の説くところによると、有体物とは空間の一部を占めるもの、すなわち液体・気体・固体に限る。電気・熱・光などはもとより、一の企業を構成する物と権利とその他の事実関係との結合体なども1個の物とみることはできない。しかし、この態度は今日の経済状態には適合しないものであるから、民法の解釈としても、有体物とは上記のような物理学上の観念ではなく、法律上の排他的支配の可能性であると説くことがむしろ正当であろうと思う（電気につき大判昭和12・6・29民集16巻1014頁・基本判例20）。

　(2)　人体の問題　　物は外界の一部に限る。生存する人の身体は物ではない。すなわち、人は身体を離れて存在せず、しかも近代法は前に述べたように、人はすべて権利の主体であって権利の客体となりえないものとするからである（総15参照）。ただし、遺骸および切り離された身体の一部は物であることはいうまでもない。もっとも遺骸は原則として埋葬管理・祭祀供養のためにのみ所有権の目

的となる（大判昭和2・5・27民集6巻307頁）。また身体の一部、血液・精子・卵子等を身体から分離して処分する契約や、自分の死後臓器を贈与する契約は、公序良俗に反しない範囲で効力が認められ、それぞれ分離もしくは死亡した場合に権利の客体となる（臓器の売買禁止につき臓器移植1条・6条参照）。

(3)　海岸等の問題　　物は私権の客体であるから、人の支配できないもの、すなわち太陽・月・星・海洋なども物の観念から排斥される。ただし海ないし海面下の土地は、行政上の行為によってその一部を区画して支配できるものとすれば、物になると解して妨げない（海面下の土地につき最判昭和61・12・16民集40巻7号1236頁）。漁業権・公有水面埋立権などの客体がそれである。なお、国際関係において大陸棚や海底資源について権利の主張が行われているが、この場合の排他的支配の成否は国際法の領域に属し、民法の関与の外にある。

83　物の分類

　物の分類として、民法は次節以下に説く動産と不動産、主物と従物、元物と果実の3種を定めているが、そのほか学者は一般につぎのような区分をする。

(1)　単一物・合成物・集合物　　物の形態上の分類である。単一物は1冊の書物のように各構成部分が個性を失って単一の形態を成すものであり、合成物は宝石入り指輪のように構成部分の個性は認められるがなお単一体を成すものであり、集合物は一工場で使用されている機械器具材料などの全部、一農場に備え付けられた農具の全部というように経済的に単一な作用をなす物の集合である。単一物と合成物とは1個の物としてだけ取り扱われ、したがって1個の物権が成立するにとどまる。これに反し、集合物はこれを構成する各

個の物の上にだけ物権が成立し集合体そのものを1個の物としてその上に物権を成立させることはできないと説かれていた。しかし、近時企業はますます客観的に組織された設備を有するようになり、企業設備の全体が統一体として特殊の経済的価値を示す。したがってその企業の金融にあたっては企業施設全部を一括して担保化するのが有利になる。そこで法律上もこれらの特殊な集合物を1個の物としてその上に1個の抵当権の成立を認める必要に迫られる。鉄道抵当法・工場抵当法・鉱業抵当法などによって認められる各種の財団は、まさにこの集合物を1個の物として取り扱う現象である。こうして、法律理論としても、特殊な経済的価値を有する集合物はこれをその関係について1個の物とみるべし、とする説が次第に有力になり、判例もこれを認めるに至った（最判昭和54・2・15民集33巻1号51頁・基本判例152、最判昭和62・11・10民集41巻8号1559頁・基本判例131、最判平成18・7・20民集60巻6号2499頁・基本判例153）。多数の売掛代金債権などの集合債権上の譲渡担保も認められる（最判平成13・11・22民集55巻6号1056頁）。のみならずこの考え方をさらに拡張し、物の集合だけでなく、特許権・商標権その他の権利・企業経営のための契約関係・顧客に対する事実上の関係などのすべてを包摂した企業自体をも1個の物として取り扱うべき場合のあることが指摘されている。企業担保法が、株式会社の総財産の上に社債の担保権を認めたことは、この観念に近い。経済状態の変遷に伴う財産構成の変化として新しい研究問題の1つである。

(2) 融通物・不融通物　　私法的取引の客体となりうるかどうかの区別である。不融通物に属する物にも種々ある。第1は国家・公共団体が直接一般公衆の用に供するもの、たとえば公園・河川（河3条参照）・公道（道3条参照）など。これを公共用物という。つぎ

は国家・公共団体が自己の公用に供するもの、たとえば官庁の建物・測量船などを公用物という（国財3条参照）。公共用物も公用物もその公の性質を失った後は融通性を取得する。最後に法令の規定によってその取引の禁止されたもの、たとえば、あへん煙（刑136条以下参照）・偽造の通貨（同148条以下）・わいせつな文書（同175条）など。これを禁制物という。もっともこれらの不融通物にもその融通性の制限に程度の差があるし、公共用物・公用物などの用語は学者によって必ずしも一定していない。

　(3)　可分物・不可分物　　その性質または価値を著しく損じないで分割できるかどうかの区別（258条・427条以下等参照）である。

　(4)　消費物・非消費物　　消費物は、たとえば食糧のように、その用方に従って使用された場合に、1回使用されると再び同一用途に使用できないか、またはたとえば金銭のように重ねて使用できるとしても、その主体のもとでは消尽してしまう物であり、非消費物はその他の物である（587条・593条・601条・666条等参照）。

　(5)　代替物・不代替物　　一般の取引において、その個性に着眼されず単に種類・品質・数量によって指示される物とそうでない物との区別（401条・587条・666条等参照）である。

　(6)　特定物・不特定物　　特定の取引において当事者が物の個性に着眼して取引したか否かの区別である。これは物の客観的性質の区分ではなく主観的取扱いの区別にすぎない（400条以下・483条等参照）。金銭・有価証券のような代替物も、封金としたり番号を特定して取引されると特定物となる。

第2節　動産と不動産

84　動産と不動産の区別

　動産・不動産の区別は、物の分類の中でも最も重要なものであり、古くからほとんどすべての法制の認めるところである。その理由は2つある。第1に、動産はその場所を転々とすることが多いのに反し、不動産はその所在が一定しているか、もしくは容易にその場所を変えないので、その上に存する権利関係を登記等によって第三者に公示することができる（177条・178条参照）。第2に、不動産は、経済上の価値が動産に比べて一般に大きく、親族共同生活の基礎をなす財産として特別の保護の対象とされる（13条1項3号・864条参照）。

　しかし、これらの理由は、社会経済の発展に伴って変化を受けている。すなわち、今日、財産は有価証券や預金などの形をとる場合が多い。したがって、公示の方法を異にする点に両者の区別の重点がおかれることになる。もっとも、一方で動産もある程度その個性が明確にされる場合にはその権利関係を登記・登録などによって公示することが可能となり（たとえば船舶・自動車）、他方で不動産上の権利も証券化されると登記によらないで移転される（たとえば抵当証券）。さらに、不動産と動産が一体となって1個の財産を構成することも起こることを注意すべきである（たとえば各種の財団。なお物6参照）。

85　不　動　産

　不動産とは土地およびその定着物である（86条1項）。

　⑴　土地　　土地とは一定の範囲の地面に、正当な範囲において

その上下（空中と地中）を包含させたものである。地中の岩石・土砂・地盛のために入れた石炭殻などは土地の構成部分であって、土地と離れた別個の物とみるべきではない。未採掘の鉱物も同様であるが、その排他的採掘取得権は国に属し、国から採掘権を認められた者がこれを採掘取得することができる点で特別の性格を与えられる（鉱業 2 条・12 条以下参照）。

　土地は無限に連続しているが、便宜上、人為的に区分した区画（筆）ごとに地番を付して、その個数を計算する（不登 2 条 5 号・35 条参照）。したがって通常 1 筆ごとに権利の客体となり、取引の対象とされるのが普通であるが、1 筆の土地の一部について時効により（大連判大正 13・10・7 民集 3 巻 509 頁）、もしくは取引によって（大連判大正 13・10・7 民集 3 巻 476 頁・基本判例 21、最判昭和 30・6・24 民集 9 巻 7 号 919 頁）所有権等を取得することも可能とされる。公示の原則との関係で問題を含むが、物権編で説く（物 13・14）。

　(2)　土地の定着物　　定着物とは、土地に付着する物であって、継続的に一定の土地に付着し使用されることが、その物の取引上の性質と認められるものである。樹木や機械など土地または建物との定着の程度いかん――仮植か定植か、ボルトで固着かコンクリートで定着かなど――によって定着物かどうかの差を生ずる。なお定着物は原則としてその付着する土地と一体を成すものとして不動産の一部であるが、立木法による立木、および一定の条件（後述(4)参照）を備えた樹木は土地と離れて独立の不動産とされる。

　(3)　建物　　建物は常に土地とは独立の不動産とされ、原則として 1 棟の建物ごとに特別の登記簿が設けられている（不登 2 条 5 号・45 条参照）。土地に定着した工作物が建物と認定されるためには、原則として外気遮断性と用途性が必要とされている。建築中の建物

がどの段階で建物となるかはきわめて重要な問題であるが、社会観念によって決するほかはない。判例は屋根をつけ、荒壁ができた段階で建物になるとする（大判昭和10・10・1民集14巻1671頁）。建物の一部も、当該の区画が構造上・用途上の独立性を有することと所有者の区分の意思とによって独立の所有権の対象となることが認められている（建物区分1条参照）。

　(4)　樹木　　立木（りゅうぼく）は、一定の条件（1筆の土地または1筆の土地の一部に生立する樹木の集団であって、立木法の登記をしたこと）のもとで独立の不動産とされる。判例は、立木法によらない樹木の集団も、特にその生育する地盤から独立した別個の物として取引されればその限りで独自の不動産となり、独自の公示方法（たとえば木を削って所有者を墨書するなどの明認方法）の対象とされうるとする（大判大正10・4・14民録27輯732頁）。さらに1本の樹木でも取引価値のあるものについて同様の理論を認めている（大判大正6・11・10民録23輯1955頁）。成熟した稲立毛（いなたちげ）も、土地に植えられたままの状態で取引をすることができ、明記方法を対抗要件とする（大判昭和13・9・28民集17巻1927頁など）。

86　動　　産

　不動産以外の物はすべて動産である（86条2項）。土地や建物に付着する物も、定着物でない物（たとえば仮植中の樹木）は動産である。このほか、かつては無記名債権を動産とみなすものと定めていたが（旧86条3項）、平成29年改正法は、債権編に有価証券に関する節を設け、無記名証券のほかに指図証券・記名式所持人払証券・その他の記名証券のそれぞれの特性に応じた規定を設け（520条の2以下参照）、86条3項を削除した。なお手形・小切手については、それぞれ特別の法律の適用がある。

第3節　主物と従物

87　主物と従物との関係

　2つの物が、客観的経済的関係において一方が他方の効用を助ける関係にあるときは、法律的運命においても原則としてこれを同一に取り扱うのが適当である。主物・従物の関係はこの趣旨に基づくものである。従物の要件としては、①主物の常用に供せられること、すなわち社会観念上継続して主物の効用を全うさせる作用をすると認められる種類の物であって、かつ特定の主物に付属すると認められるだけの場所的関係にあることと、②主物と従物とがその所有者を同じくすることとを挙げればよい（87条1項）。船と櫓、鞄と鍵、家屋と畳建具などのように従物は動産であることが多い。しかし農場と納屋、母屋と離れ座敷などのように2つの不動産の間にも認められないわけではない。ただ、従物はあくまでも主物から独立した存在を有するものでなければならない。両者相結合（付合）して単一体と認められるようになるとそれは構成部分となって従物でなくなる（物49参照）。

88　従物の取扱い

　従物は主物の処分に従う（87条2項）。すなわち、主物の売買、主物の上の抵当権の設定のような主物について生じた法律的変動は当然に従物にも及ぶ。ただし、主物・従物はそれぞれ独立の物としての存在を有するのであるから、当事者が違った運命に従わせようとするときは法律はこれを認めざるをえない。この意味において87条2項は当事者の反対の意思が表われたときは排斥される規定（推定規定）である。

　なお、主物の処分について対抗要件を備えれば、従物についても対抗力を生ずる。また、主物の処分、たとえば抵当権の設定の後に、その主物の従物となった物に抵当権の効力が及ぶかについて、否定する判例もあるが、肯定すべきものと考える（物103(2)参照）。

第4節　元物と果実

89　元物・果実の意義

　元物とは収益を生ずる元である物であり、その収益を果実という。果実はその生ずる態様によって2種に分かれる。天然果実は元物からその用法に従って、つまり経済的性質に従って自然に収取されるものであり、法定果実は元物を他人に使用させた対価として収受されるものである（88条）。鶏卵・牛乳・果物・鉱物などは前者の例であり、家賃・地代・利息などが後者の例であり、いずれも元物を毀損することなく生みだされるものである。

90　果実の帰属

　果実の生成中に元物の所有者等に変動があった場合、果実は前後いずれの者に帰属させるべきであろうか。民法は両種の果実について異なる主義をとった。

　(1)　天然果実　　天然果実はそれが元物から分離する時にこれを収取する権利を有する者に帰属する（89条1項）。果実が独立の動産となると同時に当然に収取権者の所有に属するのである。分離前に果実の産出に尽した努力の多少を定めることが困難であるし、分割に適しないことが多いからである。

　天然果実は上に述べたように分離によってはじめて独立の物となり、その時の果実収取権者の所有に属するのが原則である。しかし、

天然果実が成熟期に達し、元物に付属したままでしかもこれから独立の物として取引される特殊の場合には、未分離のままで法律上も独立の物たる地位を認めるのが学説・判例の態度である。その結果、桑葉・蜜柑などは未分離のままで所有権を他人に移転し、標識を立てて（明認方法）これを完全に第三者に主張できるものとされる（大判大正 5 ・ 9 ・20民録22輯1440頁－雲州みかん事件・基本判例22）。これは生立する樹木を土地とは別のものとして取引ができるという前述の理論と同一のものである（総85⑷参照）。

　⑵　法定果実　　法定果実はこれを収取する権利の存続期間に応じ日割計算により両権利者に分属する（89条 2 項）。賃料等はその性質上分割が可能であるし、そうすることが公平に合致するからである。この場合は、天然果実の場合と異なり、権利の帰属を定めたものではなく、収取権利者間の内部関係を定めたものと解される。つまり賃料等は、その支払期日の収取権者（多くの場合に所有者）が全額の請求権を有し、内部関係において前収取権者に日割計算で清算される。

　⑶　果実収取権者　　だれが果実の収取権を有するかは、民法総則の規定するところではない。所有者が天然果実を収取する権利のあることは疑いないが（206条参照）、売主が第三者に賃貸中の家屋を買い受けた者が当然に家賃を収受する権利があるかは必ずしも明らかではない。また所有者以外の者に果実収取権がある場合も起こりうる。これらの問題は民法の他の編の規定や契約によって定まる（189条・265条・270条・272条・356条・593条・601条・605条の 2 等参照）。民法89条は果実収取権者の変動があった場合の利害調整の原則を定めているにすぎない。

第5章　法律行為

第1節　総　　説

91　法律行為の意義

　法律行為は私法上の権利の得喪変更を生じる合法的な行為であって、権利の得喪変更を生ずる事由のうちで最も重要なものであることは前に一言した（総17参照）。いま法律行為の意義をさらに正確にいえば、われわれが一定の効果を企図してする行為であって、法律がこれに基づいてその効果の実現に助力してくれるものということになる。法律行為の最も普通のものは売買・金銭の貸し借りなどの契約であるが、これらの契約においてわれわれは一定の物の所有物を移転して一定の代金を受領し、または一定の金額を貸与して一定の利息を得、また一定の時期に元金の返還を受けるという効果の発生を企図する。そうしてその効果はある程度まで慣習・道徳などのような法律以外の力によって実現されるであろう。しかし、法律はさらにこの効果が完全に実現されない場合に裁判を通じてその実現に助力する。このように当事者の企図した行為の私法上の効果が法律によって是認され、その達成に助力されるところに法律行為の特色が存する。法律は他方で、ある人が他人に損害を加えた場合にはこれを不法行為として、加害者にその損害の賠償を命ずることがあるが、その場合には法律は被害者・加害者間の公平を図り、進んで不法な行為の鎮圧を目的とするのであって、当事者が企図した効果の実現に助力するのではない。

　契約は申込みと承諾という2つの意思行為から成立する。そして詳細に観察すると、契約によって一定の権利義務が発生するのは、実はこの意思行為によって企図された効果であることを発見する。また同じく法律行為であっても、たとえば遺言は単に一方の意思行為があるだけで成立し、契約のように両方の意思行為の合致によって成立するものではない。そこで法律行為の定義としては、一定の効果の発生を企図してなされる意思行為を要素として成立する行為といわなければならないことになる。この意思行為を意思表示というが、その本体は後に詳述する（総101、なお総92(1)・93参照）。

　申込みと承諾の意思表示が形式的には合致しているが、その意味内容を異にしているときには、実質的には意思の合致があるとはいえない。これを意思の不合致といい、法律行為は成立しないものとされる（大判昭和19・6・28民集23巻387頁）。

　申込みと承諾の意思表示の合致がなくても、社会で類型的に行われる駐車場利用契約、電気供給契約、運送契約などにあっては、利用の事実があれば料金債務が発生するとみるべきではないかという議論がある。このような考え方を事実的契約関係論（社会類型的行為論）という。もしこれを認めるならば行為能力の制限による法律行為の無効・取消しの問題も生じないことになるが、この法理を認めるべきかどうかは慎重に検討する必要がある。

　なお、法律行為と区別すべき準法律行為がある。それは、意思表示の要素を備えていないが、何らかの法律効果を生じさせる行為をいい、法律行為に関する規定が類推適用されうる。以下の3つのものが区別される。①意思の通知——催告（20条・150条・541条）や受領の拒絶（493条・494条1項1号）のように、効果意思を伴わない意思の発表、②観念の通知——代理権授与の表示（109条）のように

一定の事実の伝達、③感情の表示——旧814条2項の離婚における
宥恕（許すこと）のような感情の発表。

92　法律行為自由の原則

　(1)　私的自治の原則　　現在においてはわれわれの生活関係は大
部分が契約その他の法律行為によって処理される。われわれの身分
関係でさえ出生または死亡に基づくもののほかは、婚姻・縁組をは
じめとするあれこれの法律行為によって生ずるものが多い。財産関
係においては、相続と時効を主要な例外とするほかは、ほとんどす
べて法律行為によって処理されるといっても過言ではない。われわ
れが企業を経営し、他人に雇われ、住居を借り受け、または生活資
料を購入することなどはことごとく契約に頼っている。

　しかし、このような状態は決して人類の歴史の最初からあったの
ではない。以前は生まれながらの地位・階級などによって社会生活
関係の多くの部分が定まってしまった。また、経済的活動の分野で
の契約においても決して人々の欲するとおりの内容のものを締結で
きたのではない。特権階級だけを保護する封建制度的な拘束が非常
に多かった。今日のような状態は実に近代法がすべての個人に対し
て法律の下に平等な地位を認め、その意思活動の自由を承認したこ
とによって生じたものである（総15参照）。学者はこれを説明して、
現代の私法には法律行為（契約）自由の原則が行われるとし、また個
人意思自治の原則・私的自治の原則が根本理想だと説く。近代社会の
一理想であるいわゆる営業の自由は私法の立場からみれば実は法律
行為の自由に帰するものであることを考えれば、この間の事情は容
易に理解できることであろう。

　社会生活関係においてわれわれがその意思に従って自由に行動す
ることを認められたことは、人類の競争心を刺激し、社会生活を澎

刺とさせ、人類文化をして一大躍進を遂げさせた。これをみて、人
類文化の発達は「身分から契約へ」という標語によって示すことが
できると喝破した学者がある。まことに至言なりというべきではな
いか。

　⑵　近代社会の実態　　しかしさらに1歩を進めて観察すると、
現在の経済組織の下で締結される契約ははたして当事者の意思に基
づいて自由にその内容が決定されるものであろうか。また、当事者
の自由に任せることが妥当なものであろうか。人が職を求めるため
に工場や会社に雇われるときは、その労働条件はほとんど使用者の
画一的に定めるところに従うほかはない。住居や生活資料を求める
にももつ者ともたない者との峻厳な対立や企業の独占の結果、その
契約内容はますます一方の任意に定めるところに他方は無条件で服
従するほかはない状態となっている。貧富の格差はおのずから富者
の勝手な契約を許すことにもなる。また私有財産の集中によって出
現した大企業は、その取引の相手方の一人ひとりと自由で個々別々
な契約を結んでいたのでは、これを経営することはできない。

　ここにおいて、労働者はおのずから団結を組織して団体交渉によ
って契約の大綱を定めようと努力することになるし、また、法律は
経済状態のあまりに異なる者の間の契約には積極的に干渉して公正
な内容を保障しなければならないようになる。さらにまた資本主義
のいわゆる無政府的な経済的競争に対しても種々の統制を試みなけ
ればならないようになる。特に生活必需物資の絶対量が十分でない
場合にそうである。これらのことは、今日、労使間の法律関係にお
いて労働協約がいかに重要な作用をしているか、工場内の労働条件
や借地・借家・小作などの関係にいかに多くの法律的制限が存する
か、さらに企業者の経営・販売などについてさえいかに多くの法律

的統制が行われているかというようなことを考えれば、容易に理解できるであろう。

　法律行為自由の原則はフランス革命の流血によって獲得された法律理想ではあった。また近代文明の原動力でもあった。しかし、社会生活は不断に流転し、人類の理想は不断に具体的な姿を変える。今や、事実を直視する者は法律行為自由の原則が私法関係を支持する一大支柱たる役目を務める時代が去りつつあることを承認しなければならない状態に至っている。もちろん民法はなお原則として法律行為自由の原則の支配する生活関係を規律するものである。しかし、社会生活関係の全部における法律行為の地位が、上記のようにその存在意義を変えつつあることは、民法の学習にあたっても常に念頭にとどめておくべきである。このことは、民法総則編においては、法律行為を解釈し、強行規定または公序良俗によって法律行為の効力を制限するような場合に注意すべきことだが、他の編においても各所で問題となるからである。

　われわれはすでに民法の権利本位の構成、権利能力の意義や法人の本質論などに言及した際に、個人の自由本位、したがって法律の消極的態度という近代民法の根本理想が次第に転向しようとする機会に遭遇していることを述べたが、先ほど説いた法律行為制度の変遷も、実にこの根本理想の変遷の一顕現にほかならないものであることは、これ以上説明しないでも明らかであろうと思う（序9・10、総15・46・50等参照）。

　こうした観点から特に今日重要なのは、約款ないしは付合契約の効力である。銀行取引、運送契約、電気・ガス供給契約、保険契約などにおいては、法律行為の一方の当事者である利用者は、企業側の作成する契約条件に従わざるをえない立場にある。このように内

容が定型的に定められる契約条項の総体を普通取引約款または単に約款といい、また、当事者の一方が従属的立場に立って相手方の意思に事実上拘束されざるをえない契約を付合契約という。消費者保護の観点から、約款や付合契約の効力を制限する必要があり、事業者の情報提供義務違反などによる消費者被害の救済のために、消費者契約法が制定されている（序9⑶(イ)参照）。ただし、約款を用いた契約は一方当事者がその内容を認識しないまま締結されることも多いが、そのことを理由に約款が契約の内容にならないとすると、保険や公共交通など、不特定多数の者と行う取引で契約内容が画一的であることが両当事者にとって合理的なもの（定型取引）の利点が失われてしまう。そこで、平成29年改正法は、約款のうち定型取引に関わるもの（定型約款）について、定型約款が契約の内容になるための要件や定型約款の一方的変更が認められる要件等について新たな規定を設けた（548条の2−548条の4）。

93　法律行為の分類

法律行為はさまざまな観点から分類される。主要なものはつぎのとおりである。

⑴　単独行為・契約・合同行為　　法律行為の要素である意思表示の個数等による分類である。遺言・一般財団法人の財産の拠出（総53⑵参照）などのように1個の意思表示で足りるもの、すなわち単独行為と、相対立する2個以上の意思表示の合致によって成立する契約（双方行為）とが普通である。多くの学者はさらに合同行為（協定行為）を区別する。これは一般社団法人の設立行為（定款作成）のように数人が共同して同一目的に向かってする意思表示の結合によって成立するものである（総52⑶参照）。単独行為は行為者の意思表示だけで効力を生じ、この行為によって影響を受ける者の意思を

無視するものであるから、民法が特に認める場合のほかは自由に行うことができない。これに反し、契約は当事者双方の意思表示の合致であるから各人の意思の自由の調和したものといってよい。したがって、後述する強行規定や公序良俗からの一般的制限に触れない限り自由に行える。民法は第3編第2章に13種の契約について規定しているが、それは単に典型的なもの（典型契約）を定めただけで、それ以外の契約（無名契約）を許さない趣旨ではない。

　単独行為・契約・合同行為の3種は、以前から認められたものだが、近時、使用者と労働組合の間で締結される労働協約のように、当事者の一方または双方が多数の者または団体であって、意思の合致によって成立した合意がその多数の者または団体の構成員に対して規範としての効力を認められるものが注目されている（労組16条）。この種の法律行為を一般に協約または集団的協約という。その成立の態様からは契約に類するが、その効果の点からは上述の合同行為（協定行為）に近く、協約が締結された後から団体の構成員になった者にも効力を及ぼす点に特色をもつ。

　(2)　要式行為・不要式行為　　意思表示の形式によって要式行為と不要式行為とに分かれる。前者は意思表示が書面その他一定の形式を備えることを要するものであり、後者は何らの形式を要せず一定の意思表示の存在したことが諸般の事情から証明されさえすればよいものである。前述の法律行為自由の原則は法律行為の形式の自由をも認めたものであって、従来国家の種々な干渉のために特殊の形式を要求された行為がことごとく不要式行為とされた。しかし、現在でも従前とは異なる意味で要式行為とされるものが必ずしも少なくない。すなわち、現在では当事者を慎重にさせるため、法律行為の存在を明瞭にさせるため、または権利の範囲ないし法律関係を明

瞭にするためなどの理由で要式行為とされるのであって、婚姻
（739条）・遺言（967条以下）・認知（781条）・定款作成（一般法人11
条・153条）・財産の拠出（同157条）・保証契約（446条２項・３項・
465条の２第３項・465条の６）・手形（手１条以下）・労働協約（労組
14条）などが主要なものである。

　なお、同じような目的から、要式行為ではないが契約書の作成が
要請される場合がある。小作契約（農地21条）、建設請負契約（建設
19条）、宅地建物取引の媒介契約（宅建業34条の２）などがそれであ
る。これらの規定に違反した場合、行政処分の対象になることはあ
っても、契約の効力は否定されない。

　⑶　その他の分類　　それ以外にも多様な基準からする分類があ
る。行為者の死亡によって効力を発生するかどうかによる死因行為
（たとえば遺言・死因贈与）と生前行為、発生する効果の種類による
債権行為・物権行為・準物権行為、給付行為の効力が原因行為の有
効・無効等と不可分であるかどうかによる有因行為・無因行為（た
とえば手形行為）などが、その主要なものである。

第２節　法律行為の解釈

94　法律行為解釈の任務

　われわれのする法律行為にはその内容が不明瞭不完全なものが多
い。前に法律は個人が法律行為によって企図した結果の実現に助力
するものだといったが、法律行為によって企図された内容が不明瞭
であっては法律はその実現に助力しようがない。そこで法律はまず
法律行為の内容を明らかにし、その不十分な点を補充しなければな
らない。法律行為解釈の任務がこれである。

(1)　法律行為解釈の意義　　法律行為の解釈は、一見当事者の内心の真意が何であったかを探究することのように考えられる。しかし、あくまで内心の真意を探究すべしといっても、現実には人の行うことであり、実際上その真意を知るのは不可能なことが多いばかりでなく、契約などにおいては両当事者の真意がくい違う場合も多く、一般取引の客観的安定は望めないことになる。のみならず、一歩進んで考えると、われわれが社会生活において他人と交渉するのは常に言語・文字・挙動というような何らかの手段に訴えねばならないものであって、この外形的なものが当該事情の下で世人から理解される限りにおいてだけ、われわれはその意思を発表しその効果を主張できるものだといわねばならない。そして法律行為の解釈とはつまりこの外形的手段を通じて発表された意思内容を明らかにすることにほかならない。そうだとすると、法律行為の解釈は内心の真意の探究ではなく、当該行為の社会的に有する意味の判断であるといわねばならない。

(2)　解釈の標準　　その外形的行為の判断にあたって何を解釈の標準とすべきであろうか。第1に、行為の当事者がその行為によっていかなる経済的ないし社会的目的を企図したのかをまずとらえ、行為の全内容をこの目的に適合するように理解することを努めるべきである。たとえば1つの契約の個々の条項が一見矛盾するような場合にも、その中心目的を明らかにすれば、全体は案外統一的に理解できる。のみならず、理論的にいっても、法律行為の解釈は当事者の企図した結果の達成に助力する基礎を作るものだから、まず当事者の中心的目的を最初にとらえなければならないことは当然である。そうして、第2には、当該行為のされた場所における慣習を顧慮して行為の意義を定めるべきであり、第3には、いわゆる任意規

定を標準とすべきであり、最後には、条理もまた終局の標準としなければならない。第2以下の標準については次段以下に説く。

(3)　**法律行為解釈の結果**　　解釈によって明らかにされた内容が法律上または社会観念上実現の不能なものであれば、その法律行為の履行を強制することは無意味であるから、無効であると解されてきたが、平成29年改正によって新設された412条の2は、契約その他の債務の発生原因および取引上の社会通念に照らして債務の履行が不能であるときには、債権者は、その債務の履行を請求することはできないが（同条1項）、債務不履行による損害賠償を請求できるものとした（同条2項・415条）。これらの規定は、原始的に不能な給付を目的とする契約も無効ではなく、有効に債権・債務が成立することを意味している。これに対し、法律の強行規定に違反し、または公の秩序・善良の風俗に反する法律行為は無効である。後の2点については次節に説く。また法律行為の解釈は、前に述べたように内心の真意とは直接関係しないが、解釈の結果定められた内容に対応する内心の真意が欠けているときは、法律行為の効力の発生が阻止されることがある。このことは意思表示の問題として次章に説く。ここではこれらの諸事情のないときにだけ法律行為は完全に効力を生ずるものであることを理解しておけばよい。

95　任意規定と異なる慣習（事実たる慣習）

　法律行為の解釈標準となる慣習を**事実たる慣習**という。これは社会のいわゆる法的確信に支持されて法規たる価値をもつようになった慣習、すなわち慣習法（法適用3条参照。序8(1)）に対する概念である。社会一般に、もしくは特定の地域や産業もしくは職業の間に共通の慣習があり、当事者がそれを前提として契約をしていると認められる場合には、その慣習がその契約の解釈の標準とされるべき

は当然である。もっともそのためには、その慣習が公の秩序・善良の風俗にも、強行規定にも反しないものでなければならないことはもとよりいうまでもない。民法はさらに当事者がこの慣習による意思を有したものと認めるべき事情が存することを要するとしている（92条参照）。しかし、この最後の条件を厳格に解し、当事者がたとえば「本契約に関しては某地の慣習による」と明言した場合に限るとすると、慣習は契約の内容となってしまって、独立の解釈標準である意義を失う。民法がわざわざ慣習について定めたのは、慣習は本来その土地で行われた行為の意味を決定する標準となるべき性質のものだからである。そこで学説・判例は一般にこれを軽易に解し、当事者が慣習を排斥しているか、または慣習によることができない特殊の事情がない限りは、慣習によるべきものとしている（大判大正10・6・2民録27輯1038頁—塩釜レール入り事件・基本判例30）。その結果、必ずしも当事者が慣習の存在を知っていることを要しないと解すべきことになる。たとえば、旧借地法の施行以前に当時の東京市およびその近郊には、公租公課または地価が著しく騰貴した場合には地主のほうから地代の相当な値上げを請求できるという慣習があると認定した判例（大判大正3・10・27民録20輯818頁）はこの趣旨である。これは事実たる慣習が解釈の標準とされた顕著な例である（借地借家法11条・32条はこれを取り入れたものである）。

　法の適用に関する通則法3条の慣習を慣習法といい、それは裁判官が職権で適用すべきであるのに対し、民法92条の慣習は法ではなく、当事者の主張・立証をまって適用すべきところから、これを事実たる慣習というのが通説である。慣習法は法令の規定に優先して適用される余地がないのに、事実たる慣習は、つぎに述べる任意規定に優先する。しかし、近時、法適用通則法3条の慣習も民法92条

の慣習も同じものであり、民法92条は、法律行為に限って慣習が任意規定に優先して補充的解釈の基準となりうるとすることで、法適用通則法3条の例外を定めているという見方も有力になっている。

96　任意規定

(1)　任意規定の意義　　任意規定とは当事者のした法律行為の不明な点の意味を定め（解釈規定）、または不十分な点を補充する（補充規定）作用をする規定である。法令のうち公の秩序に関する事項を定める規定（強行規定）は当事者の意思によってこれを排斥することは許されない。物権編の規定には強行規定の性質を有するものが多い（175条参照）。これに反し、公の秩序に関係のない事項に関する規定は、当事者がこれと違った内容の法律行為をするときはその適用をみないものである（91条参照）。これは一般に任意規定と呼ばれる。しかし任意規定と違った法律行為といっても、その内容は必ずしも明瞭完全でない場合が多いので、任意規定はこれを解釈し、補充する役割も担うことになる。

　ある規定が補充規定であることは「法律行為で別段の定めをしないときに適用する」といっているときに最も明瞭であり（272条・370条・404条1項・417条・427条等参照）、また、解釈規定であることは「法律行為に用いられた一定の言葉を○○の意味と推定する」と定めているとき（これを推定規定という）に最も明瞭である（420条3項・569条・573条等参照）。しかし、このような形式をとらなくても、規定の趣旨から当事者の意思で排斥することを許さないものではないと考えられるもの（557条参照）はすべて任意規定というべきであって、たとえば、契約自由の原則の最も明瞭に行われる債権編第2章の契約に関する規定は多く任意規定である。

(2)　任意規定の強行規定化　　注意すべきは、従来任意規定とされ

ていたものが、契約両当事者の社会・経済的な力の均衡が失われると、均衡を取り戻すために、強行規定化する傾向のあることである。たとえば、賃貸借契約の更新や解約申入れに関する規定が、民法では多くが任意規定であるが、特別法の借地借家法（9条・30条）によって賃貸人からの解約に関して強行規定とされているのはその適例である。このことは必ずしも立法に限らず解釈論（たとえば617条の解釈論）としても主張されることがある。

　さらに、消費者契約法（序9(3)(イ)参照）は、民法、商法その他の法律の公の秩序に関しない規定の適用による場合に比し、消費者の権利を制限し、または消費者の義務を加重する条項で民法1条2項に規定する基本原則に反して消費者の利益を一方的に害するものは、無効とすると定めるに至っている（消費契約10条）。

97　条理（信義誠実の原則）

　(1)　条理（信義誠実の原則）の意義　　条理もまた法律行為解釈の最後の標準となる。なぜなら、法律行為は当事者の企図する目的の実現に助力する制度であるから、その内容に不明・不完全な点があり、これを明らかにする適当な慣習や任意規定もないからといって直ちにこれを放棄すべきではない。これを何とかして明瞭完全なものにしようとすれば、条理によってするほかはないことになろう。そればかりではなく、法律行為の解釈は前に述べたように行為の外形の有する意味を判断するものであり、また法律行為自由の原則は、少なくとも現代においては、私人間の法律関係を最も合理的に処理するものとしてその限りにおいて是認されるものだとすれば、法律行為の内容が最後に条理ないし信義誠実の原則によって決定されるべきことは、制度の本質の要求するところだといわなければならないだろう。わが民法は権利の行使および義務の履行については信義則

に従うべきものと定めているが（1条2項）、これは当然の事理を規定したものであって、法律行為の解釈にあたっても同じく当然の事理としてその標準となる（序9⑶(イ)参照）。判例も信義誠実の原則は広く債権法を支配する原則として、契約の解釈の基準となることを明示する（最判昭和32・7・5民集11巻7号1193頁・基本判例1）。なお、かつて借地法施行以前に、建物築造の目的をもってする借地契約に3年・4年というような短い期間が定められているときは、それは借地期間ではなく、地代据置期間と解すべきものだと判断されたことがあったが、これは条理を加味したきわめて至当な解釈であると考えられる。平成29年に改正された民法のいう「取引上の社会通念」も、ここでいう条理・信義則に類するものと考えてよいだろう（95条・400条・412条の2第1項・415条1項・478条・483条・504条2項・541条・548条の2）。

　⑵　例文解釈　　経済力の強い当事者の一方が他方にとってきわめて不利な条項を印刷した証書を作って契約を結んでいる場合に、その条項は例文にすぎないもので当事者を拘束する力はないと判示されたことがある。いわゆる例文解釈であるが、条理に従って解釈するという趣旨に沿う限り是認すべきである。

　⑶　事情変更の原則　　いったん有効に成立した契約も、戦争その他経済事情の激変によって効力を失い、または内容の一部が変更されたものと解すべきであるといういわゆる事情変更の原則が多くの国で認められている。信義誠実の原則の1つの現われとみることができよう。

第3節　法律行為と強行規定および公序良俗

98　強行規定に反する法律行為

(1)　**強行規定**　　法律行為は原則として自由であるが、それはその内容が「法令中の公の秩序に関する規定」に違反しない限りにおいてである（91条）。ある法規が、それに違反する法律行為に対して法律が助力しない趣旨のもの、つまりその法律行為を無効とするものである場合にこれを強行法規もしくは強行規定という。

　上に述べたところを逆にいえば、近代の法律は自由主義の理念に基づいて個人にできるだけ広い自由活動の場を認めようとするが、あらゆる行為を自由に放任することができないことはいうまでもない。特に近時、個人主義・自由主義の行きすぎの是正が要請され、また福祉国家の理想が追求されることになり、法律があらゆる部面で、あれこれの手段を使って、国民の私生活を規制する領域が著しく拡大された。その規制にいくつかのやり方があるが、規制に違反する行為に法律上の効果を認めないと明言するものが強行規定である。たとえば、物権編の冒頭の175条は、民法その他の法律に定める種類以外の物権を創設することはできないと定めている。また借地借家法・農地法・労働基準法中の多くの規定は、借地人・借家人・労働者の不利益に変更することを許さない意味で片面的強行規定とされている（借地借家9条・16条・21条・30条・37条、労基13条等参照）。

(2)　**取締規定**　　法律による規制は特定の行為を禁止し、違反者を処罰している場合（たとえば盗品譲受け等の罪（刑256条））、特定の営業ないし行為をするにつき行政庁の免許もしくは許可（たとえ

ば、古物 3 条、質屋 2 条、建設 3 条）または届出ないし登録（貸金業 3 条）を要求し、また一定の資格のある者に限って免許を与えることにしている場合などさまざまである。一定の商品について、流通する物および価格などについて統制を加え（いわゆる統制経済法規）、いずれも違反に対して罰則を設けている場合も多い。これらの法規に違反する取引ないし行為そのものが常に私法上無効とされるか、つまりそれらの法規が強行法規であるかは必ずしも明確でない。

　これらの場合に、法律の目的が単にその行為自体を禁圧または監督するだけであるときにはこれに違反しても罰則の適用を受けるにとどまり、行為そのものの効力には影響のないものが多い（食品衛生法上の営業許可を受けない食肉売買に関する最判昭和35・3・18民集14巻 4 号483頁・基本判例28ほか多数）。学者は一般にこれを取締規定または取締法規と呼び、これと区別する意味で(1)の強行規定を効力規定ということもある。

　(3)　取締規定と効力規定との区別　　取締規定と効力規定との区別の終局の標準は、規定の趣旨が行為のされること自体を取り締まる趣旨であるか、その取引の私法的効果を認めない趣旨であるかを検討してこれを決すべきである。戦時中から戦後にかけて多かった経済統制法規についていえば、公定価格を定め、その他具体的な取引の内容を制限する規定は効力規定であるが、企業の規模や取引の手続に関する規定は取締規定であると解するのが適当であろう（最判昭和31・5・18民集10巻 5 号532頁）。ただし、食品衛生法違反の有毒物質混入を知りながら製造して販売する行為は、90条に反して無効とされる（最判昭和39・1・23民集18巻 1 号37頁－有毒アラレ売買事件・基本判例29）。

　要するに、社会一般の取引・社会政策・身分上または財産上の秩

序などに関するものは強行規定なのであるから、いちいちの規定についてよくその趣旨と社会の実状とを観察考慮してこれを決すべきである。

　これを民法の領域についてみれば、①親権・夫婦・相続順位などのように身分関係に関する規定は一般に強行規定である。したがって、相続順位（887条以下）を変更する契約、重婚をしようとする契約（732条参照）などは無効である。②物権の種類・内容などに関する規定は直接に第三者の利害に関係するから強行規定である（175条参照）。③利息制限法、恩給・扶助料の取引禁止（恩給11条）などのように法律が特に一定の者を保護しようとする趣旨に基づいて定めた規定も、一般に強行規定である。

99　脱法行為

　強行規定に反する行為は形のうえでこれを回避する手段を講じてもやはり無効である。このような強行規定回避の行為を脱法行為という。たとえば、利息制限法を潜脱するために利息の天引き・手数料などの名目で事実上の高利をとるのは脱法行為の適例である。これについてはこの法律は特にその無効なことを明言しているが（利息2条・3条）、これはいうまでもないことである。また恩給を受ける権利は法律の認める金融機関以外のものに担保に入れることを禁じている（恩給11条1項）。したがって、債権者にあらかじめ一定期間の恩給を受領する委任状を交付して間接に担保の目的を達する行為は、一般によく行われてきたところではあるが、実は脱法行為であって、債務者は約束のいかんにかかわらずいつでも恩給証書と委任状との返還を請求できる（大判昭和16・8・26民集20巻1108頁）。

　しかし、強行規定の趣旨が法律行為から生ずる一定の結果を厳格に禁ずるほどのものではなく、それに到達する手段を規制している

だけだと解される場合には、その手段を回避して当該の結果に到達する行為は必ずしも抑制すべきではない。たとえば、恩給を受ける権利の質入禁止は、暴利などそこから生ずる弊害をおそれてのことであるから、公正な金融機関（現在は株式会社日本政策金融公庫）を設けて恩給権者の需要に応ずる措置がとられることとなった（恩給11条1項）。またたとえば、民法は動産質について、債務者に目的物の占有をさせてはならないとする345条と、流質契約を禁止する349条の強行規定をおいているが、今日では、これらの規定は、担保の手段として質権を設定する場合にだけ適用され、その他の手段による場合には適用されないという理由で、学説・判例ともに動産の譲渡担保（売渡抵当）を有効と解している（詳しくは物123参照）。社会的に正当な需要に応ずる適切な措置というべきであるが、立法による対処が望まれる。平成16年に公布された「動産及び債権の譲渡の対抗要件に関する民法の特例等に関する法律」（物125参照）は、その要請にこたえようとするものの1つである。

100　公序良俗に反する行為

⑴　公序良俗　　法律行為は、これを禁ずる明瞭な強行規定の存在しない場合にも、公の秩序または善良の風俗（略して公序良俗という）に反するものであるときはやはり無効である（90条）。法律行為の自由を認めるといい、法律は法律行為の目的の達成に助力するといっても、それは結局法律の有する大きな目的ないし理想の範囲内におけるものであることはいうまでもない。したがって、法律行為も公の秩序または善良の風俗に反し、反社会的なものであればその効力を否認されるべきであることは、いずれの時代の法律においても当然だといわなければならない。ただ、個人の意思の自治という理想に対して法律の与える価値がきわめて大きいときは、公の秩

序善良の風俗という制限はきわめて遠慮がちに認められることになるのに反し、法律が社会関係における強者と弱者との間の契約、独占企業者の行動などに対して積極的な干渉をし、個人意思の自治に対してそれほど大きな意義を認めないときには、公の秩序善良の風俗という制限は、その行為のもたらす個人的および社会的影響を判断して勇敢に適用されることになる。なぜなら、公の秩序善良の風俗という観念はきわめて抽象的なものであって（この種の規定を白地規定または一般条項という）、これに対してどんな具体的内容が与えられるかは、もっぱらそれぞれの時代の法律の理想のいかんに存するからである。そうであるとすれば、近時の法律の理想においては公の秩序善良の風俗からする法律行為の制限は次第にその範囲を拡張すべきことは、すでに前段の法律行為自由の原則について述べたことからおのずから理解されるであろう（総92参照）。現に、学者は90条をもって民法中最も重要な規定の1つとし、その具体的内容について慎重な研究をしている。

　公の秩序と善良の風俗との間には必ずしも明瞭な限界はない。前者は国家社会の一般的利益を指し、後者は一般的道徳観念を指す。しかし、そのいずれにも該当するものがきわめて多い。したがって、両者はしいて区別する必要がない。両者をあわせて公序良俗といい、また法律行為の社会的妥当性などともいう。

　(2)　公序良俗の具体的内容　　公序良俗の具体的な内容はとうていここに列挙することはできない。従来の判例や学説に現われたところを参考にしながら、不断に変遷する社会思想、社会制度ならびに道徳観念を正しく認識することによって判断するほかはない。一応の基準を示せば、つぎのようになる。

　(ア)　人倫に反するもの　　母子が同居しないという父子間の契約、

配偶者のある者に対して離婚すれば自分が結婚するとして金品を給付する約束などの親子・夫婦などの人情・道義に反する法律行為は無効である。しかし、愛人と関係を絶つ際の手切金支払の約束のように、正常関係を取り戻すことを目的とする行為は有効である。不倫な関係にある女性への包括遺贈も、遺贈額や相続人の事情などを考慮して直ちに無効とはしていない（最判昭和61・11・20民集40巻7号1167頁・基本判例25）。なお、いわゆる内縁関係が、早くから公序良俗に反するものでないとされてきたことは周知のとおりである。

　(イ)　正義の観念に反するもの　　犯罪その他不正行為に加担する契約（たとえば報酬を与えて他人に暴行を加えさせる契約や違法薬物製造の資金を提供する行為）、犯罪をしないことを条件に対価を与える契約（132条後段参照）などがこれに当たる。

　(ウ)　他人の無思慮・窮迫に乗じて不当の利を博するもの等　　たとえば、窮迫に乗じて高利で金を貸し（多くの場合は利息制限法や貸金業法の違反になる）、弁済期に返金しなければ著しく不相当に高価の財産を取り上げる契約（大判昭和9・5・1民集13巻875頁・基本判例24、最判昭和27・11・20民集6巻10号1015頁、最判昭和38・1・18民集17巻1号25頁）はこれに当たる（暴利行為）。近年では、これに加えて、談合その他の公正な競争秩序に反する行為、著しく不公正な取引方法など経済的公序に反する行為を抑止する機能も営むようになっている。

　(エ)　個人の自由を極度に制限するもの　　芸娼妓契約はその典型的なものである。その対価としてされた消費貸借についても、これと一体をなすものとして無効とされる（最判昭和30・10・7民集9巻11号1616頁－芸娼妓契約事件・基本判例23）。また雇用契約または営業譲渡に付随してされる、雇主または譲受人と競業しないという契

約は、競業を禁止される区域の広さおよび期限の長さが不相当であ
る場合は無効とされる。

(オ)　著しく射倖的なもの　　とばくなどがこれに当たる（最判昭
和46・4・9民集25巻3号264頁、最判平成9・11・11民集51巻10号4077
頁・基本判例26）。ただし、公営競馬のように法律が特殊の立場から、
特に許容した場合は、反社会性がなくなる。

(カ)　人権を害する行為　　法の下の平等のような憲法上の基本的
人権を害する法律行為は無効である。定年につき女子を差別する就
業規則が無効とされるのがその例である（最判昭和56・3・24民集35
巻2号300頁）。なお、試用期間満了直前の本採用拒否の違法性が争
われた事件において、企業が特定の思想・信条を有する者の雇用を
拒むのは当然には違法とはいえないとした判例がある（最大判昭和
48・12・12民集27巻11号1536頁－三菱樹脂事件）。

(3)　自由・基本権との関係　　注意すべき点が2つある。

(ア)　自由の制限との関係　　その1は、先に述べた経済関係にお
ける団体的現象は、当然に個人の経済的自由制限を伴うが、これを
一律に自由の制限として公序良俗に反するものとすることは許され
ないことである。なぜなら、これによって人々は活動のいわば形式
的自由を失うが、それによって経済的地位を向上させ、生存のいわ
ば実質的自由を増進する場合が多いからである。したがって、われ
われが90条を適用するにあたっても、単に自由のための自由という
形式的理想にまどわされることなく、その行為の当事者の経済的地
位、その行為が当事者にもたらす実質的な効果、さらにその行為が
社会の一般消費者の利害および社会経済の一般的発達に及ぼす影響
などを詳細に観察してこれを決しなければならない。

(イ)　憲法上の基本権との関係　　その2は、日本国憲法25条以下

のいわゆる生存権的基本権保障との関係である。憲法は、そこで
「すべて国民は、健康で文化的な最低限度の生活を営む権利を有す
る」と宣言したうえで、教育を受ける権利や勤労者の権利を保障す
る。このような基本権は、18世紀以来の自由権を 1 歩出ているもの
であって、実定法上どれだけ積極的な内容を認むべきかは疑問がな
いわけではない。しかし、少なくとも、憲法の保障するこの種の基
本権を奪い、またはこれを空文同様にしてしまうような法律行為は、
公序良俗に反し、無効であるといわなければなるまい。

　なお、憲法の規定が直接私法関係に適用される（直接効果説）か、
私法の規定を通して間接的に適用されるにとどまる（間接効果説）
かにつき議論があるが、判例は後説をとり、それが民法90条を通し
て適用される場合でも、そのままの内容で適用されるのではないと
している（最判平成元・ 6 ・20民集43巻 6 号385頁）。

　⑷　90条の形式的分類──特に動機の不法　　90条を適用する形式
的な標準として、学者はつぎのような分類をする。①法律行為の中
心的目的そのものが公序良俗に反するもの、たとえば犯罪を犯すこ
とを目的とする契約、②法律行為の中心的目的は不当なものではな
いが、それを法律上強制することによって公序良俗に反するもの、
たとえば多額の違約金を定めて、営業をしないことを強制する契約
など、③金銭的利益と結合することにより公序良俗に反するもの、
たとえば公務員が賄賂を得て正当な職務を行う契約、④条件を付す
ることにより公序良俗に反するもの、たとえば、犯罪行為をするこ
と、または犯罪行為を思いとどまることを条件として金銭を与える
契約（132条参照）、⑤動機が公序良俗に反するものである。

　これらの標準も形式的な一応の標準を与えるにすぎない。ただ、
注意すべきは⑤の動機の不法はその動機が表示されて法律行為の内

容になった場合や、一方の不法な動機を相手方が知っている場合に
だけ、その行為が無効とされることである。たとえば、とばくに敗
れたことによる債務の弁済に充てられることを知りながらした金銭
の貸付けは無効とされるが（大判昭和13・3・30民集17巻578頁・基本
判例27）、殺人の動機を胸中に秘めて包丁を購入するような場合に
は売買は無効とならない。

第6章　意思表示

第1節　総　　説

101　意思表示の意義

(1)　**意思表示の要素**　　意思表示は、前に一言したように、一定の効果を意欲してする意思行為であって、法律行為の要素をなすものである（総91参照）。学者は、伝統的に、この意思表示はそのなされる心理的過程に従って3個の要素から成立すると説いてきた。第1に、効果を欲する意思、たとえば一定の物を1,000円で買おうとする意思を決定する。この意思を効果意思という。第2に、この効果意思を外部に発表しようとする意識を伴う。これを表示意思という。第3に、この意識のもとにその効果意思が推断されるような行為、すなわちたとえば1,000円で売ってくれという言葉を発表する。これを表示行為という。そしてこの3要素中でも効果意思が最も重要であって、何らかの事情によって効果意思の伴わない行為がされてもそれは無効であることが原則だと説く。

　しかし、前述したようにわれわれの社会生活はわれわれの行為によってのみ交渉を生ずるものであり、一度行為をすればその意味が純粋に客観的に決定され、相手方および社会の一般人はこれを信用するものであることから、意思表示はむしろ表示行為を中心として理解し、効果意思は特殊の場合にその効力を阻止する要素にすぎないと解する説が有力になっている。すなわち、意思表示の取扱いにおいて効果意思に重きをおくものを意思主義といい、表示行為に重

きをおくものを表示主義というが、今日の経済取引行為においては後者をとるべきものとするのである。

(2) 効果意思　　われわれの意思行為は常に法律上の効果を生ずるのではない。親子間の人情や友人間の儀礼に任すべき軽易な約束などは法律効果を生ずるものではない。また、たとえ一般には法律効果を生ずべき行為でも、当事者が特に法律効果を生じさせない趣旨を明らかにしているときには、法律効果は生じない。したがって、意思表示として法律効果を生ずるためには何らかの法律的色彩を伴うことを要するといわなければならない。多くの学者は、この点を説明するために、意思表示の効果意思は法律的効果を欲する意思だというように、表意者の主観に依拠した要件を加える。しかし、事実に即して考えれば、むしろ効果意思は法律行為制度の理想からみて法律的効果を与えるに適当な内容を有する意思である、というふうに純粋に客観的に説明すれば十分だとする見解が有力になっている（大判昭和10・4・25新聞3835号5頁－カフェー丸玉女給事件・基本判例31）。

102　意思表示の解釈と意思

意思表示の効力を認めるためには、やはりこれを解釈しなければならない。その解釈の標準は前述の法律行為の解釈の標準と同一であって別にいうべきことはない（第5章第2節）。すなわち、ここでも、意思表示の解釈は行為者の企図した意思内容を明らかにすることではあるが、それは内心に存在した真意（内心的効果意思）を探究することではなく、表示によってどんな意思が推断されるか（表示上の効果意思）を明らかにするものである。そうして表示上の効果意思に対応する内心的効果意思が欠けていたり、一致していないときは、意思と表示の不一致または意思の不存在としてその意思表示

の効力が阻止されることがあり、また両者のくい違いがない場合にも内心的効果意思が詐欺または強迫によって強制的に決定されたものであるときは、瑕疵《かし》ある意思表示としてこれまた一定の要件のもとにその効果が阻止されるが、このことは節を改めて説くことにしよう。

第2節　意思と表示の不一致

103　心裡《しんり》留保

　心裡留保とは戯言《ぎれごと》などのように表示行為が内心的効果意思と異なって解されることを表意者が承知しながらする意思表示である。単独虚偽表示ともいう。意思表示として認められるべき表示行為があるならば、心裡留保であっても表示どおりの効果を生ずるのを原則とし、ただ相手方がその意思表示が表意者の真意でないこと（内心的効果意思を伴わないものだということ）を知った場合および普通の注意をすれば知ることができた場合にだけ無効となる（93条1項）。心裡留保においては表意者を保護する必要は少しもないのであるから、相手方および一般第三者を顧慮してこのような効果を認めるのは当然のことであろう。

　もっとも、93条の適用にあたっては注意すべきいくつかの点がある。第1に、心裡留保が例外的に無効とされる場合に、それを善意の第三者に対抗することはできない（同条2項）。第2に、婚姻のように当事者の真意に基づくことを絶対に必要とする行為は常に無効である（742条1号・802条1号参照）。最後に、93条は相手方のない意思表示にも適用があり、この場合は相手方の善意無過失を考える余地がないから（93条1項但書参照）常に無効とならない（ただし、

少数ながら反対説もある）。

　心裡留保そのものではないが、代理人が本人の利益のためではなく、自己または第三者の利益を図るために代理権の範囲内の行為をした場合について、判例は、93条1項但書を類推適用して、そのような代理人の意図を相手方が知り、または知ることができたときには、本人はその行為につき責に任じないと解してきた（最判昭和38・9・5民集17巻8号909頁、最判昭和42・4・20民集21巻3号697頁・基本判例40、最判平成4・12・10民集46巻9号2727頁）。平成29年改正によって新設された107条は、この代理権の濫用に関する判例法理を明文化したものである。

104　虚偽表示

　虚偽表示とは相手方と通謀してする内心的効果意思と異なる意思表示であり、通謀虚偽表示ともいう。債権者による強制執行を免れるために、債務者Aが友人Bと通謀してA所有の不動産をBに売ったことにして財産を隠匿するような行為がその適例である。このような行為は無効である（94条1項）。これについて法律効果を認めるべき何らの理由もないからである。しかし、もし第三者C、すなわち虚偽表示の当事者以外の者が、この仮装行為を真実の行為と誤信して、Bからその不動産をさらに買い受けたとすれば、Cの立場は保護しなければならない。そこで、民法は、虚偽表示が当事者間で無効だということは、当該行為が虚偽表示であることを知らない第三者に対しては主張できない（第三者の側で虚偽表示の無効を主張することは妨げられない）ものとした（同条2項）。その結果、前記のBから不動産を買い受けたCはその所有権を取得し、AはCに対して返還を求めることはできない（最判昭和44・5・27民集23巻6号998頁）。善意の第三者に対しては、当事者以外の第三者、たとえば

仮装譲渡人の債権者なども、無効を主張することはできない。しかし、虚偽表示の当事者であるＡとＢとの間においては、この場合にもその虚偽表示が無効なことに変わりはないのだから、ＡはＢに対して不動産の返還が不能となったことによる損害賠償を請求できる（ただし、708条が適用され、請求が認められないこともありうる）。当事者と第三者との立場を巧みに調和したものというべきである。なお、虚偽表示も相手方との合意で撤回することができる。しかし、虚偽表示の外形を除去しない限り、その外形を第三者が信頼した場合には94条２項が適用される（前掲最判昭和44・5・27）。

　94条の適用にあたってはつぎの諸点を注意すべきである。

　(1)　**単独行為への適用**　　本条は、契約に限らず、相手方のある単独行為（たとえば債務免除や解除）にも適用がある（最判昭和31・12・28民集10巻12号1613頁）。

　(2)　**第三者の善意**　　94条２項の第三者として保護されるためには、虚偽表示であることを知らなかったこと（善意）が必要であるが、無過失であることを要しない。第三者の善意・悪意は取引当時を基準とする（最判昭和55・9・11民集34巻5号683頁）。取引当時は善意であった場合、その後対抗要件を備える時までに虚偽表示の事実を知っても、なお善意であることを妨げない（大判昭和6・10・24新聞3334号4頁）。第三者は、善意につき立証しなければ保護を受けられないが（最判昭和35・2・2民集14巻1号36頁、最判昭和41・12・22民集20巻10号2168頁）、多くの場合、登記の推定力（物13⑿・25参照）等を通じて、第三者は事実上善意と推定されるであろう。

　(3)　**第三者の意義**　　第三者が94条２項の保護を受けるためには、虚偽表示の目的について新たな取引行為などによって法律上の利害関係を有するに至った者であることが要件とされる。したがって、仮装

譲受人の一般債権者などは第三者にあたらない。土地の仮装譲受人からその土地上の建物を賃借した者は虚偽表示の目的である土地について法律上の利害関係を有しないから第三者にあたらないとする判例がある（最判昭和57・6・8判時1049号36頁）。また、第1順位の抵当権が虚偽表示によって放棄され、第2順位の抵当権が自然に第1順位に上ったような場合には、第2順位の抵当権者は、仮装放棄の反射的利益を受けるに過ぎないので、第三者に該当しない。これに対し、A・B間の虚偽表示によりAの所有する不動産がB名義とされ、悪意者Cを経てこれを取得した善意の転得者Dも94条2項の第三者として保護される（最判昭和45・7・24民集24巻7号1116頁）。なお、善意の第三者として保護されるためには対抗要件を備えていることを要しないが、保護の結果として取得した権利を第三者に対抗するためには対抗要件が必要とされる。したがって、たとえばAが自己所有不動産をBに仮装譲渡し、Bがこれを善意のCに譲渡した場合、AはCが登記を備えていないことを理由に不動産の返還を請求することはできないが（前掲最判昭和44・5・27参照）、Aが同じ不動産をDに有効に譲渡したときは、CとDとの間には二重譲渡類似の関係が生ずるので、DがCより先に登記を備えると、CはDに対して所有権取得を対抗することができないことになる（最判昭和42・10・31民集21巻8号2232頁）。

(4)　**身分行為への適用**　身分関係上の行為についても虚偽表示（たとえば仮装の協議離婚）を無効とすべきはもちろんであるが、94条2項によって善意の第三者に対する関係において有効とすべきではない（大判大正11・2・25民集1巻69頁）。

(5)　**94条2項の類推適用**　本条はAの所有する土地がB名義に登記されているのを知りながら放置したAの、Bから当該の土地を

善意で買い受けたＣに対する関係等にも類推適用される。たとえば、父が子の知らない間に自己所有不動産を子の名義で登記した、後にそのことを知った子が善意の第三者に売却した場合にも94条２項の類推適用がある（前掲最判昭和45・7・24）。登記に限らず、権利の外形を信頼した第三者の保護について問題となるが、登記について争われることが多いので、このことについては物権法で説明する（物13⒀）。

105　錯　　誤

　⑴　錯誤の意義　　錯誤とは、表示から推断される意思と表意者の真に意図するところがくい違っていることである。そのくい違いを表意者自身が知らない点で、上述の心裡留保および虚偽表示と異なっている。錯誤のある意思表示にどのような効果を与えるべきかは、表意者とその相手方の利害をどのように調整すべきかのむずかしい問題であるが、わが民法は、その錯誤が重要なものであるときに限りその意思表示を取り消すことができ（95条１項）、さらに表意者がそのような錯誤をするについて重大な過失があったと認められるときは、取消しをすることができないものとした（同条３項）。たとえば、ＡがＢを名画家Ｃだと思い違いをして、絵画の執筆依頼の申込みをしたとすれば、重要な錯誤があることは明白であるから、申込みの意思表示を取り消すことができ、Ｂが承諾の意思表示をしていたとしても契約は最初から無効であったものとみなされる（121条）。しかしＡの思い違いが重大な過失によるものであれば、申込みを取り消すことができず、契約は有効に成立することになる。

　重大な過失がある場合の例外的な取扱いは、表意者に重大な過失があるにもかかわらず、錯誤取消しによる不利益を相手方に負わすのは不公平であるという考え方に基づいているから、①相手方が表

意者に錯誤があることを知り、または重大な過失によって知らなかったとき、および、②相手方が表意者と同一の錯誤に陥っていたとき（共通の錯誤）には、相手方が表意者の重過失を指摘して取消しを封ずることはできないものとされている（95条3項）。また、電子消費者契約及び電子承諾通知に関する民法の特例に関する法律3条は、パソコンなどを利用する電子消費者契約において消費者が別の機能とまちがえて契約申込みのボタンをクリックしたなど消費者側に錯誤があった場合に、事業者側が消費者の真意を確認するための措置を講じていたなど一定の事由があるのでなければ、消費者の重過失を理由に錯誤の主張を封ずることはできないものとしている。

(2)　重要な錯誤　　民法95条は、意思表示が錯誤に基づくものであって、その錯誤が法律行為の目的および取引上の社会通念に照らして重要なものであるときは、その意思表示を取り消すことができると定めている。この重要な錯誤（平成29年改正以前は「要素の錯誤」と称されていた）という言葉も必ずしも明瞭なものではないが、表意者と相手方との利害を調和することを標準として決すべきである。したがって、法律行為の内容の重大な部分に錯誤があること、詳しくいえば、当該意思表示によって表意者が企図した内容のうちに、その錯誤がなかったら、表意者本人のみならず普通人もそのような意思表示をしなかっただろうと思われる程度の重大な錯誤のあること、という意味に解すべきである（大判大正3・12・15民録20輯1101頁）。

　主要な事例を示せば、①意思表示の相手方そのものについての錯誤（人違い）は、特に個人に重きをおかない現実売買などの場合を除いて重要な錯誤になる（最判昭和29・2・12民集8巻2号465頁）。人の身分・資産などの錯誤は、多くの場合に後述の「動機の錯誤」に当たるから、それが何らかの形で表示されているかどうかを慎重に

検討すべきである。②取引の目的物の性状・来歴に関する錯誤は一般に重要な錯誤になる。物の数量・価格などの錯誤も、その程度が取引上重要なものとされる場合には、重要なものと解される（大判大正3・12・15民録20輯1101頁）。③法律または法律状態の錯誤も物の性状の錯誤に類似する。ただし、他人の物の売買・貸借などについては、契約として効力を生ずるものとして処理される——重要な錯誤にならない——場合が多い。

(3)　錯誤の分類　　従来の学者は錯誤の態様を分けて、①表示上の錯誤、②内容の錯誤、③動機の錯誤の区別をしてきた。第1のものは、10ドルというつもりでうっかり10ポンドと書いたというような誤記・誤談の類であり、第2のものは、哩と浬とを同一であると誤解し10浬を意味するつもりで10哩といったように表示行為の意味を誤るものである。前者においては意思表示は不成立だ（表示意思を欠く）からどんなに軽微な錯誤でも常に無効だと論ずる学者もないではないが、意思表示について前述のように表示行為に重きをおくと、両者を区別する理由がなくなる。実際上も区別しないほうが妥当であることはいうまでもない。現在の民法95条も、錯誤を、表示に対応する意思を欠く錯誤（同条1項1号）と、表意者が法律行為の基礎とした事情についての認識が真実に反する錯誤（同条1項2号）の2つに区分している。前者の表示の錯誤には、上に述べた①表示上の錯誤と②内容の錯誤（表示行為の意味に関する錯誤）が含まれ、後者（事実の錯誤・認識の錯誤）には目的物の性質の錯誤（性状の錯誤）とその他の動機に関する錯誤があると解されている。

動機の錯誤については、項をあらためてつぎに詳しく述べる。

なお、意思表示が仲介者（たとえば使者）によって伝えられた場合に、本人の真意と仲介者の表示との間にくい違いがあれば、錯誤

の問題として扱われるべきである。

(4) **動機の錯誤**　上記③の動機の錯誤は、受胎している良馬と性状を誤信して駄馬を買った場合などである（大判大正6・2・24民録23輯284頁－受胎馬錯誤事件・基本判例35。同旨、最判昭和30・9・30民集9巻10号1491頁、最判昭和32・12・19民集11巻13号2299頁など）。動機の錯誤がある場合に、95条が適用されうるかという点は、議論のあったところであるが（最判昭和29・11・26民集8巻11号2087頁）、前に述べた動機が公序良俗に反する場合の取扱いと同様に（総100参照）、内心に秘められた動機に錯誤があるときには、その動機に基づいてなされた意思表示の効力に何らの影響もないが、動機が表示されそこに錯誤があるとき、たとえば、鉄道が敷設される土地であると誤信して土地を高価に買うということが表示行為からわかる場合には、それが意思表示の内容になり、効力に影響を及ぼすと解すればよい。なぜならば、この点に表意者の保護と相手方の利益との調和が存するからである。もっとも、動機の錯誤も表示の有無にかかわらず常に意思表示の錯誤となるとし、それが「重要な錯誤」に当たるかどうか、および錯誤者に重大な過失がないかどうかによって、取り消すことができるか否かが決せられるべきであるとする反対説が有力に主張され、これに従ったとみられる判例もある（空クレジット契約の債務の保証に関する最判平成14・7・11判時1805号58頁）。この反対説は傾聴すべきではあるが、動機の表示を必要とするとしつつ、動機が黙示的に表示されたとみるべき場合を認めるならば、両説の結果には大差がなくなるといえよう（最判平成元・9・14判時1336号93頁参照）。

　平成29年に改正された民法95条も、その事情（動機）が法律行為の基礎とされていることが表示されていたときに限り、取り消すこと

ができるものとしている（同条2項）。

　これまで説明してきたた「動機」は、主として契約の目的物の性状の錯誤に関するものであり、判例はこれを広めに解釈しているのであるが、これと異なり、目的物や契約内容には直接関係しない主観的な理由（狭義の動機）の錯誤については、表示の有無にかかわらず95条の適用対象にはならないと解すべきものと考える。たとえば、帽子を紛失したと誤信して新しい帽子を買ったときや、友人の結婚祝いにする目的で電気製品を購入したが友人が結婚するというのは誤解であったようなときがそうである。判例では、金融機関Aに対して預金者Bが定期貯金契約の合意解除およびCへの支払委託をした際に、BがCへの債務に充てるためという動機を述べたが、実はその債務が存在しなかったとき、Bが上の合意解除および支払委託につき、改正前の95条にいう「法律行為の要素に錯誤があった」ものとして、その無効を主張できるかどうかが争われた事件について、動機が表示されたかどうかにかかわりなく法律行為の要素にはならないとしたものがある（最判昭和47・5・19民集26巻4号723頁）。

　(5)　錯誤の効果　　平成29年改正前の民法は、法律行為の要素に錯誤のある意思表示は無効としていたが、これは、後に述べる詐欺または強迫による意思表示を取り消しうるものとしたことと権衡を失していた。改正前の民法は錯誤は内心的効果意思の欠けたもの（意思の欠缺_{けんけつ}）であるから、内心の意思が単に詐欺・強迫という不当な干渉によって成立した場合（瑕疵_{かし}ある意思表示）より意思表示としての欠陥が重大だ、という理由に立っていた。しかし、意思表示は、すでにしばしば述べたように、表示行為に重きをおくべきものであり、錯誤も詐欺または強迫による意思表示と同様、表意者の保

護を目的とする制度であることを考えると、ドイツ民法のように錯誤の効果を取り消しうるものとするのが至当だろう。ことに表意者に重大な過失があるときは表意者みずからは無効を主張できないが、相手方または第三者は無効を主張できるというのはかなり奇妙な結果だといわねばならない。判例は、表意者に重大な過失があるときに、表意者がみずから無効を主張しえない以上、相手方または第三者はその無効を主張しえないとし（最判昭和40・6・4民集19巻4号924頁）、さらにこれを一歩進めて、錯誤の規定は表意者を保護しようとするものであるから、表意者が無効を主張しない限り、第三者は原則として無効を主張することは許されないとした（最判昭和40・9・10民集19巻6号1512頁）。これらの判例は、実質的に錯誤の効果を取消しに近づけたものということができる。平成29年改正法はこうした判例・学説の動向を踏まえて、錯誤の効果を無効から取消しうるものに変更し（95条1項）、かつ、その取消しを善意無過失の第三者に対抗できないものとした（同条4項）。

　平成29年改正前の判例に、第三者が表意者に対する債権を保全する必要がある場合に、表意者が要素の錯誤を認めているときは、表意者みずからは無効を主張する意思がなくても、上記の第三者は意思表示の無効を主張することができるとしたものがある（最判昭和45・3・26民集24巻3号151頁・基本判例36）。錯誤の効果が取消しとされた後は、取消権の代位行使を認めることになるものと思われる。

　なお、錯誤による法律行為の全部が無効になるとは限らず、改正前の判例に一部無効となるとしたものもある（最判昭和54・9・6民集33巻5号630頁）。これも今後は一部取消しで対応することになろう。

第3節　瑕疵ある意思表示

106　詐欺による意思表示

(1)　**詐欺の意義**　　詐欺による意思表示は取り消しうる（96条1項）。詐欺とは欺罔行為をし、よって他人を錯誤に陥れる違法な行為であるが、その他人がこの錯誤によって意思表示をすれば詐欺による意思表示である。このように詐欺は結局錯誤を伴うのであるが、ここにいう錯誤は、前節で述べた95条の錯誤の場合のように、意思表示の内容の重要な部分に存することを要しない。相手方の欺罔行為によって錯誤に陥ったこと、それによって当該の意思表示がされたこと（因果関係）、およびそのそれぞれに詐欺者の故意があることが立証できれば、錯誤がさほど重要ではないものであってもよい点において95条の錯誤の場合と異なる。したがって、欺罔行為により動機に錯誤が生じたときも、その動機が表示されたかどうかに関係なく詐欺による意思表示になる。沈黙や意見の陳述が詐欺となるかどうかはよく問題とされる。自分で原因を作ったことについての黙秘は原則として詐欺になるであろうし、意見の陳述も信義の原則に反すれば詐欺になるであろう。しかしそれが、法律行為の種類・目的や取引上の社会通念等に照らして許される程度のもの、たとえば露店の商人の少々大げさな口説などは違法性を欠いていることから欺罔行為とまでいえず、詐欺にならないと解すべきであろう。

(2)　**詐欺の効果**　　詐欺による意思表示は取り消しうる。すなわち表意者がその結果に甘んずるときは意思表示の効力に影響はないが、表意者が民法の保護を受けようと欲すればその意思表示を取り消して、その法律行為を最初から無効であったものとすることがで

きる（121条参照）。詐欺の被害者を保護する制度として至当なことである。

　詐欺による意思表示の取消しに関連しては2つの制限がある。1つは、第三者詐欺、すなわち意思表示の相手方以外の者が詐欺をした場合には、相手方が詐欺の事実を知っていたときまたは知ることができたときにだけ取り消しうることである（96条2項）。2つは、詐欺による意思表示を取り消した場合にも、その取消しを善意無過失の第三者に対抗できないことである（同条3項）。たとえば、AがBに詐欺されて不当に安く不動産を売ったのでこれを取り消したという場合でも、取消しの意思表示がなされる前に、詐欺の事実を知らず、そのことに過失のないCがその不動産をBから転得していたときは、AはCからその不動産を取り戻すことはできず、単にBから不動産に代わる損害賠償を請求できるにとどまる。この両制限はそれぞれ詐欺に関係のない相手方および第三者を保護しようとする趣旨であることは容易に理解できるであろう。

　この点についてつぎの諸点を注意しなければならない。1つは、上記の例でCが転得した不動産について、その後にAがA・B間の売買契約を取り消した場合、転得者Cは、対抗要件または権利保護資格要件としての登記を得ていなければ、96条3項による保護を取消者Aに主張できないことである。ただし、転得者は登記を必要としないという学説も有力である。判例の態度は不明である（知事の許可のない農地の売買において、仮登記をした転得者を保護した最判昭和49・9・26民集28巻6号1213頁・基本判例37について、対抗要件不要説をとったものと評価する学説と、できるだけのことをした第三者を保護したのだから農地以外の不動産取引ならば登記を備えなければ保護されないことになるとみる学説がある）。なお、96条3項の第三者は物

権取得者に限られない（前掲最判昭和49・9・26）。2つは、1番抵当権が詐欺によって放棄され、反射的に1番抵当権に順位の上がった2番抵当権者は96条3項の第三者ではない。つまり、第三者であるためには詐欺による意思表示を信頼して積極的な行為に出たことを要件とする。最後に、96条3項は詐欺による取消しの遡及効によって直接に害される者を保護するものであるから、詐欺による意思表示が取り消された後に、目的物について新たな利害関係を生じた者は96条3項の第三者ではない。判例は、Aによる取消しの後にBが目的物をCに譲渡した場合には、AとCに二重譲渡がなされた場合と同じくA・Cのうち早く対抗要件を備えた者が勝つものとする（大判昭和17・9・30民集21巻911頁・基本判例79参照）。ただし、この場合におけるCの保護は対抗問題に関する177条や178条ではなく、無権利者を真実の権利者と誤信した者の保護に関する94条2項の類推適用（物13(8)参照）または192条によるべきだという学説も有力になっている（詳しくは物14(1)(ｱ)(b)参照）。

107　強迫による意思表示

(1)　**強迫の意義**　　強迫による意思表示も取り消しうる（96条1項）。強迫とは害悪を示して他人を畏怖させる違法な行為であって、この畏怖によってする意思表示が強迫による意思表示である。犯罪を告訴・告発するぞと脅かすことが強迫となるかは実際上しばしば問題となる。告訴・告発は適法な行為に相違ないが、これをすると脅かすことによって不法な利益を得ようとすれば違法な強迫となる（大判大正6・9・20民録23輯1360頁）。要するに、強迫の手段と目的とを関連させてその違法性を決することになる。なお、強迫の結果完全に意思の自由を失った者の意思表示は当然無効であって96条の適用の余地はない（最判昭和33・7・1民集12巻11号1601頁）。

(2) 強迫の効果　　強迫による意思表示は相手方以外の者が強迫した場合でも取り消すことができ、かつ取消しの効果をだれに対しても主張できる。すなわち第三者が強迫をした場合にも、また、強迫を理由とする取消しの効果を善意無過失の第三者に対して主張する場合にも、詐欺におけるような例外も制限もない（96条2項・3項は強迫に言及していない）。これは被強迫者を被詐欺者よりも厚く保護しようとする趣旨なのであろうが、この態度がはたして妥当なものであるかどうかに疑問も出されている。

108　誤認・困惑による取消し

　消費者契約法（序9(3)(イ)参照）は、事業者と消費者との間の情報の質、量および交渉力の格差からみて消費者を保護するために、消費者に誤認や困惑があった場合に取消しを認めることにした。

(1) 消費者の誤認による取消し　　事業者に重要事項の不実告知や将来の不確実な事項につき断定的判断があったために消費者が誤認をして契約を締結したときは、消費者は意思表示の取消しができる（消費契約4条1項）。また、事業者が勧誘に際し、消費者に不利益な事実を故意または重大な過失によって告知しなかったために消費者が誤認をして契約を締結したときも、同様である（不利益事実の不告知、同条2項）。

(2) 消費者の困惑による取消し　　事業者が消費者の住居から退去しないとか、社会生活上の経験不足や高齢等による判断能力の低下につけ込んで不安をあおる、人間関係に関する誤信に便乗する、あるいは霊感による知見を用いるなどの行為によって、消費者を困惑させて契約の申込みまたは承諾の意思表示をさせたときは、消費者はその意思表示の取消しができる（同4条3項）。

(3) 過量な内容の契約の取消し　　事業者が、当該消費者にとって

著しく大量または過大に長期であること等を知りながら消費者契約を勧誘し、締結させた場合に、消費者はその契約の申込みまたは承諾の意思表示を取り消すことができる（同4条4項）。

　(4)　取消しの効果等　　上記(1)ないし(3)の取消しは善意無過失の第三者に対抗できない（同4条6項）。また、この取消権は追認ができる時から1年間行わないときは時効によって消滅する。契約締結時から5年を経過したときも同様である（同7条1項）。

第4節　意思表示の効力発生

109　到達主義の原則

　(1)　到達主義　　意思表示はその通知が相手方に到達した時に効力を生ずるのを原則とする（97条1項）。

　(ア)　意思表示の諸段階　　意思表示には特定の相手方に受領されることを要しないもの（相手方のない意思表示）、たとえば遺言のようなものもあるが、多くは特定の相手方に受領されることを要する（相手方のある意思表示）。そして後者において意思表示はまず表意者が意思を表白し（たとえば書面の作成）、ついでこれを発信し（投函）、ついでこれが相手方に到達し（配達）、最後に相手方がこれを了知する（読了）という順序で伝達されるのが普通である。そのうち、表白と了知をもって効力発生の時期とすることは、いずれも一方に偏しすぎて妥当でない。発信主義と到達主義（受信主義）とはともに一長一短がある。前者は敏活を尊ぶ場合もしくは多数の者に同一の通知をしなければならない場合（会社299条1項参照）には適するが、相手方があらかじめ意思表示の来ることを予期するような場合でないと不測の損害を被ることがないとは限らない。後者は普通

の場合において最も表意者と相手方との利害を調和する。しかし、敏活を欠くうらみがある。そこで、民法は到達主義を原則とし、特別の必要がある場合に特別法が発信主義をとっている（訪問販売のクーリングオフに関する特定商取引法9条2項など）。

　(イ)　隔地者と対話者　　平成29年改正前の民法は到達主義を隔地者に対する意思表示に関する原則としていた（旧97条1項）。隔地者とは対話者に対する概念である（商508条参照）。しかし、効力発生の時期に関して両者を違った原則に従わせる必然性はない。対話者においては発信・到達および了知が同一に帰するから了知主義をとってもよいようにみえるが、たとえば相手方が故意に耳をふさいで聞かないような場合には到達はあるが了知はない。そうしてこのような場合にも、やはり到達によって効力を生ずると解するのが至当である。こうして、現行民法97条1項は、隔地者か対話者かの区別をせずに到達主義を採用した。

　(ウ)　到達の意義　　到達とは意思表示が相手方の了知可能な状態におかれることである。だから、たとえば郵便受箱に投入され、または同居の家族や雇人に手交されれば足りる。相手方がこれを読むことを必要としない（最判昭和36・4・20民集15巻4号774頁・基本判例38、最判昭和43・12・17民集22巻13号2998頁）。相手方が正当な理由なく意思表示の通知が到達することを妨げたときは、その通知が通常到達すべきであった時に到達があったものとみなされる（97条2項。大判昭和11・2・14民集15巻158頁、最判平成10・6・11民集52巻4号1034頁）。また、表意者が通知発信の後に死亡し、意思能力を喪失し、または行為能力を制限されても、意思表示はその効力を失わず、到達によって効力を生ずる（97条3項。契約の申込みについては526条の特則がある）。死亡したときは相続人について効果が生ずる。

受領者の能力については次段（総110）参照。

　(エ)　不着・撤回の場合　　到達によって効力を生ずるのだから、事故によって不着となれば効力は生じない。延着すればその到達の時から効力を生ずる。これらは多くの場合に表意者に不利な結果になる。しかし、手紙を発信した後その到着前に、遅くとも同時に、撤回の電子メール、FAX または速達便等が相手方に到達すれば、手紙の意思表示は効力を生じない。これは表意者に有利な点である。

　(2)　公示による意思表示　　意思表示をすべき相手方がだれであるか不明なとき、たとえば契約の相手方が死亡しだれが相続人であるかが不明なとき、および、相手方の所在が不明なときには、これに対して意思表示をすることはできない。相手方が故意に行方をくらましている場合には特に不都合である。この不便を避けるために、公示による意思表示という便法を認めた（98条）。それは一定の管轄裁判所に頼んで、民事訴訟法の公示送達に関する規定（民訴110条－113条）および民事訴訟規則（民訴規46条1項・2項）に従い、裁判所の掲示場に掲示し、かつ、その掲示のあった旨を官報に少なくとも1回掲載してもらうことである（ただし、官報への掲載は裁判所の認定で市役所・区役所・町村役場などの掲示場の掲示をもって代えることができる。98条2項但書）。この方法をとると、掲載または掲示の日から一定の期日を経過した時にその意思表示は相手方に到達したものとみなされる（同条3項）。ただし、相手方またはその所在を知ることができないことに表意者の過失があったときは、たとえこの手続をとっても到達の効力を生じない（同条3項但書）。なお、民事訴訟法は、公示送達による意思表示の到達につき、訴訟の当事者が相手方の所在を知ることができない場合に、相手方に対する公示送達がされた書類にその相手方に対しその訴訟の目的である請求

または防御の方法に関する意思表示をする旨の記載があるときは、その意思表示は、裁判所の掲示場に掲示を始めた日から2週間を経過した時に相手方に到達したものとみなし、この場合に民法98条3項但書の規定を準用すると定めている（民訴113条）。

110　意思表示の受領能力

到達は、前段に述べたように、意思表示が相手方の了知できる状態におかれることであるから、相手方がそれを了知するだけの能力をもっていなければ到達にはならない。この能力を意思表示の受領能力という。

受領能力は積極的に意思表示をする能力ないし行為能力と同じではない。民法は制限行為能力者のうち、被保佐人および被補助人は受領能力があるが、意思能力のない者、未成年者および成年被後見人は受領能力もないものとして、これらの者に対する意思表示はこれらの者の法定代理人または意思能力を回復しもしくは行為能力者となった相手方がその意思表示を了知しない限り、表意者側から到達したと主張することはできないとしている（98条の2）。意思能力を有しない者、未成年者および成年被後見人は積極的に意思決定をして発表する能力（行為能力）がないばかりでなく、消極的に相手方の意思表示を了解する能力も不十分だとする趣旨である。しかし、未成年者が例外として行為能力を認められる場合（総27参照）には、その範囲で受領能力も認められることはいうまでもない。

第 7 章　代　　理

第 1 節　総　　説

111　代理の意義

⑴　**代理**　　代理とは、代理人という他人が、独立に意思表示を
し、または意思表示を受領することによって、本人が直接にその意
思表示の法律効果を取得する制度である。理論的にみれば、行為をす
る者とその法律効果の帰属を受ける者とが同一人であるのが原則で
あるのに、代理では両者が分かれている点に特色がある。代理は、
第 1 に、人の社会的活動の拡張の作用を営む。これによって本人は
代理人の知能を利用してその活動の効果を収めることができるので
あって、今日、1 人の経営者が数十の店舗を運営し、その活動範囲
が全世界にもわたることができるのは全く代理制度に負うものとい
うべきである。第 2 に、代理は人の社会的活動の補充の作用を営む。
これによって権利能力はあるが意思能力がないため、自分で法律行
為をすることができない幼児や精神障害者がその権利能力者である
実効を収めることができる。前述のように法定代理人という制度が
それである（総28）。第 4 編で取り上げる任意後見制度もそうであ
る（親64参照）。このように、代理は私的自治の拡張または補充とい
う重要な作用を有する。

　代理は、上に述べたように、本人Ａの代理人Ｂが相手方Ｃにした
意思表示（能働代理）または相手方Ｃから受領した意思表示（受働
代理）の効力が、直接に本人であるＡに生ずるものである。それは

取引社会における法律行為——正確にいえば意思表示——に関する一種の仕組みだといってよい。したがって、Bの行った意思表示以外の行為は、仮にその効果がAに及ぶことがあっても代理ではない。たとえば、Aの被用者BがAの業務を行うにあたってCの権利を侵害し、これに損害を与えた場合には、Aに賠償の責任があるが（715条）、それは代理の効果ではない。

　また、意思表示であればすべて代理が認められるというわけではない。代理は代理人が多少の範囲の自由裁量を認められ自分の考えで意思を決定するものであるから、本人自身の意思決定を必要とする制度においては代理は認められない。婚姻・縁組・認知など身分上の行為（多くの場合に届出という要式行為である）にその例が多い（戸32条参照）。この種の行為を代理に親しまない行為という。

　(2)　代理と区別すべきもの　　代理と類似した観念につぎのものがある。いずれも、代理人が本人の名において意思表示をし、または本人の名を示した相手方の意思表示を受領し、本人に直接に権利義務を取得させるという代理の特質の一部に欠けるところがある。

　(ア)　代表　　代表は、法人の機関に認められる観念であって、代表機関の行為のほかに本人の行為というものが考えられず、代表機関の行為そのものが法人の行為と認められるものであるから、不法行為についても代表はありうる（総62参照）。代理においては後述のように行為はあくまで本人とは別の代理人の行為であり、したがって意思表示についてだけ認められる。

　(イ)　使者　　本人の決定した意思を相手方に表示し（表示機関）、または完成した意思表示を伝達する（伝達機関）ものである。代理に似た点があるが、使者は本人の決定した意思を伝達するにとどまり、代理人のように自分で意思を決定して発表するものではない。

したがって本人に行為能力があることを要する。

　㈡　間接代理　　たとえば問屋のように、他人の計算において本人の名で行われる行為を間接代理という（商551条以下参照）。本人のために行為をするが、その効果はすべてこの行為者に帰属し、そのうえでこれを本人に移転するものである。経済的作用は代理に似た点もあるが、行為者とその法律効果の帰属先がともに間接代理人であって、両者が分離しない点において代理の本質を備えないものであるから、代理の一種とすべきではない。

　㈢　授権　　AがBに対してA所有の物をBの名で売却する権限を与えた場合のように、授権された者の名でした法律行為の効果を授権者に帰属させる権限を与えることを授権という。Bがその権限の範囲内で目的物をCに売却すると、所有権はAからCに移転する。BがAに無断でA所有物をCに売却し、Aが追認をしたときも同様の関係が生ずる。明文の規定はないが、判例・学説は処分行為の授権を認める（最判昭和37・8・10民集16巻8号1700頁・基本判例53など参照）。所有権移転以外の売買契約の効果がAに帰属しない点で代理と異なる。

　㈣　信託と財産管理　　信託とは、委託者Aが財産権を受託者Bに移転させ、Bがこれを一定の目的に従って受益者Cのために管理・処分する制度である（信託2条1項）。Bが行った対外的取引の効果は直接にはAにもCにも帰属しない点で代理と異なる。また、不在者の財産管理（25条）や遺言執行者による相続財産の管理（1012条）などでは、財産は一応名義人に帰属しているが、一定の目的で拘束され、実質的には管理人が管理人の資格において管理行為を行う。もっともこれらの場合も法文上は代理に準じて構成されている（28条・1015条等）。

㈮　**代理占有**　　民法は代理占有という観念を認めている（183条・184条・204条参照）。しかし占有は後に述べるように意思表示ではないから、代理占有もまた代理の一種ではない。

112　任意代理と法定代理

代理には任意代理と法定代理との両種がある。前者は代理人が本人の依頼を受けて代理人となるものである。後者はそうでないものであり、代理人をおくべきことが法律によって定められていて、代理権の範囲も法定されている場合が多い。

⑴　**任意代理**　　任意代理人は本人の依頼を受けて代理人となるものであるが、その依頼の形式は委任であるのが普通である（643条参照）。すなわち、たとえば家屋の売買を委任すると、その行為をする代理権を与えたことになる。しかし正確にいえば、代理人となることを依頼するのは委任契約によるとは限らない。たとえば組合契約（667条以下）においては、組合員相互でまたは業務執行組合員に代理権を与えるのがむしろ普通であり（670条2項参照）、雇用契約（623条以下）においても、使用者から労働者に代理権を与える例はまれではなく、請負契約（632条以下）においてさえ、注文者から請負人に代理権を与えることは絶無ではない。

以前には、代理は委任の手段として与えられる委任に付属した制度にすぎないと考えられたこともあった。しかし、委任であっても先に述べた問屋のように代理の伴わないものもあり、また上に挙げたように委任以外の契約で代理を伴うものもあるのだから、委任と代理とは不可分の関係にあるものではない。のみならず、一歩進んで考えると、上に掲げた諸契約は、委任でも、その他の契約でも、当事者間において一定の仕事をし、または労務を供給するという債権債務を生ずることをその本体とする。これに対し、代理は代理人

が第三者を相手に行動をすればその効果が本人に帰属するという仕組みであって、委任等の契約当事者以外の者（相手方）に対する対外的関係に本体がある。このように、両者はその本質を異にすることから、近時の学者は本人の依頼を受けた代理を「委任による代理」といわずに任意代理というのが普通である（総114参照）。ただし、任意代理権の発生原因について、委任・雇用その他の事務処理契約から直接発生するという説と、委任契約とは別個独立の代理権授与行為によって発生するという説があり、後者はさらに代理権授与行為を契約と解する無名契約説と単独行為説とに分かれており、無名契約説が有力である。この点の争いは、制限行為能力者が代理人として行った行為であっても、行為能力の制限を理由にして取り消すことはできないということ（102条参照）をどのように説明するかという問題に絡んでいる（詳しくは、総114(2)・119参照）。

(2)　法定代理　　法定代理にはつぎの３つの場合がある。

(ア)　本人に対して一定の地位にある者が当然に代理人となる場合　　未成年の子に対して親権を行う父・母はその適例である（818条・819条３項本文・824条）。

(イ)　協議または指定によって定まった者が代理人となる場合たとえば父母の協議による親権者（819条１項）などがこれに属する。

(ウ)　裁判所の選任する者が代理人となる場合　　不在者の財産管理人（25条１項。ほかに819条５項・876条の４などがある）、家庭裁判所の選任する後見人（840条以下）などがその例である。

法定代理と任意代理との差は他の点においても生ずるが、最も主要なのは次段に述べる復代理人を選任する権能の広狭である。

113　復　代　理

(1)　復代理の意義・要件　　復代理人とは代理人が自分の名義で選

任してその権限内の行為を代理させる本人の代理人である。代理人
が復代理人を選任できるかどうかは、代理人がみずから代理行為を
行わなければならないか、あるいは自分の監督する補助者に行わせ
ることができるかの問題である。したがって、本人の意思に基づか
ない法定代理人と本人の信任を受けた任意代理人とではおのずから
異ならざるをえない。すなわち、任意代理人はみずから債務を履行
すべきであるから、原則として復代理人を選任する権能（復任権）
はない。ただ本人の許諾を得た場合と、やむをえない事由があると
き（たとえば、急迫な事情があってみずから代理行為を行えず、本人の
許諾を得る暇もないとき）にだけ復任権がある（104条。復委任につき、
644条の2第1項参照）。これに反し、法定代理人は常に、すなわち特
別の事情がなくても、復代理人を選任することができる（105条前
段）。その代わり、その復任権の広狭に応じて復代理人の過誤に対
する代理人の責任も異なる。すなわち法定代理人は自分の責任で復
代理人を選任したのだから、その選任した復代理人の行動に関して
全責任を負うのを原則とする。ただし、やむをえない事由があると
きは、本人に対して復代理人の選任および監督についての責任のみ
を負う（同条後段）。これに対し、任意代理の場合は、本人と代理
人との間の契約に基づく債務不履行責任——本来ならみずから債務
を履行すべき債務者がその債務の履行に補助者を使用しその履行補
助者の故意・過失によって債務不履行になった場合の債務者の責任
（大判昭和4・3・30民集8巻363頁・基本判例163など参照）——の問
題として処理される。

(2) 復代理の効果　　復代理人は本人の代理人であるから、代理
人と同様に本人の名において代理行為をし、その権限内の行為につ
いて本人を直接代理するのであって、代理人の代理人となるのでは

ない（106条1項）。他方、復代理人は代理人に選ばれたのであるから代理人の選任監督に服し、その報酬その他の関係ももっぱら代理人との間の取り決めによるべきである。いいかえれば、復代理人は代理人との間にだけ後述のいわゆる内部関係を生ずるはずである。しかし、民法は便宜を考えて、直接本人に対しても、その権限の範囲内で代理人と同様の権利を有し、義務を負うものと規定した（同条2項。復受任者の権利義務については644条の2第2項）。その結果、復代理人は立替費用の償還など（650条参照）は本人に対して直接に請求することもできる。復代理人が相手方から受領した物の引渡し（646条1項参照）については、本人、代理人のいずれに引き渡してもよく、代理人に引き渡したときは、本人に対する引渡義務も消滅する（最判昭和51・4・9民集30巻3号208頁・基本判例39）。民法はさらに復代理人が第三者に対しても代理人と同様の関係に立つことを明言しているが（106条2項参照）、これは復代理人が本人の代理人であることから当然である。

　(3)　復代理の消滅　　復代理人は代理人によって選任され、その代理権は代理人の代理権に基づくものであるから、代理人に解任されるかまたは代理人の代理権が消滅すると、復代理人の地位も終了する。復代理権について111条所定の代理権消滅事由（総116参照）が生じたときに復代理権が消滅するのは当然である。

第2節　代　　理　　権

114　代理権の発生原因

　代理権の発生原因は法定代理と任意代理とで異なることは、前に述べたところからおのずからわかるであろう。すなわち法定代理権

は種類によって異なり、法律の規定、本人以外の私人の指定または家庭裁判所の選任などによって生ずる（総112(2)参照）。これらについては総則において一般的に述べるべきことはない。これに反し、任意代理は本人の依頼によって成立するが、その場合の代理権発生の性格についてはやや問題がある。

(1)　委任との関係　　前述のように代理は委任に付属した制度ないしはその外部関係にすぎないと考えられたときは、代理権は委任契約によって生ずると説かれた。そして組合・雇用などに代理が伴うときは組合契約・雇用契約とともに委任契約もなされるのだとみられた。しかし、委任すなわち代理という考え方を棄て、代理をもって契約関係とは別個の独立の制度ないし仕組みであると考えれば、代理権は代理権を発生させようとする本人・代理人間の法律行為（代理権授与行為または授権行為と称する）によって成立すると説くべきであって、代理あるところ常に委任がなければならないと擬制する必要がないことになる。もちろんこの代理権授与行為は委任・組合・雇用などの契約と合体しても存在しうる。いや、法律行為の委任などでは実際上合体していることが多いであろう。また後述のように委任が終了すれば代理権もともに消滅するのを普通とするであろう。本人と代理人の間では常にそう考えられているであろう。そこで代理権は委任契約から生ずるとみる学説もあるが、代理権授与行為は、理論上、どこまでも委任契約そのものではないのであるから、実際上もこれらの契約から離れて単独に存在することが可能である。

(2)　代理権授与行為の性質　　任意代理が代理権授与行為という特殊の法律行為によって成立するとみるときは、さらにそれが契約であるかまたは単独行為であるかが問題となる。このことは代理権授

与行為には代理人の承諾を要するかどうかの問題に帰する。代理権を与えるというのは単に代理人に資格を与えるだけで何らの不利益を与えないものであるから、その承諾を要しない単独行為であるとみても不都合はないであろう。事実ドイツ民法は単独行為とみている。またわが国の学者でも単独行為とする者も少なくないようである（そのように解すると未成年者も親権者の承諾なしに代理権を取得できる（5条1項但書）。総112(1)・119参照）。しかし実をいうと、民法は委任と代理とさえあまりはっきり区別していないのだから（104条・111条2項等参照）、民法の解釈としては、代理権授与行為は単独行為ではなく委任に類似した一種の無名契約だというのが穏当であろうと思う。

　(3)　代理権授与の方式　　代理権授与行為は特に形式を必要としない不要式行為であり、口頭でもよいし、他の契約と合体することは差し支えない。したがって、ある事業のために人を雇い入れた場合に、これに代理権が授与されたかどうかは、個々の場合について具体的に判断されることになる。しかし多くの場合に、一定の事項について代理人としての権限を委任した趣旨を書いた委任状を渡すのが慣例になっている。

　(4)　白紙委任状　　委任状の特殊なものに白紙委任状と呼ばれるものがある。委任状の一部である委任の相手方欄もしくは委任事項欄またはその両方を白紙にしておいて、後に他人が補充することを予期して交付される。株主や社員が総会に出席せずに決議権の行使を委任する場合などに慣用されている。また、個別的な取引行為においても、適当な契約の相手方を見つけて契約を締結してもらうため、あるいは登記・登録や名義変更の手続をしてもらうために白紙委任状が交付されることがある。これらの場合には、特定の代理人がそ

の者の名前を受任者欄に記載して代理行為をすることを想定して交付されるものと、最初から転々流通することを予定して交付されるものがある。いずれの場合にも、代理人が権限を濫用したり、想定外の者が受任者欄と委任事項欄を補充してこれを行使することがあり、善意の相手方の保護の問題が起きることに注意すべきである。後に詳しくみるように（総122⑴⑺）、判例は、白紙委任状の濫用の場合に表見代理の成立を認めることには慎重である（最判昭和39・5・23民集18巻4号621頁・基本判例43、最判昭和63・5・25判時896号29頁、最判平成15・6・13判時1831号99頁など参照）。

115　代理権の範囲

　代理権の範囲は、法定代理においてはその代理関係について規定する法規を解釈して定めるべきであり、任意代理においては当該の代理権授与行為を解釈して定めるべきである。その解釈は第三者に影響を及ぼすので、委任状に書かれた文字や、代理人の地位、代理事項の性質などを考慮して特に慎重にされねばならない。判例に現われた2、3の例を示せば、売買契約を締結する代理権は登記をする権限（大判大正14・10・29民集4巻522頁）、売買不成立の場合に内金・手付の返還を受ける権限（大判昭和16・3・15民集20巻491頁）、相手方から取消しの意思表示を受ける権限（最判昭和34・2・13民集13巻2号105頁）などを含むと解される。民法は代理権の範囲と制限に関して2、3の標準を定めた。

　⑴　保存・利用・改良行為　　代理権が授与されたことは明らかだがその権限の範囲が定められていない場合について、民法は補充的な規定において標準的な範囲を明らかにしている（103条）。その1は、財産の現状を維持する行為（保存行為）である。腐敗しやすい物を処分して金に代える行為を含む。その2は、物または権利の性

質を変えない範囲でそれを利用して収益を図る行為（利用行為）である。銀行預金を個人への貸金にするのは、危険の度合が大きくなり、権利の性質を変えると解されるのでここに含まれない。その3は、物または権利の性質を変えない範囲で使用価値または交換価値を増加する行為（改良行為）である。家屋に造作を施すような行為である。保存行為と利用行為・改良行為を総括して管理行為ということがある。これと区別されるのが、目的物を譲渡したり、目的土地上に借地権を設定したり、取り壊したりする行為（処分行為）であり、法定の財産管理人の権限については、一般に、管理行為のみが認められている（28条・943条参照）。

　(2)　自己契約・双方代理等の禁止　　たとえば、Aからその所有の家屋を売る代理権を与えられたBが、みずから買主となり（自己契約）、またはAの代理人としてCと売買契約を締結するにあたってCの代理人にもなること（双方代理）も、代理の理論からみて不可能なわけではない。しかし、このような行為を無条件で許すと本人の利益が不当に害されるおそれがある。そこで民法は原則としてこれを禁じ、Bの行為を代理権を有しない者がした行為とみなしている（108条1項本文）。代理人と本人との利益が相反する行為についても同様である（同条2項本文・826条）。代理権限に対する制限の一態様である。代理人の選任を相手方に委任する契約も無効である（大判昭和7・6・6民集11巻1115頁）。ただし、本人があらかじめ許諾した行為については、この限りでない（同条各項但書）。また、債務の履行、すなわちAがCに登記移転義務を負っている場合にBがAC双方を代理してこれを履行することは妨げない（同条1項但書）。債務の履行はすでに確定した事項の決済であってなにも新しい利害関係を創設するものではないから、本人の不利益に帰するおそれも

ないからというのである（最判昭和43・3・8民集22巻3号540頁・基本判例41）。また、本人があらかじめ自己契約や双方代理、利益相反行為を許諾したとき（同条各項但書）のみならず、後日これを追認したときにもその効力を認めてよい（最判平成16・7・13民集58巻5号1368頁）。

　これと同様の趣旨は、制限行為能力者と法定代理人の間の利益が相反する行為について、特別代理人の選任を要求する点にも現われている（826条・860条）。しかし、どのような場合が利益相反行為に当たるかは、実質的に判断される。たとえば、親権者が子に財産を贈与することはこれに該当せず、親権者が第三者の債務について連帯保証をするとともに、未成年の子の代理人として、同一債務について連帯保証をし、かつ、親権者と子が共有する不動産について抵当権を設定する行為は、自己契約でも双方代理でもないが利益相反行為となる（最判昭和43・10・8民集22巻10号2172頁・基本判例401）。

　(3)　共同代理　　共同代理とは数人の代理人が共同してのみ完全な代理行為をなしうるものである。1人で完全に代理しえないのだから、やはり代理権制限の一態様とみるべきである。一般に同一の事項について数人の代理人があるときは共同代理ではなく、各代理人単独に代理しうるものであり、特に共同代理である趣旨が明らかにされたときにだけ共同代理とみるべきものとされる（親権の共同行使に関する818条3項本文・825条参照）。そして、共同代理の場合にも、意思表示を受領すること（受働代理）は1人だけで行えるものと解されている。

116　代理権の消滅事由

　代理権の消滅事由として、民法は法定代理・任意代理の両者に共通のものと後者に特有のものとを分けて規定する（111条）。

⑴　**共通の消滅事由**　　共通の消滅事由は、本人の死亡と、代理人の死亡、代理人が破産手続開始の決定または後見開始の審判を受けたことである（111条1項）。

⑵　**任意代理特有の消滅事由**　　任意代理に特有なものとして、民法は委任の終了を掲げた（111条2項）。前に述べたように（総112⑴・114⑵参照）、代理権授与行為は委任契約とは異なるものだが、委任に類似した契約とみるべきものだから、その終了原因についても委任終了の原因に準じて考えてよい。そうだとすると、代理権は本人の破産手続開始の決定によっても消滅するし（653条2号）、また本人・代理人のどちらからも任意に解除して代理権を消滅させることができることになる（651条1項）。後者が特に重要な事由として注意を要する。任意代理は前述のように本人・代理人間の信任関係に基づくものだから、いずれの当事者からも、特別の原因がなくてもいつでもその関係を終了させうると解することがその本質に適する。

　ただし、一定期間代理権を撤回しないことを本人が代理人に対して特約することが許されないかどうかは別問題である。

　金融担保の目的で債務者が有する債権を代理して受領する権限を債権者に与える場合（物137参照）などには、こうした特約を用いることが多い。恩給を担保にするために債権者に恩給受領の代理権を与えるときに用いられる元利完済までは代理権を撤回しないという特約は、恩給を担保に供することを禁ずる強行規定を潜脱することになり、脱法行為として無効となる（総99参照）。そのほか代理権を撤回しないという約束が本人の経済的窮迫を不当に利用する趣旨を包含するような場合には、公序良俗違反の行為として無効となることはいうまでもない。しかし、このような特別の事情のないとき

は代理権を撤回しない（委任契約の解除権を放棄する）という特約も
有効と解してよいであろう。もっとも、この特約に違反した撤回が
無効なのか、債務不履行による損害賠償義務を発生させるだけなの
かは、なお議論の余地がある。この点、判例は、委任者の利益をも
目的とする委任について、委任者は、やむを得ない事情がない場合
であっても、解除権を放棄したとは解されない事情があるときは委
任契約を解除することができるが、受任者が受ける不利益を損害賠
償によって塡補する必要があるとしており（最判昭和56・1・19民
集35巻1号1頁・基本判例262、最判昭和61・11・20判時1219号63頁など
参照）、平成29年改正法はこれを明文化した（651条2項2号）。

　なお最後に、代理権が委任契約以外の契約関係、たとえば組合・
雇用などと結合しているときは、これらの契約関係の終了とともに
代理権も原則として消滅するとみるべきである。これらの場合にも
代理権はその契約関係の手段としてのみ授与されているのだとみる
のが普通だからである。

第3節　代理行為

117　顕名主義

　代理行為とは、代理人が、本人に効果を帰属させる意図をもって
行う意思表示である。このように、行為者と効果の帰属者が別々に
なるので、代理行為は、本人のためにすることを示して、すなわち
本人の名を示し行為の効果の帰属を受ける者を相手方にわかるよう
にして、行わなければならないとされている（99条1項）。これを顕
名主義という。ただし、本人の名を示すというのは、意思表示全体
から本人がだれであるかがわかればよいという意味であって、必ず

しも本人の氏名を明示せよというのではない（100条但書参照）。「○○営業所長」という肩書のもとで行う取引行為、あるいは一定の営業店舗内において被用者が職務権限の範囲内で行う販売行為などは、その企業の経営者のためにすることが示されているとみるべきである。その反面、本人の名を示してはいるが、代理人が自分または第三者の利益を図る目的で代理権濫用行為をした場合には、相手方がその目的を知りまたは知ることができたときは、無権代理行為として、本人に対する効力が否認される（107条。総103参照）。

　上に述べたことは能働代理、すなわち本人に代わって意思表示をする場合に関する。受働代理、すなわち本人に代わって意思表示を受領する場合には相手方のほうで本人の名を示すべきである（99条2項が「準用」といっているのはそのため）。

　なお、代理人が直接本人の名で本人のための行為をすることがある。たとえば親権者が未成年の子の名において取引をするような場合である。これも一種の顕名とみて差し支えない。判例も、親権者が意思能力のない未成年者の名で行った法律行為は、正当な代理権のある親権者が代理してしたものと推定すべきだとしている（大判大正9・6・5民録26輯812頁。ほかに、代理人が直接本人の名を記した取引に関するものとして最判昭和39・9・15民集18巻7号1435頁がある）。

　代理人が顕名をしないで本人のための法律行為をしたときは、代理人の意思は本人のためにするものであるにもかかわらず、表示は代理人個人のための行為としての意味をもつことになって、錯誤の問題を生ずるはずである（95条）。しかし、このような行為が錯誤を理由に取り消されてしまうことがあっては一般取引の安全を害するおそれがあるので、民法はこのような場合には錯誤の主張を禁ずる趣旨で常に代理人個人のためにしたものとみなしている（100条本文）。

ただし、相手方が、代理人が本人のためにすることを知り、または知ることができたときは、本人に対して直接にその効力を生ずる（同条但書）。

118　代理行為の瑕疵（かし）

　代理行為は代理人自身の行為である。本人の行為とみなされるのではない。したがって、代理人が相手方にした意思表示の効力が心裡留保・虚偽表示・錯誤などの存否、詐欺・強迫を受けたかどうか、および行為の当時ある事情を知っていたか、また知らないことに過失があったかというようなことによって影響を受ける場合、それらの代理行為の瑕疵の有無はことごとく代理人自身について定めるべきであって、本人について定めるべきではない（101条1項）。なお、法人の場合には代表機関の行為が法人の行為とされるのだから（総111(2)(ア)）、代表者について意思表示の瑕疵の有無を決する（704条の悪意に関するものであるが、最判昭和30・5・13民集9巻6号679頁参照）。また、相手方が代理人に対してした意思表示の効力が、意思表示を受けた者がある事情を知っていたことまたは知らなかったことに過失があったことによって影響を受けるべき場合には、その事実の有無は代理人について決める（同条2項）。学説上、代理行為につき、それを行うのは代理人であるという考え方（代理人行為説）と本人であるという考え方（本人行為説）の対立があるが、101条は代理人行為説を前提としていると解される。

　しかし、特定の法律行為をすることを委託された代理人がその行為をしたときは、本人の具体的な指図があったかどうかを問わず、代理人が知らなくても本人自身が知りまたは過失によって知らなかった事情について、本人は代理人の不知を主張できない（同条3項）。たとえばCが売却しようとしている不動産について、Cがそ

れを詐欺によって取得したものであることを知っているＡが、事情を知らないＢを代理人に選任して、Ｂにその不動産を購入させた場合、Ａは、Ｂの善意無過失を理由として96条３項の保護を受けることは認められない。

　なお、代理人が代理行為にあたって詐欺または強迫を行った場合は、代理行為の瑕疵の問題ではない。ただし、本人は代理人の法律行為によって直接の効果を受ける地位にあるのだから、代理人の詐欺は相手方からみて第三者の詐欺というべきではなく（96条２項参照）、相手方は本人の知・不知に関係なく取り消すことができる。

119　代理人の行為能力

　代理人はみずから行為をするものであるが、その効果はすべて本人が受けるのであるから、代理行為が判断を誤って行われても代理人自身は少しも損害を被らない。だから代理人は行為能力者であることを要しないわけである。いいかえれば、制限行為能力者の行った代理行為も相手方との関係では完全に有効であって、代理人の行為能力の制限を理由として取り消すことはできない（102条本文）。制限行為能力者が代理人であると本人が損失を被ることになるかもしれない。しかし、それは本人がこの者を代理人に選んだのであるから自業自得である。もっとも、この規定は任意代理に限るものではなく、法定代理においては本人の自業自得とは言い難いことも少なくない。そこで、民法は、制限行為能力者が他の制限行為能力者の法定代理人としてした行為については行為能力の制限を理由とする取消しを認めるとともに（同条但書）、必要に応じて未成年者を法定代理人としないような制限を設けている（847条１号参照）。

　制限行為能力者、たとえば未成年者が任意代理人となる場合、代理権を授与されるとともにその行為をすることを委任されることが

多かろう。したがって代理行為を下手にやって本人に損害を被らせ
ると、受任者としての任務に背いたことになり、損害賠償をしなけ
ればならないことになる（644条・415条参照）。このことと、代理人
は制限行為能力者でもよいということとの関係はどうなるかという
疑問が生ずるであろう。しかし、委任契約はもともと未成年者が単
独でやれる行為ではないから（5条参照）、未成年者は本人との間
の委任契約を取り消してはじめからなかったこととし（121条）、賠
償責任を免れうることに問題はない。しかし、委任契約が取り消さ
れると代理関係はどうなるかということが新たに疑問となる。委任
契約が取り消されると、これに伴う代理権授与行為も原則としてさ
かのぼってその効力を失うと解すべきことが理論の要求するところ
だが、そうすると、すでにされた代理行為も代理権のない行為（後
述の無権代理行為）となって本人に効力を生じないことになり、相
手方が不測の損害を被る。それでは102条本文は多くの場合無意味
なものとなってしまう。そこで学者は上記のような場合にも、委任
契約の取消しは過去の代理関係には影響しない、すなわち、代理権
は将来に向かって消滅するがすでにされた代理行為には影響しない
と解している。こうすることで、未成年者を代理人に選んだ本人の
損失において未成年者と相手方との利益を巧みに調和し、102条本
文の趣旨を活かすことにもなる（総112(1)・114(2)参照）。その限りに
おいて委任契約と代理権授与行為とは切り離されている（代理権授
与行為の無因性）とする説と結論を同じくする。

120　代理行為の効果

　代理行為の効果は代理してなされた法律行為から生ずる一切の法
律効果がことごとく直接に本人に帰属することである。いったん代
理人に帰属したうえで本人に移転するのではない。たとえば代理人

が詐欺されたときの取消権（96条参照）も本人がこれを取得する。代理人がさらにこれを代理して行使できるかどうかは、その代理人の代理権の範囲によって定まるだけである。しかし、代理人が代理行為をするに際して不法行為をしても、その効果である賠償責任は代理人について生ずるのであって、本人には生じない。この場合の賠償責任は、取消権と異なって、法律行為の効果ではないからである。もっとも本人は代理人の不法行為について使用者責任を負わねばならないことがある（715条）。しかし、それは代理の効果とは直接関係のない問題である。

　本人は上述のように代理行為によって直接に権利義務を取得する。したがって、本人は代理行為の当時権利能力を有することを必要とする。母親といえども、懐胎中の胎児に代わって行為することはできない（出生するまで権利能力を有しない＝停止条件説を前提とする）と解されているのはこの理論に基づくのである。しかし先に述べたように、すでに生まれたものとみなされる範囲で胎児に制限的な権利能力を認めるという考え方（解除条件説）からすれば、胎児にも法定代理人が存在することを認めることが可能となる（総19参照）。

第 4 節　無権代理

121　無権代理の 2 態様

　無権代理とは、代理人として代理行為をした者が、その行為について代理権を有しない場合のことをいう。全然代理権のない場合と代理権の範囲外の場合とを含む。しばしば無権代理行為は「無効」であるといわれるが、正確には、代理行為の法律効果が当然には本人に帰属しないが（効果不帰属）、追認によってさかのぼって本人に

効果を帰属させることができるという浮動的な状態を生じさせるものであるから、当然に最初から法律効果を生ぜず、原則として遡及的追認の許されない本来の「無効」とは異なっている。

　代理権のない者が本人の利益を図るために無権代理行為を行い、本人が後日そのことを知って感謝する場合もあろう。このようなときは、本人にこれを追認させ、最初から代理権があったことにすれば、関係当事者の利害は何らの衝突なく解決される。しかし無権代理人の勝手な行為が本人の不利となるときは、本人を保護すべきか、相手方を保護すべきか、二者択一をするほかはない。その場合にすべての無権代理行為が当然本人に効力を生ずるものとすることはもちろん不当に本人の利益を害することになるが、無権代理人と本人との間に特殊の関係があるときは、むしろ本人の利益を犠牲にしても相手方を保護することがかえって代理制度の運用を円滑ならしめ、ひいては取引の安全を保護することになる。

　そこで民法は無権代理行為を2種類に分けた。その1は、本人と無権代理人との間に特殊の関係があるために本人について代理権が真実存在すると同様の効果を生じさせるものであり、学者はこれを表見代理という。その2は、本人との間に特別な関係がないものであって、学者はこれを特に狭義の無権代理という。狭義の無権代理においては、本人について当然に効果を生じさせることはできないから、無権代理人の責任を重くして相手方を保護することになる。両者の要件を満たしているときには、相手方は表見代理の主張をすることもできるし、それを主張しないで無権代理人の責任を問うこともできる（最判昭和62・7・7民集41巻5号1133頁・基本判例49）。以下では両者についてそれぞれ詳細を述べる。

122　表見代理

(1)　**表見代理の態様**　　表見代理は、無権代理人が正当な代理権を有しているように見えるだけで認められるものではなく、本人と無権代理人との間に特殊の関係がある場合に限って認められる。民法はつぎの 3 種の表見代理を定めている。

(ア)　**代理権授与表示による表見代理**　　本人が、第三者に対して、他人に代理権を与えた旨を表示したが、実際には表示に対応する代理権が与えられていないとき（109条 1 項）。なお、本条は、本人の軽そつな代理権授与表示行為に責任を負わせるものだから、本人が代理権を与えることのない法定代理には適用がない（大判明治39・5・17民録12輯758頁）。

代理権授与の表示は書面でも口頭でもよい。表示の相手方は特定していてもよいし不特定でもよい。相手方が特定している場合には、その者に対する関係においてだけ表見代理となる。不特定の場合、たとえばAが新聞公告によってBを集金の代理人としたことを表示したが実はなんらかの事情によって代理権を授与しなかったというような場合は、すべての第三者が保護される。なお、代理権授与表示を取消しまたは撤回することは可能であるが、そのためには、相手方に取消しまたは撤回されたことがわかる措置をとらなければならない。

代理権授与表示の有無に関して特に問題となるのは、白紙委任状と名義貸しの場合である。

白紙委任状については、次の 2 つがある①代理人が直接白紙委任状の委任事項欄を濫用する場合。たとえばAが自己所有不動産を適当な人に売ってもらうための代理権をBに授与して登記申請に必要な書類とともに白紙委任状を交付したところ、Bが、委任事項欄を

勝手に補充して、自分の債務の担保のためにA所有不動産に抵当権を設定したような場合には、次に説明する代理権踰越の表見代理（110条）によって抵当権者を保護することもできるが、代理権授与表示の表見代理（109条1項）の問題とするのが多数説である。②白紙委任状の転得者が受任者欄を濫用した場合。たとえばAがBに交付した白紙委任状をCに転交付し、Cが、勝手に受任者欄に自分の名前を記入して、Aの代理人としてDと契約したような場合には、判例は、本人が白紙委任状を誰が行使しても構わない趣旨で交付した場合を除いて、109条1項の代理権授与表示があったものとは認めない（最判昭和39・5・23民集18巻4号621頁・基本判例43。ただし、最判昭和42・11・10民集21巻9号2417頁、最判昭和45・7・28民集24巻7号1203頁・基本判例48は特殊な事案について白紙委任状によって特定他人に対する代理権授与の表示があったと認めている）。

　名義貸し（名板貸し）の場合、たとえば請負人Aが下請負人Bに対してA名義を表示して工事をすることを許容しているといったように本人の名義の使用を許諾した場合、判例は、109条1項またはその法意に照らして、名義貸しをした本人Aはその名義を信頼して取引した第三者に対し責任を負うべきものとする（大判昭和15・4・24民集19巻749頁、最判昭和35・10・21民集14巻12号2661頁－東京地裁「厚生部」事件・基本判例42）。なお、商法・会社法は、名義貸しをした商人や会社は商号使用者と連帯して債務を負うものとしている（商14条・会社9条）。

　代理権授与表示の表見代理が成立するためには、代理権授与表示のほかに、表見代理人の行為が表示された代理権の範囲内の行為であること（109条1項本文）、および実際には代理権が与えられていないことについて相手方が善意無過失であることが必要とされている

（同項但書）。表見代理人が表示された代理権の範囲外の行為をした場合について、かつての判例は、109条と110条を重畳適用して、相手方において、その行為について表見代理人の代理権があると信ずべき正当な理由があるときに、表見代理が成立するものとしたが（前掲最判昭和45・7・28）、平成29年改正法は、これを踏襲する明文の規定を設けた（109条2項）。

　(イ)　代理権踰越の表見代理　　何らかの代理権（これを基本代理権という）を与えられている者がその権限外の行為をした場合に、相手方が権限内の行為であると信ずべき正当な理由が存在するとき（110条）。この条文の解釈にあたっては注意すべきことが多い。

　第1に、基本代理権に関しては以下の点に注意を要する。①本人を代理する権限のない者の行為は、外観上どんなに本人のための代理行為らしくみえても、本人について効力を生じないことはいうまでもない（最判昭和30・7・15民集9巻9号1069頁）。単なる事実行為が委託されただけの者、たとえば使者の行った無権代理行為についても同様とされるが（最判昭和35・2・19民集14巻2号250頁・基本判例45）、反対の学説もある。②基本代理権は私法上の行為の代理権であることが必要で、公法上の行為（たとえば役所への印鑑証明書等の交付申請）についての代理権は基本代理権になりえない（最判昭和39・4・2民集18巻4号497頁）。ただし、Aが不動産をBに贈与し、その登記手続をBに委任した場合のように、公法上の行為（登記申請）の代理権が私法上の義務の履行のために与えられたときは、基本代理権となる（最判昭和46・6・3民集25巻4号455頁・基本判例46）。③法定代理権が基本代理権になるかについて、判例・通説はこれを肯定するが（大連判昭和17・5・20民集21巻571頁）、帰責性のない制限行為能力者等の保護の見地からこれに反対する学説もある。

ただし、夫婦は互いに日常家事について法定代理権を有すると解されているが（761条・親25⑵(イ)参照）、判例は、日常家事代理権を基本代理権として広く110条の表見代理を認めることは夫婦の財産的独立を損なうとしてこれを否定し、夫婦の一方が他方に何らかの代理権を授与していない以上、相手方が問題の行為を当該夫婦の日常家事の範囲内に属するものと信じるにつき正当な理由のある場合に限って、110条の類推適用によって相手方を保護すれば足りるものとしている（最判昭和44・12・18民集23巻12号2476頁・基本判例359）。

　第2に、権限外の行為について表見代理が成立するのは、その表見代理人が真実有する代理権（基本代理権）の内容と同種の行為をしたときに限られない。たとえば、100万円借用する代理権のある者が300万円借りたというような場合だけでなく、全く種類の異なる行為をしたとき、たとえば借財のための代理権を有する者がその委任状を改ざんして不動産を売却したというような場合にも適用される（大判昭和5・2・12民集9巻143頁）。白紙委任状の委任事項欄の濫用については109条の表見代理に関連してすでに説明した（総114⑷・122⑴(ア)）。

　第3に、代理権があると信ずべき正当な理由というのは普通人の注意を用いても権限外の行為であることを看破できないということである（最判昭和34・7・14民集13巻7号960頁）。その誤信が本人の過失に基づくことも、本人の行為に起因することも必要としないと解されている（最判昭和28・12・3民集7巻12号1311頁）。実印を保管させたことが代理権の授与に当たるかがしばしば問題になるが、夫の出征中に妻が夫の不動産を売却したような場合には、妻が夫の実印を保管していたからといって正当な理由は認められない（最判昭和27・1・29民集6巻1号49頁－スマトラ司政長官事件・基本判例44、最

判昭和28・12・28民集 7 巻13号1683頁）。特定の取引行為に関連して実印等が交付されているときは一般に正当理由があるとされるが（最判昭和35・10・18民集14巻12号2764頁・基本判例47）、本人を代理人の債務の連帯保証人や物上保証人にするような利益相反的関係がある場合には、相手方（特に金融機関）が本人に問い合わせるなどの調査をしなかったことを理由に正当理由が否定されることも少なくない（最判昭和42・11・30民集21巻 9 号2497頁、最判昭和45・12・15民集24巻13号2081頁など）。

　代理人が直接本人名義で越権行為をした場合、相手方がそれを本人自身の行為と信じたことに正当の理由があるときには、110条の類推適用により本人の責任が認められる（最判昭和44・12・19民集23巻12号2539頁）。

　㈨　代理権消滅後の表見代理　　代理人が代理権の消滅後に代理人としてその代理権の範囲内の行為をした場合に、相手方が過失なくして代理権の消滅を知らなかったとき（112条 1 項）。たとえば集金の代理人が解雇された後において代理人として集金したような場合がその適例である。文理上、相手方において、表見代理人に以前代理権があったことを知っていなければならないこととなるが、以前にもっていた代理権は必ずしも継続的なものである必要はなく、特定の不動産の売却のように一時的なものであってもよい。

　かつて代理人であった者が、代理権の消滅後に、以前にもっていた代理権の範囲を越える行為をしたとき（大連判昭和19・12・22民集23巻626頁、最判昭和32・11・29民集11巻12号1994頁参照）、相手方において、その行為について表見代理人の代理権があると信ずべき正当な理由があるときに限り、表見代理が成立する（同条 2 項）。なお、登記をすることで代理権消滅を第三者に対抗する旨が定められている場

合（商9条1項、一般法人299条1項など参照）は、第三者の保護は、112条ではなく、それらの規定による（最判昭和49・3・22民集28巻2号368頁、最判平成6・4・19民集48巻3号922頁参照）。

　(2)　相手方の善意無過失　　以上の表見代理において、いずれも相手方において無権代理人の行為が真実の代理権に基づくものと誤信した場合でなければならないことはいうまでもない。相手方の善意無過失の要件は、109条1項・112条1項に明言されており、条文上、109条1項但書は本人が相手方の悪意または有過失を立証することで責任を免れるものとし、112条1項では相手方が善意を、本人が相手方の有過失を立証すべきものとされている。109条2項・110条・112条2項の「正当な理由」も善意無過失を意味すると解されており、いずれも相手方において正当理由を立証すべきものとされている。この点だけに限ってみれば、相手方にとっては、109条の場合が最も有利だといえる。

　(3)　表見代理の効果　　表見代理の効果は本人において無権代理であることを主張できないこと、すなわち真実の代理行為としての効果を受けねばならないことである。その結果本人は損害を被ることになるであろうが、それは表見代理人に対して、不法行為または債務不履行を理由として賠償を請求するほかはない。

　表見代理が成立しうる場合であっても無権代理であることに変わりはないから、本人は追認をすることができ（追認拒絶をして責任を免れることができないのは当然である）、相手方は取消権を有する。また、相手方は、表見代理を主張しないで、直ちに無権代理人の責任を追及することも妨げられない（最判昭和62・7・7民集41巻5号1133頁・基本判例49）。

123　狭義の無権代理

　狭義の無権代理の効果は契約と単独行為とによって異なる。

　⑴　契約の無権代理　　３つの方面から観察すべきである。

　㋐　追認　　本人は無権代理行為によって何らの法律効果も受けない（効果不帰属）。しかし、本人はこれを追認して最初から代理権があったと同様の効果を生じさせることができる（113条１項・116条）。また、追認を拒絶して無権代理の効果が自分に及ばないよう確定することもできる（113条２項）。

　追認は相手方または無権代理人のどちらに対してしてもよいが、後の場合には相手方が追認の事実を知るまではこれに対して追認の効果を主張できない（同条２項）。したがって、相手方はこの時まで追認がないものとして後に述べる取消しをすることも妨げない。なお、無権代理行為の追認には、取り消すことのできる行為の法定追認に関する125条の類推適用はない（最判昭54・12・14判時953号56頁）。取り消すことのできる意思表示・法律行為の追認は一応有効な行為を有効なものに確定させるものであるのに対し、無権代理行為の追認は、本人に新たに権利・義務を帰属させようとするものだから、本人の積極的な追認行為が必要と考えられるからである。

　追認の効果は原則として無権代理行為の時にさかのぼる。すなわち最初から代理権があったと同様の効果を生ずる。しかし、相手方の同意を得てこの遡及効を制限し、たとえば追認の時から有効な代理行為とすることもできる（116条本文）。なお、追認の遡及効は第三者の権利を害さない範囲においてだけ効力を生ずる（同条但書）。すなわち、無権代理行為の後追認までの間に本人と法律関係を生じた者などの地位は追認によって影響を受けない（大判昭和５・３・４民集９巻299頁）。たとえば、債権者Ａの無権代理人Ｂが債務者Ｃ

から弁済を受けた後に、Aの債権者DがAのCに対するその債権を差し押えたときは、たとえAがBの無権代理行為を追認しても、Dに対しては、弁済が有効であったことにはならない（弁済が有効であれば、差押えのときに債権はすでに消滅しているから、差押えの効力を生じない）。

　本人は追認を拒絶することもできる。その方法は追認と同様である（113条2項）。本人は追認しない限り効果を受けないものであるから、追認の拒絶は法律関係を確定させるという効果をもつだけのことである。

　追認に関しては、以下の諸問題がある。

　(a)　無権代理と相続　　本人と無権代理人とが、相続などによって同一人に帰した場合に、無権代理関係がなお存続すると解してよいかは問題である。

　(i)　無権代理人が本人を相続した場合　　子が、父の無権代理人として父の財産を処分した後に、父の死亡によって、無権代理人が本人を相続する例はしばしば起こる。単独相続の場合は、子に父の相続人としての追認または追認の拒絶を認めるべきでなく、はじめから代理権のある者が行為したのと同視すべきである（最判昭和40・6・18民集19巻4号986頁）。これと異なり、共同相続の場合には、無権代理行為の追認は、共同相続人全員が共同して行う必要があるので、無権代理人の相続分に相当する部分についても無権代理行為が当然に有効となることはない（最判平成5・1・21民集47巻1号265頁・基本判例50）。無権代理行為は、本人が追認を拒絶したときは無効に確定するので、その後無権代理人が本人を相続しても有効とはならない（最判平成10・7・17民集52巻5号1296頁）。

　(ii)　本人が無権代理人を相続した場合　　上記(i)と異なり、本人

が無権代理人を相続した場合には、無権代理行為が当然には有効にならないとされている（最判昭和37・4・20民集16巻4号955頁・基本判例51）。しかし、本人は無権代理人が相手方に対して負担した債務を相続するので（最判昭和48・7・3民集27巻7号751頁）、無権代理人が負う履行または損害賠償の責任（117条1項）は相続人が承継することになる。しかし、たとえば本人所有の不動産を無権代理人が売却した後に死亡して、本人がこれを相続し、追認を拒絶した場合に、相手方が、117条1項に基づいて履行を請求し、これが認められると、せっかく追認を拒絶してもその不動産を相手方に引き渡さなければならなくなってしまう。これを不当と考える学者は、Aの所有物を勝手に売ってしまった他人物売主Bが死亡して、AがBの債務を相続した場合に、特別の事情がない限り、Aは売主としての義務の履行を拒絶することができるとした判例（最大判昭和49・9・4民集28巻6号1169頁）を援用して、特定物の給付については履行を拒絶して損害賠償責任だけを負うことにすべきであると解している。

　(iii)　本人と無権代理人の双方を相続した場合　　判例は、無権代理人の法律上の地位を包括的に相続した者がその後に本人を相続した場合、本人の資格で追認を拒絶する余地はなく、本人がみずから行為をしたと同様の効果を生ずるものとした（最判昭和63・3・1判時1312号92頁）。この考え方によれば、本人を相続した後に無権代理人を相続した場合には、本人の資格で追認を拒絶しうることになるであろう。

　(b)　無権代理人が権利を取得した場合　　他人の所有物を無断で処分した無権代理人が後にその物の所有権を取得したときには、無権代理行為はその履行を求める相手方と履行が可能になった無権代

理人との間で効力を生ずる（最判昭和34・6・18民集13巻6号737頁、最判昭和41・4・26民集20巻4号826頁）。未成年者の無権代理人が後にその未成年者の後見人になった場合に、無権代理行為をした者が後に本人から代理権を授与された場合と異なり、追認されるべき行為をなした者とその行為を追認すべき者が同一人になったものにほかならず、また、従前から事実上の後見人の立場で財産管理にあたっていた等の事情に照らして、信義則上追認の拒絶が許されないとして、無権代理人が後見人に就職すると同時に本人につき代理の効力が生ずるものとした判例がある（最判昭和47・2・18民集26巻1号46頁）。

　(c)　116条の類推適用　　Ａの所有物をＢが自己の権利に属するものとして処分した後、Ａが追認した場合に116条の類推適用があるとする判例がある（最判昭和37・8・10民集16巻8号1700頁・基本判例53）。養子縁組や婚姻のような身分行為の届出が無効であっても、事実上の身分関係が成立しているときは、116条の類推適用により本人の追認があればそれは届出の時から有効となる（最判昭和27・10・3民集6巻9号753頁・基本判例52、最判昭和47・7・25民集26巻6号1263頁）。ただし、取引関係の場合と異なり、同条但書は身分行為には類推適用されない（最判昭和39・9・8民集18巻7号1423頁・基本判例391）。

　(イ)　相手方の催告権と取消権　　相手方の地位ははなはだ不安定なので、民法はこれに催告権と取消権を与えた。すなわち、相手方は本人に対して、催告をして法律関係を確定させることができる（114条）。制限行為能力者の相手方の催告と同様の趣旨である（20条、総38参照）。無権代理人に権限がないことを知っていた相手方も催告権を有する。このような相手方にも、上記の保護は与えるべきだ

からである。さらに民法は相手方に、無権代理人との間で締結した
契約を取り消す——本人の追認する可能性をなくする——権利を認
めている（115条）。本人が追認する前に取り消さなければならない。
なお、契約の当時に代理権のないことを知っていた相手方は取消権
をもたない（同条但書）。

　(ウ)　無権代理人の責任　　無権代理人が相手方に対して負担する
責任は、狭義の無権代理行為に関する規定で最も重要なものである。
すなわち、無権代理人は、自己の代理権を証明するか、本人の追認
を得ない限り、相手方の選択に従って、みずから行為の当事者とし
て本人との間で成立するはずであった債務すべての履行をするか、
相手方の被る全損害（履行利益を含む）を賠償するという重い法定
責任を負わなければならない（117条1項）。無権代理人が自分には
代理権があると過失なく信じていたとしても、この責任を免れるこ
とはできない（無過失責任）。ただし、相手方が行為の当時において、
無権代理人の権限のないことを知っていたか、知らないことには過
失（重大な過失を意味しない。最判昭和62・7・7民集41巻5号1133
頁・基本判例49）があるとき（ただし、無権代理人が自分に代理権がな
いことを知っていたときには、相手方の過失を理由に責任を免れること
はできない）、および無権代理人が制限行為能力者であるときは117
条1項所定の責任を免れる（同条2項）。

　(2)　単独行為の無権代理（118条）

　(ア)　相手方のない単独行為　　相手方のない単独行為の無権代理
は常に無効である。本人が追認することはできないし、無権代理人
の責任も生じない。

　(イ)　相手方のある単独行為　　相手方のある単独行為を無権代理
としてしたときは、相手方がこれに同意するか、または行為の当時

に遅滞なく異議を述べなかったときにだけ、契約と同様に取り扱う。相手方が異議を述べたときに本人の追認を認めることは不当だからである。

　相手方のある単独行為を無権代理人が受領したときは、無権代理人が同意して受領したときだけ契約と同様に取り扱われる。同意もせずに受領させられた無権代理人に、契約の場合のように重い責任を負わせることは不当だからである。

第 8 章　無効および取消し

第 1 節　総　　説

124　法律行為の効力の否定

⑴　**無効・取消しの意義**　　外形からみると法律上の効果を求め
た法律行為がありながらも、法律がこれに対して直接にその効力を
否定し（無効）、または行為者にその効力を否定すること（取消し）
を認めている場合が少なくない。前者が無効な行為、後者が取り消
すことができる行為である。われわれがこれまでに検討した範囲で
は、心裡留保の例外の場合（総103）、虚偽表示（総104）など法律効
果を発生させようとする意思が存在していないときは、その意思表
示が無効とされ、錯誤による意思表示（総105）、詐欺・強迫による
意思表示（総106・107）など意思表示を行う過程に問題があるとき
には、その意思表示を取り消すことができるものとされている。意
思表示が最初から無効であったときや、取り消されて無効になった
ときには、その意思表示を要素とする法律行為も無効になる。個々
の意思表示に無効原因がなくても、その意思表示によってできあが
った契約その他の法律行為が強行規定に反する場合（総98）や公序
良俗に反する場合（総100）には、法律行為が無効とされる。また、
意思能力のない者のした法律行為は無効とされ（総23）、制限行為
能力者の行為（総25・30・33）は取り消すことができるものとされ
ている。民法は119条以下に、無効と取消し両者の通則を規定して
いる。

(2)　無効と取消しの差異　　無効と取消しとの違いについて、無効な行為ははじめから何らの法律上の効力も認められないのに対して、取消しは一応有効に成立した行為の効力を後から否定するものであると説明するのが普通である。無効な行為はだれでもその効力を否定できるのに対して、取り消すことができる行為は取消権者に限ってその効力を否定できる、という面も重要な差異である。典型例について両者を対比すれば、つぎのようになる。

無　効	取消し
①　効力のないものとされるために特定の人の主張を必要としない（当然効力なし）。	特定の人（取消権者）の主張（取消し）があってはじめて効力がなくなる（取り消してはじめて効力を失う。120条・121条）。
②　すべての者は、最初から効力のないものとして取り扱わなければならない（全然無効）。	取消しのない間は効力あるものとして取り扱わなければならない（一応有効）。
③　放置しておいても効果に変更がない（時の経過によって補正されない）。	放置しておくと有効に確定する（取消権の時効消滅。126条）。ただし、取り消されると最初から効力のないものとなる（取消しの遡及効。121条）。

(3)　立法政策　　特定の場合に、その法律行為を無効とするか、取り消すことができるものとするかは、立法政策の問題であるが、実際上の機能に着目すると、公益保護の観点から公序良俗に反する法律行為の効力を否定する場合など、当事者の意思を問わないで効力を否定するのを妥当とする客観的事由があるときは、無効とすべきである。これに反し、無自覚に軽率な契約をした制限行為能力者

の個人的な利益を保護しようとする場合など、特定の人の意思によって効力を否定するのが妥当であるときには、取り消すことができるものとすべきである。こうした観点からすると、たとえば重要な錯誤によって表示に対応する意思が存在しないと判断される場合にも、その意思表示が無効ではなく、取り消すことができるものとされていることや、意思無能力を理由とする無効について一般に表意者またはその代理人・承継人でなければ主張できない（取消的無効）と解されていることが容易に理解されるであろう。ただし、強行法規的性格を有する規定に違反した行為であっても、その内容が比較的に軽微であるとき（たとえば、743条以下）や、手続上の違反にすぎないとき（決議にその例が多い。会社831条参照）には、無効ではなく、取り消すことができるものとされている。なお、継続的法律関係の取消しについては、遡及効を認めない場合があり（748条・808条）、解釈論としても考慮の余地がある（解除についての620条・630条・652条・684条参照）。

　(4)　無効・取消しの二重効　　無効と取消しは、上に述べたように根本の趣旨において共通なものがあるので、両者の要件が備わっている場合には当事者はそれぞれの要件を証明して無効を主張してもよいし、取消しを主張してもよい。なお、取り消すことのできる行為は取り消すまでは有効であるから、たとえば目的物の性状等に重要な錯誤があって売買契約を取り消すことができる買主が、契約の有効を前提にして契約不適合責任（562条以下）を追及することができるのは当然のことである。

第2節　無　　効

125　無効の意義

　法律行為の無効とはその法律行為から当事者の企図した法律効果が生じないということである。たとえば、通謀して売買を仮装する行為は無効だから（94条参照）、これに基づいて仮装の売主が代金を請求したり、仮装の買主が品物の引渡しを請求したりする権利は生じない。またすでに登記名義を仮装の買主に移転していれば、仮装の買主は売主からの返還請求に応じなければならない（原状回復の義務。121条の2）。なぜなら、売買により代金または品物を請求し、あるいはすでに受け取ったものを自己のものとして保留できるのは、売買からこれらの行為を正当づける債権債務その他の法律関係が発生することによるのであるが、仮装行為からはこのような権利義務や法律関係は発生しないからである。このように法律行為の無効とは法律行為としての効果を生じないということであって、その行為が、ときに犯罪となり、また不法行為となって損害賠償義務の発生という効果を生じたりすることがあっても、それは別個の問題である。

　ただし、心裡留保や虚偽表示は、みずからあえて真意でない行為をしたのだから、これを有効なものと信じた第三者に不利益を与えてまで虚偽の意思表示をした者を保護するのは妥当でないし、第三者に表意者の真意を確かめる義務を課することも妥当でないので、その無効を善意（無過失であることは必要ない）の第三者に対抗することができないものとされている（93条2項・94条2項）。

126　無効行為の追認

　無効な行為は行為者が後にこれを追認しても、最初から有効だったことにはならない（119条本文）。取り消すことができる行為と異なる点である（122条、総132参照）。しかし、当事者が無効なことを知ってこれを追認したときは新たに同一内容の行為をしたものとみなしているから（119条但書）、この追認の時から効力を生ずることになる。たとえば、仮装売買の当事者が追認をすれば、その時から有効な売買となる。ただし、公序良俗に反する行為（90条参照）などは、何度追認しても有効とはならない。なぜなら、何度新たに行為をしたものとみなされても、その新たな行為はやはり公序良俗に反して無効だからである。

　無効な行為については、当事者だけでなく、第三者もまた、その行為が無効であることを主張することができる。それなのにこれを当事者の追認によってはじめから有効であったことにすることを認めては、第三者は不測の不利益を受けるおそれがある。無効な行為は追認によって遡及的に有効とはならないとされるのはそのためである。したがって、第三者には関係なく、ただ当事者の間だけで有効なものとする意味での追認なら、その効力を認めて差し支えない。たとえば、仮装売買の当事者が、当事者間だけで効力を生じさせる意思で追認をしたときは、当事者間では、行為の当時から所有権が仮装買主に移転したことになり、その土地の収益はこの者の所得になる。のみならず、第三者——仮装売買における買主から追認前に所有権を転得した者など——に対する関係でも、これに不利益を及ぼさない範囲ならば遡及的追認を有効と解すべきであるとする説が有力化している。なお、他人の権利の無断処分について真正権利者が遡及的追認をした場合に関して、遡及効を認めた判例があり（大

判昭和10・9・10民集14巻1717頁、最判昭和37・8・10民集16巻8号1700頁・基本判例53など）、学者もこれを支持している。しかし、これは、他人物処分について「無効」といわれることもある。それは所有権移転の効果が真正権利者に帰属しない（効果不帰属）という意味である点で無権代理行為の「無効」と同様であることに着目して、民法116条の類推適用により、第三者の権利を害しない限り、処分の時にさかのぼって効力を生ずるとしたものであって、法律行為の無効一般について論じたものではないことに注意を要する。

127　無効行為の転換

　ある法律行為が当事者の第1段に企図した効果を生じない場合に、これが無効だと知っていたら当事者がおそらく第2段に企図したであろうと思われるような効果を生じさせることを無効行為の転換という。たとえば、地上権の設定契約として無効な行為を賃借権の設定として有効と認められるかというような問題である。このような不要式行為の転換は法律行為解釈の一場合にすぎない。すなわち、前述したように法律行為の解釈は、当事者の用いた文字などに拘泥せずに、その経済的目的の達成に助力すべきものだとすると（総94参照）、上記の例の地上権設定契約も単に無効だとして放り出さずに、当事者の目的を考慮して賃借権設定契約として効力を認めてやるのが至当だということになる。ただ、法律行為が一定の形式を必要とするとき、すなわち要式行為については、当事者の目的だけを考えて所定の形式を備えていない行為を有効とすることは、それほど自由には認められないことになる。たとえば、愛人に生ませた子を正妻との間の嫡出子としてした届出は、認知としての効力を認められる（大判大正15・10・11民集5巻703頁）が、他人間で出生した子をいきなり自分の子として出生届けを出すことは、これを養子縁

組の届出に転換してその効力を認めることができるかどうかは疑問である。養子縁組は一定の要件を満たしたうえでこれを届け出なければならないものであって（792条-800条・739条・戸66条参照）、上のような届出にはこの要件が現われないからである（最判昭和25・12・28民集4巻13号701頁）。そこで、要式行為においては、その形式を要求する法律の趣旨と当事者の企図とを考え合せて転換の許否を慎重に決すべきである。そして、その際法律が特に認めている転換の例、たとえば秘密証書遺言として無効なものを自筆証書遺言として有効とする規定（971条）はその解決に重要な標準を示すことになる（なお戸籍法62条も一種の転換の例である）。

第3節　取　消　し

128　取り消すことができる行為の意義

　取り消すことができる行為は一定の者（取消権者）が取り消すという意思を表示しない限り有効なものとして取り扱われ、取消しの意思表示があれば最初から無効として取り扱われるという性質を有する。この取消権者の主張がない限り有効なものとして取り扱わねばならず、したがって、その行為を放っておけば取消権の消滅時効によって有効に確定する点において無効と異なるが、取り消された後においてはその効果は無効と異なるところがない。なお、民法総則が規定する取消しも無効と同様に私人の法律行為に関し（後見開始の審判の取消しや行政処分の取消しなどを含まないことはいうまでもない）、かつ法律行為の効果についてだけいうことである。

　取消しと区別すべきものとして撤回がある（407条2項・523条1項・525条1項・2項・530条・540条2項・919条1項・989条1項・1022

条-1026条）。それは、法定の取消原因によらないで、意思表示ない
し単独行為を行った者が、それらが終局的な効果を生じていない間
に、自由意思によりその効果が将来発生したり、存続したりするこ
とを阻止する一方的な行為をいう。また、無権代理行為の取消し
（115条）、夫婦間の契約（754条）の取消し、詐害行為の取消し（424
条）などの特殊の取消しが規定されているが、このような意味の取
消しについては本節に述べるところは当てはまらない。

129　取消権者

　行為能力の制限により取り消すことができる行為は、制限行為能
力者（他の制限行為能力者の法定代理人としてした行為については当該
他の制限行為能力者を含む）、その者の代理人（もちろん法定代理人を
含む）、承継人もしくは同意をすることができる者（保佐人につき13
条1項・2項、補助人につき17条1項参照）に限り取り消すことがで
きる（120条1項）。承継人には相続などによる包括承継人を含むが、
特定承継人については問題がある。取得した権利とともに取引上の
地位を承継したと解される場合には取消権も承継すると解すべきで
あろう。錯誤、詐欺または強迫によって取り消すことのできる行為
は、瑕疵ある意思表示をした者またはその代理人もしくは承継人に限
りこれを取り消すことができる（同条2項）。

　制限行為能力者が単独に取消しをした場合には、取り消すことが
できる取消しとなるのかという疑問が生ずる。しかし、取り消すこ
とができる取消しというものは、法律関係をいたずらに紛糾させ、
相手方の地位を極度に不安定にするものだから、とうてい認めるこ
とはできず、確定的に取り消されたものとされる。なお、制限行為
能力者Aが他の制限行為能力者Bの法定代理人としてした行為にあ
っては、AもBも取消権を有する（同条1項括弧書）。

130　取消しの方法

　取消しの方法は当該行為の効果を否認するという意思を表示すればよいのであって、何ら特別の形式たとえば訴えによることを必要としない（ただし、特殊の取消しについては、424条1項、会社831条参照）。ただ、相手方のある行為については、その相手方に到達するようにしなければならない（123条）。不動産がA→B→Cと転売された場合に、Aが行為能力の制限を理由にCからその不動産を取り戻すためには、まず取り消されるべき行為の相手方Bに取消しの意思表示をしたうえで、Cに対して返還を求めるのである。相手方のない行為においては、取消しの意思の表示が一般人に知りうるような方法を講ずればよい（530条参照）。

131　取消しの効果

　取消しの効果は、前に一言したように、その行為が最初から無効だったとして取り扱われることである（121条）。だから、たとえば未成年者が法定代理人の同意を得ずにその所有物を売った後にこの売買行為を取り消したとすると、まだ品物を引き渡していないときはこれを渡す義務がなくなり、もしすでに品物を引き渡した後ならばその返還を請求できる。もちろん代金を請求することはできないし、もし受領した後ならこれを返還すべきである（原状回復義務。121条の2第1項）。給付した物の返還と受領物の返還は引き換えに履行すべきである（533条参照）。しかしこの受領物の返還をやかましくいって、すでに浪費した後にも返還すべきものとすると未成年者等の保護に十分でないというので、民法は一般に行為の時に意思能力を有しなかった者および制限行為能力者であった者は、その行為によって現に利益を受けている限度において返還すれば足りるものとした（121条の2第3項）。無効な無償行為に基づく債務の履行と

して給付を受けた者が、給付を受けた当時にその行為が無効であることまたは取り消すことができるものであることを知らなかったときも同様である（同条2項）。その意味は取り消された行為によって取得した財産がそのまま、または形を変えて、残存するもの（現存利益）だけを返還すればよいという意味である（32条2項・703条参照）。だから浪費してしまい、または管理義務を怠って利得を減少させても、その分を返還する必要がないことになるが、そのまま　もっている場合はもちろん、他の必要費に支出したときにも受領したもの全部を返還すべきである（大判昭和7・10・26民集11巻1920頁・基本判例54）。後の場合にはこれによって自分の他の金を支出することを免れたのであって、利益はやはり現存するわけだからである。利益が現存しないことの証明責任は、制限行為能力者等が負担すると解すべきである（703条に関する最判平成3・11・19民集45巻8号1209頁・基本判例273参照）。

　なお、取り消された行為ははじめから無効とされるが、第三者に対する関係では注意すべき問題がある。取消しを善意無過失の第三者に対抗できない場合があることはその1つである（95条4項・96条3項）。これは取消しの遡及効によって不利益を被る第三者を保護しようとするものであるから、その第三者は取消し前に利害関係を有するに至った者に限られる。物の売買が履行された後に取り消されて所有権が売主である取消権者に戻った場合にも、その所有権の復帰の対抗手段を備えておかないと、取消し後に利害関係を有するに至った第三者に所有権の復帰を対抗できないと解されていることはその2つである（大判昭和17・9・30民集21巻911頁・基本判例79、物14⑴⑺参照）。

132　取り消すことができる行為の追認

(1)　**追認**　　取り消すことができる行為の追認とは、当該行為を取り消さないとすることであって、理論的にいえば**取消権の放棄**である。これによって、一応効果を生じたが取り消されるかもしれないという不安定な状態にあった行為は、以後取り消される心配のない行為となり、法律関係は安定する。

(ア)　**追認権者**　　追認権者は120条の定める取消権者と同じである（122条）。成年被後見人以外の制限行為能力者も法定代理人、保佐人または補助人の同意を得てみずから追認することができる（124条2項2号参照）。

(イ)　**追認ができる時期**　　追認ができる時期は、制限行為能力者または錯誤に陥り、もしくは詐欺・強迫を受けた者は、行為能力者となりまたは錯誤・詐欺・強迫の状態を脱した後でなければ追認することができない（124条1項）。取消しの原因となっていた状況が消滅する前に追認しても、その追認は無効である。取り消すことができる追認とすることは法律関係をいたずらに紛糾させ、相手方の地位を不安定にするので、認めることができない。法定代理人または制限行為能力者の保佐人もしくは補助人がみずから追認をするとき、および、成年被後見人以外の制限行為能力者が法定代理人、保佐人または保佐人の同意を得て追認をするときについては、このような制限はない（同条2項）。なお、追認をするには当該の行為が取り消すことができるものであることを知っていなければならないことはもちろんである（同条1項）。追認は前述のように取消権の放棄の実質を有するものであり、したがって、その存在を知ってでなければこれを放棄する意思を認めることはできないからである。成年被後見人などは能力を回復した後にも自分がどんな行為をした

かさえ記憶していないことがあるだろうから特に注意的に規定して
おくことの意義は大きい。

　(ウ)　追認の方法　　追認の方法は取消しの方法と同様である
（123条）。

　(エ)　追認の効果　　追認の効果は前述のように法律行為からすで
に生じた効果が取り消されるおそれのない確定的なものとなること
である。したがってすでに生じた効果をそのまま確認すればよいの
であって、何ら新たな効果を生じさせる必要はない。

　(2)　無権代理行為の追認との差異　　なお、民法は、無権代理行為
についても、取り消すことができる行為についても、同じく追認と
いう言葉を用いる。しかし両者の性質は異なる。無権代理行為の追
認（116条）は、本人について効果を生じていないものの効果を生
じさせること、いわば無を有にするのであり（総123(1)(ア)参照）、取
り消すことができる行為の追認は、生じている効果をそのまま確定さ
せること、いわば有を有として確認するのである。したがって、無
権代理行為の追認には本人の積極的な追認行為が必要であり、つぎ
に述べる法定追認に関する125条を類推適用すべきではない（最判
昭54・12・14判時953号56頁）。

133　法定追認

　取り消すことができる行為について、相手方や一般第三者からみ
て追認と認められるような一定の行為があるときは、これを追認と
みなし、以後取り消すことができないものとする。これを法定追認
という。もはや取り消されないだろうという相手方の信頼を保護す
るとともに、取り消すことができる行為をなるべく早く確定して一
般法律関係の安定を図ろうとする趣旨である。

　法定追認と認められる取消権者の行為は、①全部または一部の履

行（取り消しうる売買行為に基づく目的物の引渡しまたは代金の受領が
その例）、②履行の請求（代金を督促するのがその例）、③更改（代金
債務を借金に改める契約をするのがその例）、④担保の供与（目的物の
引渡債務もしくは代金債務に保証人を立てるのがその例）、⑤取り消す
ことができる行為によって取得した権利の全部または一部の譲渡
（買ったものを他人に譲渡するのがその例）、⑥強制執行（代金債権につ
いて強制執行をするのがその例）である（125条）。

　法定追認は相手方の信頼を保護するために法律上当然追認の効果
を生じさせるものであるから、上記の行為を行った者が追認の意思
を有していたか否かを問わない。取り消すことができるものである
ことを知っている必要もないと解されている（大判大正12・6・11
民集2巻396頁）。ただし、上記の行為が有効に追認をできる者によ
ってされることを要するのは当然である。したがって、錯誤に陥っ
ていた者や詐欺・強迫を受けた者はこれを脱してから上記の行為を
したのでなければならないし、制限行為能力者は行為能力者となっ
てから、もし制限行為能力者の間なら法定代理人または保佐人、補
助者の同意を得て（ただし成年被後見人を除く）、上記①〜⑥の行為
をしたのでなければならない（同条柱書・124条参照）。なお上記各
行為をするにあたり、追認するのではない旨を表示するなど、異議
をとどめていれば法定追認の効果は生じない（125条但書）。相手方
からの強制執行を避けるためにひとまず弁済するが、後日取り消し
てこれを争う、というような場合にそうしたことが生ずるであろう。

134　取消権の消滅

　取り消すことができる行為は一定の期間内に取り消さないと、そ
の後は取り消すことができなくなる。すなわち、取消権は追認をす
ることができる時から5年、行為の時から20年の、どちらか早く経

過したほうによって消滅する（126条）。取り消すことができる行為をなるべく早く確定するために比較的短い期間を定めたのである。民法は5年の期間については明らかに「時効によって消滅する」と規定している。20年の期間についても時効であると解すべきであろうか。学説では、取消権は形成権であるから、その性質上両者とも除斥期間と解すべきであるとする説も有力である。また、判例・通説によれば上記の期間内に取り消せば、それによって生ずる原状回復請求権や現存利益の返還請求権については、取消しの時から普通の消滅時効の適用があるとされている。これに対し、この5年および20年の2つの期間は取消しを前提としてその効果（原状回復請求権等）を主張することに制限を設けたものと解する説もある（総144(1)・156(2)参照）。そのほうが、取消権を早く消滅させて法律関係を確定しようとする趣旨に合致するからという理由である。

　なお、制限行為能力者の意思表示の取消しの場合は、制限行為能力者とその法定代理人等とでは、5年の期間制限の起算点が異なってくるが、いずれか一方についての期間が満了した時に他方の取消権も消滅すると解すべきであろう。

第9章　条件および期限

第1節　条　　件

135　条件の意義

(1)　**停止条件と解除条件**　　われわれは法律行為をするにあたり、一定の事実が発生したら法律行為の効力が発生し、または履行を請求できるものとしたり（及第したら学資を給する）、または一定の事実が発生したら効力を失うと定めたりする（落第したら給費を止める）ことがある。このような行為を条件付法律行為といい、その一定の事実を条件という。条件は後述の期限とともに、法律行為の付款、すなわち法律行為に付加されてその効力を修正する意思表示である。条件には上にあげた例のようにその成就によって法律行為の効力を発生させるものと、その効力を失わせるものがある。前者を条件成就まで効力の発生を停止しているという意味で停止条件といい（127条1項）、後者を既に発生している効力を条件成就によって解除するという意味で解除条件という（同条2項）。

　条件となるのは発生するかどうか不明な事実である。期限は後に述べるように、時期は確定していなくとも、必ず発生する事実であって、この点に条件と期限の違いの要点がある（総138参照）。

(2)　**条件の諸形態**　　普通に条件といわれるものにも、いろいろの形態がある。

(ア)　**既成条件**　　われわれが条件を付けたつもりでいる場合に、それはすでに確定して、ただわれわれが知らなかったにとどまるこ

とがある。このような場合にこれを既成条件というのが常であるが、実は条件ではない。なぜならば、法律関係は法律行為の時に確定しているわけで、効力が完全に発生するかどうかが不確定だという条件特有の状態を生じないからである。すなわち、たとえば、入学試験に合格したら給費するという停止条件付の約束をした場合に、すでに合格していればその約束は無条件に有効であり、すでに落第していればはじめから無効である。また、これまで学費を給費してきた当事者間で、あらためて進級試験に落第したら給費は止めるという解除条件付きの約束をした場合に、実はすでに進級試験に落第していたとすればその約束は無効となり、及第していればその約束は無条件となる（131条1項・2項）。何ら特別の取扱いをする必要も余地もないはずである。民法はこの場合にも当事者が条件の成否を知らない間は、普通の条件付法律行為と同様に、後に述べる条件付権利（総137参照）が生ずるものと定めているが（同条3項）、無意味な規定といわねばならない。

　(イ)　不法条件・不能条件　　条件は法律行為の効力に関するものであるから、人を殺せば報酬をやるとか、殺人を思いとどまれば金をやるというように、その内容が公序良俗に反する条件（不法条件）を付した法律行為が無効であることはもちろんである（132条、総100(4)参照）。また、実現の不能な事実を停止条件とすればいつまでたっても効力を生ずるわけはないから無効であり（同条1項）、同様の事実を解除条件とすればいつまでたっても効力が消滅することはないから無条件である（133条2項）。これらを不能条件というが、いずれも当然なことで、特に法律の規定をまたないことである。

　(ウ)　随意条件　　民法が、単に債務者の意思だけにかかる停止条件の付された法律行為が無効であることを定めたのは多少の説明を

要する（134条）。その意味は、たとえば、債務者が欲すれば返済すべしというような法律行為は、法律的効果を生ずるものではないから無効だというのである。このような契約も徳義上の問題として十分な価値をもつことがありうるから、これを無効であると宣言することは一見奇異にも感じられるが、法律で有効・無効というのは純粋に法律的効果の有無——一般的にいって訴えを起こして履行を強制できるかどうか——をいうのであることを考えれば、理論にかなったことだと理解しうるであろう。このような条件を学者は**随意条件**（これを債務者以外の者の意思にかかる場合と区別して「**純粋随意条件**」ということがある）という。「債務者の意思のみ」にかかる停止条件の付された法律行為が無効とされるのであるから、買主が品質良好と認めたときは代金を払う（品質不良のときは払わない）という売買契約はここにいう随意条件の付された法律行為とはいえない（最判昭和31・4・6民集10巻4号342頁）。

　(エ)　**法定条件**　　つぎに条件はわれわれが法律行為の内容として自由に定めるものであるから、法律によって一定の条件が付けられている場合には、たとえわれわれがこれを法律行為の内容として繰り返してみても無意味なことである。これを**法定条件**という。遺言の中に、「自分より先に死ななかったら」これこれの品物をやると書くようなのがその例である（994条参照）。また、農地の売買において、「農業委員会（昭和55年改正以前は原則として都道府県知事）の許可を条件とする」というのも、農地法上の効力要件を約したのだから、それは法定条件である（最判昭和36・5・26民集15巻5号1404頁・基本判例55）。

　(3)　**条件を付すことができない行為**　　最後に法律行為に条件を付けることはどんな場合に許されるか。法律行為自由の原則上一般に

自由に許されるといってよい。しかし、①強行規定または公序良俗の立場から法律効果が確実に生ずることが要求される行為には、条件を付けて不確実にすることは許されない。たとえば、婚姻・縁組・認知・相続の放棄などは絶対に条件を付けることが許されない。②また単独行為に条件を付けると相手方の地位をはなはだしく不利にするおそれがあるから、一般に許されないと解されている。相殺に条件を付けえないことについては明文があるが（506条1項）、相殺のほか解除（540条以下）、前述の取消し・追認など一般に単独行為には条件を付けえないものと解されている。しかしこの種のものは、認知・相続放棄などと異なり、単に相手方の立場を考慮してのことであるから、相手方が同意するか、または1週間内に来て謝罪しなければ取り消したものとするとか、10日以内に履行しなければ当然解除とするというように、条件を付けることによって相手方を不当に不利にするものでないときは、条件を付けることも妨げない。

136 条件の成就

(1) **条件成就の意義**　　条件の成就とは条件とされた事実の実現をすることである。民法は、条件の成就によって不利益を受ける当事者が故意に条件成就を妨げたときは、相手方は条件成就とみなす権利があると定めた（130条1項）。興味あることである。たとえば不動産取引者に対して、その仲介によって売買が完成すれば報酬を与えると約した者が、仲介者の紹介した者と直接売買契約を結んで、故意に仲介者の報酬請求権を不成立とさせたときは、相手方は条件が成就したものとみなして報酬を請求できる。条件を不成就とさせたことに故意があれば、すなわち条件の成就を妨げることを知っていれば十分であって（最判昭和39・1・23民集18巻1号99頁）、条件成就による不利益を免れようとする意図は必要ではない。ただし妨害

によって不成就となったこと、いいかえればその行為がなければ条件は成就したと認められる場合でなければならないことはもちろんである。

　条件の成就によって利益を受ける者が不正に条件を成就させたときは、相手方は条件不成就とみなしうる（同条2項）。火災保険契約者が故意に家を焼いた場合がその適例であるが、それには保険法に明文の規定がある（保険17条等参照）。試験に合格すれば給費すると約束したときに、カンニングをして合格したというような例も考えられるが、このような場合にはカンニングをしても合格さえすればという約束ではないから、条件は成就しないというべきであって、しいて相手方に条件不成就とみなす権利を与える必要もないかもしれない。しかし、判例・学説は130条1項を類推してこのような権利を認めてきた（最判平成6・5・31民集48巻4号1029頁）。これを受けて、平成29年改正法は明文の規定を設けた（130条2項）。

　(2)　条件成就の効果　　条件が成就すればどんな効果を生ずるか。停止条件であれば効果が発生し、解除条件であればすでに生じた効果が消滅することについては説明の必要はないだろう。しかしこの発生または消滅するのはいつからか。条件成就の時からか、それとも行為の時にさかのぼってかは問題である。これに関し、民法は原則として条件成就の時からであって、当事者がそれ以前にさかのぼらせる意思を表示したときはこれに従うものと定めた（127条3項）。条件は前述のように意思表示の内容であるから結局は当事者の意思によるべきものであるが、民法は補充的な規定をおいた。

137　条件付権利

　(1)　期待権　　AがBに、Bが次の国家試験に合格すれば特定の家屋を贈与すると約束した場合、Bは合格すれば家屋の所有権を取

得するという期待を有する。民法はこの期待を相手方 A において侵害できないものとした（128条）。Ａの義務を規定することによって間接にＢの期待に一種の権利としての地位を与えたのである。これを条件付権利という。いわゆる期待権の一種である。

　(ア)　相手方による条件付権利の侵害　　相手方が条件付きの権利を侵害した場合、たとえば上の例でＡがＢの合格前にその家屋を損傷した場合には、期待権侵害の不法行為または債務不履行による損害賠償の責任を生ずる。また、ＡがＢの合格前に第三者Ｃにその家屋を売却して登記も済ませた場合にも、Ａには期待権侵害の不法行為または債務不履行による損害賠償責任が生ずる。

　(イ)　第三者による条件付権利の侵害　　つぎに上の例で第三者Ｄが家屋を損傷した場合は、期待権侵害の不法行為による損害賠償の責任を負う。なお、第三者ＣがＡからその家屋を買い受けた場合には、二重譲渡の関係が生ずるが、Ｂが条件付権利について仮登記（不登105条、物13(2)）し、後に本登記をすれば、その仮登記より後にＡから本登記を得ていたＣに対抗することができる（同106条）。

　ただし、(ア)および(イ)の損害賠償請求権および対抗力は、いずれも合格するという条件が成就してはじめて効力を生ずるものであることに注意を要する。なお、上記(ア)(イ)のように条件付権利の目的物が損傷または消失させられた場合とは違って、たとえばＢが第三者Ｅの引き起こした事故によって国家試験を受験できなかった場合にように試験合格という条件の成就する余地がなくなったときには、130条の適用される場合を除いて、その不法行為がなかったならば条件が成就したであろう可能性を考慮してＥに対する損害賠償の額を定めるべきであろう（機会喪失の法理）。

　(2)　条件付権利の効力　　条件付権利義務は、その条件の成就によ

って取得される権利義務と同様の規定に従って、処分・相続・保存
（前述の仮登記がこれに当たる）し、またはそのために担保を供する
ことができる（129条）。

　(3)　解除条件の場合　　以上は停止条件を例として説明したが、
解除条件においても同様である。たとえば、父親が娘の結婚にあた
って家屋を夫に贈り、正当な理由がないのに離婚するようなことが
あれば家屋を返還せよと約束したような場合には、正当な理由のな
い離婚がされれば家屋を取得する父親の地位が条件付権利である。
この地位を保存するには、停止条件付権利の場合と同様に仮登記
（不登105条）によることとなる。

第2節　期　　　限

138　期限の意義

　(1)　期限　　期限は条件と同様に法律行為の効力の発生または履
行の請求を止め、または法律行為の効力を消滅させる事由である。
効力を発生させ、または履行請求を可能とするものは始期であり、
消滅させるのは終期である。民法は始期について、期限が到来する
まで履行を請求することができないとだけ規定している（135条1
項）。これは普通の場合に最もよく適合している。すなわち、たと
えば来年の1月1日に贈与するとか、本年末に代金を支払うという
ような法律行為は、いずれもその行為によって直ちに贈与または代
金支払の債務は発生し、期限の到来までその履行が停止されている
のである（請求始期・履行期限）。しかし、法律行為の効力の発生を
止める始期もありうる（効力始期・停止期限）。来年の1月1日から
家屋の賃貸借契約の効力が発生するというようなのがその例である。

(2)　**期限の分類──期限か条件か**　　期限の性質は条件に酷似するが、両者の差は、前に一言したように、条件は成就するかどうか不明な事実であるのに反し、期限は必ず到来する事実である点に存する。期限には今月末日というようにいつ到来するか確実なもの（確定期限）と、私が死んだ時というように必ず実現するが、それがいつ到来するか不明なもの（不確定期限）とがある。後者は条件との区別がつきにくいこともある。年末上京の際に支払うというようなのがその一例である。年末にはたして上京できるかどうかは不明なのだから、一見すると条件のように思われる。しかし、当事者の意思は年末上京の際まで支払を猶予するというのであって、もし年末上京できないことに確定すれば遅くも来年の初めには上京しなくても支払う趣旨と解すべきであるから、条件ではなく不確定期限だといわなければならない（大判大正4・2・19民録21輯163頁参照）。これに類したものは立身出世のうえで返済するというようないわゆる出世払債務である。当事者の意思が出世しなければ支払う必要なしというのであれば停止条件であり、結局支払うのだが出世するまで、または出世できないことに確定するまで支払を猶予するというのであれば不確定期限だということになる（大判大正4・3・24民録21輯439頁）。それぞれの場合に応じて決めるしかない。

(3)　**条件との関係**　　期限を付けることは原則として許されること、法律行為の効果が直ちに確実に発生することを必要とするものには期限を付けることはできないことは、条件に類似する。

139　期限の到来

(1)　**期限の到来の意義**　　期限の到来とは時の経過、人の死など期限である事実の発生である。条件のように期限が到来したとみなしうる権利というような規定はないが、次段に述べる期限の利益の喪

失はその実質においては期限の到来とみなされることである。

(2)　**期限の到来の効果**　期限到来の効果は、履行を止める始期（履行期）にあっては履行を請求できることになり、効力を止める始期（効力始期）にあっては効力が発生し、終期にあっては効力が消滅することである。この効力の発生消滅は常に期限到来の時からであって、条件のように遡及効を与えることはできない（135条）。必ず到来する期限に遡及効を与えることは無意味だからである。

140　期限の利益

(1)　**期限の利益の意義**　期限の利益とは期限が付けられていることによって受ける利益である。無利息の借金の場合にはその期限の利益は明らかに債務者のために存する。利息付きの借金では債権者・債務者両当事者のためであるのが普通であろう。また無料で品物を保管してもらうようなときは期限は債権者（寄託者）の利益である。しかし、民法は一般に期限の利益は債務者のために存するものと推定し（136条1項）、かつ期限の利益は放棄することができるものと定めた（同条2項本文）。したがって、たとえば無利息の借金をした債務者は期限の利益を放棄して期限前に弁済することができる。ただしこれによって相手方に損害を及ぼしたときは賠償しなければならない（同条2項但書）。したがって、定期預金の債務者は期限までの利息を付ければ期限前に弁済することができる（大判昭和9・9・15民集13巻1839頁・基本判例56）。

(2)　**期限の利益の喪失**　期限の利益を有する債務者に、その信用を失うような一定の事実があるときに、期限の利益を主張させることははなはだ不当である。そこで民法は一定の場合に期限の利益を主張できない——債権者は直ちに請求できる——こととした。これを期限の利益の喪失という。民法はこの事実としてつぎの3つの

事由を挙げている。すなわち、①債務者が破産手続開始の決定を受けたとき、②債務者がみずから担保を滅失させ、損傷させ、または減少させたとき（抵当建物を取り壊すようなのが適例）、および③債務者が法律または契約によって担保を供する義務を負いながらこれを供しないとき、がそれである（137条）。

　なお、当事者間の特約で、民法の定める以外の事実が生じたときにも期限の利益を失うものとする例はかなり多くみられる（期限の利益喪失条項）。たとえば、１つの債務について履行遅滞という事実が生じたら、まだ履行期の来ていない他の債務のすべてについて当然に期限が到来するとするもの、そのような場合に債権者の請求によって期限の利益を失わせることができるとするものなどがある。ともに原則として有効である。しかし、債権者が債務者の経営状態が悪化したと認めたとき、というような漠然とした事実を条件とすることは、債務者に不当な不利益を強いるものであり、また法律関係を不当に混乱させるので、その効力を認めるべきではあるまい（この種の債権の消滅時効の進行については総155(1)参照）。

第10章　期間の計算

141　期間の意義

　期間とは１年とか６ヵ月とか３時間とかいうように、ある時点からある時点まで継続した時の区分である。われわれの生活関係において重要な作用をすることはいうまでもない。法律行為においても、法律の規定においても、裁判所の命令においても、期間の定められる場合は非常に多い。そこで民法総則はすべての場合に通ずる計算方法を定めた。したがって、本章の規定は民法以外の法律にも適用される大原則である。ただし、当事者が期間を定めるにあたって民法と異なる計算方法を定めれば民法の規定は適用されない（138条参照）。

142　期間の計算方法

　期間の計算方法は２種に分かれる。

　⑴　**自然的計算方法**　　時・分・秒を単位とする期間は即時からこれを計算する（139条）。民法は「時間によって」と規定しているが、分・秒を除外する趣旨ではない。このように人為的な操作を加えないで自然の時間に従って計算する方法を**自然的計算方法**という。

　⑵　**暦による計算方法**　　日・週・月・年を単位とする期間についても自然的計算方法を採用する（たとえば、今からまる２日間（実質48時間）車を貸す）ことは可能であるが、実生活において日・週・月または年などの長い期間を単位として期間を計算する場合には（たとえば、30日前の予告、５年の消滅時効など）、暦に従って計算するのが普通である。これを**暦による計算方法**または**暦法的計算方法**などという。日以上の長い期間を自然的計算方法によるのは不便で

あり、実状に適しないので、民法は原則として後者を採用した（140条以下）。当事者が自然的計算方法の採用を特約することは認められるが、法令や裁判所の命令で期間が定められている場合は、当該の法令等に特別の定めがなければ民法の定めるところによる（138条）。

　(ｱ)　起算点　　そこで第1に起算点が問題となるが、日の端数は加えない。すなわち1月1日の昼ごろに今から10日間といったときはその日は端数になるから計算に入れない。期間の初日は算入しないという原則が生ずるわけである（140条本文）。ただし、前年の12月中に来年の1月1日から10日間というときは1月1日は端数とはならないから計算に加えることになる（同条但書）。不法行為に関する民法724条の消滅時効期間の計算についても、被害者またはその法定代理人が損害および加害者を知った時が午前零時でない限り、初日は算入しない（最判昭和57・10・19民集36巻10号2163頁・基本判例57）。なお、戸籍法・刑法・国会法等、初日を算入する重要な例外がある（戸43条1項、刑24条1項、国会14条・133条参照）。

　(ｲ)　満了点　　つぎに満了点を決めるには、月・年はその間の月の大小、うるう年か否かを問わず暦に従って定められた期間を計算し（143条1項）、期間の最後の週・月または年の起算日に応当する日の前日の終了をもって期間の満了点とする（同条2項本文・141条）。その場合に、期間の最後の月または年に起算日に応当する日のないことがある。たとえば、4月の31日に当たったり、平年の2月29日に当たったりする場合である。そのときはその月の末日の終了をもって期間の満了とする（同条2項但書）。なお、期間の末日が日曜日、国民の祝日に関する法律に規定する休日その他の休日に当たり、かつその日に取引をしない慣習がある場合に限り、1日延長してその

翌日の終了をもって期間の満了とする（142条）。その他の休日には年末・年始の休日も入るが、その日に法律行為をしない慣行があるかどうかは事実問題であり、当該の地方に限るものであってもよい。

　なお、民法は起算日から将来に向かって計算する場合の計算方法について規定しているが、これは起算日から過去にさかのぼって計算する場合にも準用すべきであろう（大判昭和6・5・2民集10巻232頁）。たとえば、一般社団法人の社員総会の通知は1週間前に発しなければならないから（一般法人39条1項参照）、4月1日に開こうと思えば3月31日を起算日として逆に1週間を数え25日が末日であり、その末日の始まる前、すなわち、24日中に発することが必要である。

第11章　時　　効

第1節　総　　説

143　時効制度の意義

(1)　時効制度の存在理由　　債務者が債務を履行しないときは、債権者は裁判所にその履行を訴求し、また所有者でない者が所有者らしい顔をして土地を使用しているときは、所有者は所有権を主張してこれを返還させる訴えを提起できるわけである。いいかえれば、あるべき法律状態に反した事実があるときには、これを覆してあるべき法律状態を確立させることが法律の作用であり、裁判所の任務なはずである。しかし、債権者の主張が債務者の数代前の祖先に対する債権であり、しかもその後一度も請求していないという場合であったり、所有権の主張が数十年の昔の売買行為が無効だったから所有権は相変わらず自分のものなのだ、というようなものであったりする場合には、裁判所もはたしてその主張が正当であるかどうか確実な心証を得ることは困難であろう。数十年も前からの領収証を保存している人は少ないだろうし、所有権が成立してから今日に至るまでのすべての取引の有効性を証明しつくすことは不可能に近い。債務者が永年にわたって履行を求められなかったのはその債務が不存在かすでに弁済されていたからだとか、永年にわたって所有者らしく振る舞ってきたのにだれからも異議を唱えられなかったのは真実の所有者であったからだということも少なくないであろう。断片的な証拠に基づいて裁判をすると債務者でない者に弁済を強い、所

有者を所有地から追い立てる危険性もある。その意味で、時効制度は、あるべき法律状態を立証の困難から保護するための制度であるということができる。のみならず、たとえ現在の事実状態があるべき法律状態に反しているという心証を得ることができたとしても、すでに永い間続いた状態は社会一般人においても正当な事実として信用するから、その者に債務がないと思って金を貸した者もあろうし、現に占有している者が所有者であると考えてそれを担保にとった者もあろう。そういう場合に、永続した事実状態を覆すことは社会の一般取引の安全を脅かすことになる。権利者はもともと永年その権利の行使を怠ったのであるから、社会の取引の安全を脅かしてまでもその権利を保護されなくともやむをえないとも考えられる。そこで法律はあるべき法律状態と異なる事実状態でも一定の期間永続するときは、これをそのまま認めて覆えさないことにする。この社会の取引関係の安全を主眼とし、あわせて証拠関係の不明瞭による不都合を避け、権利の上に眠っていた者に法の保護を拒否することを目的として、永続した事実関係をそのまま保護してゆくことが時効制度の存在理由である。以上の説明は、取得時効と消滅時効とを通じたものであるが、取得時効の重点は現在の占有という永続した事実状態の尊重による取引の安全の確保におかれ、消滅時効の重点は、年月を経ると債務者が有効に弁済をしていてもその弁済の証明が困難になることなど証拠関係の不明瞭によって生ずる混乱の回避におかれる。

(2)　時効制度の法的構成　　上記の時効制度の目的を達するためにも種々の方法が考えられる。

(ア)　権利の得喪　　永続した状態は強固な証拠力をもち特別な反証がなければ破れないとしたり（旧民法）、あるいは、権利関係はそのままに残るが裁判上の保護を求められないものになるとする

（消滅時効についてのドイツ民法）ことによってもある程度その目的を達することができよう。しかし、わが民法は時効によって債権は消滅し、所有権は取得されるというように実体法上の権利の得喪を生ずるものとしている（162条・166条参照）。

　(イ)　時効の援用と放棄　　社会の取引関係の安定という理想からいえば、時効の効果は絶対的に生ずるとすべきもののようにみえる。しかし、時効によって権利を取得したり義務を免れたりすることは潔しとしないと考える者があれば、法律はこの個人的な徳義心を無視すべきではない。そこで時効の効果は、その利益を受ける者の意思によってこれを受けたり拒絶したりすることができるものとされる。時効の援用と放棄とがこれである（145条・146条参照）。その性質は後に詳述する。

　(3)　身分関係と時効　　時効制度は原則として財産権に関する。身分関係は、一般的にいって、事実状態の継続に基づいて法律関係を変更するのに適しないものだからである。もっとも、たとえば法律上の成立要件を満たしていないが、事実上夫婦として共同生活を営んでいる夫婦については、その欠けている要件が届出を怠っているなどの公の秩序に反する度合の軽微なもの、いわゆる内縁の夫婦については、この事実状態の是認が要請され、一定関係において解釈により（親35(5)参照）、もしくは立法によって（たとえば、労災16条ノ2第1項）これに法律上の夫婦と同様な効果が与えられるに至っている。養親子関係についても同様な現象がみられる。しかし、これらの場合には、事実上の身分関係を一律に法律上のそれに変更することは妥当ではなく、それが事実状態にとどまっている理由（届出の不存在か不適齢婚か近親婚かなど）とこれに与えられる効果（日常の家事の連帯関係か、相続関係か、社会保障における受給関係かな

ど）とを考慮して、適当な結果を導くほかはない。同様なことは法律上の夫婦が長い間事実上夫婦関係を断絶しているような場合（事実上の離婚）に、ある種の局面（たとえば扶養義務。社会保障の受給でもしばしば問題になる）で夫婦としての効果を消滅させるべきかについても起こる（親28⑷参照）。いずれにしても時効制度とはその本質を異にするものである。ただし、これに関連して注意すべきは、身分関係から生ずる相続関係は、その内容はほとんど財産的なものであり、かつ相続が開始した後は身分関係から切り離して一律に取り扱うのに適したものである。したがって、相続回復請求権（884条）や相続の承認および放棄の取消権（919条2項）などについては消滅時効制度が正面から適用される。

144　除斥期間・権利の失効・抗弁権の永久性

⑴　除斥期間　　消滅時効と似たものに除斥期間（または予定期間）と呼ばれるものがある。

㋐　除斥期間の意義　　一定の権利について権利関係を速やかに確定しようとする趣旨で、法律があらかじめ定めた権利存続期間である。継続した事実状態を尊重する時効制度とその性質を異にする。除斥期間のある権利は、その期間中に行使されることを要し、裁判所は当事者が援用しなくても除斥期間を基礎として裁判をしなければならない。したがって、除斥期間には更新（総149⑴参照）がない。完成猶予（総149⑵参照）についても一般に同様に解されている。しかし、完成猶予事由のうち、期間の満了の当時に法定代理人不存在・天災その他避けることのできない事情があるときは、158条・161条などを類推適用すべきであろう（最判平成10・6・12民集52巻4号1087頁参照）。

㋑　除斥期間と消滅時効との区別　　権利の消滅を定めた特定の

期間が消滅時効であるか除斥期間であるかは、民法の規定のうえで
は、前者の場合は「時効によって」と明言して区別している建前で
ある。したがって、この文言がない場合は除斥期間であるといわれ
る（193条・201条・426条・566条本文・637条1項など。訴えの提起を
要する期間制限は「出訴期間」、通知その他の裁判外の権利行使を要する
場合を「権利行使期間」「権利保存期間」などと呼ぶことがある）。しか
し、この区別は必ずしも明瞭ではない。たとえば、126条の定める
2つの期間のうち、5年のほうは「時効によって消滅する」ことは
明らかであるが、20年のほうは「同様とする」とだけあるので、文
言のうえではどちらともとれる（1048条後段の10年、884条後段の20
年なども同じ）。多数説は後者の長期の期間を除斥期間と解してきた
（ただし、平成29年改正法は、不法行為に基づく損害賠償請求権の20年の
期間は時効期間であることを明示した（724条2号））。しかし、さらに
さかのぼって、一般に権利の性質と規定の実質に従って判別するの
が妥当であろう（総156(2)参照）。この見地から、取消権・解除権な
どの形成権については消滅時効ではなく、除斥期間だけが認められ
ると解する見解が有力である。その理由は、形成権は権利者の意思
表示があればその効果が発生し、後はその効果をどう実現するかの
問題だけが残るので、権利行使による更新ということは考えられな
いということである（このように考えるときは、126条は条文の文言に
かかわらず前段も後段も除斥期間ということになる）。

　(2)　権利の失効　　消滅時効や除斥期間とは別に、永い期間にわ
たって不行使の状態が続くと、権利は権利としての存在を失うとさ
れる場合がある。これを権利失効の原則ないし権利不行使による失
効という。判例は信義則（1条2項）を根拠に権利の失効を認めう
るとしている（最判昭和30・11・22民集9巻12号1781頁・基本判例2）。

所有権に基づく物権的請求権（共有物分割請求権も同様）のように消滅時効が認められていない権利の不行使の場合、または消滅時効などの定めはあるが不行使が特殊の意味をもつ場合（特許権などの知的財産権の不行使）に、具体的事実を検討したうえで権利の失効の有無を判断すべきである。

(3)　抗弁権の永久性　　抗弁の形で主張される権利は消滅時効にかからないという意味での抗弁権の永久性を認めるべきではないという議論がある。たとえば、AがBの詐欺によって自分の所有する不動産をBに譲渡し、詐欺に気がついたが、Aの債務の履行期が到来してもBが何も請求してこないのでそのまま放置していたところ、Bが目的不動産の引渡しを請求してきたような場合、Aの取消権の消滅時効期間（ないし除斥期間）が経過していても、取消権を行使できるとする学説がある。時効による権利消滅は権利を積極的に行使すべき場合を想定したものであって、Bからの引渡請求に対し現状維持的に防御（抗弁）の形で権利を主張するにすぎないときにはその権利は消滅時効にかからないことにしないと、取消権等の機能が大きく制約されるというのがその理由である。しかし、判例も（大判昭和13・2・26民集17巻275頁参照）多数説もこの法理の採用には慎重な態度を示している。

145　時効の効果（遡及効）

　時効の効果は権利の得喪を生ずることであるが、その効果は時効期間の最初にさかのぼる（144条）。時効は時効期間中継続した事実状態をそのまま保護する制度だから当然である。そうしないと、たとえば20年間所有者として耕作して所有権を時効取得する者は（162条参照）、20年の後にはじめて所有者となり、その前の20年間は他人の土地を耕作したものとして収益を返還させられたり、その間に

設定した抵当権が無効になったりして、時効制度の意味が失われるからである。同様に、時効によって取得された権利を時効期間中に侵害した者は、原権利者に対してではなく、時効取得者に対して不法行為の責任を負う。なお、時効によって消滅した債権が消滅前に相殺に適する状態であった場合に時効完成後の相殺を認める特則（508条）は、遡及効のただ1つの例外である。

　時効の効果は援用と放棄とによって確定することは前に一言した。

146　時効の援用

　時効の援用とは、先に一言したように（総143(2)(イ)）、時効によって利益を受ける者が時効の利益を受ける意思を表示することである。永続した事実状態を尊重するという時効制度の本来の趣旨と、当事者の意思の顧慮との調和を図ろうとするものであるが、これに関する民法の規定がきわめて簡単なので解釈上多くの疑義を生じてきた。

　(1)　援用の法的性質　　民法は一方において一定の期間が経過すると権利を「取得する」もしくは権利は「消滅する」と規定しているのに（162条以下・166条以下参照）、他方で当事者が援用しなければこれによって「裁判をすることができない」と規定している（145条）。そこで、時効期間が経過したあと、当事者が援用するかどうかを決するまでの法律関係をどのように理解すべきかが問題となる。従前は、時効の効果は期間の経過で絶対的に生じ（確定効果説。判例は、「時効と登記」の問題に関しては、現在でも、時効完成時に確定的に所有権取得の効果が生ずるものとしている（最判昭和35・7・27民集14巻10号1871頁・基本判例68。物14(1)(ウ)参照））、援用は訴訟上の防御方法だとする説（攻撃防御方法説）が判例および多数説であった。しかし、後に実体上の権利の得喪が一種の解除条件的に発生するとする説（解除条件説）、さらに進んで時効の効果は停止条件的

に生ずる——援用があってはじめて権利の得喪を生ずる——とする説（停止条件説）が主張され（これら2つの説を合わせて**不確定効果説**という）、今日では停止条件説が判例・通説になっている（最判昭和61・3・17民集40巻2号420頁・基本判例58）。

　(2)　**援用権者**　　時効を援用することのできる者は「当事者」である（145条）。時効によって所有権を取得した者または債務を免れた者のように直接に時効の利益を受ける者が145条の当事者であることは疑いない。これらの援用権者が時効を援用しない場合に、上記の例の所有権の上に担保物権等を取得した者や、時効にかかった債務の保証人等であった者が独自に時効の利益を援用できるかについては問題が多い。判例はかつて一般的に狭く解していた。しかし、これらの権利または義務に基づいて権利を取得しまたは義務を免れる者を広く包含すると解する姿勢に転じてきた。

　消滅時効についてみると、保証人（大判大正4・12・11民録21輯2051頁）や連帯保証人（大判昭和7・6・21民集11巻1186頁）は古くから直接の当事者として主たる債務の消滅時効を援用できるとされてきた。その後、物上保証人（最判昭和42・10・27民集21巻8号2110頁。最判昭和43・9・26民集22巻9号2002頁・基本判例172）や抵当不動産の第三取得者（最判昭和48・12・14民集27巻11号1586頁・基本判例60。仮登記担保につき最判昭和60・11・26民集39巻7号1701頁）も、自分の負担する抵当権の基礎としての債務の消滅時効を援用して、抵当権を消滅させることができるものとされ、さらに、不動産の売買予約に基づく所有権移転請求権保全の仮登記に後れる抵当権者（最判平成2・6・5民集44巻4号599頁）や第三取得者（最判平成4・3・19民集46巻3号222頁）は、予約完結権の消滅時効を援用できるものとされるなど、援用権者の範囲は広げられてきた（ただし、後

順位抵当権者は、先順位抵当権の被担保債権の消滅時効によって反射的利益を受けるに過ぎないから、これを援用することができない（最判平成11・10・21民集53巻7号1190頁・基本判例59））。これらをふまえて、平成29年改正法は、消滅時効にあっては、「保証人、物上保証人、第三取得者その他権利の消滅について正当な利益を有する者」が当事者に含まれる旨を明文で規定した（145条括弧書）。AのBに対する債権の消滅時効を物上保証人Cや第三取得者Dが援用することができるのならば、債権者Aは、債務者ではないCやDに対する関係でも、Bに対する債権の消滅時効につき完成猶予や更新の効果を生じさせることが必要になるが、それをどのような方法で実現すべきかが問題になることに注意しなければならない（総151⑶参照）。

　取得時効については、たとえば、Aの所有地を時効によって取得するBから地上権等の用益物権の設定を受けていたCは、C自身による地上権等の取得時効だけでなく、Bの取得時効の援用権もある。つまり、この場合Bが援用しなければ、Cは独自にBの所有権の取得時効を援用して、Aに対しB所有の土地の上に地上権等を有すると主張できることになる。土地の賃借権者については見解が分かれている。A所有地上にBが所有する建物の賃借人は土地については直接の利害関係を有しないので、Bの土地所有権の取得時効を援用できない（最判昭和44・7・15民集23巻8号1520頁）。

　⑶　援用の場所・時期・撤回　　時効の援用は、援用を裁判上の攻撃防御方法とする説によれば裁判上しなければならないことになる。これに反し、援用は時効によって生ずる実体上の効力を確定させる意思表示だとする多数説（停止条件説）の立場によれば、裁判外でもよいことになる（判例も取得時効についてはこれを肯定する（大判昭和10・12・24民集14巻2096頁））。この場合、援用の意思表示は時効

によって不利益を受ける者に対してすべきである。なお、援用の時期に関して、債務者が、無権代理を理由に債務不成立の確認訴訟を提起し、その時に完成していた消滅時効を援用しないで敗訴したときは、その後に消滅時効を理由に債務の消滅を主張することはできないとした判例がある（大判昭和14・3・29民集18巻370頁）。また、援用を実体上の効力を確定する意思表示とする見地からは、いったんされた援用を撤回することは許されないと解される。

　なお、時効の援用についても一般条項の適用があり、時効の援用が信義則に反し、権利の濫用として許されないことがある（最判昭和51・5・25民集30巻4号554頁参照）。

　(4)　援用の効果　　時効の効果は、時効期間の経過とともに確定的に生ずるものではなく、時効が援用されたときにはじめて確定的に生ずる。したがって、農地の買主が売主に対して有する知事等への許可申請に協力せよと請求する権利について、10年の時効期間が経過していても、援用前に農地が非農地化したときはその時に当然に所有権移転の効力が生ずるので、その後に許可申請協力請求権の消滅時効を援用してもその効力は生じない（前掲最判昭和61・3・17・基本判例58）。

　援用の効果は相対的である。数人の援用権者がある場合、その中の1人の援用または不援用（時効の利益の放棄）は他の者に影響を及ぼさない（時効援用の相対効）。たとえば、AのBに対する債権を担保するための抵当権の物上保証人Cが被担保債権の消滅時効を援用したときは、Cとの関係では被担保債権が消滅するのに伴って抵当権も消滅するが、Bが援用をしなければAはBに対して債務の履行を請求することができる。ただし、Bが先に時効を援用すると、AのBに対する債権が消滅し、Cの援用をまつまでもなく抵当権が

消滅する（消滅における附従性。物100(1)(ア)参照）

147　時効の利益の放棄

(1)　**時効利益放棄の意義**　　時効の利益の放棄は時効の援用の裏に当たるもので、時効の利益を受けないという意思を表示することである。時効の利益を受けることを潔しとしない者があれば、その意思を尊重して時効の効果を生じさせないことが、時効の公益的側面と私権保護の役割とを調和させるゆえんであることは前述した。しかし、この意味の時効利益の放棄はすでに完成した時効または経過した時効期間についてだけ認められる。これをあらかじめ行うこと、すなわち時効完成前の時効の利益の放棄は禁じられている（146条）。なぜなら、時効の完成前にあらかじめ放棄するのは時効制度の公益側面をあまりに無視するものであるばかりでなく、債権者が債務者を強制してあらかじめ時効の利益を放棄させるような弊害も考えられるからである。同じ趣旨から時効の完成を困難にする特約——時効期間の延長等——は一般に無効と解されている。

(2)　**時効完成後の利益の放棄**　　時効完成後の時効利益の放棄は、相手方に対して完成した時効の利益を受けない旨を表示する行為であり、有効である（146条の反対解釈）。放棄はどんな形式でされてもかまわない。したがって、債権の消滅時効の完成した後に弁済したり、あるいは延期証を差し入れたりすることも、当事者の意思によって時効の利益の放棄となりうることは理論上疑いのないところである。時効の利益の放棄の効果も、援用と同じように相対的である。

148　時効援用権の喪失

　債務者が債権者にただ漫然と弁済したり延期証を差し入れたりするのは、時効の完成を知って積極的にその利益を放棄するというほどの明瞭な意思の伴わないことが多いので、はたして上に述べた時

効利益の放棄とみるべきかどうかが実際上はしばしば問題となる。

　立法例によっては積極的に援用しない以上時効の利益を認めないという立場をとり、したがって、いやしくも弁済したり延期証を差し入れたりすれば絶対的に効力を生じ、後日時効完成を知らなかったと主張しても駄目だと定めるものが多い。わが民法もこれについての立場を明瞭にすべきだったかもしれない。しかし、民法はこの点を明瞭にしていないので、実際上これに関して争いを生ずることが多い。そこで従来の判例および多くの学者は、漫然と弁済したり、延期証を差し入れたりした場合には、これによって原則として時効の利益は放棄されたものとし、ただ当事者が時効の完成を知らなかったことを証明すれば、あらためて時効を援用して弁済したものの返還または延期証の無効を主張できると解してきた。思うに、消滅時効の完成後に弁済したりするのは、時効の完成を知らなかったためであるのが普通であり、完成後の弁済等を時効の完成を知ってしたものと推定することは許されないはずである。そうであるならば、時効の完成を知らない以上、時効完成の利益を放棄するという効果意思を認めることはできないから、時効完成後の弁済等はほとんど常に時効の利益の放棄とはならず、あらためて時効の援用ができることとなる。これはいかにも不当なので、判例は多くの場合に債務者は時効の完成を知っていたと認定して妥当な結果に到達してきた。しかし、むしろ消滅時効の完成後に債権者に対し債務の承認に当たるような行為をした場合には、特に時効の利益を放棄するのではないという留保をしない限り、時効完成の事実を知らなかったときでも、その債務についてその完成した消滅時効の援用は許されないと解すべきである。なぜなら、このように解することで相手方の信頼を保護することが信義則上相当であり、社会秩序の維持という時効

制度の存在理由にも適合すると考えられるからである。判例も従来の態度を改めて時効完成後の債務の承認による時効援用権の喪失を認めるに至り（最大判昭和41・4・20民集20巻4号702頁・基本判例61）、学説もこれを支持している。その後、再び時効期間が経過すると、債務者は再度完成した時効を援用できる（最判昭和45・5・21民集24巻5号393頁）。

149　時効の更新・完成猶予と中断

　(1)　**時効の更新**　　時効は、永年続いた事実関係を真実の法律関係とみなすことによって、証拠の散逸等による立証の困難から真実の権利者を保護するとともに、永続する事実状態が真実の法律状態と異なる場合には権利の上に眠っていた者の保護を拒否することで、法律関係を安定させ取引の安全を保護しようとするものであるから（総143(1)参照）、義務者による相手方の権利の承認や裁判所の確定判決等によって真実の法律関係が明らかになった場合や、強制執行や担保権実行などの確定的な権利行使があったときには、継続した事実状態を真実の法律関係とみなす必要がなくなり、それまでに経過した時効期間は意味を失う。しかし、判決を受けてもそれに従わない場合や、強制執行をしても債権全額の満足を受けられない場合もあるので、そのような場合には、あらためて新たな時効が進行を開始するものとしなければならない。このように継続した事実状態を覆す事由が生じた場合に、それまでに経過した期間を無意味なものとし、それらの事由が終了した時に新たに時効が進行を始めることを時効の更新という（147条2項など参照）。

　(2)　**時効の完成猶予**　　継続した事実状態を覆して確定的に時効の完成を阻止するために裁判所の判決を得ようとしても、訴えを提起してから判決が確定するまでには相当の期間が必要になる。その

準備のために必要な期間も入れるともっと時間がかかる。また、訴えを提起してもさまざまな事情で確定判決を得られないまま訴訟が終了することもある。こうした場合に、訴訟手続等の進行中に時効が完成してしまったのでは、権利行使をした意味がなくなってしまうし、早期の権利行使を促して法律関係の安定を図ろうという時効制度の目的にも反する。そこで、民法は、権利行使に着手した時から、その権利行使が完了して更新の効果が生ずるまで、または、その事由が終了したのち次の権利行使等をするのに必要な期間が経過するまでの間は、時効は完成しないものとして安心して権利行使ができるようにしている（147条1項など参照）。これを時効の完成猶予という。

　時効の完成猶予事由には、上述したような、権利者が権利を行使することによって継続した事実状態を覆そうとする過程にあるもの（147条－154条）のほかに、時効の完成間際に権利行使を困難にする事由が存在し、そのまま時効を完成させては権利者に気の毒なので、権利行使が可能になるまで時効の完成を猶予するタイプのものもある（158条－161条、総150(4)参照）。この第2のタイプのものは、性質上更新の効果を伴わない。

　(3)取得時効の中断（自然中断）　　取得時効については、占有者が任意にその占有を中止し、または他人によってその占有を奪われたときは、時効が中断する（164条・165条。総152(2)(ウ)参照）。取得時効は占有の継続によって完成するものであるから、占有を失ったときにその進行をやめるのは当然のことであり、自然中断とも呼ばれる。同一の占有者が再度の占有を始めることもありうるが、その場合には、それまでの占有とはまったく無関係に新たな取得時効が進行を開始するだけのことであって上述の完成猶予や更新とは性質を異に

する。

150 時効の更新事由・完成猶予事由

(1) **承認による時効の更新（152条）**　承認とは、時効によって利益を受ける者が時効によって権利を失う者に対して、その権利の存在することを知っている旨を表示することである。請求と異なって特別の方式を必要としない。証文の書き換え、一部の弁済、利息の支払などの行為はいずれも承認となる。消滅時効の進行中に債務者が弁済の延期証を差し入れたり、もう少し待ってほしいと口頭で申し入れたりすること、無権原占有者が所有者の所有権を認めることなどは、いずれも承認として時効を更新する効力をもつ（152条1項）。時効の利益を受けるべき者があえて承認したことによって法律関係が明確になって、権利者が裁判上の請求等の権利行使をする必要もなくなり、それまでに経過した期間の長さを尊重する必然性がなくなるからである。時効完成後の延期証の差し入れなどが、時効の利益の放棄になるかの問題（総148参照）とはその性質を異にすることに注意すべきである。

　承認は権利の存在を知っているという事実の表明にすぎないから、時効を更新しようとする効果意思（総101参照）を必要としない。また、相手方の権利の存在を認めるだけのことだから、その権利について処分行為をするほどの行為能力も権限も必要ない（同条2項）。ただし、管理行為をする能力ないし権限は必要であり、不在者の財産管理人（28条）や権限の定めのない代理人（103条）、後見監督人の同意を得ていない後見人（864条）による承認にも更新の効果を認めうるが、成年被後見人や、法定代理人の同意を得ていない未成年者などのした承認は更新の効果を有しない。なお、承認は権利者に対してされることを要する。銀行がその備え付けの帳簿に利息を

記入して元本に組み入れることが承認になるかは問題であり、判例は預金者に通知しない以上は、承認にならないとするが（大判大正5・10・13民録22輯1886頁）、当否は疑問である。

(2)　権利行使による完成猶予と更新

(ア)　裁判上の請求（147条1項1号・2項）　　裁判上の請求とは、普通には債権者の債務者に対する履行の訴え（給付の訴え）の形をとるが、権利者が権利の存在の確認を求める訴え（確認の訴え）、一定の権利関係を形成する訴え（形成の訴え）のいずれでもよい。本訴であっても反訴であってもよいことはいうまでもない。

(a)　裁判上の請求により完成が猶予・更新される権利の範囲　完成猶予・更新の対象となった権利そのものについての訴えに限らず、それを当然の基礎とするものに拡張すべきものと考える。判例の態度はかなり狭かったが変化がみられる。

(i)　債権者代位権・詐害行為取消権の場合　　Bの債権者Aが債権者代位権（423条）に基づいてBのCに対する権利を行使することは、そのBの権利の消滅時効の完成を猶予または更新するがAのBに対する債権の時効には影響しないとされ（大判昭和15・3・15民集19巻586頁・基本判例174）、同じく債権者Aが詐害行為取消権（424条）に基づいてBのしたCとの法律行為の取消しの訴えをCを被告として提起しても、その基礎であるAのBに対する債権の消滅時効については裁判上の請求による完成猶予・更新の効果を生じないとされる（大判昭和17・6・23民集21巻716頁、最判昭和37・10・12民集16巻10号2130頁）。

(ii)　一部請求の場合　　債権の一部についての訴えの提起は、残部について更新の効力を有しないとされるが（最判昭和34・2・20民集13巻2号209頁）、残部については特段の事情がない限り裁判上

の催告としての効力を認める（最判平成25・6・6民集67巻5号1208頁）。その一方で、債権の一部という明示がない場合には訴訟物である債権の全部を訴求したと解され、全部について完成猶予・更新の効力を生ずる（最判昭和45・7・24民集24巻7号1177頁・基本判例64）。

　(iii)　応訴の場合　　確認の訴えについても、相手方の提起した消極的確認訴訟——債権不存在確認の訴えなど——に応訴して、その被告として争うことは、かつてはその権利の時効の完成猶予も更新ももたらさないとしていたが、後に被告が訴訟上請求棄却の判断を求めて勝訴した場合にはその主張をした時に裁判上の請求に準じて完成猶予・更新の効力を生ずるものとした（大連判昭和14・3・22民集18巻238頁・基本判例62）。抵当権設定登記の抹消請求訴訟において、被告が被担保債権の存在を主張して勝訴したときは、その主張は裁判上の請求に準じて被担保債権につき完成猶予・更新の効力を生ずる（最判昭和44・11・27民集23巻11号2251頁）。また、取得時効については、所有権に基づく登記手続請求の訴えの被告が自己に所有権があると主張し、その主張が認められたときには、裁判上の請求に準じて原告の取得時効の完成猶予・更新の効力を生ずる（最大判昭和43・11・13民集22巻12号2510頁・基本判例63）。

　(iv)　裁判上の催告の場合　　判例は、さらに進んで、目的物引渡請求の訴えの被告として留置権の抗弁をすることは、被担保債権の消滅時効の進行を止めるが、訴えの提起に準ずる効力はないから、当該訴訟の終結後6ヵ月以内に他の強力な権利行使をする必要があるとした（最大判昭和38・10・30民集17巻9号1252頁・基本判例65）。訴訟終結時まで催告が継続しているような効果が認められる点で単なる催告（後述(3)(イ)）と異なることから、これを裁判上の催告とい

う（後述(2)(ア)(c)参照）。

　(b)　完成猶予・更新の時期　　裁判上の請求が完成猶予の効力を生ずる時期は訴え提起の時であり（民訴147条）、判決が確定した時（民訴116条参照）に時効は更新され、新たな時効が進行を開始する（147条2項）。

　(c)　訴えの却下・取下げの場合　　裁判上の請求は、訴えの却下または取下げなどによって権利が確定することなく終了した場合には、その終了の時から6ヵ月を経過するまでの間は時効の完成が猶予される（147条1項柱書）。平成29年改正前は、裁判上の請求は、訴えの却下または取下げの場合には、時効の中断（更新）の効果を生じないとする明文の規定があった（旧149条）。この場合も、訴えの提起から却下または取下げによって訴訟が終了した時までは催告（旧153条）が継続していたものとみることができるので「裁判上の催告」の法理が適用されてきた。現行法は、上述のように、裁判上の請求の効果として、裁判上の請求が訴えの却下・取下げ等によって終了した時から6ヵ月を経過するまでの間は時効の完成が猶予されるものとする明文の規定を設けた（147条1項柱書）。このように、この場合には、「裁判上の催告」の法理によることなく、147条1項の規定により直接に完成猶予の効果が生ずることになったのであるから、訴えの却下または取下げの時から6ヵ月の猶予期間内にされた再度の訴えが再び却下または取り下げられたときには、150条の催告が繰り返されているということができず、再度の催告に完成猶予の効力を否定する150条2項の適用はないと解すべきことになるであろう。

　なお、訴訟係属中に調停が成立したために訴えを取り下げた場合は権利の確定によって時効が更新されることはいうまでもない

（147条１項３号・２項）。

　（イ）　支払督促（147条１項２号）　　　支払督促は債権者が弁済を求
める簡易の手続であるが（民訴382条以下）、それが送達されること
を条件として申立ての時に完成猶予の効力を生じ（147条１項柱書）、
支払督促が確定判決と同一の効力を生じた時（民訴396条参照）に時
効が更新される（147条２項）。ただし、裁判所が支払督促を送達し、
かつ債務者がこれを争わないのに、債権者が法定の期間内に仮執行
の申立てをしないためその効力を失ったとき（民訴392条）など、確
定判決と同一の効力を有するものによって権利が確定することなく
終了した場合には更新の効力を生じないが、支払督促手続終了時か
ら６ヵ月が経過するまで時効の完成が猶予される（147条１項柱書）。

　（ウ）　和解および調停の申立て（147条１項３号）　　　民事訴訟法275
条１項による訴え提起前の和解の申立てまたは民事調停法もしくは
家事審判法による調停の申立てによって時効の完成が猶予され、和
解調書への記載（民訴267条）等確定判決と同一の効力を有するもの
によって権利が確定したときは、その時に時効が更新される（147
条２項）。相手方が出頭しないか、または和解もしくは調停が調わ
ないときなど、権利が確定することなく手続が終了したときは、手
続終了時から６ヵ月を経過するまで時効の完成が猶予される（同条
１項柱書）。

　なお、裁判外紛争解決手続の利用の促進に関する法律は、法務大
臣の認証を受けた民間紛争解決手続を業として行う団体（ADR。同
５条以下）における裁判外紛争解決手続が、紛争の当事者間に和解
が成立する見込みがないために終了した場合に、依頼をした当事者
が手続終了の通知を受けた日から１ヵ月以内に訴えを提起したとき
は、紛争解決手続の請求の時に訴えの提起があったものとみなすと

定めている（同25条1項）。

　㈹　破産手続参加等（147条1項4号）　　破産手続参加（破103条以下・111条）、再生手続参加（民再86条・88条・94条以下）または更生手続参加（会更135条以下）は債権届出によって完成猶予の効果が生じ、破産債権者表への記載（破221条1項参照）等確定判決と同一の効力を有するものによって権利が確定した時に更新の効果が生ずる（147条1項4号・同条2項）。債権者がそれらの届出を取り下げ、または届出が却下されたときは、手続終了後6ヵ月間の完成猶予が認められる（同条1項柱書）。なお、破産手続開始の申立ては、裁判上の請求に当たるものとして完成猶予・更新の効力が認められている（最判昭和35・12・27民集14巻14号3253頁）。

　㈺　強制執行等（148条）　　強制執行（民執22条以下）、担保権の実行（民執180条以下）、担保権の実行としての競売の例による競売（民執195条）および財産開示手続（民執196条）は、裁判所または執行官が行う強制的な権利実現手段で、権利行使の究極の形態であり、時効の更新事由とされる（148条1項・2項）。これらの行為は訴えをしたうえでされる場合が少なくないが、必ずしもそうではない。ことに強制執行認諾文言の付された公正証書（執行証書）に基づく強制執行（民執22条5号参照）によって時効の完成猶予または更新がされることなどは世上しばしばみられるところである。執行行為があれば、申立ての時以後執行行為終了まで時効が完成せず、執行行為終了の時に新たな時効が進行を開始する（148条2項本文）。強制執行手続を開始した以上差し押えるべき物がないためなどの理由で執行不能に終わっても更新の効力は生ずる。ただし、強制執行等が申立ての取下げまたは法律の規定に従わないことによる取消しによって終了したときは、更新の効力が生ぜず、終了の時から6ヵ月が経

過するまでの間は時効の完成が猶予される（同条１項括弧書・２項但書）。

　判例は、執行力のある債務名義の正本を有する債権者がする配当要求にも強制執行（差押え）と同様の効力を認めている（大判大正８・12・３民録25輯2224頁、最判平成11・４・27民集53巻４号840頁）。ただし、民事執行法50条に基づいて抵当権者がする債権の届出については債権の確定を求めるものでない等の理由から完成猶予・更新の効力を認めない（最判平成元・10・13民集43巻９号985頁、最判平成８・３・28民集50巻４号1172頁）。

　なお、たとえば債権者が債務者以外の者（物上保証人）の提供した不動産上の抵当権を実行したようなときは、これを時効の利益を受ける債務者に通知してはじめて完成猶予・更新の効力を生じさせることができる（154条）。その場合に完成猶予・更新の効力の生ずる時期は、競売開始決定正本が債務者に送達された時である（最判平成７・９・５民集49巻８号2784頁、最判平成８・７・12民集50巻７号1901頁）。

　⑶　権利行使による完成猶予（更新の効果を伴わないもの）

　㋐　仮差押え・仮処分（149条）　　仮差押えは金銭債権の実現が不能または著しく困難になるおそれがあるときに（民保20条以下）、仮処分は係争物の現状の変更により権利の実現が不能または著しく困難になるおそれがあるときまたは争いがある権利関係について債権者に著しい損害もしくは急迫の危険が生ずることを避けるために（民保23条以下）、裁判所の保全命令（民保２条１項）に基づいて行われる強力な権利実行行為であり、申立ての時から終了後６ヵ月を経過するまでの間、時効の完成が猶予されるが（149条）、終局的な権利行使ではないから更新の効力はない。仮差押えおよび仮処分は、

時効の利益を受ける者（債務者）に対してしないときは、その者に**通知**をした後でなければ、時効の完成猶予の効力を生じない（154条）。

　仮差押えの効力は、執行保全の効力が存続する間（仮差押命令が取り消されるまで）は継続するものとされ、仮差押解放金の供託により仮差押えの執行が取り消された場合でも（最判平成6・6・21民集48巻4号1101頁）、仮差押えの被保全債権について本案の勝訴判決が確定した場合でも（最判平成10・11・24民集52巻8号1737頁）、**完成猶予の効力は消滅しない**とされている。学者の間では、仮差押えの場合に限り半永続的な完成猶予を認めることになって妥当でないという批判もある。本案について裁判上の請求などがあったときには、保全処分による完成猶予の使命は終え、新たな事由による完成猶予・更新に吸収されると解することなども検討されてよいであろう。

　(イ)　催告（150条）　　以上のように裁判上の手続を利用した強力な権利行使のほか、内容証明とか書留郵便とかあるいは単なる口上などで相手方に対して義務の履行を請求する一切の行為、すなわち、**催告**があったときは、その時から6ヵ月を経過するまでの間、時効は完成しない（150条）。一度催告をして時効の完成が猶予されている間にまた催告するというように、催告を繰り返してもその効力はない（同条2項）。したがって、催告は、時効完成間際に、裁判上の請求などの強力な権利行使をするための準備期間として6ヵ月の余裕をもちたいときなどに有効に機能するということができる。

　判例は、さらに進んで、目的物引渡請求の訴えの被告として留置権の抗弁をすることは、被担保債権の消滅時効の進行を止めるが、訴えの提起に準ずる効力はないから、当該訴訟の終結後6ヵ月以内

に他の強力な権利行使をする必要があるとする（最大判昭和38・
10・30民集17巻 9 号1252頁・基本判例65）。このような場合には、抗
弁提出の時から訴訟終結時まで催告が継続しているような効果が認
められる点で単なる催告と異なることから、「裁判上の催告」と呼
ばれてきたことについてはすでに述べた。

　なお、債務の履行の催告を受けた者が請求権の存否の調査をする
ため猶予を求めたときは、何らかの回答があるまで上記の 6 ヵ月の
期間は進行しない（最判昭和43・ 2 ・ 9 民集22巻 2 号122頁）。上述し
た裁判上の催告の考え方を拡張して、あたかも継続的な催告があっ
たかのように扱うもので、適切なものと考える。

　(ウ)　協議を行う旨の書面による合意（151条）　　たとえば、不法
行為責任の有無や損害額をめぐって争いがあるときに、当事者間で
協議を重ねることが広く行われているが、消滅時効期間が満了した
途端に加害者が協議を打ち切って時効を援用するようなことがある
と被害者に酷であり、それを避けるために直ちに訴えを提起しなけ
ればならないとすると当事者の自主的で柔軟な紛争解決を妨げるこ
とになる。そこで民法は、権利についての協議を行う旨の合意が書
面または電磁的記録でなされたときは、①その合意があった時から
1 年を経過した時、②その合意において当事者が 1 年未満の期間を
定めた場合はその期間が経過した時、③当事者の一方から相手方に
対して協議の続行を拒絶する旨の通知が書面または電磁的記録でされ
た場合にはその通知の時から 6 ヵ月を経過した時、のいずれか早い
時までの間は、時効は完成しないものとした（151条 1 項・ 4 項・ 5
項）。この書面または電磁的記録は協議を行う旨の合意があったか否
かをめぐる紛争を回避するためのものであるから、形式に制限はな
く、電子メールのやりとりのようなものでもよい。

　消滅時効制度は早期に法律関係の安定を図るという公益的な性格も有するから、当事者の合意による完成猶予を無制限に認めるのは妥当でないし、何年間も協議が調わない場合には自主的な紛争解決の見込みは薄いと思われる。そこで、合意による完成猶予を複数回繰り返して猶予期間を延長することは認めるが、本来の時効期間の満了時から5年を超えることができないものとした（同条2項）。さらに、協議の合意による時効の完成猶予は、時効の更新に向けた措置を講ずるための暫定的なものである点で催告と共通していることから、催告によって時効の完成が猶予されている間にされた協議の合意に時効の完成猶予の効力は認められず、また、協議の合意によって時効の完成が猶予されている間にされた催告に時効の完成猶予の効力は認められないものとされている（同条3項）。

　⑷　権利行使を困難にする事由による完成猶予

　㋐　未成年者・成年被後見人と完成猶予（158条）

　(a)　法定代理人がいないとき　　時効の期間満了前6ヵ月になって未成年者または成年被後見人に法定代理人がないときは、それらの者が行為能力者となった時、または法定代理人が就職した時から6ヵ月を経過するまで、これらの者の不利益となる時効は完成しない（158条1項）。すなわち、これらの者の有する権利が時効で消滅したり、他人によって時効で取得されたりする時効の完成は猶予される。これらの者は自身で財産を保存することができないからである。

　(b)　未成年者・成年被後見人の父母・後見人に対する権利　　未成年者または成年被後見人がその財産を管理する父・母または後見人に対して有する権利については、それらの者が行為能力者となった時、または後任の法定代理人が就職した時から6ヵ月を経過する

までは時効は完成しない（158条2項）。上のような事情があるとき
は、その権利を行使することが実際上困難だからである。なお、法
文は父などに「対して権利を有する」というが、父などが時効取得
する場合を含むと解されている。

　(イ)　夫婦の場合（159条）　　夫婦の一方が他方に対して有する権利
は婚姻解消の時から6ヵ月を経過するまでは時効は完成しない
（159条）。夫婦の間で裁判上の請求などをすることは実際上困難だ
からである。

　(ウ)　相続の場合（160条）　　相続財産に属する権利のみならず相続
財産に対する権利もともに、相続人が確定するか（915条以下参照）、
相続財産の管理人が選任されるか（952条参照）、または相続財産に
破産手続開始の決定があった時（破222条以下参照）から6ヵ月を経
過するまでは時効は完成しない（160条）。相続財産を管理する者が
はっきりしていないと相続財産を保存することが困難であるばかり
でなく、相続財産に対する権利の保存も困難だからである。たとえ
ば、事実上の相続人が相続財産の土地を所有の意思をもって平穏公
然・善意無過失で10年間占有しても、相続財産の管理人が選任され
るまでは取得時効は完成せず、管理人の選任後6ヵ月経過した時に
完成するとされる（最判昭和35・9・2民集14巻9号2094頁）。

　(エ)　天災等の場合（161条）　　時効期間満了の際に天災その他避
けえない事変が生じ、裁判上の請求や強制執行など時効の完成猶予
および更新の効果を有する手続を行うことができないときは、その
障害が消滅した時から3ヵ月を経過するまでは時効は完成しない
（161条）。

151　時効の更新・完成猶予の効果

　(1)　時効の更新・完成猶予の効果　　時効の更新の効果はそれまで

続いた時効の効果が全く効力を失うことである。したがって、更新
事由が終了した後になお時効になじむ状態が継続するとき、たとえ
ば、一部の弁済が債権全体の承認として更新の効力を生じた後に残
額が放置されているときは、残額についての時効は承認の時から新
しく進行してゆく（152条1項）。承認まで続いた期間はもちろん何
らの効果もないことになる。いつ更新の効果が生ずるかはそれぞれ
の事由について決すべきであるが、たとえば裁判上の請求では裁判
の確定時から新しい時効が進行する（147条2項参照）。

　時効の完成猶予の効果は、完成猶予事由が継続している期間、お
よび、その事由が終了した後に新たな権利行使をするのに必要な期
間（6ヵ月または3ヵ月）の間は時効期間が満了しても、時効が完
成しないものとすることで、安心して権利行使ができるようにする
ことである。

　(2)　更新後の時効期間　　時効が更新されて新たに進行する場合
にも、この新しい時効の期間は常に本来の時効期間と同一だと解さ
れている。たとえば、5年の消滅時効にかかる債務を承認すれば、
時効期間はこの承認の時から5年である。これは理論として当然の
ことであり、一般には不都合もないのだが、ただ更新が確定判決に
よってされた場合だけは妥当ではない。なぜなら、確定判決（裁判
所の判決であってもはや上訴のできないもの）によってその存在の確
認された権利を短い期間で消滅させることは、証拠の散逸による立
証の困難を回避し早期に法律関係の安定を図るという消滅時効の趣
旨に沿うものではないからである。そこで民法は確定判決または裁
判上の和解・調停その他確定判決と同一の効力を有するものによって
確定された権利は——たとえその権利が本来短期の消滅時効にかか
るものであっても——一律に10年の消滅時効にかかるものと定めた

(169条1項)。この規定は、確定の時に弁済期の到来していない債権については、適用されない（同条2項）。

(3)　更新・完成猶予の相対効　　なお、時効の更新および完成猶予の効力はその事由に関与した者、すなわち当事者とその承継人との間でだけ相対的に効力を生ずる（153条）。たとえば、A・Bが共同してC所有地を占有して時効取得しようとする際にCがAに対してだけ明渡しを請求したときは、Bについては更新も完成猶予も生じない。同様に、債権者が保証人に裁判上の請求をしたときは、保証人の債務についてだけ完成猶予・更新の効果が生じ、主たる債務については完成猶予も更新も生じえない（ただし、主たる債務者との間に生じた完成猶予・更新は保証債務の付従性により保証人にもその効力が及ぶ（457条1項））。これは事実状態を尊重する時効は、この関係を破壊する更新・完成猶予事由についても、実際その事実の生じた範囲においてだけその効力を認めるべきだという趣旨である。

　更新・完成猶予の相対効は、上に述べた例のように2つ以上の時効が進行しているときに相互に影響しないということを意味するのであって、AB間の権利に関する時効をCが援用するような場合には、AB間での更新・完成猶予の効力はCにも及ぶと解すべきである。したがって、たとえばAのBに対する債権を担保するためにC所有不動産上に抵当権が設定されているときに、AのBに対する債権について債務の承認等によって時効が更新された場合、Cは、AのBに対する債権の消滅時効更新の効果はCには及ばないとして、被担保債権の時効消滅を援用することはできない（最判平成7・3・10判時1525号59頁は抵当権の付従性等を理由にこの結論を認める）。このように解しないときには、物上保証人や第三取得者に被担保債権の消滅時効の援用権を認めながら、債権者にはそれらの者に対し

て時効の更新・完成猶予の措置をとることを認めないという著しく不公平な結果になってしまうからである。

　なお、取得時効の要件である占有の継続が中断した場合（164条・165条。かつて完成猶予・更新を法定中断と称していたこととの対比で、この中断を自然中断という）は、性質上当然に絶対的効力を生ずる。

第2節　取得時効

152　所有権の取得時効

　(1)　取得時効の意義　　所有権の取得時効の要件は、所有者らしい外観が一定の期間継続することである。民法はこれを所有の意思をもって占有すること、および平穏かつ公然の占有という2つの要件で示している（162条1項）。占有の本質は物権編に説くが（物18以下）、要するに所有者として耕作するとか、他人に貸して地代をとっているというような事実上の支配状態と思えばよい。後に述べるように、所有の意思のある占有を自主占有という（借主や預り主としての占有を他主占有という。物20）。所有の意思の有無は、原則としてその占有の根拠となっている権原の性質から客観的に決められるべきである。なお、他主占有者について相続があった場合に、相続を契機に他主占有が自主占有に性質を変えることが認められるか（185条参照）という難しい問題もあるが、物権編で説明する（物20・23）。共同相続人の1人が単独相続したと信じて相続財産を占有した場合、権原の性質上相続人全員のために代理占有していると解するのが原則だが、他の共同相続人のだれからも異議が述べられなかったようなときには、所有の意思をもってする単独の占有があ

ったものとされる（最判昭和47・9・8民集26巻7号1348頁・基本判例67）。なお、占有者は所有の意思をもって、平穏かつ公然に占有するものと推定される（186条1項）。

　(2)　取得時効の要件

　(ア)　時効期間　　所有権の取得時効期間は、占有者が占有開始の時に善意で、かつ過失がなかったときは10年だが（162条2項）、そうでないときは20年である（同条1項）。ここにいう善意とは占有物について自分に所有権（または所有権以外の財産権）があると信ずることであり（自分が真実の権利者でないことを知らないというだけでは足りない）、無過失とはそのように信ずることについて過失のないことである。占有者の善意は推定されている（186条1項）。不動産の取引において登記簿を信頼するのは一般に無過失であるが、登記簿を調査しないのは過失とされる（最判昭和43・3・1民集22巻3号491頁）。なお、占有がA→B→Cと承継され、CがBまたはABの占有を合わせて主張する場合（187条参照）には、その主張に係る最初の占有者の占有開始の時点において善意無過失であったかを判定すれば足りるものとされている（最判昭和53・3・6民集32巻2号135頁・基本判例105）。これを文言どおりに適用すると、Cが悪意であってもAまたはBが善意無過失であれば、CはAまたはBの占有期間と合わせて10年の取得時効を援用することができるようになるが、これを不当であると批判する学説もある（物23参照）。

　(イ)　他人の物　　162条は「他人」の物と規定するが、自分の物であっても、それを立証できない場合に時効取得を援用することは認められる。また、同条は、他人の「物」と規定するから動産・不動産の両者に適用される。ただし、動産については善意・無過失の占有取得の場合に即時取得（192条）の適用があり、162条2項に従

って10年をまつことは不要なように思われるかもしれない。しかし、即時取得は「取引行為によって」動産の占有を始めた場合に（192条）、動産取引の安全を保護する制度であり、取引行為によらない場合には適用がない。たとえば、Bが他人の山林を自分の山林と誤信して伐採したような場合には、その誤信に過失がないとしても取引による占有取得ではないから即時にその木材の所有権を取得することはできない（物28⑴(イ)参照）。そこで、このような場合には、動産についても善意・無過失で10年の取得時効を考えねばならないのである。

　物が道路、河川敷、公園のような公共用財産であるときに時効取得は認められるであろうか。判例は、公共用財産が長年の間事実上公の目的に供用されないまま放置され、その物の上に他人の平穏かつ公然の占有が継続したときは、黙示的に公用が廃止されたとして取得時効が成立しうるとしている（最判昭和51・12・24民集30巻11号1104頁）。公有水面の埋立工事が完成したのに竣工認可を受けていない埋立地も、永年にわたり公の目的に使用されないまま放置され、他人の平穏かつ公然の占有が継続したときは、土地として所有権の客体となり、黙示的に公用が廃止されて取得時効が成立しうる（最判平成17・12・16民集59巻10号2931頁・基本判例66）。

　他人の土地に無権原で植え付けた立木についても、一筆の土地の一部を時効取得しうるのと同様に（大連判大正13・10・7民集3巻509頁参照）、立木だけの時効取得が成立しうる（最判昭和38・12・13民集17巻12号1696頁）。

　(ウ)　占有の継続　　10年ないし20年間占有状態を継続すべきことはもちろん当然であろう。占有者が任意に占有を中止したり、他人に奪われたときは、時効は中断する（164条・165条。総149⑶参照）。

ただ他人に占有を奪われたときは、直ちに占有回収の訴えを提起し、これに勝訴して占有を回収すれば、占有状態は継続していたものとされていることに注意すべきである（200条・203条参照、物30⑶・31）。

取得時効期間の起算点は占有開始時であり、取得時効と登記の問題に関連して時効取得者が起算点を任意に選択することは許されないとする判例がある（最判昭和35・7・27民集14巻10号1871頁・基本判例68）。少なくとも長期20年の取得時効に関しては、占有開始時の特定を必要とすることは過去の事実を明らかにすることの困難を回避しようという時効制度の趣旨に反することになりかねず、妥当とはいえないという批判がある。

(ｴ)　所有の意思等の推定　　占有者は、所有の意思をもって、平穏かつ公然と善意で占有するものと推定され（無過失は推定されない）、かつ前後両時において占有した証拠があればその間占有は継続したものと推定されるから（186条）、この規定によって、占有者はただ無過失を証明すれば、10年間の占有による所有権の時効取得を主張することができる。

(3)　登記との関係　　時効による不動産所有権の取得については登記との関係で難しい問題があるが、物権編での説明にゆずる（物14⑴(ｳ)）。

153　所有権以外の財産権

たとえば、地上権・永小作権などもこれらの権利を「自己のためにする意思」をもって平穏かつ公然に行使していれば、所有権に準じて10年または20年で取得時効が完成する（163条・165条）。賃借権についても同様である（最判昭和43・10・8民集22巻10号2145頁、最判昭和45・12・15民集24巻13号2051頁、最判昭和62・6・5判時1260号

7頁・基本判例69、最判平成16・7・13判時1871号76頁）。163条の権
利の行使には占有ばかりでなく準占有も含まれる（物33・34参照）。
なお、地役権については特則があり（283条・284条）、のちにあらた
めて説明する（物70）。

第3節　消滅時効

154　消滅時効の起算点

(1) 主観的起算点と客観的起算点　　債権の消滅時効について、民
法166条1項は、①債権者が権利を行使することができることを知
った時（主観的起算点）から5年間と、②権利を行使することがで
きる時（客観的起算点）から10年間（人の生命・身体の侵害による損害
賠償請求権の場合は20年間）のいずれか早く満了した時点で時効が完
成するものとしている（166条1項・167条）。不法行為による損害賠
償請求権の消滅時効についても同様に、①被害者またはその法定代
理人が損害および加害者を知った時（主観的起算点）から3年間（人
の生命・身体を害する不法行為の場合は5年間）と、②不法行為の時
（客観的起算点）から20年間という二重構造をとっている（724条・
724条の2）。主観的起算点を設けたのは、権利者が権利を行使でき
ることを知らないまま時効が進行することの不都合を回避すると同
時に、権利行使ができることを知った以上は早期に権利を行使すべ
きものとする考え方に基づいている。しかし、主観的起算点だけだ
と、権利者が権利を行使できることを知らないといつまでも消滅時
効が進行を開始せず、時効制度の趣旨に反することになってしまう
ので、客観的起算点からの相対的に長期の時効期間を併存させるこ
とにしたのである。契約上の債権は、ほとんどの場合契約の締結時

に当事者が履行期を知っているので、多くは主観的起算点から5年の消滅時効にかかることとなるであろう。これに対し、不法行為による損害賠償請求権（709条以下）や不当利得返還請求権（703条以下）の場合には、それらの権利が成立したことや債務者がだれであるかがすぐにはわからないことも多いので、客観的起算点から10年の消滅時効にかかることも少なくないであろう。

　消滅時効期間の計算についても民法140条が適用され、期間の初日が午前零時に始まるのでない限り、初日は参入されない（最判昭和57・10・19民集36巻10号2163頁・基本判例57）。

　(2)　権利を行使することができる時　　消滅時効は、法律上権利を行使できるにもかかわらずこれを行使しないという状態が一定の期間継続することによって完成するものであるから、その時効期間は債権者が権利を行使することができる時からでなければ進行しない（166条1項）。「権利を行使することができる」というのは、権利の行使に法律上の障害がなく、かつ、権利の性質上、その権利行使を現実に期待することができることをいう（最大判昭和45・7・15民集24巻7号771頁・基本判例201）。権利行使に事実上の障害があっても時効の進行には影響を与えない（大判大正4・3・24民録21輯439頁、大判昭和12・9・17民集16巻1435頁）。制限行為能力者の権利行使について法定代理人等の同意を得られないとしても、それは事実上の障害であって法律上の障害ではないとされている（最判昭和49・12・20民集28巻10号2072頁）。債権が差し押さえられたり、質権の目的とされたりした場合にも、権利行使の権限が差押債権者や質権者に移譲されるにすぎないから、消滅時効の進行とは無関係である。同時履行の抗弁権（533条）が付着している債権についても、債権者が反対給付の弁済を提供すればいつでも抗弁権を消滅させて履行

を請求できるので、履行期到来の時から消滅時効が進行する。

　権利の性質上、その権利行使を現実に期待できる時を起算点とした例として、弁済供託をした者は供託後直ちに供託物の取戻しを請求することが可能であるが（496条1項参照）、被供託者との争いが続いている間に供託物を取り戻すのは相手方の主張を認めたものと誤解されるおそれがあるから、争いの解決をみるまでは供託物払渡請求権の行使を期待することは事実上不可能に近いので、その消滅時効の起算点は、紛争が解決して供託の基礎となった債務の不存在が確定するなど供託者が免責の効果を受ける必要が消滅した時としたものがある（前掲最大判昭和45・7・15）。そのほか、雇用上の安全配慮義務違反によってじん肺にかかった者の損害賠償請求権（最判平成6・2・22民集48巻2号441頁・基本判例71）、預託金会員制ゴルフクラブの施設利用権（最判平成7・9・5民集49巻8号2733頁）、自動車損害賠償保障法72条1項前段による保障請求権（最判平成8・3・5民集50巻3号383頁）などの消滅時効について、権利行使を現実に期待できる時を起算点とした判例がある。これらの判例は権利の基礎となっている制度または契約の趣旨に照らして権利を行使することが一般的に期待されうるか否かを考慮して、客観的に判断したものであって、権利者の個別的な事情に着目する主観的起算点とは性質が異なっているので、平成29年改正法によって主観的起算点の制度が導入された後も、客観的起算点に関する判例としての先例的価値を失わないものと考える。

　(3)　各種の債権の客観的起算点

　(ア)　確定期限の場合　　確定期限の定めのある債権の客観的起算点は、期限到来の時である。調停または債権者の意思によって期限が猶予されたときは、猶予された時期から時効が進行する。定期預

金債権は満期日が起算点となるが、預金者から継続停止の申出がなければ前回と同一の期間の預金契約として自動的に継続するという特約がある契約の場合には、初回の満期日から消滅時効を進行させてしまうのは自動継続特約付定期預金契約の趣旨に反するので、預金者の解約の申し入れ等によって自動継続がなされなくなった満期日が到来した時が起算日になる（最判平成19・4・24民集61巻3号1073頁）。

　(イ)　不確定期限の場合　　不確定期限のある債権の客観的起算点は、その期限到来の時である。たとえば、出世払の債務（総138(2)参照）は出世した時である。履行遅滞の責任は履行の請求を受けるか、期限の到来を知った時に生ずるが（412条2項）、消滅時効の客観的起算点については、債務者も債権者も期限到来を認識している必要がない。

　(ウ)　期限の定めがない場合　　期限の定めのない債権はいつでも履行の請求ができるから、その客観的起算点は債権成立の時である。もっとも返済期を定めない消費貸借では、貸主はいつでも「相当の期間を定めて返還」を求めることができるとされているから（591条1項）、消費貸借成立の時から相当の期間を経過した時に消滅時効は進行を開始する。通知預金のように、請求の通知をしてから一定の期間を経過してはじめて履行期が来る債権についても同様に解すべきである。請求の通知をしないでいつまで放置しておいても消滅時効にかからないと解することは著しく権衡を失するからである（判例・通説）。なお、普通預金は消費貸借ではなく消費寄託であり、預金者はいつでもその返還を請求することができると解されているから（662条1項参照）、預入れと同時に消滅時効が進行する。

　(エ)　停止条件付債権の場合　　停止条件付の債権は条件成就の時が

客観的起算点となる。たとえば割賦払債務について、1回弁済を怠れば、全部について当然に履行期が来るという特約などがその例である。ただし、その特約が「債権者は直ちに全部の支払を請求することができる」というものである場合に、債権者がこの請求をしなくても、全部についての消滅時効が進行するかについて判例は分かれていたが、大審院連合部判決は否定説に統一した（大連判昭和15・3・13民集19巻544頁・基本判例70）。最高裁もこれを踏襲し、上のような特約のある割賦金弁済契約において、1回の不履行があっても、各割賦金債務について約定弁済期ごとに順次消滅時効が進行するにとどまり、債権者が特に残債務全額の弁済を求める意思表示をしたときに限り、その時から全額について消滅時効が進行するとしている（最判昭和42・6・23民集21巻6号1492頁）。

　(ｵ)　期限付または条件付債権の債権者の保護　　始期付の債権は期限到来の時から、停止条件付債権は条件成就の時にはじめて権利を行使することができるようになり、その消滅時効が進行する。したがって、たとえばその債権が特定の家屋を引き渡させることであり、その期限の到来または条件の成就が数十年の先であるときには、その間にその家屋が他人に取得時効で取得されることもありうる。これは両制度それぞれの立場から生ずることであるからやむをえない。しかし、消滅時効の進行する前にその権利の目的物が他人に時効取得されて権利の実行を収めえないことになるのは気の毒だというので、民法は、始期付または停止条件付債権の債権者は、いつでも占有者の承認を求めて、その取得時効を更新することができるものとした（166条3項・152条参照）。

155　債権の消滅時効期間

　(1)　一般の債権（166条1項）　　債権の消滅時効期間は、原則とし

て、債権者が権利を行使することを知った時から5年、または権利を行使することができる時から10年であり（166条1項）、これらのいずれかが満了した時に時効が完成する。農地の買主が売主に対して有する知事等への許可申請に協力せよと請求する権利は民法166条1項の債権として10年の時効にかかる（最判昭和50・4・11民集29巻4号417頁）。ただし、事情によっては、許可申請協力請求権の消滅時効の援用が信義則に反し、権利濫用として許されないことがある（最判昭和51・5・25民集30巻4号554頁）。

　国に対する金銭債権の消滅時効期間は権利を行使できる時から5年と定められているが（会計30条後段）、弁済供託の払戻請求権（前掲最大判昭和45・7・15）や国の国家公務員に対する安全配慮義務懈怠に基づく損害賠償請求権（最判昭和50・2・25民集29巻2号143頁・基本判例164）は私法上の債権として民法の定める消滅時効期間に従うものとされている。

　(2)　人の生命または身体の侵害による損害賠償請求権（167条・724条の2）

　債務不履行による損害賠償請求権の消滅時効期間も原則として短期5年、長期10年である（166条1項）。また、不法行為による損害賠償請求権は、被害者またはその法定代理人が損害および加害者を知った時から3年、または不法行為の時から20年のいずれかが経過した時に時効によって消滅する（724条）。しかし、人の生命または身体の侵害による損害賠償請求権の消滅時効期間は、被害者救済の見地から、債務不履行の場合も、不法行為の場合も、主観的起算点から5年、客観的起算点から20年とされている（167条・724条の2）。

　(3)　定期金債権　　定期金債権、すなわち年金・定期の扶養料などのように定期に一定額の給付金債権を生み出す債権（基本権としての定期金債権）は、各期の定期給付金債権（これを支分権という）を

行使することができることを知った時から10年、または定期給付金債権を行使することができる時から20年が経過すると、各期の定期給付金債権（支分権）を生み出す基礎となっている定期金債権（基本権）そのものが消滅する（168条1項）。

　賃借料や利息も定期的に支払われるが、各期の賃料や利息を生み出す基礎となる基本権としての賃料債権・利息債権は、賃貸借・消費貸借と運命をともにするものであるから、168条にいう定期金債権には当たらず、賃貸借契約や消費貸借契約と切り離して独立に消滅時効にはかからない。マンション管理組合が組合員の区分所有者に対して有する管理費・特別修理費債権も同様である（最判平成16・4・23民集58巻4号959頁）。

　定期金債権の各期の給付金債権の弁済にあたっては債務者側に領収書が交付されるだけで、債権者側には証拠が残らないことが多いであろう。だから、もし第1回の弁済期から20年間経過した後に、債務者が実際には各期の定期給付金債務を履行していたのに、まだ1回も弁済したことがないから基本権としての定期金債権が時効で消滅している、というような悪らつな主張をすることがあると、債権者側から各期に弁済を受け、その都度時効が更新したことを証明しなければならないことになってははなはだ不利益である。そこで民法は債権者側からいつでも債務者の承認書の交付を求めることができるものと規定した（168条2項）。

　定期金債権そのもの（基本権）が消滅しない場合にも、各期の定期給付金債権（支分権）が独立に消滅時効にかかることはいうまでもないが、その場合の消滅時効期間は166条1項による。

　⑷　判決で確定した債権　　すでに説明したように（総151⑵）、確定判決または確定判決と同一の効力を有するものによって確定した権利

については、10年より短い時効期間の定めがあるものであっても、その時効期間は10年となる（169条1項）。ただし、確定の時に弁済期の到来していない債権については、この規定は適用されない（同条2項）。

156　債権以外の財産権の消滅時効

債権以外の財産権も消滅時効にかかるが、その期間は権利を行使できる時から20年である（166条2項）。問題となる権利が2つある。所有権と形成権である。

(1)　所有権　　所有権が消滅時効にかからないことは注目に値する（166条2項参照）。これは所有権絶対の思想の表現である。ただし、所有権は消滅時効にかからないというのは、一面、たとえば所有地を放置して何十年も荒れるにまかせて所有権を行使しなくとも、それ自体が「所有権の自由」の一態様であるから、所有権は時効で消滅しないということであり、したがってまた他面、他人がその所有地を占有している場合にこれに対する所有権に基づく返還請求権も消滅時効にかからないということである（しかし権利失効の原則という法理が認められることになれば（総144(2)参照）、消滅時効とは別に物権的請求権が却けられることはありうる）。この間にその他人が取得時効の要件を備えるときは、この者が所有権を取得し、原所有者は所有権を失い返還請求権もなくなる。これは1つの物の上に相矛盾する2つ以上の所有権は成立しないという原則（物8参照）によって、所有権が時効取得されたことの反射的効果として原所有者の所有権が消滅するのであって、所有権が消滅時効にかかるのではない。

所有権のほかにも独立に消滅時効にかかることのない財産権がある。一定の事実状態の存在に伴う権利である占有権、担保される債

権の存在する限り存続する権利である担保物権（ただし396条は例外
を定める）、相隣関係（209条以下）、共有物分割請求権（256条）など
がこれである。

　(2)　形成権　　存続期間が定められている形成権、たとえば取消
権（126条）についても、理論上それは時効期間とみるべきではな
く、除斥期間ないし権利存続期間と解すべきであるという考え方に
ついては先に述べた（総144(1)）。存続期間の定めがない形成権、た
とえば解除権（541条以下）や売買予約完結権（556条）などはどれ
ほどの期間存続すると解すべきであろうか。これを一律に債権以外
の財産権として20年の消滅時効にかかるとすることは妥当でない。
解除権が行使された結果生ずる原状回復請求権が10年の時効にかか
るのに、そのような法律関係を生じさせる解除権そのものは、放置
しておいても20年間消滅時効にかからないとすることは権衡を失す
るからである。そこで普通の解除権は、その行使の結果である原状
回復請求の債権と同一期間によって消滅すると解されている（通
説・判例）。もっとも売買予約完結権は一種の物権取得権であるか
らその存続期間は一般に20年と解されている。なお、形成権、たと
えば取消権の存続期間（126条）と、取消権が行使された結果生ず
る不当利得返還請求権（121条）の時効期間とは別個のものとして、
後者は取消権が行使された時から進行するというのが判例・通説で
ある。これに対して、法律関係を早く確定しようとして形成権に特
別の除斥期間ないし消滅時効が定められている場合には、その形成
権の行使とそれによって形成された権利関係の実現とを一体として
当該期間によって制限されると解さないと、立法の趣旨が貫徹され
ないとする学説もある。

第2編　物　権　法

第1章　物権法総論

第1節　序　　説

1　物権編の内容

　民法第2編物権（175条－398条の22）は、総則・占有権・所有権・地上権・永小作権・地役権・留置権・先取特権・質権・抵当権の10章を収める。いずれも人が外界の物（総68参照）ないし物の提供する価値を直接に支配する関係を規律するものである。これを理論的に観察すると、総則は主として物権の得喪変更に関する通則的規定を収め、占有権は物に対する現実的支配の秩序維持を目的とし、所有権は物の全面的な支配のあり方を定める。また地上権・永小作権・地役権ならびに共有および地役権に関する規定中に配分された入会権はいずれも他人の土地を一定の範囲で使用収益することを目的とする制度であり、留置権・先取特権・質権・抵当権はいずれも物を債権の担保にすることを定めるものである。

2　物権の変動

　物権の取得・喪失・変更は、法律行為のほか、相続・時効その他の事由によって生ずる。物権の得喪変更を広く**物権変動**という（詳しくは、物10⑴参照）。

　⑴　公示の原則　　物権は、後述するように、債権と違って、他人の権利の成立を排斥する強い効力を有するから、どこにどのような物権が存在しているかが他人にみえるような外形を備えさせることが必要である。この物権の公示の要請に応じるために、民法は、

不動産物権の得喪変更については登記、動産譲渡については引渡しをしなければ、それらの物権変動を第三者に対抗することができないとしている（177条・178条参照）。これを公示の原則という。たとえて言うならば、物権や物権変動も生まれたときは裸だから、身内の前ではともかく、人前に出るためには、公示（登記・占有）という洋服を着なければいけないということである。このように公示をしていないことを理由として一定の不利益を受ける紛争類型を対抗問題と呼んでいる。物権・物権変動が存在していないのに公示だけあるときは、ハンガーに洋服がぶら下がっているようなもので、そこから人が生まれてくることがないように、登記や占有があってもそこから所有権その他の物権が生まれることはないのが原則である。しかし、実際には、実体を伴わない登記や占有を真実のものと信じて第三者が取引関係に入ってくることがある。こうした第三者の信頼を保護するために、本来なら取得できないはずの権利を取得させるべきかどうかが、つぎに説明する公信の原則の問題であり、これを公信問題と呼ぶことにしよう。有効に存在している物権・物権変動を第三者に主張できるかどうかが対抗問題であるのに対して、公信問題は本来なら取得できない権利を取得できるかどうかの問題であり、両者は全く性質を異にしていることに注意すべきである。

　(2)　公信の原則　　物権の取引は、登記または占有という外形に基づいて頻繁に行われるから、登記がその表示する権利の実際と違っていたり、占有者が所有権をもたなかったりする場合に、全く物権変動が生じないとすると、取引の安全が保たれないことになる。そこで、登記簿上誤って所有者と記載されている者を真実の所有者だと誤信してこの者から不動産を買ったり、他人の物を預って占有している者を真実の所有者だと誤信してその物を質にとったりした

者があったら、それらの者を保護するためにそのような行為によっても有効に物権を取得できるようにすることが考えられる。これを認めようとするのが物権取引における公信の原則である。しかし、この原則は取引の安全を保護するが、同時に真実の権利者に損失を与えることになるから、軽々しく認めることはできない。民法は動産についてはこれを認めたが（192条—194条参照）、不動産についてはこれを認めない。これらの点は後に詳述する（物13(12)・28参照）。ただし、抵当証券法がある程度において不動産物権についてこれを認めている（抵証6条・7条・10条、物100(1)(イ)参照）。また、民法94条2項の類推適用が、一定の要件のもとで公信の原則を認めるのに近い効果を生んでいることは重要である（物13(13)参照）。

3　現実的支配の秩序維持（占有権）

　われわれが外界の物を自己の支配内に保持するのは、所有者・地上権者・質権者などという種々の名目によるのであり、物権法はこれを権利として保護するのであるが、その名目が単に外形上のものであって、真の権利を伴わないこともまれではない。しかし、そういう場合にも、真実の権利者が自分自身の物理的な力を行使してその支配を回復できることにすると、社会の秩序が保てない。そこで、事実上の支配の現状は一応正しいものと推定し、真実の権利者といえども自力をもって権利を実現し、これによって社会の秩序を乱すことを禁ずることが必要になる（自力救済の禁止）。これを裏返せば、真実の権利者も、権利の客体である物が第三者の現実的支配の下にある場合には、権利回復の訴えによって、つまり公の力によってその権利の実現を図らなければならないということになる。民法の占有権の制度はこのような目的を有するものである。民法の占有の章には前段に述べた動産取引の公信の原則（192条—194条）の規定も

あり、また、主として動産物権変動の公示の原則に関して意義を有するものもあり（182条－184条）、さらに、その他の様々な目的を有する規定が収められているが、その中心点は社会の現実的支配の秩序維持にある。

4　物の全面的支配（所有権）

(1)　**自由な所有権**　　所有権は物の全面的支配権である。いいかえれば、物を自分の思うままに使用・収益・処分できる権利であって（206条参照）、他の物権のように、耕作するだけとか、競売をして債権の弁済に充てるだけというような、ある一面の部分的な内容を有するものではない。そもそも外界の物ことに不動産については、私人の全面的な支配権が古くから認められたのではない。最初はむしろ耕作とか、居住とか、通行とかいうような種々の権能が認められたにとどまる。近く封建制度の時代に至っても、領主や貴族の種々の特権によって制限・拘束を受けていたから、他人の権利に制限されない全面的な権利としては認められていなかった。今日でも所有権を「権能の束<ruby>束<rt>たば</rt></ruby>」であるとみる法制さえある。あらゆる封建的拘束を脱した全面的な支配権としての自由な所有権は実に近代法の所産である。近代法の個人の自由を中心とする理想は、前述のようにその主体において個人の法律行為の自由とりわけ契約の自由を認めるとともに、その客体において自由な所有権を認めたのである（序9・10・総15・16参照）。

(2)　**所有権の作用**　　全面的支配権としての所有権の内容は、理論としては、いかようにでも利用できるということであるが、実際上はつぎの2方面において重要な作用を有する。1つは、他人に貸与して使用料を徴収することであり、2つには、これを担保として金を借りることである。

　前者にあっては、所有者はもてる者の優位を利用してもたない者を圧迫し、自分に有利な契約を締結することになりうる。前に、契約自由の原則は所有権の集中と結合して他人を支配する制度と化すことがあると述べたのはこの意味である（総92⑵参照）。住宅問題や小作問題が大きな社会問題となった時代に借家人・借地人・小作人などの他人の物を利用する立場の者を保護するための裁判例や特別法が集積された理由は、ここに存する。

　つぎに後者、すなわち物を担保とすることは、経済組織において資本を手に入れることがきわめて緊要なこととなるに従って、ますます重要な地位を占めるようになる。金融制度は今日の私法的法律関係中の最も必要なものの一つであるが、所有権はこれを通じて金融資本の支配のもとに入る。金融資本の優越的な地位が確立・強化される時期に担保制度に関して多くの特別法が制定されている理由はここに存する。

　なお、工場その他の企業施設の所有者が多くの労働者を雇って働かせ、そこから利潤をあげることも、やや間接ではあるが、所有権の作用の一つに相違ない。そうして工場施設や労働条件に関する法律的制限（労働基準法参照）、および労働組合と使用者の団体交渉を通じて締結される労働協約（労組14条以下参照）などは、いずれも所有権のこの作用に対する制限を意味する。

　このように、自由な所有権に対する制限は、契約内容の制限、契約締結の態様の変更など種々の形をとって現われている。また、そのような制限とはやや性質を異にするが、公共の立場からする所有権の制限ないし義務づけという現象もみられる。土地収用法による収用はその代表的なものであるが、建築基準法による建築の制限（建基5条の6以下）、文化財保護法による重要文化財所有者に対す

るあれこれの義務づけ（文化財30条以下）、大気汚染防止法その他の
公害関係諸法による公害の原因をなす企業に対する各種の義務づけ
や制約など、枚挙にいとまがない。だから所有権の社会的機能の全
体を解明するためには、物権法を考究するだけでは足りない。しか
し、全面的支配権としての自由な所有権が近代法の一大特色であり、
国家の理想が前述のように個人の自由に対する積極的な保護ないし
干渉に移るに従ってとられる種々の手段は、ほとんどすべて直接間
接に所有権の自由で全面的な支配権としての性質ないし権能を制限
するものであることを強く念頭に記しておくべきである。

5　土地を利用する制度（用益物権）

　自分の所有物を他人に利用させて使用料を徴収することは、上に
述べた所有権の作用の一側面であり、賃貸借契約による債権関係は
すべての動産・不動産について実現されうるが、債務者に対する請
求という道を通らないで、直接に目的物を利用する権能を認める物
権としての利用権は土地についてだけ認められる。この他人の土地
を物権的に利用できる権利を**用益物権**という。主として植林や建物
所有のために用いられる地上権（265条以下）と、耕作または牧畜の
ための永小作権（270条以下）とがその代表である。しかし、他人の
土地に建物を建てたり、他人の土地を耕作したりする関係がすべて
地上権と永小作権によっているわけではない。それどころか、わが
国の実際では、その大部分は賃貸借という債権契約関係であること
を忘れてはならない（601条以下参照）。

　他人に土地を利用させて収益を得ようとする場合、土地所有者は
その社会・経済上の優越的地位を利用して、自分に有利な内容を定
めるのが常であるが、物権の規定は前に一言したように（総98）そ
の大部分は強行規定なので、地上権・永小作権において所有者が有

利な内容を定めようとしてもそこには一定の限度がある。ところが賃貸借契約は契約自由の原則の適用のもとにあるため、所有者はほとんど無制限にその有利な立場を主張できる。そこで賃貸借契約に一定の制限を設け、地上権・永小作権の強行規定を拡張し、両者相まって他人の土地を利用する者の立場を保護しなければ、個人の立場が脅かされるばかりでなく、社会経済上も憂うべき結果にたち至る。このことはまず借地問題において痛感され、早くに建物保護法（明治42年）の制定をみ、ついで借地法（大正10年）・借地借家調停法（大正11年。昭和26年の民事調停法により廃止）などの制定をみた。これによって借地人の地位はかなり向上した。平成3年の借地借家法は、社会・経済事情の変化に応じて借地法と借家法を統合・改正し、建物保護法を取り込んだものである（ただし、同法施行前に設定された借地権に係る契約の更新等については、なお旧借地法の適用がある）。同様な必要は小作関係においても認められたが、地主勢力の抵抗にあってなかなか実現できなかった。それでも、小作調停法（大正13年）、農地調整法（昭和13年）が制定され、戦後の農地改革を経て今日の農地法（昭和27年）に受け継がれている。もっとも、農地改革によって多くの小作人が自作農となり、それだけ小作関係は減少したが、今もなお残っている小作人の地位はこの立法によって一段と向上した。このようにして賃借人の地位が強くなり、賃借権が次第に用益物権に近づけられることを学者は賃借権の物権化というのであるが、借地借家法が、借地権の供給を促進すること等を目的として、定期借地権（借地借家22条－24条）を設けたことなど、社会情勢の変化に伴って、利用権者の保護を一部緩和する改正も行われるようになっている。

　用益物権にはこのほかに地役権（280条以下）がある。これは相近

接する土地の相互間の利用の調節を試みる制度である。最後に入会
権（263条・294条）もまた用益物権中に加えてよい。これは村落団
体が共同して山林原野を利用すること等を内容とする制度である。
山林原野がその村落団体の共同的所有に属するときは厳格にいって
他人の土地の利用ではないが、その村落団体の構成員各人の有する
機能は一種の用益物権と考えても妨げないであろう。

6　物の担保価値を利用する制度（担保物権）

　目的物を担保に供して金銭を取得するという、所有権の他の一面
の作用は、金融を与えた者の側からみれば他人の物の担保価値を利
用する権利である。これを担保物権という。

　⑴　**各種担保物権の特質**　　担保物権は要するに担保権者にその
債権が確実に弁済されることを保障すればよいのであるから、債務
者の営業や生活に必要な物を取り上げてこれを間接に圧迫して弁済
を促すことでも目的を達することができる。留置権（295条以下）と
質権（342条以下）とはこの側面（留置的効力）に着眼した制度であ
る（占有担保）。しかし目的物を債務者から取り上げなくても、債
務者が弁済しないときは担保物を売却してその代金から優先的に弁
済を受けることにすれば、最も軽便に担保の目的を達することがで
きる。先取特権（303条以下）と抵当権（369条以下）とはもっぱらこ
の側面（優先弁済的効力）を中心に組み立てられている（非占有担
保）。なお、質権は留置的効力のほかに優先弁済的効力も兼ね備え
ている。これら4種の担保物権のうち、留置権と先取特権は一定の
条件のもとで法律上当然に認められる法定担保物権である。これに
対して、質権と抵当権とは当事者間の約定によって設定される約定
担保物権である。近代の市民生活や企業活動においては後者がより
重要な機能を営む。

(2)　質権と抵当権　　質権は日常生活品を担保に供する場合には
いわゆる庶民金融の王者たる作用を有する。そこで法律も質屋営業
法を定めて営業的質権者を取り締まっている。しかし、質権は債務
者から目的物を取り上げるから、債務者が企業活動に必要な施設を
担保としてその運転資金を得ようとする場合には全く利用できない。
この目的のためには抵当権に頼るほかはない。企業資金の獲得を目
的とする抵当制度が大いに発達した理由はここにある。企業施設を
一体として担保に供する制度としては、まず不動産を中心とする大
企業施設財団を一括して抵当権の目的としうる制度が考案された。
鉄道財団（明治38年鉄道抵当法）・工場財団（明治38年工場抵当法）・
鉱業財団（明治38年鉱業抵当法）・軌道財団（明治42年軌道の抵当に関
する法律）などのいわゆる財団抵当がこれである。いずれも日露戦
後の大企業の勃興に伴うものであるが、さらに漁業財団（大正14年
漁業財団抵当法）・道路交通事業財団（昭和27年道路交通事業抵当
法）・港湾運送事業財団（昭和26年港湾運送事業法）・観光施設財団
（昭和43年観光施設財団抵当法）にも拡張された。また、債権の流動
化を図るために抵当証券法（昭和6年）を制定して抵当権の証券化を
試み、また担保附社債信託法を改正していわゆるオープンエンド・
モーゲージの制度を輸入し、同一順位の抵当権を有する担保附社債
を逐次に発行する便宜を認めた（昭和8年）。さらに、株式会社の
総財産を目的とする企業担保法（昭和33年）が制定されたことは、
すでに一言した（総69⑴参照）。なお、一定の限度額を定めて、その
範囲内で随時融資と回収を繰り返すいわゆる与信契約上の債権を担
保することを目的とする根抵当権の設定という慣行が広く認められ、
一種の慣習法として利用されてきたが、これも昭和46年の民法改正
によって法文化された（物116以下参照）。

(3) 譲渡担保・動産抵当・仮登記担保等　　動産には原則として抵当権を設定することができないから、不動産を有せず単に動産と債権だけから構成されている中小商工業者の事業用財産や農業用具の金融化等については有効な手段を欠く。この間隙を埋めるために生じたのがいわゆる譲渡担保という制度である（物123以下参照）。しかし、この制度については正式な立法がされていないので、多くの不都合を伴っていた。これを救済する一つの方法として農業動産信用法（昭和 8 年）が制定され農業用具の抵当化の途が講じられた。動産抵当については、このほか、戦後に至って、自動車抵当法（昭和26年）・航空機抵当法（昭和28年）・建設機械抵当法（昭和29年）などが制定されたが、いずれも登記・登録制度のある特殊の動産を目的とする。中小商工業の施設・設備・備品等を抵当化する立法は、なお課題として残されていたが、後述するように（物125）、平成16年に導入された動産譲渡登記の制度が動産譲渡担保を安定的なものとすることを可能にし、平成10年に創設された債権譲渡登記によって売掛代金債権などの債権を譲渡担保に入れることが容易になったこととあいまって、中小商工業の営業全体をまとめて担保化する途を開くこととなった。

　第二次大戦後、土地の価格の高騰に伴い横行した仮登記担保（消費貸借上の債権の担保として不動産につき代物弁済予約・停止条件付代物弁済契約・売買予約等をし、予約上の権利等を保全するために仮登記を活用する方法）については、その効力を制限して債権者に清算義務を課す判例法理が確立した後、昭和53年に仮登記担保契約に関する法律が制定され、その効力が著しく制限されたことによって、今日ではあまり用いられなくなっている。

　以上のほかにも、さまざまな新しい担保が登場している。後に述

べる所有権留保（物135、136参照）、代理受領（物137参照）、振込指定
（物138参照）などを活用する担保がそうである。

　なお、民法の定める4種類の担保物権（典型担保）以外の担保を、
非典型担保と呼ぶ。

7　物権の種類

　(1)　物権法定主義　　物権の種類は民法その他の法律で定められてい
るもの以外には作り出すことができない（175条、民施35条参照）。これ
を物権法定主義という。封建制度の複雑多様な物権を整理して自由
な所有権を中心とする簡単な物権関係を作ることと、登記によって
物権を公示するにはなるべく種類を限定し内容を一義的に明確にす
る必要があることとの2つの理由に基づく。したがって、法律の認
めない種類の物権を設定する契約は無効であるばかりでなく、法律
の認める物権に法律の定めと異なる内容を与える契約も無効である。

　(2)　民法以外の物権　　民法以外の法律で認められる物権の種類
も少なくない。各種の財団抵当権や特殊の抵当権のことは前述した
が、そのほか鉱業権（鉱業5条・12条）・租鉱権（同6条・71条）・採
石権（採石4条）・漁業権（漁業6条・23条）・入漁権（同7条・43条）
などが主要なものである。また商法は留置権（商521条・562条等）・
質権（同515条）・先取特権（同802条・842条等）・抵当権（同848条）
のそれぞれにつき、民法とは異なる内容のものを認めている。

　(3)　慣習法上の物権　　物権は、上述のように、民法その他の法
律に定めるもののほかこれを創設することはできない。では慣習法
によって新しい物権が自然に成立することはどうであろうか。慣習
法（慣習のうち法律と同一の効力を認められるもの）については法の
適用に関する通則法3条に一般的な定めがあり、法令の規定で認め
たもの（たとえば、入会権に関する263条・294条）、および法令に規定

のない事項に関するものにその成立を制限している。民法・民法施
行法が慣習法による物権の成立について消極的であることは争えな
い（大判大正6・2・10民録23巻138頁参照）。しかし、社会の経済関
係は不断に進展する。ことに他人の不動産を利用する者の立場と金
融制度とを維持するには民法の物権の規定では不十分である。そこ
でつぎつぎに数多くの立法が行われたことはすでに述べたとおりで
あるが、いわゆる慣習法上の物権の成立を認めることも、この弊害
を除くのに効果があると考える。慣習法による物権の成立を否認す
る学者は少なくないが、その内容が明確で近代所有権の本質に反せず、
慣習法と認められる程度の法的確信に支えられているものであれば、適
切な公示方法のあることを条件として、これを認めるのが至当であ
ろう。実際上問題になるのは流水利用権（大判大正6・2・6民録23
巻202頁参照）や、温泉専用権などであるが、これらのものは、土地
そのものではなく、土地を構成するものであり、これについては民
法に規定がないと解すれば、慣習法の成立を認める余地が生ずる。
判例も浅間温泉の温泉専用権（湯口権）について地方慣習法による
物権的な支配権であることを肯定し、ただその権利の変動について
は温泉組合ないし地方官庁の登録とか、立札等による明認方法を施
すことが必要であるとしている（大判昭和15・9・18民集19巻1611頁
―鷹の湯事件・基本判例72）。

　(4)　**制限物権と他物権**　　　占有権以外の物権のうち、所有権とそ
の他の用益物権および担保物権との間には、いわば質的な差異があ
る。所有権は目的物の全面的な支配権であり、万能・円満な内容を
有する権利であるのに対して、その他の7つの物権は目的物の一面
的な支配権であり、使用価値ないし交換価値の一部分だけをその内
容とする。つまりそれらの物権は、いずれもある特定の利用方法だ

けを内容とする。そこで、これらの権利は所有権に対して、**制限物権**と呼ばれる。

　ところで、制限物権はまた他物権と呼ばれることもある。所有権は万能な権利であり、自分の所有する物を自分で使用し、もしくは売却して、その使用価値もしくは交換価値を実現することは自由であるから、その上に自分のための地上権や抵当権などの制限物権をもつ必要がない（混同による制限物権の消滅が起こる。179条、**物17**参照）。これを逆にいえば、制限物権は原則として他人の所有物の上にだけ成立する。つまり、他人の所有物の上の物権という意味において**他物権**と呼ばれる。もっとも、事情によっては、所有者が自分の所有物の上に制限物権を有するという状態が生ずることがある（混同の例外。179条1項但書、**物100(1)(エ)**参照）。

第2節　物権の通有性

8　物権の本質

　民法の物権の本質は一定の物を直接に支配することのできる排他的な権利だという点にある。

　(1)　**直接支配性**　　物を直接に支配するとは、債権のように債務者の行為を通じて物を利用したりするのではなく、他人の行為を媒介とせず直ちに客体について支配を及ぼし、直接その利益を享受しうることを意味する。人に対する権利はその人の意思を無視できないため、訴えを通じて公の力によって強制するほかはないのに反し、物に対する権利は、占有秩序維持と抵触しない限り、権利者の意思によってみずから自由に使用したり、収益したりすることができる（総16参照）。物権は目的物について直接このような支配をすること

を内容とする。これを物権の直接支配性または直接性という。

　(2)　排他性・絶対性　　物権の排他性というのは、物権が1つ成立すると同一物について同一内容の物権は重ねて成立しえない（一物一権主義）のだから、既存の物権と両立しえない権利は排除されるという意味である。債権は債務者に対してしか債務内容の実現を請求できない（債権の相対性）のに対し、物権は、誰に対しても物権的支配の実現を求めることができる（物権の絶対性）のだから、両立しえない2つ以上の物権が併存することが認められないのは当然のことである。したがって、Aの所有する物の上にBの所有権は重ねて成立できないし、すでにAの100万円の債権を担保するために抵当権が設定されている物の上に成立するBの抵当権は、いわゆる2番抵当権として、Aの100万円の債権が弁済された残りを頂戴きるだけである。債権はこれと異なる。Aが100万円貸した後Bも100万円を貸せることはいうまでもないが、両債権の効力は、原則として、その成立の時の前後によって何らの差異を生じない（債権者平等の原則）。同一の俳優が同時に異なる場所で演技をするという事実上実現の不能なことさえ債権としては二重に成立しうる。債務者が一方に出演したら他方は損害賠償を請求するほかはない。この場合に債務不履行の損害賠償請求ができるようにするためには2つの債権がともに有効に成立していなければならない。ただし、物権がこの排他性に基づく主張をするためには、登記または引渡しといういわゆる対抗要件を備えねばならないことを忘れてはならない。これは前に述べた物権法における公示の原則からくるのであるが（物2(1)参照）、詳細は後に述べる。

　(3)　物権の客体（現在・特定・独立の物）　　物権の目的物は原則として物すなわち有体物に限ることはもちろんであるが（85条、有体

物の意義と限界について、総68(1)–(3)参照)、物権は絶対的・排他的な支配権であるから、現存しない物について物権を想定することに意味はない（したがって、目的物の滅失はすべての物権の絶対的な消滅原因となる）。また、具体的な存在を想定せずにビール1ダースといった場合のように観念上定められた不特定物は、債権の目的にはなるが、その排他的支配を観念することはできないから物権の目的物にはなりえず、ここにあるこのビール1ダースというように目的物が特定していることを要する。さらに、AがBから建物を買ったのに、台所だけはCの所有だったからAは台所を使えないというのでは取引の安全を害するので、1個の物の一部に所有権は成立しない。さらに、複数の物がまとめて1個の所有権の対象であるとすることも権利関係を複雑にして、取引の安全を害するおそれがあるから、物の集合体の場合には物の数だけの所有権があるものとされる（一物一権主義）。ただし前述した財団（物6(2)）の上の抵当権はこの最後の要件の例外となる。また、集合動産譲渡担保の場合などに、一定の条件のもとで集合物概念が認められていることに注意を要する（総83(1)・物126参照）。

　なお、民法が例外的に権利の上に物権が成立することを認めている場合（306条・362条1項・369条2項など）のほか、特許権・著作権など知的財産権の上に物権類似の権利の成立を認める特別法があり、重要性を増している。

9　物権の一般的効力

　物権の一般的効力として優先的効力と物権的請求権とが挙げられる。

　(1)　優先的効力　　2つの内容を考えることができる。

　(ア)　物権相互間での優先的効力　　物権相互の間では先に成立し

た物権が後の物権に優先する（ただし、この先後関係は、後の(ウ)で述べるように、原則として対抗要件具備の先後によって決せられる）。抵当権成立の後にさらに抵当権を設定すると2番抵当権となることは前述したが、同じように抵当権設定後に地上権を設定すると抵当権の実行（競売）によって地上権は効力を失う。ただし、先取特権には例外が多い（329条－332条・334条・339条、物84参照）。先取特権は公益ないし公平という理由で認められるので、その効力も法律で一定する必要があるからである。また占有権は排他性もなく、優先的効力もない特殊のものである。

　(イ)　物権の債権に対する優先的効力　　同一物につき債権と物権とが併存するときは物権が債権に優先する。債権は排他性・優先性のない相対的な権利だからである（破65条以下、民執59条・87条など参照）。

　(ウ)　対抗要件との関係　　内容の衝突する物権が併存する場合においては先に成立したものが優先するといい、物権と債権が併存する場合においては常に物権が優先するといっても、これには対抗要件との関係でいくつかの制約や例外があることを注意すべきである。第1に、後に詳しく述べるように、物権の変動たとえば地上権の設定はこれについて対抗要件を備えないと、後から対抗要件を備えた物権変動たとえば抵当権設定に対抗できない。つまり後から成立した抵当権のほうが先に成立した地上権に優先する。その結果、抵当権が実行されて買受人が現われると、地上権は消滅してしまう（民執59条2項参照）。第2に、この場合の対抗要件は、不動産についていえば登記であり（177条）、物権相互間の優先の順位は登記の前後によるのであるが、後に本登記がされるならば、仮登記でもよい（不登105条1号・106条・109条参照）。第3に、不動産の賃借権は債

112-0005

東京都文京区

水道二丁目一番一号

勁 草 書 房

愛読者カード係行

（弊社へのご意見・ご要望などお知らせください）

・本カードをお送りいただいた方に「総合図書目録」をお送りいたします。
・HP を開いております。ご利用ください。http://www.keisoshobo.co.jp
・裏面の「書籍注文書」を弊社刊行図書のご注文にご利用ください。ご指定の書店様に
　至急お送り致します。書店様から入荷のご連絡を差し上げますので、連絡先（ご住所・
　お電話番号）を明記してください。
・代金引換えの宅配便でお届けする方法もございます。代金は現品と引換えにお支払
　いください。送料は全国一律100円（ただし書籍代金の合計額（税込）が1,000円
　以上で無料）になります。別途手数料が一回のご注文につき一律200円かかります
　（2013 年 7 月改訂）。

愛読者カード

45118-0　C3032

本書名　**民法1　総則・物権法　第4版**

ふりがな
お名前　　　　　　　　　　　　　　（　　　歳）

ご職業

ご住所　〒　　　　　　　　お電話（　　　）　―

本書を何でお知りになりましたか
書店店頭（　　　　　　　書店）／新聞広告（　　　　　　新聞）
目録、書評、チラシ、HP、その他（　　　　　　　　　　　）

本書についてご意見・ご感想をお聞かせください。なお、一部をHPをはじめ広告媒体に掲載させていただくことがございます。ご了承ください。

◇書籍注文書◇

最寄りご指定書店

　市　　　町（区）

　　　　書店

（書名）	¥	（　）部
（書名）	¥	（　）部
（書名）	¥	（　）部
（書名）	¥	（　）部

※ご記入いただいた個人情報につきましては、弊社からお客様へのご案内以外には使用いたしません。詳しくは弊社HPのプライバシーポリシーをご覧ください。

権であるが、特に登記をすることが認められ、それによってその後に成立する物権に対して優先権を認められている（605条、不登81条、借地借家10条参照）。さらに建物や農地などの貸借権は、目的物の引渡しがあれば、その後の物権取得者に優先するとされている（借地借家31条、農地16条）。最後に、不動産売買に基づく所有権移転請求権なども債権であるが、これを保全するために仮登記をすれば（不登105条2号）、これに基づく本登記をすることによって、仮登記後に対抗要件を備えた物権に優先する（同106条参照）。

(2) 物権的請求権

(ア) 物権的請求の意義と根拠　　物権の円満な状態が侵害されたときに、その侵害の排除を請求する権利を物権的請求権ないし物上請求権という。物権は物に対する直接支配権であるが、これを妨げる者がある場合に、その妨害を排除するために直接に実力を行使することは許されない（自力救済の禁止）。そこで公権力の助力を求めること、つまり妨害者に対する請求権が必要になる。民法は占有権についてこのことを規定している（197条以下）。すなわち占有を奪われた場合の占有回収の訴え（200条）、占有を妨害された場合の占有保持の訴え（198条）ならびに占有を妨害されるおそれがあるときの占有保全の訴え（199条）という3つの請求権を認める。しかし学者は一般に、占有権よりもさらに強い他の物権についても当然これに対応する請求権を認めるべきであると説く。

(イ) 物権的請求権の種類と性質　　所有権に基づく所有物の返還請求権・妨害排除請求権（大判昭和10・10・5民集14巻1965頁・基本判例4、大判昭和11・7・17民集15巻1481頁・基本判例74）・妨害予防請求権（大判昭和12・11・19民集16巻1881頁・基本判例75）がその代表的なものである。地上権・永小作権など目的物の占有・利用を内容と

する物権についても同様である。物権的請求権は、物権の円満な支配を確保させるためのものだから、物権と切り離して物権的請求権だけを譲渡したり、物権的請求権だけが時効によって消滅することは認められない。

　自分の所有する時計を貸した者は、貸借関係の存続する間は、相手方に貸しておく義務があるから、所有物返還請求権を行使できないが、貸借関係の終了後は所有物返還請求権を行使できる。この場合、貸借関係に基づいて、貸した物を返せという債権もあるが（601条参照）、これと並んで所有権に基づく返還請求権もある。いわゆる請求権競合である。時計を友人の家に置き忘れたり、あるいは盗まれたりした場合には、債権債務関係のない友人または盗人に対してはもっぱら所有物返還請求権を主張することになる。

　(ウ)　物権的請求権の内容

　(a)　物権的返還請求権　　占有をなすべきなのに占有をしていない者が、現にそれを占有することによって物権の円満な行使を妨げている者に対して、その物を自分に引き渡すよう請求することができる（実務上、一般に、動産の場合は「引渡請求」、不動産の場合は「明渡請求」と呼んでいる）。これを物権返還請求権という。あるべき物権的支配状態を回復することが物権的請求権の目的であるから、占有回収の訴えの場合のように占有を「奪われた」ことは必要とされておらず、相手方にだまされて任意に占有を与えたような者も物権的返還請求権を行使できる。占有者の故意過失を必要としない。なお、物権であっても占有を内容としないもの（先取特権・抵当権）については物権的返還請求権は成立しないが、判例は、一定の条件のもとで抵当権者による妨害排除請求として抵当不動産の明渡しを請求できるとして、事実上返還請求が認められたのと同様の結論を

導いている（最判平成17・3・10民集59巻2号356頁・基本判例148、物113⑴参照）。土地の上に妨害物が設置されることで占有が侵奪されている場合には、その妨害物の撤去も求めることができる。その場合の請求の相手方は、その妨害物を最初に設置した者や、その妨害物の所有者として登記されている者ではなく、現に妨害物を所有し土地の占有を妨げている者（裏面からいえば、妨害物を除去して占有を返還することのできる者）である。ただし、他人の土地に無権原で建物を建てて自己名義で登記をした者が、その建物を第三者に譲渡した後も移転登記をせず、所有権登記の名義人のままになっている場合には、土地所有者に対してもはや所有権を失っていることを主張して、建物収去土地明渡しの義務を免れることはできないものとされている（最判平成6・2・8民集48巻2号373頁・基本判例73、物14⑶㈨(d)参照）。

　(b)　物権的妨害排除請求権　　占有の全面的侵奪以外の方法で物権の円満な行使を妨げられている者が、その妨害行為をしている者、または妨害の原因となる物を所有する者に対して、妨害行為の停止や妨害物の除去を請求することができる（物権的妨害排除請求権）。この場合も、物権の円満な支配が妨げられていることだけが必要で、その妨害状態が人の行為によってもたらされたことも、妨害者に故意過失があることも必要とされていないから、たとえば、B所有の自動車をCが盗み出してA所有地上に放置したような場合、違法な行為をしたのはCであるけれども、AはBを被告として妨害排除（自動車の撤去）の請求をしなければならない。なぜなら、この自動車を動かす権限をもっているのはBであり、Cにはその権限がないからである（Cが不法行為による損害賠償の義務を負うのは別の問題である）。

　なお、債権であっても対抗要件を備えた不動産賃借権については第三者に対する妨害の停止および返還の請求が認められている（605条の4）。

　(c)　物権的妨害予防請求権　　物権の円満な行使が妨げられるおそれが強い場合、物権者は、現に妨害のおそれを生じさせている者または妨害の発生を防止する措置をとることのできる者に対して、妨害を未然に防止するための適切な措置をとるように請求することができる（物権的妨害予防請求権）。

　㈢　物権的請求権と費用負担　　物権的請求権の行使にかかる費用はだれが負担すべきであろうか。判例は、物権侵害状態が不可抗力に起因する場合等を除いて、相手方において侵害状態の除去等の義務を負うとして、いわゆる行為請求権説をとっている（大判昭和5・10・31民集9巻1009頁、前掲大判昭和12・11・19）。しかし、これに対しては、相手方に故意・過失がない場合などに相手方に酷な結果になりうるし、また、物権的請求権が競合する場合に不都合な結果が生ずるという批判がある。たとえば、Aの所有地に隣家Bの擁壁の一部がくずれ落ちてAの敷地利用が妨げられているとき、AがBに妨害排除を請求すればBの費用負担、BがAに返還請求権を行使すればAの費用負担となるとすると、早く請求権を行使した者が有利となり公平とはいえないというのである。そこで近時は、物権的請求権の行使は自己の費用で回復行為をすることを相手方に受忍させるだけであり、費用負担の問題は不法行為による損害賠償請求の成否の問題として解決すべきであるという学説（忍容請求権説）や、費用を折半させるべきであるとする学説、さらには、上記の例も一つの社会事象としてみればAの所有地がB所有物によって妨害されているのであって、AがBの所有権を妨害しているわけではな

いから、AからBに対する妨害排除請求権だけが成立する（ただし、Aは B 自身の回収行為を忍容すべきであり、それを妨げたときは、Bの返還請求権が成立し、Aの妨害排除請求権が消滅する）という学説（類型論）などが主張されており、最後の学説が有力になっている。

第3節　物権の変動

10　物権の変動を目的とする意思表示

(1)　物権変動の態様と原因

(ア)　物権変動の態様　　物権の変動は、私権の変動の一態様であり、物権の取得・喪失・変更をいう（総17参照）。

物権の取得（発生）には、原始取得と承継取得がある。原始取得は、無主物の取得（239条）を典型とするが、すでに所有者のある物であっても、既存の所有権を前提とせず新たな所有権の成立を認める時効取得、即時取得、土地収用などは原始取得とされる。前主のもとで存在していた抵当権等の負担を引き継がないことを特色としている。承継取得は前主の権利の全部または一部を引き継ぐものであって、まず、相続や会社の合併のように前主の地位（権利・義務の総体）を包括的に承継する包括承継ないし一般承継と、前主に属する特定の権利を売買などの特定の原因に基づいて承継する特定承継に区別される。特定承継はさらに、前主の権利をそのまま承継する移転と、地上権や抵当権のように前主の権利の属性の一部を独立の権利として取得させる設定とに区別される。移転のうち当事者の意思に基づくものを譲渡という。

物権の変更には、主体の変更（移転）、客体の変更（建物の面積の増減等）、物権の内容の変更（用益物権の存続期間や担保物権の被担保

債権額の変更等）がある。主体の変更は移転と同じである。物権の
喪失（消滅）については、物権の譲渡は前主にとっては物権の相対
的喪失であり、物権の放棄や目的物の滅失によって物権は絶対的に
消滅することだけを説明すれば足りるであろう（ただし、留置権以
外の担保物権の目的物の滅失の場合には、その物の交換価値が変形した
ものに対して権利を行使することができる。物83(ウ)など参照）。

　(イ)　物権変動の原因　　物権変動は、時効（162条・163条・166条
2 項、総143以下参照）、混同（179条、物17参照）、無主物先占（239条、
物46参照）、遺失物拾得（240条、物47参照）、埋蔵物発見（241条、物
48参照）、添付（付合・混和・加工。242条以下、物49参照）、相続（882
条以下）など、時の経過や一定の事実ないし事実行為によって生ず
る。しかし、何といっても売買・贈与・消費貸借などによる所有権
の移転、地上権や抵当権などの制限物権の設定や移転などで代表さ
れる契約、つまり意思表示に基づくものが圧倒的に多い。物権変動
の原因となった意思表示の取消しや契約解除などによってもまた物
権の変動が起こる。

　(2)　物権変動における意思主義の原則　　物権変動を目的とする意
思表示が効力を生ずるためには、その意思表示の効果意思（総101
参照）が所有権の移転とか抵当権の設定とかいうような物権の変動
を目的とするものでなければならない。そのほかに何らかの形式を
必要とするであろうか。古くローマ法では所有権の移転には厳格な
方式が要求され、やがて占有の引渡し traditio でよいことになり、
さらにそれが占有改定でもよいというように緩和されていった。ゲ
ルマン法でも不動産物権については封建体制のもとで独自の形式主
義が行われていたが、フランスにおいては自由主義思想を背景に、
物権変動を生じさせる意思表示に特別の形式を必要としないという

考え方が支配的となり、それがフランス民法典に取り入れられた。
すなわち、債権契約に基づいて物権が変動する場合に、物権的合意
と債権的合意とを区別せず、「所有権は債権の効力として移転する」
（同法711条）、「所有権その他の権利を譲渡する契約においては、契
約締結の時に権利が移転する」（同法1196条1項）、「売買は、当事者
間では、目的物と代金の合意の時に完成し、引渡しや代金支払がな
されていなくても、法律上当然に買主を所有者にする」（同法1583
条）と規定した。これに対してドイツ民法は、債権契約とは別に、
不動産については登記、動産については引渡しを伴う物権的合意
（物権行為）をしないと物権変動を生じないものと定めている。前
者は意思主義、後者は形式主義と呼ばれている。わが民法176条はこ
のフランス民法の主義にならい「物権の設定及び移転は、当事者の意
思表示のみによって、その効力を生ずる」と規定する。意思主義に属
することはいうまでもない。ただし、物権変動をもって第三者に対
抗するには、不動産については登記、動産については引渡しの対抗
要件を備えなければならないことは、後に詳しく述べる（物12以下
参照）。

(3)　物権行為の独自性

(ア)　物権行為独自性説と独自性否定説　　つぎに176条にいう
「当事者の意思表示のみによって」の「意思表示」とは何を指すの
かが問題となる。不動産の売買に例をとれば、それは売買契約の締
結という債権的な効果の発生を目的とした「債権的意思表示」のこ
とであるか、換言すれば、売買契約が成立すれば、特別の事情がな
い限り、その効果として所有権移転という物権的な効果が生ずると
解すべきであろうか。それとも、それは売主から買主に所有権を移
転するというもっぱら物権的な効果の発生のみを目的とした「物権

的意思表示」のことであるか、換言すれば、売買契約は所有権を移転すべき債権・債務を生じさせるだけで、売買契約とは別個独立の物権的意思表示（物権行為）によって、はじめて所有権移転の効果が発生すると解すべきであろうか。176条はフランス民法のように「債権の効力として移転する」とはいっていない。したがって同条そのものの文理からは、債権的意思表示とは別の「物権的意思表示」を必要とする説（物権行為独自性説）が成り立たないわけでもない。しかし、旧民法からの民法制定作業の沿革からみれば、176条がフランス民法の系統を引くものであることは疑いがない。そこで判例は独自の物権行為を必要としない——物権の移転を究極の目的とする契約が締結された場合、その移転の障害になる特段の事情がない限り、直ちに物権移転の効果が生ずる——という解釈をずっととり続けている。これに対して学説の大勢は、当初は判例を支持していたが、明治の終わり頃にドイツ流の形式主義が優れているという考え方との関連において物権行為独自性肯定説の支持に傾き、大正の終わり頃にまた判例を支持するに至った。

　物権行為独自性説は、①日本民法はフランス民法と異なり、物権と債権を峻別する体系をとっているので、物権行為と債権行為も峻別するほうが体系的整合性を保つことができる、②売買契約の成立によって直ちに所有権が移転すると解するのは、当事者の意識とかけ離れており、登記・引渡しまたは代金支払の時に物権的な合意があり、その時に所有権が移転すると解すべきである、③登記または引渡しの時に物権的な合意があったと認定し、かつ、後述する物権行為の無因性を認めれば、対抗要件を備えない物権変動の存在を限りなく少なくし、取引の安全を確保できるなどと主張する。

　⑷　不動産売買における所有権移転の時期　　物権行為独自性説

と独自性否定説とは理論的には鋭く対立するが、実際問題としては
それほどかけ離れた結果を招いていない。たとえば、上記②③につ
いて、判例・通説も、売買契約において所有権移転を契約成立と異
なる時期と定め、もしくは代金の支払等を条件とすることは認めて
おり（大判大正7・9・11民録24輯1675頁）、他方、物権行為独自性
説においても、売買契約の中に所有権移転の合意を含ませることを
認めているし、さらにそれに条件や期限を付けることや有因の特約
をすることが否定されていないからである。多くの場合に契約の解
釈によって、同じ結果が導かれる。したがって、今日では、売買に
おける所有権移転時期の問題は、当事者の合理的意思解釈の問題で
あり、物権行為独自性を肯定するか否かとは別問題として議論すれ
ばよいと考えられている。

　判例は、フランス流の考え方に立って、特約があればそれに従っ
て所有権が移転するが（最判昭和35・3・22民集14巻4号501頁・基本
判例77）、特約がなければ売買契約成立の時に所有権が移転するという
原則に従いつつ（最判昭和33・6・20民集12巻10号1585頁・基本判例
76）、不特定物売買については目的物が特定すれば（401条2項参照）、
引渡しをまたないで所有権移転の効力を生じ（最判昭和35・6・24
民集14巻8号1528頁）。他人の物の売買では売主がその目的物の所有
権を取得すれば、所有権は直ちに買主に移転し（最判昭和40・11・
19民集19巻8号2003頁）、さらに、再売買の予約に基づいて完結の意
思表示があれば、所有権は直ちに予約権者に移転する（大判大正
2・10・25民録19輯857頁）、と判示している。

　思うに、物権変動を目的とする意思表示に何ら特別の形式を必要
としないわが民法においては、上記③の観点からの物権行為独自性
説の利点はほとんどないこととなり、常に物権行為という債権契約

とは別個独立の行為が伴わなければ物権変動が生じないとすることは、無用の理論構成といわなければならない。判例理論に立った場合でも、物権変動の原因である債権契約成立の時に所有権が移転するというのは一種の推定であるから、当事者の意思表示その他特別の事情によって例外が認められる。たとえば物を製作して供給するという請負契約では、一般に物が製作された後で、注文主が点検したうえでの引渡しによって所有権を移転するのが原則と考えられているなら、物が完成したら直ちに所有権が移転するというのが例外であり、そのためには特別の合意を必要とすると解されるであろう。またたとえば不動産の売買のように、契約締結の合意の後、契約書の作成、代金の支払、移転登記、引渡しなどの諸段階を経て取引が完了する場合には、関係業者の間に特定の段階、たとえば移転登記の時点で所有権を移転させるという事実たる慣習（総95参照）が成立しているかもしれない。そうであれば、この慣習によらないという特段の事情がない限り、慣習に従って所有権が移転すると解すべきこととなろう。

　なお、目的物が特定していないなど、意思表示によって物権変動の効力が生ずるのに法律上の障害があるときには、その障害が除去された時に所有権が当然に買主に移転することはすでに説明したとおりである。

　(4)　物権行為の無因性　　物権的合意が債権契約とは別個独立に行われた場合（このような合意も有効であることは判例・通説も認めている）に、債権契約が無効であり、あるいは取消しもしくは解除されたとしても、物権的合意は依然として効力を持続するかどうかが、物権行為の無因性の問題である。ドイツ民法は不動産の所有権移転行為について無因性を認め、条件を付することもできない旨（絶対

的無因）を明定している。つまりＡから不動産を買って登記を得た
Ｂは、ＡＢ間の売買契約が何かの原因で無効であっても、有効に所
有権を取得し、不当利得返還の債務を履行する（ＢからＡへの移転
登記を伴う物権行為をする）までは所有権はＢのもとにとどまって
いるのである。その結果、原則として常に登記簿上の所有名義人は真
実の所有者であることとなり、取引の安全に寄与する。わが国にお
いても、物権行為の独自性を主張する学者の多くは、わが民法の解
釈としても、無因性を認めるべきであると主張している。しかし、
ドイツ民法のような絶対的無因の規定がないのだから、法律行為自
由の建前から、物権行為に条件を付することを否定できない（127
条以下参照、相対的無因）。したがって、債権契約の有効を条件とし
てされた物権行為は、原因である契約が何らかの理由で効力を失え
ば、同じく失効することになる。またこの説によっても単一の意思
表示によって債権契約と物権的合意が行われた場合には、その行為
の瑕疵は双方にかかわっているのだから、両者が運命を共にするこ
とになる。物権変動に独自の物権行為を必要としない判例・通説に
おいては、物権行為の有因・無因の問題は生じようがない。物権変
動を目的とする債権契約が無効であり、または取り消されたような
場合、物権変動が有効に成立しないことはいうまでもない。

11 所有権移転の時期の確定は必要か

　特定物売買における所有権移転の時期については、前述したよう
に、原則として売買契約成立の時に所有権が買主に移転するとみる
のが判例・通説である。しかし、所有権の移転時期は、売買当事者
の法意識からは、代金支払・引渡時とみるべきだとする学説、売買
の有償契約性からみて代金支払時とすべきだとする学説が有力であ
るが、このほかに、売買当事者間ではいつ所有権が移るかという問

題は実益がなく、所有権はいわば段階的に移るとみてよいとする学
説もある。最後の学説（所有権移転時期確定不要説）は、売買契約後
引渡時までに目的物が滅失した場合は債務不履行（415条・542条）
または契約法の危険負担（536条）によって処理され、目的物から
生じた果実の帰属も契約法に定めがあり（575条1項）、いずれも所
有権の帰属にかかわらないことを理由とする。しかし、売買当事者
間でも所有権確認が争われることがあるし、税法なども民法上の所
有権移転時期に応じた処理をしていることを考えると、当事者間で
も所有権移転時期を明らかにする必要があろう。その場合、法的処
理としては、当事者の法意識や売買の有償性もさほどきめ手になる
とはいえず、判例のように解してよいと思われる。

12　物権変動の公示と対抗要件

　権利の変動に一定の形式を要求するいわゆる形式主義のもとでは、
所定の形式をふむことは権利の変動の成立要件ないし効力発生要件
である。したがって、権利の変動のあるところには必ず所定の形式
がふまれているはずであるから、権利変動はその形式を通して公示
されることになる。ドイツ民法における意思表示による不動産所有
権の移転と登記の関係はその適例である。わが国においても、たと
えば特許権の処分について登録（特許98条1項）を、株券発行会社
における株式の譲渡について株券の交付（会社128条1項）を効力発
生要件とするなど、その例は必ずしも少なくない。しかし、民法は
一般に権利の変動について、所定の公示方法ないし所定の手続を要
求している場合にも、これを成立要件や効力発生要件とはしないで、
対抗要件としていることが多い。物権変動に関する176条と177条・
178条の関係はその適例であり、債権譲渡に関する467条もその一例
である。そこで、権利変動は生じているが、これを「第三者に対抗

することができない」とはどういうことか、その論理構造が問題になる。

　問題を、最も典型的な不動産の二重譲渡の場合について考えてみよう。たとえばAがその所有の不動産をBに売れば、Bは登記をしないでも所有権を取得する（176条）。BはAおよびAの相続人などの包括承継人に対しては所有者であることを主張できる。しかしつぎに第三者Cが同じ不動産をAから二重に譲り受けたときに、Bが未登記のままでCに対して所有権の取得を主張できるものとすると、Cの登記に対する信頼を裏切り、取引の安全を害するから、Bの権利主張に制限を加えることが必要になる。177条はまさにこのことを規定している。すなわち、「不動産に関する物権の得喪及び変更は、不動産登記法その他の登記に関する法律の定めるところに従いその登記をしなければ、第三者に対抗することができない」という。これに対して、すでに所有権をBに譲渡してしまったAが、これをさらにCに譲渡できるというのは背理ではないかという疑問が出され、そこから177条は公信の原則を定めたものであり、第三者の善意を要件とすると説く学説（公信力説）も含め、多種多様の説明が試みられている。しかし、「対抗要件」という技術を採用する限り、特定の権利もしくは権利変動をある人に対しては主張できるが、他の人に対しては主張できないという関係が当然に予想されている（たとえば467条。なお会社128条1項と130条1項参照）。また、第三者Cの側でBの権利取得を認めることは何ら差し支えなく（この点で対抗不能と無効とは異なっている）、立法政策の巧拙は別として、背理というほどのことはないといえよう。なお、いうまでもなく、上記の例でCが登記を取得すれば、Cは、これをもってBその他の第三者に対抗することができる、つまり万人に対してその所有権を主

張することができる。

　不動産の物権変動と登記について上に述べたところは、理論上は、そのまま動産の物権変動と引渡しにも当てはまるはずである。しかしなお、両者に特有の問題点が多い。以下に分説する。

13　不動産物権変動の公示（登記）

　土地については、すでに述べたように、全面的な支配権である所有権のほかに、他人の土地を物権的に使用収益する地上権・永小作権などが認められている。のみならず、建物をも含めて不動産については、占有を伴わないで価値権を把握する抵当権や仮登記担保などの制度が設けられている。したがって、土地・建物についての権利関係を正確に公示するためには、それが書面または磁気ディスクに記載されること、特に検索・閲覧の可能な公簿に記載されることが必要である。このような要請に応えたのが登記制度である。以下、そのあらましについて述べる。

　(1)　**登記制度**　　登記のやり方に関する事項は不動産登記法とその附属法令に定められている。明治32年制定の旧不動産登記法は、帳簿式の古風な登記簿に手書きで記入するという方式であったが、昭和63年以来、コンピュータによる登記簿のディスク化方式が次第に採用された。さらに、平成16年の全面改正により、オンライン申請の手続の導入、登記の申請における当事者の出頭主義の廃止、登記済証（権利証）・保証書の廃止と登記識別情報による本人確認制度の創設（同 2 条14号・22条・24条）、権利に関する登記の申請に登記原因証明情報の提供を要求（同61条）、予告登記の廃止、登記官の過誤による登記を職権で更正する手続等の創設（同67条、157条）などが実現された。

　(2)　**土地登記と建物登記**　　登記簿には、登記が申請された順に

記録していくもの（年代順編成主義）、権利者ごとにその者に関する物権変動を記録するもの（人的編成主義）、個々の不動産ごとに物権変動を記録するもの（物的編成主義）などがある。日本法は物的編成主義を採用しており、土地と建物を別の不動産としているから、土地の登記簿と建物の登記簿とが設けられている。現在では、いずれも磁気ディスクに記録されている。

(3)　登記所・登記官　　不動産の所在地を管轄する法務局等が登記所であり（同6条）、法務局等が指定する者が登記官である（同9条）。

(4)　表示に関する登記　　表示に関する登記は、土地・建物の物理的な現況を示す記録であり、登記簿の表題部に記入される。登記原因およびその日付、登記の年月日、所有者の氏名等（同27条）のほか、土地登記は、土地の所在する市・区等、地番、地目、地積（同34条）、建物登記は、建物の所在する市・区等、土地の地番、家屋番号、建物の種類、構造および床面積等（同44条）を登記事項とする。登記は、当事者の申請により行うが（同16条）、表示登記は登記官の職権でもすることができる（同28条）。

　表示に関する登記は、かつて徴税を目的として市町村に置かれた土地台帳と家屋台帳を不動産登記簿に取り込んだものである。埋立てなどで新たに土地が生じた場合、または建物が新築された場合には、所有者は1ヵ月以内に土地または建物の表示の登記をすることが義務づけられている（同36条・47条1項）。土地については、ほとんどすべての私有地について表示登記がされているが、建物、特に新築建物については、必ずしもすべてが登記されているわけではない。

(5)　権利に関する登記　　権利に関する登記は、登記簿の権利部に

記入される。一般的な登記事項は、登記の目的、申請の受付の年月日、登記原因およびその日付等である（同59条）。このほか、所有権に関する登記（同74条以下）、用益権に関する登記（同78条以下）、担保権等に関する登記（同83条以下）、信託に関する登記（同97条以下）、仮登記（同105条以下）、仮処分に関する登記（同111条以下）、官庁または公署が関与する登記等（同115条以下）について、それぞれに特有の事項が定められている。

　権利に関する登記の申請は、売買による所有権移転登記のような場合には、当事者双方の共同申請によるべき（共同申請主義）とされるが（同60条）、判決による登記（同63条1項）、相続または法人の合併による権利の移転の登記（同条2項）、建物の新築等の場合の所有権保存の登記（同74条）は、単独で申請できる。

　(6)　登記の種類　　登記には、すでに述べたように、不動産の物理的な現況を公示する登記（表示に関する登記）と、不動産に関する権利の保存、設定、移転、変更、処分の制限、消滅の登記（権利に関する登記）がある（同3条）。登記の効力という観点からは、終局的な登記で対抗力を生じさせる終局登記ないし本登記と、権利変動は生じているが手続上の条件が具備しない場合や権利変動に関する請求権を保全するときに認められる仮登記（同105条以下）の2種に区別される。仮登記の効力については後に述べる（物14(4)(イ)）。

　なお、登記はその形式的目的によって、新しい事項について新規に登記する記入登記、既存の登記を改める更正登記・変更登記・抹消登記、抹消された登記を元に戻す回復登記などに分類される。また順位番号の記載の形式によって主登記とこれに対する付記登記が区別される。

　(7)　登記すべき不動産　　民法は不動産とは土地およびその定着

物であるとだけ定義しているが（86条1項）、わが国で建物は土地から独立の存在を認められ、土地とは別個の取引の対象とされるので、土地と建物では別個の登記簿が整備されている。なお、樹木の集団は立木法によって登記されることによって、土地から独立の不動産とされる。しかし、その他の樹木の場合には、土地と離れて取引される慣習があっても、これを登記する方法はない。別の方法でその権利関係が公示されることになる（物16・総71(4)参照）。

(8)　登記ができる権利　　所有権・地上権・永小作権・地役権・不動産先取特権・不動産質権・抵当権・不動産賃借権・配偶者居住権および採石権である（不登3条）。不動産物権のうちでも占有権・留置権・一般先取特権および入会権（大判大正10・11・28民録27輯2045頁）は登記を必要としない。それぞれ特殊の性質を有するからであるが、入会権が登記できないことについては批判もある。

　物権以外の民法上の権利で登記される重要なものが3つある。その1つは賃借権である。不動産賃借権は債権であるが登記をすれば第三者に対抗できる（605条、不登3条8号・81条）。ちなみに、建物および農地の賃借権は目的物の引渡しによって対抗力を生ずる（借地借家31条、農地16条）。その2つは配偶者居住権であり、登記によって第三者に対抗できる（1028条・1031条、不登3条9号・81条の2）。第3は不動産買戻権（579条・581条、不登96条）である。その性質は形成権であり、物権取得権とでもいうべきものであるが、物権なみの地位を認められている。

(9)　登記事項の証明　　何人も、登記官に対し、手数料を納付して登記記録に記録されている事項の全部または一部を証明した書面（登記事項証明書）またはその概要を記載した書面の交付等（不登119条）、地図の写しの交付等（同120条）、登記簿の附属書類の写しの交

付等（同121条）の請求ができる。

(10)　**登記の有効条件**　　登記が有効であるためには、それが不動産登記法の定めるところに適合することを要する。実体的な観点から主要な点を述べれば、以下のとおりである。

(ア)　**登記簿への記録**　　登記があるというためには、申請の受理だけではなく、登記簿に記録されることを要する（婚姻が届出で効力を生ずるのと異なる。739条参照）。しかし、いったん有効にされた登記が第三者の不法行為や登記官の過誤によって不法に抹消された場合には、その抹消の登記は無効であり、本来の登記の対抗力は失われない（大連判大正12・7・7民集2巻448頁）。

(イ)　**一不動産一登記記録の原則**　　登記は1個の不動産について1つの登記記録しか設けられない（不登2条5号参照）。同一不動産に矛盾する2つの権利が登記されると、取引の安全を害し、登記制度に対する信頼を失わせるからである。同一の不動産に二重の登記簿が設けられた場合は、原則として後の登記簿およびそこにされた登記は無効である。ただし、二重の登記簿のそれぞれに別名義の所有権保存登記があり、先行登記の所有名義人が真実の所有者でない場合、その登記は無効である（最判昭和34・4・9民集13巻4号526頁）。これと同様の考慮から、単一の登記簿の記載についても、ある不動産について所有権の登記があれば、それが不適法のものであってもこれを抹消しなければ適法な登記もすることができない（同25条3号参照）。

(ウ)　**その他の手続上の過誤がないこと**　　登記官の過誤により、登記の内容に誤りがあり、あるいは登記申請手続に瑕疵があって登記が無効となる場合がある。たとえば登記官が誤って不動産登記法に違反するような登記をしたり、申請と異なる登記をした場合など

がそれである。ただし、判例・学説は、登記手続に瑕疵があっても、登記の内容が実体に合致しており、これを無効にすると登記権利者や第三者に不測の不利益を与えるような場合には、その登記を有効なものとしている（最判昭和41・11・18民集209号1827頁など参照）。

　(エ)　実体と異なる登記　　登記は実際の物権ないし物権変動を公示するためのものであるから、仮に登記があっても、実体がこれに伴っていない場合は無効である。たとえば、建物の実際とかけ離れた表示登記、権利者でない者を権利名義人とする登記（最大判昭和41・4・27民集20巻4号870頁参照）、甲地の売買を誤った申請によって乙地の登記簿に記載した登記、無効の売買に基づく移転登記などがそれである。もっとも意思表示が取り消された場合の登記については、物権変動の対抗力との関係で一概に無効といえない。後に詳しく述べる。

　実体を伴わない登記の無効の原則に関しては、登記が先にされた後から、実体関係が追完される場合がありうる。たとえば建築中でまだ建物とはいえない時期にされた登記は無効であるが、後に建物が完成し、登記と符合すれば、登記は有効となる。しかし、建物が焼失した場合、その建物の登記は無効となり、跡地に同様の建物を建てて、旧建物の登記を新築建物の登記に流用しても、その効力は認められない（最判昭和40・5・4民集19巻4号797頁）。流用された旧建物の登記簿と新建物のために新たに申請された登記簿とが併存して取引の安全を害するおそれがあるから、物についての登記の流用は常に無効とされるのである。これに対し、権利についての登記の流用は、第三者を害しない限りにおいて、有効とされている。たとえば、抵当権が消滅した後も抵当権設定登記が残っていたときに、新たに設定された抵当権の登記としてそれを流用した場合には、新し

い抵当権の登記としての効力が認められるが、旧抵当権が消滅した後、流用登記の前に設定登記がされた抵当権や、旧抵当権の消滅によって順位の上昇した抵当権などに優先することはできないものとされている（大判昭和11・1・14民集15巻89頁など）。

　㈥　**権利変動の過程に符合しない登記**　登記が権利変動の過程を忠実に表示していない場合にも、それが現在の物権関係と符合していれば有効と解すべきである。たとえば登記原因が贈与であるのに売買とした登記や、未登記の建物の買主が自分でした保存登記（冒頭省略登記と呼ばれる）も有効である。権利変動の過程に付合しない登記の典型は中間省略登記であるが、項を改めて説明する。

　⑾　**中間省略登記**　不動産がA→B→Cと転売された場合に、直接AからCに譲渡されたとする登記を中間省略登記という。すでになされた中間省略登記については、中間者の同意があれば有効と解されている（大判大正5・9・12民録22輯1702頁ほか）。中間者Bの同意がないときでも、Bは正当な利益がなければC名義登記の抹消を請求できない（最判昭和35・4・21民集14巻6号946頁・基本判例92）。中間者以外の者もすでになされた中間省略登記の抹消を請求できない（最判昭和44・5・2民集23巻6号951頁）。これに対し、A→B→Cと所有権が移転したが、登記名義がAのままであるときには、A・Bの同意がなければ、CはAに対し、中間省略登記請求をすることができないし（最判昭和40・9・21民集19巻6号1560頁・基本判例93）、真正な登記名義の回復を原因としてAからCへの所有権移転登記手続をすることも請求できない（最判平成22・12・16民集64巻8号2050頁・基本判例94）。したがって、Cは、Bに代位して（423条の7）Aに対しAからBへの移転登記を請求し、その上でBからCへの移転登記を請求するほかはない（この場合、Bの資力の有無を

問わない。最判昭和50・3・6民集29巻3号203頁参照）。

　⑿　登記の推定力と公信力　　わが国の登記は対抗要件であって効力要件ではないから、物権変動のすべてが登記されているわけではない。しかし、実際にはほとんどの物権変動は登記されているから、判例・通説は、登記簿に記載されたとおりの物権変動があったものと推定すること（登記の推定力）を認めている（最判昭和34・1・8民集13巻1号1頁）。しかし、公信力は認められていないから、何らかの事由によって登記が実体と符合しない場合に、当該の不動産について取引関係に立った者が、この登記を信頼して取引関係に入っても、それだけで実体上の権利を取得することはできない。ただし、A所有の土地をA・Bが通謀した虚偽の売買によってB名義に移転登記した場合に、Bから当該の土地を善意で買ったCに対して、AはAB間の売買は虚偽表示によって無効であるとは主張できないので（94条2項参照）、結果的にCが所有権を取得するが、これは登記に対する信頼を直接に保護するものではない点で公信力とは異なる。

　⒀　民法94条2項の類推適用　　登記の公信力そのものではないが、94条2項の類推適用（場合によって110条またはその法意を併用）があることはすでに一言した（総104⑸）。判例は、①実体と符合しない登記があり、②第三者がその登記を真実のものと誤信し（善意または善意無過失）、③その虚偽の登記の作出または存続に真正権利者の意思的な関与があった場合には、真正権利者はその登記が無効であり第三者は権利を取得できないという主張をすることが許されず、結果的に第三者が有効に権利を取得することができるものとし、学説もこれに賛成している。これには以下の3類型がある。なお、実体と符合しない登記が、いかなる意味においても真正権利者の意思に基づいているとはいえない場合には、94条2項や110条を類推適用す

る基礎を欠くので、これらの法理によって第三者を保護することができない。この点で登記の公信力とは異なる。

　(ア)　虚偽の権利外観が真正権利者の意思に基づいて作出または存続されている場合（94条 2 項の類推適用）　　たとえば、Aが買った土地をその子のBの同意を得ないでB名義に登記しておいたり、A所有不動産の登記名義をBが勝手に自己名義とし、Aがこのことを知りながら放置していたような場合に、BがこれをCに売却して移転登記をしたとき、A・B間に通謀がないから94条を適用することは難しいが、三者間の利益状況は虚偽表示があった場合と異ならないから、Cが善意であれば、94条 2 項の類推適用によって保護される（最判昭和29・ 8 ・20民集 8 巻 8 号1505頁、最判昭和37・ 9 ・14民集16巻 9 号1935頁、最判昭和41・ 3 ・18民集20巻 3 号451頁、最判昭和45・ 4 ・16民集24巻 4 号266頁、最判昭和45・ 9 ・22民集24巻10号1424頁・基本判例32、最判昭和48・ 6 ・28民集27巻 6 号724頁など）。

　(イ)　真正権利者の作出した虚偽の権利外観と第三者の信頼した外観との間に食い違いがある場合（94条 2 項・110条の法意）　　AがBにB名義の仮登記をすることを許したところ、Bがこれを本登記にしたうえで目的不動産を第三者Cに売り渡しC名義の登記としたときのように、第三者の信頼した権利外観が真正権利者の意思に基づいて作出された虚偽の権利外観よりも拡大されたものであった場合には、94条 2 項および110条の法意ないし類推適用により、Aは善意無過失のCに対しBの処分の無効を主張できない（最判昭和43・10・17民集22巻10号2188頁、最判昭和45・11・19民集24巻12号1916頁・基本判例33、最判昭和47・11・28民集26巻 9 号1715頁）。

　(ウ)　真正権利者の余りにも不注意な行為によって不実の登記が作出された場合（94条 2 項・110条類推適用）　　真正所有者Aが、目的

不動産の賃貸業務等を任していたＢに合理的な理由なく登記済証（平成16年不動産登記法改正以前に現行法の登記識別情報（不登２条14号・22条参照）と同様に、登記申請をした者が登記名義人本人であることを証する機能を営んでいた。「権利証」と呼ばれることもあるが、正当な権利者であることを証明するものではない）を預けたままにし、Ｂのいうままに印鑑登録証明書を交付し、ＢがＡの面前でＡからＢへの所有権移転登記申請書にＡの実印を押捺したのに漫然とこれをみていたなどの事情があった場合に、Ａには不実の所有権移転登記がされたことについてみずから積極的に関与した場合やこれを知りながらあえて放置した場合と同視しうるほど重い帰責性があるとして、民法94条２項・110条の類推適用により、Ｂからその不動産を買い受けた善意無過失のＣに対し、Ｂが所有権を取得していないことを主張できないとした判例がある（最判平成18・２・23民集60巻２号546頁・基本判例34）。

⒁　**登記請求権**　　登記は多くの場合に、登記権利者（不登２条12号）と登記義務者（同条13号）が共同して登記所に申請し、これに基づいてされる（共同申請主義。同60条参照）。不動産の買主と売主はその適例であり、買主は不動産の引渡しとは別に、売主に対して登記申請に協力するよう請求することができる（560条）。もし売主がこれを拒めば、買主は訴えを起こして、売主に対し登記手続に協力すべきことを命じる判決を得て、これによって登記することになる（不登63条１項参照）。このように、登記の共同申請に協力せよと請求する権利を登記請求権（登記申請協力請求権）という。なお、不動産登記法にいう**登記権利者・登記義務者**はその登記をすることによって利益を得るか否かを登記簿の記載から外形的・画一的に決めてしまう登記手続法上の概念であり、売買による所有権移転の場合

には、常に売主が登記義務者で、買主が登記権利者となる（同2条
12号・13号）。これに対し、民法上の登記請求権における登記請求
権者・登記申請協力義務者は、実体法上の利益の有無によって決ま
るから、不動産登記法上の登記権利者・登記義務者との間に食い違
いが生ずることもある。たとえばAからBへの所有権移転があった
のにBが登記を引き取らないことによりAに不利益が生じている場
合には元の所有者A（登記義務者）から現在の所有者B（登記権利
者）に対して実体法上の登記請求権（登記引取請求権）が成立する
ことも認められている（最判昭和36・11・24民集15巻10号2573頁参照）。
また、この登記請求権と、物権変動の当事者（登記権利者および登
記義務者）のいずれもが登記所に対して登記をするよう求める権利
（登記申請権）とも、混同してはならない。

　ところで、登記請求権の成立原因とその性質については、①純粋
に登記をする旨の合意から生ずる登記請求権、②売買契約等の契約
から生ずる登記請求権（560条参照）、③第三者が勝手にした不実の
登記の抹消を請求する場合などの物権的妨害排除請求権の一種とし
ての登記請求権がありうる。①と②は債権的登記請求権（この権利は
166条1項の消滅時効にかかる）、③は物権的登記請求権（この権利は物
権から独立して消滅時効にかからない。166条2項参照）ということが
できる。判例は、それぞれの場合に応じて多元的に対応しており、
必ずしもその根拠を説明していないが、学説はこれを理論的に、そ
してできるだけ統一的に説明しようとしている。学説は、一般に、
上記以外に、④物権変動の過程を忠実に登記簿に記録して公示しよ
うとする不動産登記法の理想から求められる登記請求権を認めてい
る。たとえば土地所有権がA→B→Cと移転したが、登記はまだA
所有のままになっている場合、Bはすでに実体上所有者ではないが、

上記の②の登記請求権を有するが、これが時効で消滅すると、Cは
登記をすることができなくなってしまうので、④のような登記請求
権を求める必要性があるとされており、登記請求権の成立根拠をこ
の④で一元的に説明する学説も有力である。ただし、判例・通説は
②の登記請求権は債権であるが消滅時効にかからないとしているの
で、④のような登記請求権を認める必要はなく、①〜③で多元的に
説明するのでも具体的な結論に違いは生じないであろう。なお、登
記名義人と実際の権利者が一致していないときに常に③の物権的登
記請求権が成立することを認めると、A→B→Cと転売され、登記
名義がAに留まっている場合に、たとえAまたはBが代金の支払を
受けておらず、BまたはCに対して同時履行の抗弁権をもって対抗
できる場合であっても、Cは、Aに対して直接AからCへの中間省
略による移転登記をすることができることになってしまい不都合で
あるから、全くの無権利者が登記の名義人になっているときに真の
権利者がその抹消登記を求める場合などを除けば、上記③の物権的
登記請求権を認めるべきではないだろう。

14　不動産物権変動の対抗要件

　不動産に関する物権変動は登記しなければ、第三者に対抗するこ
とができない（177条）。この原則は当該の不動産の保存登記がされ
ていない場合でも同様である。不動産のうち建物については保存登
記を怠っている場合が少なくない。また建築が進行して一定の段階
に達したとき、——判例は大体において屋根と荒壁がついたときと
する（総71(3)参照）——その工作物は土地から独立した建物になる
が、すぐに登記がされるとは限らない。所有者は、表示の登記をす
る義務はあるが（不登47条）、所有権の保存登記をする義務はない。
しかし、このような未登記の建物も、これについて権利を得た者は

その登記をしないと第三者に対抗できない。原則として、いったん売主名義で保存登記をしたうえで、移転登記をすることになるが、直接自己名義で保存登記をすることもある（物13⑽(オ)参照）。

(1)　登記がなければ対抗できない物権変動

不動産物権の「得喪及び変更」をもって第三者に対抗するためには原則として登記を必要とする（177条）。判例はかつて意思表示による物権変動に限ると解したが、その後、すべての原因による物権変動について登記を必要とするに至った（旧家督相続人の隠居につき大連判明治41・12・15民録14輯1301頁・基本判例78—物権変動原因無制限説判決）。学説も変遷したが、現在では、大多数の学説が、原則として判例同様に、物権変動原因無制限説をとる。したがって、売買・抵当権の設定などのように意思表示に基づくものばかりでなく、相続・時効取得などのように意思表示によらない物権変動も、登記をしなければ第三者に対抗できない。以下各場合について解説する。

(ア)　意思表示による物権変動

(a)　意思表示による物権変動と登記　　売買契約や抵当権設定の合意によって、所有権が移転し、抵当権が成立するが、これらの意思表示による物権変動は登記しなければ第三者に対抗できないというのが176条と177条の典型的な例である。それらの意思表示に停止条件や期限が付いている場合にも、これをあらかじめ仮登記をしておけば、条件が成就しない間や期限到来前に取引関係に立った第三者に対しても、条件成就後や期限到来後に対抗しうる効果を留保できる（不登105条2号・106条、後述14⑷(イ)参照）。

(b)　意思表示・法律行為の無効と登記　　不動産の取引が強行法規や公序良俗に反するため無効であれば、物権変動は発生せず、そのような行為に基づく登記がされていても、登記名義人は無権利者

であるから（物14(2)(ウ)(c)参照）、真正権利者は登記なくしてこれに対抗することができる。ただし、心裡留保の相手方が悪意または有過失である場合、および虚偽表示の場合には、それらの意思表示の無効は善意の第三者に対抗することができない（93条2項・94条2項）。善意の第三者がこれらの規定による保護を受けるために対抗要件を備えている必要はないと解されている（総104(3)参照）。

　(c)　取消しと登記　　制限行為能力・錯誤・詐欺・強迫その他の理由で不動産物権変動の原因となった法律行為が取り消された結果、一度生じた物権変動が遡及的に無効となった場合（121条参照）、取消しによる物権の回復を取消しの相手方からの転得者などの第三者に対抗するために登記を必要とするであろうか。第三者が目的不動産について法律上の利害関係を有するに至ったのが取消しの意思表示が行われる前か、取消しの効果が生じた後かを区別して考えなければならない。売買によって不動産の所有権がAからB、BからCに移った場合を考えよう。Aの取消しがB・C間の売買の後になされた場合には、もっぱらその取消しの遡及的効力に対する制限の有無・範囲によって決すべきである。取消しによって生ずる物権変動をあらかじめ登記させることは不可能だからである。すなわち、善意無過失の第三者を保護する規定のある錯誤および詐欺の場合（95条4項・96条3項）を除いて、AはCに対してCの善意・悪意、登記の有無を問わず取消しの効果を主張して登記の抹消や目的物の返還を求めることができる（121条の2参照）。換言すれば、取消しによる物権の回復は、取消し前の第三者には登記なしに対抗できる（大判昭和4・2・20民集8巻59頁）。これに対し、Aは、AB間の売買を取り消したとしても、登記（この場合は原則として移転登記の抹消登記）をしなければ、取消しをした時以後にその不動産に関して取

引関係に立った第三者に物権の回復を対抗することができない、すなわち取消し後の第三者には登記を備えなければ対抗できないと解されている（大判昭和17・9・30民集21巻911頁・基本判例79）。取り消した以上は取消しによる物権回復の登記をすることができるのだから、これを怠ったときには対抗不能の制裁を受けても仕方がないという考え方によるものであろう。しかし、この説に対しては、177条によるときは悪意の第三者まで保護されることになって妥当でないし（物14⑵(ア)・(イ)(b)参照）、取り消された行為は最初にさかのぼって無効となっているのだから（121条）、その後に利害関係を有するに至った第三者の保護は、177条ではなく、無権利者の真正権利者らしい外観を信頼して取引関係に入った第三者の保護の問題として、94条2項の類推適用によるべきだとする説が有力に主張されている（総106⑵参照）。

　(d)　解除と登記　　相手方の債務不履行を理由とする解除（541条以下）による権利の復帰の場合は、これによって解除前に目的物について利害関係を有していた第三者の権利を害することができない（545条1項但書）。第三者がこの規定によって保護を受けるためには、対抗要件を備えていなければならない（大判大正10・5・17民録27輯929頁、最判昭和33・6・14民集12巻9号1449頁など）。また、解除後に目的不動産について利害関係を有するに至った第三者については、545条1項但書の適用はなく、177条の適用があり、解除をした者は、登記をしていなければ、対抗要件を備えた第三者だけでなく、対抗要件を備えていない第三者にも、解除による権利回復を対抗することができないものとされている（最判昭和35・11・29民集14巻13号2869頁・基本判例80など参照）。

　(イ)　相続と登記

　(a)　共同相続と登記　　昭和22年の改正前の民法には隠居・入夫婚姻という生前相続の制度があり、相続開始後にも被相続人が生存しており、被相続人が遺産中の不動産を処分することがありえたので、相続による物権変動にも登記を対抗要件とする必要度が高かった（前掲大連判明治41・12・15・基本判例78－物権変動原因無制限判決）。改正法は死亡相続だけを認めたから、相続開始後に被相続人が財産を処分するということはありえないので、相続による物権の承継それ自体を第三者に対抗するという場面は生じない。たとえば、AがBに不動産所有権を譲渡したが移転登記をしないまま死亡し、CがAを相続した場合、CはAの法的地位をそのまま承継しているので、BとCとは当事者の関係に立ち、Bは登記なくしてCに所有権取得を対抗することができる。Cがこの不動産をDに譲渡した場合には、BとDとは二重譲受人として対抗関係に立つのは当然である（相続介在型二重譲渡）。

　しかし、改正法によれば共同相続が原則であり、相続人の1人がした不動産上の権利の処分が他の相続人に影響するかどうかが問題となる。AとBが相続によって特定の不動産を2分の1ずつの持分で共同相続しているのに、Aが単独相続の登記をし、これをCに譲渡して移転登記を済ました場合に、Bは自分の2分の1の持分をもってCに対抗できるであろうか。判例（最判昭和38・2・22民集17巻1号235頁・基本判例82）および多数説は、法定相続分の取得は登記なしに第三者に対抗しうるものとしている。すなわち、上記の例におけるAの単独相続の登記は、2分の1の持分に関しては無権利者の登記であり、CはAの登記を信頼したとしても、94条2項の類推適用が認められない限り、Bの法定相続分2分の1を取得することはできないのである。

　なお、判例は、「相続させる」という遺言による不動産取得も、法定相続分または指定相続分の相続の場合と本質において異なるところはないので、登記なしに第三者に対抗しうるものとしてきたが（最判平成14・6・10裁判集民206号445頁・基本判例86）、平成30年の民法改正によって、法定相続分を超える権利の承継は、いかなる原因によるものであっても、対抗要件を備えなければ第三者に対抗できない旨の明文の規定が設けられた（899条の2第1項）。

　(b)　遺産分割と登記　　遺産分割（906条以下参照）によって法定相続分を超える権利を取得した者は、登記・登録その他の対抗要件を備えなければ、法定相続分を超える部分の取得を第三者に対抗することができない（899条の2第1項）。すなわち、AとBとが持分2分の1ずつで共同相続し、遺産分割の結果、遺産中の不動産につきAが4分の3、Bが4分の1の持分で共有することとした後に、Bの債権者CがBには2分の1の法定相続分があるとして代位による相続登記をしたうえで、これを差し押さえた場合、問題の不動産は、いったんAB各2分の1ずつの共有となり、遺産分割によって、相続の時にさかのぼってA4分の3、B4分の1を承継したものとされているが（909条参照）、実際には遺産分割によって4分の1の持分がBからAに移転したと考えることができるので、この4分の1については、Aは対抗要件を備えなければ、Cに対抗することができないのである（平成30年改正法以前の判例もこれを肯定していた。最判昭和46・1・26民集25巻1号90頁・基本判例83）。なお、909条但書は相続開始後遺産分割前に利害関係を有するに至った第三者を保護する規定であり、遺産分割後に生じた第三者には適用がない。

　(c)　相続放棄と登記　　たとえば共同相続人の1人Aが相続を放棄したために他の共同相続人BCらの法定相続分が増加したような

場合に、判例は、相続放棄の絶対効（939条には909条但書のような制限がないこと）などを理由として、ＢＣらは相続放棄による法定相続分の変動を登記なしに第三者に対抗できるものとしている（最判昭和42・1・20民集21巻1号16頁・基本判例84）。

　(d)　遺贈と登記　　遺贈は、意思表示による物権変動であるから、177条が適用される。したがって、特定遺贈を受けた者は、登記をしなければ、目的不動産を差し押さえた相続人の債権者にも（最判昭和39・3・6民集18巻3号437頁・基本判例85）、遺贈者から生前贈与を受けた者にも（最判昭和46・11・16民集25巻8号1182頁）、遺贈による不動産物権の取得を対抗することができない。ただし、遺言執行者のいる場合に、相続人は遺言の執行を妨げる行為をすることができないから（1013条1項）、相続人が遺贈の目的不動産を処分したときは、遺言執行者の就職承諾前でも、その処分は無効であり、受遺者は登記なくして目的不動産の所有権取得を上記処分の相手方である第三者に対抗することができる（最判昭和62・4・23民集41巻3号474頁・基本判例446）。

　(ｳ)　時効と登記

　(a)　判例の原則　　わが民法は不動産の取得時効について占有だけを基準にし、登記を備えていることを要件としていない（162条・163条）。しかし、時効が完成した後も、占有さえしていれば常に時効取得を第三者に主張できるとすることは取引の安全を害するおそれがある。そこで、判例は、占有による時効取得と登記による公示の要請とを調和させるために次の6つの原則を設けている。

　(i)　登記の要否　　時効による所有権取得も登記をしなければ第三者に対抗することができない（前掲大連判明治41・12・15・基本判例78―物権変動原因無制限判決）。

　(ii)　原所有者との関係　　Aが所有する不動産をBが占有し取得
時効が完成した場合（162条参照）、Aは時効による物権変動の「当事
者」と同視できる（「第三者」ではない）から、Bは登記がなくても
Aに対して時効取得を対抗することができる（大判大正 7・3・2
民録24輯423頁）。

　(iii)　時効完成前の譲受人等　　時効期間進行中にAからCへの譲
渡があり、登記がなされ、その後にBの時効が完成した場合にも、
Cは時効による権利変動の「当事者」であるから、Bは登記なくして
Cに時効取得を対抗できる（最判昭和41・11・22民集20巻 9 号1901頁、
最判昭和46・11・5 民集25巻 8 号1087頁など）。AからCへの譲渡が時
効完成前であれば、その登記が時効完成後になされた場合でも同様
である（最判昭和42・7・21民集21巻 6 号1653頁）。

　(iv)　時効完成後の譲受人等　　Bのための取得時効が完成した後、
その登記をしていない間に、Aがその土地を第三者Cに売却し、移
転登記をしてしまえば、BはCに対抗できない（最判昭和33・8・
28民集12巻12号1936頁、最判昭和48・10・5 民集27巻 9 号1110頁など）。
ただし、Cが、その土地の譲渡を受けた時に、Bの多年にわたる占
有継続を認識しており（取得時効の成立要件を充足していることをす
べて具体的に認識している必要はない）、Bの登記の欠缺を主張する
ことが信義に反すると認められる事情があるときは、背信的悪意者
排除の法理（14(2)(ウ)参照）によって、BはCに対して登記なしに時
効取得を対抗することができる（最判平成18・1・17民集60巻 1 号27
頁・基本判例90）。

　(v)　起算点の任意選択の可否　　時効完成の時期は、時効の基礎
となる事実（自主占有）の開始した時を起算点として決定すべきで
あり、時効援用者において起算点を任意に選択することはできない

（大連判大正14・7・8民集4巻412頁、最判昭和35・7・27民集14巻10号1871頁・基本判例68、前掲最判昭和46・11・5など）。上記(iii)と(iv)の区別を意味あるものとするための補充的原則である。

(vi)　再度の時効取得　　Bのための取得時効が完成した後その登記がなされない間にAがその土地を第三者Dに譲渡して移転登記がなされた場合、BがDの登記の日からさらに時効取得に必要な期間占有を継続したときには、Bは登記をしなくても再度の時効取得をDに対抗することができる（最判昭和36・7・20民集15巻7号1903頁・基本判例81）。上記(iv)と(v)をとることによる不都合を回避するための補充的な原則である。

(b)　判例に対する批判　　判例の原則によれば、時効完成前の第三者との関係では占有が尊重され、時効完成後の第三者との関係では登記が尊重されていて、均衡を失している等の批判がある。これに対しては、時効が完成するまでは時効取得の登記ができないのだから177条を適用することができず、時効完成後はその登記ができるのだから177条を適用するのは当然であるとの反論が考えられる。しかし、たとえばA→Bの売買と引渡しがあったが未登記であった場合に、その8年後にA→Cの第2譲渡があり登記がなされたときは、単純な二重譲渡であり、Bは登記をしていないのだから売買による所有権取得をCに対抗することができないはずである。このような場合に上記(iii)の原則を適用すると、Bがさらに2年間の占有を続けさえすれば、取得時効に必要な期間が満了して、Cに対して登記なくして時効による所有権取得を対抗できることになる（前掲最判昭和46・11・5など）。少なくとも上記のような二重譲渡型の紛争の場合には、Bは最初から登記ができたのであって、時効が完成するまでは登記をすることができないという事情はないのだから、判

例の原則を機械的に適用するのは、これはいかにもおかしいだろう。そこで、Bのための時効が完成する前に第2譲受人となったCが登記を備えてからさらに時効取得に十分な期間Bが占有を継続しなければ、原則として時効取得の効力を生じないと解すべきとする学説がある。すなわち、第2譲受人Cが登記を備えた時点で、第1譲受人Bについて新たに「他人の物」の占有が開始したものと解することで、登記による取引の安全確保の要請と占有のみによる時効取得の制度の調和を図るべきであるとするのである。その一方で、境界が不明なために、BがA所有地の一部を自分の所有地の一部と誤信して長期間占有を継続し、時効取得したような境界紛争型の事案では、Bが、その部分を登記済みの自己所有地の一部と信じこんでいるとしたら、時効取得の登記をすることを期待できないので、時効取得を第三者に対抗するのに登記は不要だと解することが妥当なように思われる。このように、二重譲渡型と境界紛争型とで異なる考え方をとるべきだとする学説には合理性が認められるとして、有力になりつつある。

(2)　登記がなければ対抗できない第三者の範囲

(ア)　無制限説と制限説　　民法177条は、不動産の物権変動があっても登記をしないと第三者に対抗できないと定めている。これを文字通りに読めば、不動産物権変動は、登記をしなければ、当事者およびその包括承継人以外のすべての者に対抗できないことになる。しかし、たとえばBがAから建物の譲渡を受けて所有権を取得しても、移転登記をしていないと、その建物を不法に損壊したCや、無権限でその建物を占拠しているDなどに対して、損害賠償を請求し、または建物の明渡しを請求することができないことになる。登記がなければ対抗できない第三者の範囲について、判例は古くは第三者

無制限説をとっていたが、明治41年の連合部判決で第三者制限説に転じ（大連判明治41・12・15民録14輯1276頁・基本判例87―第三者制限判決）、それ以来、この制限説が判例・通説となっている。判例は、上記(1)で述べたように「登記がなければ対抗できない物権変動」の範囲については無制限説をとっているのであるから、理論上、177条の適用の有無はもっぱら未登記物権変動の効力を否認しようとする者が「登記がなければ対抗できない第三者」の範囲に属するか否かによって決められることになる。

　それでは、登記がなければ対抗できない第三者と、登記なしに対抗できる第三者とを区別する基準は何であろうか。前記の大審院判決は「登記欠缺ヲ主張スル正当ノ利益ヲ有スル者」という基準を設けている。学説の多くもこれに賛成している。

　なお、登記がなければ対抗できない者に悪意の第三者を含むかどうかが問題にされてきた。旧民法は、登記は公示されていない物権変動の存在を知らずに取引関係に入った者が不測の損害をこうむることを避けるための制度であるという理由で、登記を要する第三者の範囲から悪意者を排除していた。しかし、現行民法の起草者は第三者の善意・悪意を問題とすべきでないとしており、判例・通説もこれに賛成してきた。そうでないと、先に登記をした者の善意・悪意をめぐる訴訟が頻発するおそれもあるし、たとえばA→B→Cと所有権が移転し、それぞれ登記も済ませている場合に、Aから同じ土地を買い受けたと称するDが現れて、Bは悪意者だったと言い立てることでCの所有権取得を覆すことができるようなことがあると、登記を基礎にした不動産取引の安全が著しく脅かされるというのである。とはいえ、登記の欠缺を主張することがいかにも不当な場合があることも否定できない。そこで、不動産取引市場全体の安定を

図りながら、登記制度を悪用するような者については個別に第三者の範囲から排除することが必要になり、背信的悪意者排除の法理が確立するに至っている（後述(ウ)(b)参照）。

したがって、具体的にどのような者が177条の第三者に当たるかを判定する際には、まず、その者が目的不動産について177条を通じて保護されるべき権利ないし利益を有しているか否か（客観的要件）を判断し、ついで、この客観的要件を満たす者において、登記の欠缺を主張することが信義則に反するような事情がないか（主観的要件）を検討をする必要がある。

ここでは、判例を中心として、その具体的な適用の結果を、「登記がなければ対抗できない第三者」に当たるとされた者（下記(イ)）と、これに当たらないとされた者（下記(ウ)）とに分けて示すことにしよう。

(イ)　登記がなければ対抗できない第三者

(a)　物権取得者　　A所有の不動産について、Bが所有権・地上権・抵当権などの物権を取得したが、その登記がされていない間に、同一不動産についてCがAから所有権その他の物権を取得した場合、BとCとは相互に177条の第三者となる。この場合、Cが先に登記を得てしまえば、Bは権利取得の望みがなくなり、Cの権利に優先されるものに確定する。BもCも登記をしていないときは、どちらも対抗をすることができない。

(b)　賃借人　　Aから不動産を取得したBにとって、その不動産について賃借権を有するCも、その賃借権とBの所有権取得の先後・優劣が争われる場合には、登記の欠缺を主張する正当の利益を有する第三者に当たる。たとえば、Aから不動産を取得したBが、その不動産の賃借権を有するが対抗要件を備えていないCに対して、所

有権に基づいてその不動産の明渡しを請求をした場合、Ｃは、Ｂの所有権取得を否定しなければ、自分の賃借権を否認される立場にあるから、Ｂの登記の欠缺を主張する正当な利益を有する第三者とされている。

　同じ賃借人でも、つぎの場合は少し事情が異なる。たとえば、ＡからＢが所有権を取得した不動産に対抗力を備えた賃借権を有するＣがいる場合、あるいはＣの賃借権は対抗力を備えていないが賃貸不動産の所有権を取得したＢがＣの賃借権の存在を認めている場合に、ＢがＣに賃料請求や解約申入れなど賃貸人としての権利を行使してきたときは、所有権と賃借権の間に「食うか食われるか」の関係がないから典型的な対抗問題とは少し事情が異なっている。しかし、このような場合にも、Ｂが所有権取得の登記をしていなければ、賃料の請求や解約申入れができない（Ｂは登記がなければ所有権取得をＣに対抗することができない）というのが判例である（大判昭和8・5・9民集12巻1123頁、最判昭和49・3・19民集28巻2号325頁・基本判例88）。学説では、対抗問題そのものではないが、Ｂの確実な権利取得を証明させるために登記（権利保護資格要件としての登記）を求める必要があるとして判例に賛成するものが多いけれども、ＢとＣとは物権またはこれに準ずる権利の優劣を争う関係にないという理由で登記不要（賃料債権または賃貸人の地位の移転に関する対抗要件（467条参照）は必要）とする学説も有力である。

　(c)　差押債権者　　ＢがＡから所有権の移転または地上権・抵当権等の他物権の設定を受けたが、その登記をするよりも前に、Ａの一般債権者Ｃが目的不動産を差し押さえた場合、ＢはＣに対抗することができない。したがって、Ｂは、所有権に基づいてＣの差押えを排除することができず（民執38条参照）、競売に際して地上権を

買受人に引き受けさせることも、競売代金からＣよりも優先した配
当を受けることもできない（同59条・87条1項4号参照）。仮差押え
や配当要求をした債権者、破産債権者についても同様である。

　(ウ)　登記なしに対抗できる第三者

　登記の欠缺を主張する正当な利益を有しないとされる第三者は、
大きく2つのグループに分けることができる。第1は、上記(イ)の客
観的要件を満たすが、特別の事由があるために主観的要件を満たさ
ないものとして第三者の範囲から排除される者であり（下記(a)(b)）、
第2は、客観的にみて、目的物について177条を通じて保護される
べき権利ないし利益を有していない（上記(イ)の客観的要件を満たして
いない）と判断される者である（下記(c)〜(f)）。

　(a)　不登法5条1項・2項に該当する者　　上記(イ)の客観的要件
を満たす者であっても、不動産登記法が認めるつぎの2つの場合に
当たるときは、177条の第三者に当たらない。すなわち、第1に、
二重譲渡に例をとっていえば、第1譲受人Ｂが登記の申請をするの
を詐欺または強迫によって妨げた第2譲受人Ｃは、Ｂの登記がないこ
とを主張することができない（不登5条1項）。第2に、たとえば売
主Ａの法定代理人や登記申請を委嘱された者のようにＢのために登
記の申請をする義務を負うＣは、その後当該不動産の所有権を取得
するなど、Ｂの権利と排他的な関係にある権利を取得しても、Ｂに
登記がないことを主張することはできない（同条2項）。すなわち、
いずれの場合にも、Ｂは登記なしでＣに対抗できる。信義則上当然
の規定である。

　(b)　背信的悪意者　　すでに述べたように、現行民法の起草者や
判例・通説は第三者の善意悪意不問説をとってきたけれども、いか
にも悪質な第三者まで177条によって保護する必要はない。そのた

めに、たとえば、もっぱら第1買主を害することを目的として第2
売買を行って第1買主より先に登記を備えた場合に、その第2売買
を公序良俗に反するものとして無効とした判例もある（最判昭和
36・4・27民集15巻4号901頁）。しかし、この法理によると、第2買
主の登記名義を信頼してその不動産を転得した者も無権利者となり、
第1買主に対抗できないこととなって（下記(c)参照）、取引の安全を
害するおそれがある。そこで、未登記の第1買主は害意をもって第
2買主となった者には対抗できるが、第2買主からの善意転得者に
は対抗できないというような相対的解決方法が望まれることになる。
判例は、いったん未登記権利者を真正権利者として法律関係を結ん
でおきながら、後にこれと矛盾する行為をした場合（いずれも否定
例であるが、最判昭和31・4・24民集10巻4号417頁、最判昭和40・12・
21民集19巻9号2221頁の事案）や、ＡＢ間の不動産の売買に立ち会っ
たＣがＢの未登記に乗じてＡから同じ不動産を買い受けて先に移転
登記を得たり、第1譲渡の登記を不登に妨げるなど不動産登記法5
条1項・2項の延長線上にあると認められる場合（最判昭和
43・11・15民集22巻12号2671頁、最判昭和44・1・16民集23巻1号18頁、最
判昭和44・4・25民集23巻4号904頁）、不当な利益をあげる目的で著し
く安い価格で第2売買を行った場合（最判昭和43・8・2民集22巻8
号1571頁・基本判例89）などについて、実体上物権変動があった事実
を知る者（悪意者）であって、登記のないことを主張することが信
義に反するものと認められる事情がある背信的悪意者は、「登記の欠
缺を主張するについて正当な利益を有しない」として、背信的悪意
者排除の判例法理を確立し、その適用範囲を拡張している。

　なお、この場合の「悪意」の要件について、未登記物権変動が時
効取得である場合には、時効取得の要件すべてが充足されているこ

とを具体的に認識することまでは必要ないが、長期間の占有継続の
事実を知っていることを要するものとされており（最判平成18・
1・17民集60巻 1 号27頁・基本判例90）、また、未登記通行地役権の承
役地の売買にあたって、買主が地役権設定の事実を知らなかったと
しても、要役地所有者によって継続的に通路として使用されている
ことが客観的に明らかであり、かつ、買主においてそのことを認識
していたかまたは認識することが可能であったときは、地役権登記
の欠缺を主張するについて正当な利益を有する第三者に当たらない
とする判例があり（最判平成10・ 2・13民集52巻 1 号65頁・基本判例
122）、注目されている。

　背信的悪意者からの転得者は有効に物権を取得できるだろうか。背
信的悪意者は、登記の欠缺を主張することが許されないだけで、物
権変動の効力自体は否定されないのだから、背信的悪意者からの転
得者も有効に所有権を取得することができ、みずからに信義則に反
する事情がなければ、未登記物権変動の登記の欠缺を主張すること
ができることになる（最判平成 8・10・29民集50巻 9 号2506頁・基本
判例91）。

　(c)　実質的無権利者およびその承継人　　虚偽仮装の登記の名義
人のように全く実体的な権利を有しない者およびそれらの者からの転
得者は第三者に当たらない。登記の欠缺を主張してもみずからの地
位を正当化することができないからである。たとえばAの所有地を
Bが譲り受けて移転登記をしたが、譲渡契約が無効である場合には、
Bも、Bからの転買人Cも実体上無権利者であり、Aはこれに対し
て所有権をもって対抗できる。登記に公信力がないことの当然の帰
結である。もっとも、Aが無効の移転登記の存在を知りながらあえ
てこれを容認し長期間放置していた場合など、Bの真正所有者らし

い外観の作出または存続につきAに意思的な関与があったと認められるときには、94条2項の類推適用によって善意のCを保護する判例があり、学説もこれを支持していることはすでに述べた（物13⑴）。

(d)　不法行為者　　たとえばAから建物を譲り受けて所有権を取得したBは、その後にその建物を損壊したCや、不法に自分の所有だと主張して占拠しているD、勝手に自己名義に登記をしているEなどに対しては、登記がなくても、損害賠償、建物の明渡しまたは不実登記の抹消を請求することができる（最判昭和25・12・19民集4巻12号660頁参照）。

(e)　転々譲渡の前主と後主　　不動産がA→B→Cと譲渡されたが、登記名義はAにとどまっている場合、CはAに対して登記なしに所有権取得を対抗することができる。AがCの登記の欠缺を主張しても、CがBに代位してBからAへの所有権移転登記を請求すると、Aはこれに応じなければならない（423条の7参照）。このように、Aは、Cの登記の欠缺を主張することによってみずからの権利を正当化する立場にないのだから、これを登記がなければ対抗できない第三者と認める必要はない。

(f)　一般債権者　　差押えや配当加入をしていない一般債権者は、不動産について具体的な利益を有しないので、第三者に当たらない。

⑶　対抗力を生ずる時期

(ア)　本登記の場合　　登記によって対抗力を生ずる時期は原則として登記の時である。たとえば不動産の譲受人が、未登記の間に当該不動産の従前からの賃借人に対してした解約の意思表示は、賃借人に対抗できず、後に移転登記をしても、さかのぼって解約申入れが有効にはならない（最判昭和25・11・30民集4巻11号607頁）。

　(イ)　仮登記の場合　　仮登記は仮登記のままでは登記の本体的効力（対抗力）を有しないが、後に本登記された場合に、その順位は仮登記の順位による（不登106条）。これを仮登記の順位保全の効力という。たとえばAの所有地について、一方でBの所有権移転請求権保全の仮登記があり（同105条2号参照）、他方でその後Cが所有権を取得して所有権移転の本登記をした場合に、Bの仮登記に基づいて本登記がなされれば、Bの本登記の順位がCのそれよりも上位となり（同106条）、BはCに所有権の取得をもって対抗できることになる。Bが仮登記に基づいて本登記の申請をする場合、Cの承諾書、またはCに対抗しうる裁判の謄本を添付して申請しなければならない（同109条1項）。そしてBのために本登記がなされたときは、Cの登記は職権で抹消される（同条2項）。かつて、Bは仮登記のままでCに対抗できるのか、それとも本登記にしてはじめてCに対抗できるようになるのかが争われていたが、不動産登記法109条によって仮登記のままでCに本登記への承諾を請求することできるようになったという限りにおいて、Bは仮登記のままでCに対抗できることとなったということができる。なお、仮登記があるからといって、仮登記権利者に所有権取得などの事実が推定されることはない（最判昭和49・2・7民集28巻1号52頁）。

15　動産物権変動の対抗要件

　動産譲渡の対抗要件は引渡しである（178条）。引渡しを対抗要件とすることは不動産物権におけると同様に公示の原則の表現である。しかし引渡しは登記と比較すると物権変動を公示する方法としてきわめて不十分である。登記なら物権変動の内容をかなり詳細に現わすとともに、過去の変動の過程をも示すことができる。これに反し、引渡し（占有の移転）は、簡易の引渡し、指図による占有移転、占

有改定のように外部から認識しにくいものが含まれているうえに、現実の引渡しの場合でも、それが所有権移転のために引き渡されたのか、質権設定のために引き渡されたのか、外部からは不明であるし、また現にＡが引渡しを受けて占有していても、だれからどんな過程でＡにきたのかも不明である。だから動産物権では、公示の理想をそれほど十分に達することはできない。しかも動産の取引は不動産の取引よりもはるかに頻繁である。これが動産については占有に公信力を与えて一般取引の安全を図っているゆえんである（物２(2)参照）。

　なお、船舶・自動車など、その物権変動について引渡しを対抗要件としない動産のあることを注意すべきである（商686条・687条、車両５条参照）。

　(1)　引渡しの意義　　引渡しとは本来動産を現実に手渡すことを意味する。しかし、178条の適用において引渡しをこのいわゆる現実の引渡し、つまり現実の占有の移転（181条１項）に限ると実際上の不便がはなはだしい。たとえば、買った品物をそのまま預けておこうとしたり、前から預かっている品物を買い取ろうとしたり、または売主が第三者に預けておいた物をそのまま売り渡し、買主も引き続きこの第三者に預けておこうとするような場合に、それぞれ、一度受け取ってまた預けるか、一度返してまた受け取るか、一度売主が受け取って買主に渡し買主がまた第三者に預けるという手数をかけなければならないことになる。しかも、こうした手数をかけてみても、それを見ていた者でなければ引渡しの事実はわからないから、公示の理想は達せられない。そこで、第１の場合には、売主がそれから後は買主のために占有するという意思を表示すれば足り（判例は譲渡担保の契約があれば当然に、この種の引渡しがあるとする。最判

昭和30・6・2民集9巻7号855頁)、第2の場合には、売主買主間で
占有を売主から買主に移転する旨の意思表示をすれば足り、第3の
場合には、売主から預り主に対しこれから後は買主のために占有す
るように命じ、買主がこれを承諾すれば足りるものとされている。
第1のものは占有改定(183条)、第2のものは簡易の引渡し(182条
2項)、第3のものは指図による占有移転(184条)といわれる(物22
参照)。

　このような簡易な方法を認めるときは第三者の立場がはなはだし
く危険になる。たとえば占有改定においては、売主は引き続き目的
物を占有しているが、所有権はすでに完全に買主に移っているから、
完全な無権利者となった売主はもはや同じ物を第三者に重ねて譲渡
することができない。しかし、第三者がその物はまだ売主のもので
あると信じて買い、引渡しを受ければ、前述した公信の原則で所有
権を即時取得する(192条、物28参照)。前に引渡しによる公示の理
想の不十分は公信の原則によって補充されるといったのはここの関
係を指したのである。

　(2)　引渡しを対抗要件とする物権　　引渡しを対抗要件とする動産
物権は結局のところ所有権に限る。動産物権には、さらに占有権・
留置権・質権および先取特権があるが、前三者にはそれぞれ178条
の引渡し以上に厳格に占有を要件とする旨が定められている(182
条・203条・295条・302条・344条・352条・345条参照)。また動産の上
の先取特権は対抗要件を必要としない(306条・311条以下参照)。

　(3)　引渡しを対抗要件とする物権変動　　引渡しを対抗要件とする
動産物権変動は、所有権の譲渡およびこれと同視すべき所有権譲渡
契約の取消しまたは解除による所有権の復帰に限る。動産所有権の
原始取得、すなわち時効取得・無主物先占・遺失物拾得・添付など

には引渡しを対抗要件とする余地がない（162条・239条以下参照）。また相続による動産物権の承継にも178条を適用しなければならない場面は想定できない。質権設定は引渡しを成立要件ないし効力発生要件としている（344条）。

(4)　**引渡しがなければ対抗できない第三者の範囲**　　引渡しなしに対抗できない第三者の範囲は登記について述べたところに準じて考えればよい（物14⑵参照）。最も重要なのは差押債権者である。なぜなら、差押債権者は占有を取得しないために192条の保護を受けられないので、現に債務者が占有している動産がすでに第三者に譲渡されて占有改定によってその第三者が対抗力を有していると、差押えは効力を生じないことになるからである。動産の譲受人が、譲渡人からの賃借人に対抗するためにも引渡し——指図による占有移転——を必要とする（大判大正4・4・27民録21輯590頁・基本判例95）。判例は譲渡人からの受寄者に対しては引渡しなくして対抗できるとするが（最判昭和29・8・31民集8巻8号1567頁・基本判例96）、学説の大多数はこれに反対している。

16　明認方法

　山林（土地を含まない樹木だけ）の売買において、買主が樹木の皮を削ってその氏名を墨書するようなことが行われる。山林は不動産（土地の一部）とみるべきであるから、上記の行為が引渡しとみられるとしても対抗要件とはならないはずである。しかし、判例（大判大正10・4・14民録27輯732頁）はこれを明認方法と呼び一種特別の対抗要件と認め、学者もこれに賛成している。

　山林の売買はその土地の上に地上権または賃借権を設定することによって完全に行うことができ、これが民法典の用意した仕組みである（265条・602条1号参照）。また、立木法によって登記すれば、

家屋と同様に、立木自体の売買も抵当権の設定も可能になるから（同1条・2条参照）、明認方法の必要はそれほど大きくないともいえる。しかし、明認方法は古くから認められてきたもので、今日でも伐採を目的とする立木売買などには重要な役目を果しているのだから、その効力を認めることが妥当である。

　明認方法は公示の手段としては登記のように十分なものではないから、成育中の樹木の所有権だけを譲渡する場合、または山林の所有権を保留して土地だけを譲渡するような場合（最判昭和34・8・7民集13巻10号1223頁）にだけ対抗力を認めることができる。抵当権や質権の設定などに応用することは不可能である。また明認方法は継続して存在することを要する。風雨に曝されて不明になったら新しく施しておく必要がある（最判昭和35・3・1民集14巻3号307頁・基本判例101）。この点、登記がいったんされれば、仮に登記官の手違いで誤まって抹消されたとしても対抗力を失わない（大連判大正12・7・7民集2巻448頁、最判昭和36・6・16民集15巻6号1592頁参照）のと異なる。

　明認方法は主として山林に行われるが、取引的価値のある樹木単体や、未分離の果実などにも応用することが認められている（大判大正5・9・20民録22輯1440頁—雲州みかん事件・基本判例22。なお総76⑴参照）。明認方法による対抗力を認める基準としては、物が取引上独立性をもつことと、公示の方法が妥当であり、慣習上も認められていることなどが考えられる。

　なお、近年では、リース物件であることを示したり、集合物が譲渡担保の目的になっていることを示すためにネームプレートを貼付することがある。これらは、第三者による即時取得を妨げることをねらったものであるが、明認方法に準ずる効力を認めるべきである

という主張もある。

17　混　　同

　混同とは併存させておく必要のない2つの権利が同一人に帰することであって、物権と債権に共通の消滅原因である（179条・520条参照）。たとえば地上権者が相続によってその土地の所有権を取得した場合には、所有者が自分の土地に地上権を有していることになるが、これは不必要なことであるから、地上権が消滅する（179条1項本文・2項本文）。しかし、ほかに利害関係者があって、自分の権利の上にみずから権利を有するのを認めることが本人または第三者の利益のために必要であるときには、混同による権利の消滅を生じさせるべきでない。たとえば、所有権と混同した地上権の上に第三者が抵当権を有するときはこの第三者のために、また、所有権と混同した抵当権が1番抵当であって、第三者が2番抵当を有するようなときは所有権者本人のために、混同の例外として、地上権または1番抵当権は消滅しない（同条1項但書・2項但書）。債権と債務の混同についても同趣旨の規定があるが（520条）、所有権と対抗要件を具備した賃借権が同一人に帰した場合に179条1項但書の準用を認めた判例がある（最判昭和46・10・14民集25巻7号933頁・基本判例102）。なお占有権は他の物権と全く異なる作用を有するものであり、所有権者が占有権を有することは、たとえば所有権と地上権の関係のように一方が他方に包摂されるような関係に立つものではないから、混同による消滅の理論は占有権には一切適用されない（同条3項）。

　上述した混同による物権の消滅とその例外に関する民法の規定に対しては、さらにいくつかの例外を認めるべきであるという主張がされている。その1つは自己借地権である。土地とその上の建物を

所有する者が、その敷地に抵当権を設定した場合に、抵当権が実行されて第三者がこれを買い受けると、建物はその基盤を失って取り壊されることになりかねない。この場合の建物を保護するために、民法は競売の場合に地上権が設定されたものとみなしている（388条）。つまり、混同の原則があるため、土地所有者はあらかじめ自分の建物のために、その敷地の上に地上権を設定することはできないが、競売によって土地と建物の所有者が異なることになるととたんに法定の地上権が出てくるという仕組みである（物107参照）。しかし、法定地上権の成否や内容をめぐっては難しい問題が多いので、あらかじめ自己借地権の設定を認めるべきではないかという問題が提起されている。なお、借地借家法は、借地権を設定する場合には、他の者と共にすることとなるときに限り、借地権設定者がみずから借地権を有することができるし、借地権が借地権設定者に帰した場合でも、他の者と共にその借地権を有するときは、その借地権は消滅しないと定める（借地借家15条）。それは前述した趣旨の自己借地権ではなく、土地所有者がマンションを建築して借地権を付して分譲しやすくするための自己借地権である。

　その2つは自己抵当権もしくは所有者抵当権である。所有者が自分の不動産の上に抵当権を設定し、もしくは保有することを認めてはどうかということである。この関係は複雑な問題を含んでいるので抵当権のところで言及する（物100(1)(エ)参照）。

第2章　占　有　権

第1節　総　　説

18　占有権の意義

(1)　**占有権**　　占有権は、自力救済を禁止する代わりに、われわれが外界の物を支配する事実状態を法的に保護することで、社会の平和秩序を維持しようとするものであることはすでに述べた（物3参照）。民法はこの目的を達成するために、まず物がわれわれの支配内にあるときにわれわれはこれを占有するものとし、ついで占有があれば、その占有が正当な権利に基づくものであるかどうかを問わず、一律にこれに基づいて占有権を生ずるものとし、この占有権に種々の効果を付するという構成をとっている。だから、占有権とは占有の存するときこれに基づいて生ずる権利だというべきである。物を支配する権利だから物権の一種とされるが、他の物権と異なり、排他性はなく、したがってまた、優先的効力もないものであることはすでに一言した（物8・9(1)参照）。

　なお、占有は、物に対する事実的支配それ自体を保護する機能（占有保護機能）のほか、一定の要件を備えた事実的支配に基づいて本権を取得させる機能（本権取得的機能）、本権の存在を公示する機能（本権表象的機能）を営んでいる。

(2)　**占有すべき権利**　　占有権と占有すべき権利とははっきりと区別することを要する。占有すべき権利とは、たとえば所有権のように、占有を正当とさせる権利である（これを、占有権との対比にお

いて本権といい、占有の根拠となる権利という意味で権原とも呼んでいる）。時計の所有者が時計を占有しているときは、占有すべき権利があり同時に占有権もある。しかし、盗人に窃取されると、所有者は占有すべき権利があるにもかかわらず占有権を失い、盗人は占有すべき権利はないが占有権を有することになる。占有権はあくまでも現実的支配の事実に基づいて生ずるのに反し、占有すべき権利は、現実に支配しているか否かを問わず、所有権・地上権・賃借権その他の本権の内容として常に存在する純粋に観念的のものである。

19 占　　　有

　占有とは自己のためにする意思をもって物を所持することである（180条参照）。

　(1)　所持　　所持とは社会通念上物がその人の支配内にあると認められることである。不動産なら耕作したり、居住したりしていれば所持がある。物理的に身につけてもっている場合に限らず、旅行中自宅内に保有している場合、家事使用人などに保管させる場合（最判昭和35・4・7民集14巻5号751頁）などにも所持を有する。この場合の家事使用人は、いわば所有者の手足として物を支配しているのであって独立の所持を有しないものとされる。このような者を所持機関（占有機関・占有補助者）という。

　(2)　自己のためにする意思

　(ア)　「自己のためにする意思」の意義　　自己のためにする意思とは自分の利益のために所持する意思である。これを占有意思という。所有者・質権者・賃借人・運送人・盗人などはいずれもこの意思がある。しかし、無償で他人の物を保管する者や、遺失物の拾得者などのように、もっぱら他人の利益のために所持する者にはこの意思がないから、これらの者の所持は占有とはならないと考えることも

できそうにみえるが、実はそうではない。

　(イ)　占有意思の沿革（占有権論争）　　そもそも、外形的支配を保護する占有権の制度においては、所持さえあればこれを占有と認めて占有権を生じさせることが制度の目的に適すると思われる。それなのに民法が所持のうち特定の意思を伴うものだけを占有とするという立場をとるのは、実はローマ法以来の沿革と、主としてドイツ学者の理論によるものである。ローマ法ではすべての所持に対して占有訴権（占有の訴え）を認めたのではなかった。そこで学者は単なる所持と、占有訴権を生ずる所持、すなわち占有とを区別するために種々の標準を立てた。そして、最初は所有の意思というような強い意思を要すると説かれたが（主観説）、次第にその意思を軽微なもので足りるとし、最後には意思は不要である、すなわちすべての所持を占有と認めるという学説（客観説）に推移した。わが民法の自己のためにする意思を要するという立場は、こうした学説の推移の中途に位置するものである。しかし、現在の民法の占有制度としてはローマ法の立場に拘泥する必要はない。占有制度の目的に最もよく適合するように解釈すればよい。

　(ウ)　「自己のためにする意思」の認定　　上に述べた考え方からは、民法の自己のためにする意思というのも広く解釈し、債務や義務を適切に履行するためというようなものも含めて、直接間接に自分の利害に関する立場で物を所持するときは常に占有意思が存するとみるのが妥当であると思う。このような立場に立てば、前に挙げた無償の受寄者・遺失物の拾得者も占有者に包含されることになる。意思無能力者についても、所持が成立する限り占有を認めてよく、ただ社会的に独自の所持者と認められない者（たとえば家事使用人や法人の機関）だけが除かれることになろう。

　占有権は前述のように物の支配の外形を保護するものであるから、自己のためにする意思は、その意義をどのように解するにしても、それは所持の種類、所有者としてか賃借人としてかなどを限定する要件にすぎないとみるべきである。すなわち、所有者・質権者・賃借人などとして所持すれば自己のためにする意思があるとすべきであって、個々の場合どういう意思であったかを問うべきではない。またこの意思は一般的・潜在的に存すれば足りる。だから郵便受を出しておけば郵便物が知らない間に投入されても、上の意思は存在するとみられる。さらにこの意思は占有取得の要件であって、占有継続の要件ではないと解される。したがって、被相続人の占有権は、相続人がその物を相続したことを知らなくても、相続人にそのまま承継される（物22(5)参照）。

20　占有の態様

　占有には種々の態様がある。以下に述べる(1)から(3)の態様が法律上意義をもつのは主として取得時効との関連においてである。(4)はその推定に関する。(5)は通常の占有（直接占有）と他人の所持を通じての間接占有（代理占有）の区別に関し、取得時効ばかりでなく、占有の性格や得喪に深いかかわりをもつ。

　(1)　**自主占有**　　所有の意思を伴う占有を自主占有といい（162条・239条1項等参照）、そのほかの占有を他主占有という（191条但書参照）。所有意思の有無は、前段で述べた自己のためにする意思と同様に、占有者の内心の意思によってではなく、占有取得の原因たる権原の性質（185条参照）または占有に関する事情により外形的客観的に定められる（最判昭和45・6・18判時600号83頁、最判昭和47・9・8民集26巻7号1348頁・基本判例67）。したがって、買い受けて、または窃取して占有するときは所有の意思があるが、質権者または賃借人として占

有するときはこの意思はない。しかし質権者や賃借人のように、権原の性質上所有の意思がないとされるときにも、たとえば、後にこれを買い受けて買主という新権原による新たな占有を始めれば、占有の性質が他主占有から自主占有に変わることはもちろんである（185条。最判昭和51・12・2民集30巻11号1021頁）。また、自分に占有させた者に対して所有の意思を有することを表示すれば占有の性質は変わるものとされている（185条）。賃借人Ａの相続人ＢがＡの占有を承継した場合にも新権原による占有または所有の意思の表示によって自主占有になりうるかという問題（相続と新権原）について、従来否定説が多かったが、Ｂが相続を契機として現実に占有を開始し、その際に所有の意思を有したことが客観的に明らかな場合には、自主占有に変わることを認めるのが判例・通説である（最判昭和46・11・30民集25巻8号1437頁、最判平成8・11・12民集50巻10号2591頁・基本判例104。なお、前掲最判昭和47・9・8・基本判例67参照）。

(2)　善意占有と悪意占有　　占有すべき権利がないのに占有している場合に、占有すべき権利があると誤信する（権原のないことを知らないというのでは足らない（最判昭和2・11・27民集5巻13号775頁参照））ものを善意占有といい、そうでないものを悪意占有という。そうして前者をさらに、その誤信に過失があるかどうかにより、過失ある占有と過失なき占有とに分ける。これらの区別の実益は、取得時効（162条）や果実収取権（189条）、即時取得（192条）などに現われる。

(3)　瑕疵ある占有と瑕疵なき占有　　占有が平穏・公然・善意・無過失・継続などの要件を備えることを必要とする場合がしばしばある。そこで、これらの要件のいずれかを欠く占有を瑕疵ある占有といい、これに対してこれらの要件のすべてを備える占有を瑕疵な

き占有という（187条 2 項参照）。時効取得（162条）などに関連して
重要な意味をもつ（物23参照）。

　(4)　**占有態様の推定**　　上記(1)(2)(3)の区別に関連して、民法に推
定規定がある。すなわち、占有は所有の意思をもって、善意・平
穏・公然に行われるものと推定され、また、前後両時点において占
有をした証拠があればその間は占有が継続したものと推定される
（186条）。すなわち10年前に引渡しを受けたということと現在占有
しているということを証明すれば、その間継続して平穏・公然・善
意に自主占有をしたものと推定される（なお、所有の意思の推定を覆
すには、占有者の所有の意思を否定しようとする者において、①占有者
がその性質上所有の意思のないものとされる権原に基づいて占有を取得
した事実、または、②占有者が占有中に、真の所有者であれば通常はと
らない態度を示し、もしくは所有者であれば当然とるべき行動に出なか
ったなど外形的客観的にみて占有者が他人の所有権を排斥して占有する
意思を有していなかったものと解される事情を証明することが必要であ
る（最判昭和58・ 3 ・24民集37巻 2 号131頁・基本判例103、最判平成
7 ・12・15民集49巻10号3088頁，最判平成 8 ・11・12民集50巻10号2591
頁、最判平成12・ 1 ・27判時1702号84頁参照））。社会の現状を正当な
ものとして保護しようとする占有制度の目的を徹底させようとする
趣旨である。この推定は実際上、特に取得時効との関係できわめて
重要な作用を営む（総152、なお無過失の推定に関しては物28(1)(ｵ)参
照）。

　(5)　**代理占有と自己占有**　　占有は代理人によっても取得できる
（181条）。したがって代理占有と自己占有に区別される。

　(ｱ)　**代理占有の意義**　　代理占有は他人の所持を通じてみずからが
占有をするという関係である。たとえば土地所有者が他人に小作さ

せるときは直接的には小作人が所持するのであるが、所有者はこれによって代理占有を有する。だから取得時効の要件として20年間占有を継続することを要するという場合にも（162条1項）、その20年間自分で耕作する必要はなく、他人に小作させてもよいのである。代理占有の関係は総則の代理に似ている点もある。代理人が所持することによって、本人が占有を取得し、これにより本人が時効取得の効果を享受するというのは、代理人が意思表示をして本人が法律効果を取得するというのとよく似ている。しかし、総則の代理は意思表示制度の特質に基づくものであるが、占有は意思表示ではないから、代理占有は代理の一種ではない（総111(2)(カ)参照）。その意味で、最近の学説では、客観的な占有状態に着目して、賃貸人と賃借人のように占有代理関係がある場合に、賃貸人の占有を間接占有、賃借人の占有を直接占有と称するのが一般的である。この場合、賃貸人の間接占有・自主占有と、賃借人の直接占有・他主占有が併存する。

　(イ)　代理占有の要件　　民法は、代理占有の消滅事由として、①本人の代理人に占有させる意思、②代理人の本人のために所持する意思、③代理人の所持の3つを掲げている（204条1項）。したがって、これらのすべてが揃っていることが代理占有が有効に存在するために不可欠の成立要件ということになる。しかし、占有の性質等は本人の内心の意思ではなく権原の性質その他の事実によって外形的客観的に決めるべきものとされており、そうした観点からみると、①も②も結局は本人（間接占有者）と占有代理人（直接占有者）との関係（占有代理関係）から客観的に決まることになる（近時の学説は本人の代理人に占有させる意思という要件は必要ないと解している）。また、③については、占有代理人が独立の所持を有している（占有

補助者ではない）ということが重要で（物19(1)参照）、それも本人と占有代理人との関係によって決まることになる。これらを総合すれば、代理占有は、占有代理人（直接占有者）が、地上権・質権・賃借権あるいは寄託や請負等の契約上の権利などに基づいて所持をし、本人に対して返還義務を負う関係があれば、代理占有が成立すると解してよいことになる。そして、あるべき権利関係ではなく現にある事実状態を保護するという占有制度の趣旨に照らして、本人と占有代理との関係は外形上のものであればよく、契約の無効や不成立、解除・取消し等の影響は受けないものとされている（同条2項）。

　(ウ)　代理占有の効果　　占有代理人の占有の諸効果が本人について生ずる。したがって、占有の継続や占有侵奪の有無などのほか、占有の善意・悪意などについても占有代理人について決すべきであるが、代理人が善意であっても本人が悪意のときは悪意の占有となる（101条2項・3項参照）。

　ちなみに、代理占有を認めることは占有の観念を拡張し、いわゆる占有の観念化を生ずるものである。占有権の移転にあたって現実の占有移転のほかに種々の簡易な方法が認められるのは主として代理占有という観念に立脚する（物15(1)・22参照）。

　(6)　共同占有と単独占有　　数人が共同して1つの物を占有する場合がある。共有物を共有者が共同で占有しているような場合がそれである。これを共同占有といってもよかろう。これに対して通常の占有を単独占有という。はたして共同占有が成立しているかどうかは各場合につき（たとえば遺産・組合財産など）、客観的に決すべきである。この場合には各自の占有権は、その効力においては単独の占有と異ならないが、その得喪については、基礎である共同関係からする制約があると解すべきである。たとえば、共同相続人の1

人が遺産分割前の相続財産を単独で占有しているときは、権原の性
質上、自分の持分相当分だけが自主占有であり、それを超える部分
は他の共同相続人のための占有代理人として他主占有するものであ
るから、特段の事情のない限り、相続財産の単独所有権を時効取得
することはできない（特段の事情が認められた例として、最判昭和
47・9・8民集26巻7号1348頁・基本判例67がある）。

第2節　占有権の取得

21　占有権の原始取得

　占有は自己のためにする意思をもって物を所持すれば原始的に取
得される（180条）。遺失物を拾得したり、漁などによって無主物を
占有するのは占有権の原始取得である。なお、占有権は代理人によ
っても原始的に取得されることはいうまでもない（181条）。

22　占有権の承継取得

　占有権は承継的にも取得される。占有は物を支配するという事実
関係であるから、たとえばAが占有する物をBに引き渡したときは、
Aの占有が終了し、Bのもとで新たな占有が始まったとみるのが論
理的であるが、実際上の便宜から、社会観念上前主の支配に基づい
て後主が支配を取得すると認められるときは占有・占有権が承継さ
れると考えられている（187条参照）。占有権の承継取得には種々の
態様がある。動産物権変動の対抗要件としての占有権の移転に関連
して重要であり、先に詳しく言及したが（物15⑴参照）、要点を述べ
ればつぎのとおりである。

　⑴　現実の引渡し　　現実の引渡しによる占有権の譲渡は、目的
物の現実の占有移転、すなわち支配の移転と占有権譲渡の意思表示

とによって成立する（182条 1 項）。山林地などの不動産の場合には、必ずしも現場での引渡しがなくても、たとえば所有権移転登記の申請に必要な書類の交付があれば、現実の支配の移転があったものと解されるであろう（合意によって引渡しがあったとされた判例として大判大正 9 ・12・27民録26輯2087頁）。

　(2)　簡易の引渡し　　簡易の引渡しによる占有権の譲渡は、譲受人またはその代理人がすでに目的物を所持する場合に行われるものであって、占有権譲渡の意思表示だけで足りる（182条 2 項）。

　(3)　占有改定　　占有改定による占有権の譲渡は、譲渡人が譲受人の占有代理人となって引き続き所持する場合に行われるものであって（譲渡担保に関する最判昭和30・ 6 ・ 2 民集 9 巻 7 号855頁がその一例）、譲渡人が以後本人の占有代理人として所持すべき旨の意思表示をすればよい（183条）。

　(4)　指図による占有移転　　指図による占有移転に基づく占有権の譲渡は、譲渡人が代理占有（間接占有）をしている目的物につき譲受人も引き続き同一占有代理人によって代理占有（間接占有）をしようとする場合に行われるものであって、譲渡人から占有代理人に対して以後譲受人のために占有すべき旨を命じ、譲受人がこれを承諾するだけで足りる（184条）。占有代理人の承諾を必要としない。

　(5)　占有権の相続　　占有権の承継取得は、譲渡のほか、相続によっても行われるとするのが今日の通説である。なぜなら、被相続人の死亡により、その支配内に存した物は当然に相続人の支配に移り、相続人は前主の支配を継続してゆくと認められるし、これによって占有権が承継されていると解さないと、取得時効が中断したり、占有訴訟を継続することができなくなるなどの不都合が生ずるからである。したがって、相続人が遠隔の地にいて特に管理を開始して

いない場合も、相続の開始そのものを知っていない場合にも、観念的・擬制的ではあるが、被相続人の占有を当然に承継しているものと解されている。相続人が2人以上である場合には、原則として共同相続人の共同占有が生ずることになる。

23　占有権承継の効果

　占有権承継の効果として特殊な点は、承継人の地位が2つの面をもつこと（占有の二面性）である。すなわち、承継人は一面で前の占有者の占有を継続するものとみられるのであるが、他面でみずから新しく占有を取得するとみることもできる。したがって、たとえば前の占有者Aが8年占有した後これを譲り受けて11年占有したBは、Aから始まった19年の占有を主張することもできるし、また自分自身が開始した11年の占有を主張することもできる（187条1項）。ただし、19年を主張するときは、Aが悪意であれば、Bが善意・無過失であっても、悪意という瑕疵を伴う占有となるから19年間の占有継続では時効取得ができない（同条2項）。逆に、Aが善意・無過失であったときには、たとえBが悪意であっても、Aから始まる10年の占有で時効取得できるものと解されているが（最判昭53・3・6民集32巻2号135頁・基本判例105参照）、これを批判する学説も有力である。Aよりも前にさらに数人の占有者があるときは、それらの占有者のうち任意の占有者からの占有をあわせて主張することができ、また、一度前の占有者の占有をあわせ主張したときでも、これを変更して自己の占有だけを主張することもできる（大判大正6・11・8民録23輯1772頁）。

　187条の規定は特定承継にだけ適用があり、包括承継すなわち相続や法人の合併においては、承継人は前の占有者の占有をそのまま引き継いでいるだけであるから、自分の占有だけを主張することは

できないとするのがかつての判例の態度であった。しかしこの考え方は正しくない。占有はある物が人の支配に属するという社会的事実に基づいて認められる権利であり、この支配関係は二重に成り立ちうるからである（物20⑸㋐参照）。最高裁は従来の判例を改め、被相続人の一般的支配を承継した相続人が現実に特定の物の現実的な支配を開始したときには、187条に従って、相続人が被相続人の占有とは別に自己固有の占有だけを主張することができるとするに至った（最判昭和37・5・18民集16巻5号1073頁）。

　なお、相続によって占有の性質が変わるか（185条が適用されるか）否かの問題（相続と新権原）についてはすでに説明したが（物20⑴）、これも、187条の場合と同様に、相続によって被相続人から包括的・抽象的に承継した占有と、相続人が現実の支配をすることによって開始した相続人固有の占有とが併存すると考えるからこそ認められるものである。

第3節　占有権の効力

24　序　　説

　民法は188条以下に占有権の効力について規定しているが、その内容はさまざまであって、これを統一的に理解することは難しい。占有すべき権利、すなわち本権とは別個に占有権に認められる効力という意味において共通なものをもつにすぎない。これを民法典の条文の順序に従って具体的に挙げてみると、①第1に、占有に本権が伴うという権利の推定に関する規定がおかれる（188条）。②つぎに、**本権を伴わない占有者と本権者との一般的な関係** ── 果実をだれが収取するか、占有物の滅失をだれが負担するか等──を規律する

条文がくる（189条—191条）。③第3に、譲渡人の占有を信頼して動産の引渡しを受け、占有をはじめた者に本権の即時取得を認める規定がおかれる（192条—194条）。④これに続いて第4に、家畜外の動物の占有者が本権を取得する条件が定められている（195条）。⑤第5に、本権者に占有物を返還する場合、占有者が占有物のために支出した費用の償還に関する規定が設けられている（196条）。⑥そして最後に、占有者が占有権を侵害された場合の救済、つまり占有の訴え（占有訴権）に関して規定している（197条—202条）。

　以上を通覧するに、①③④の規定は、占有権を一応は本権と別個のものとして扱ってはいるが、本権とのかかわりにおいて、占有という外形ないしマントがあるところに本権があるという推定力に、一定の条件で強い効力を認めるものであり、つぎに②と⑤とは、占有者と本権者との実体的な利害の調整を図るものであり、最後に⑥は占有を本権と全く切り離して独自の占有権として保護するものであることに気がつく。前の三者はゲルマン法のゲヴェーレの系統に属し、最後の一者は明らかにローマ法のポセシオを継受したものである。

　以下大体において条文の順序に従って解説を加えていく。

25　権利の推定

　占有者が占有物の上に行使する権利（本権ないし占有権原）はこれを適法に有するものと推定される（188条）。すなわち、所有者として占有する者は正当な所有者であり、質権者として占有する者は適法に質権を有するものと推定される。だから盗人でも占有しているときは所有者と推定され、真実の所有者はそれが自分の物であることを証明しなければならないことになる。事実上の支配を正当なものとして保護しようとする占有制度の目的からいって当然であろう。た

だし、登記によって公示される不動産物権においては、人々は一般に登記によって権利状態を推測するものであるから、占有に基づく権利の推定の理論はこれを適用せず、もっぱら登記に基づいて推定するのが妥当である（最判昭和34・1・8民集13巻1号1頁、物13⑿参照）。したがって、188条は登記によって公示される不動産物権については、未登記の場合にだけ適用されると解すべきである。これは近代法において登記制度が完備し、占有とその作用を分担するようになったことから生ずる理論である。もっとも、引渡しに対抗力が認められる建物賃貸借および農地の賃貸借については賃借人の占有に権利推定効を認めるべきである。なお、他人の所有権を前提とし、その者との売買や賃貸借などの契約に基づいて使用の正権原を有するという主張をする場合には有効な契約の存在を立証すべきであり、188条の推定は働かない（最判昭和35・3・1民集14巻3号327頁）。

26　善意占有者の果実取得権

善意の占有者は果実を取得する権利（果実収取権）がある（189条1項）。ここにいう善意の占有者とは、果実を収取する権利を包含する本権（たとえば所有権・地上権・永小作権・賃借権など）を有しないにもかかわらず、これを有すると誤信する者を指す（本権を有しないこと知らないというのでは足らない）。これらの者は果実を消費するのが普通であるから、後になって、本権者から返還を請求されたときに果実を返還すべきものとしては酷にすぎるというのが立法の理由である。果実には天然果実と法定果実（総89・90参照）のほか、使用利益（自己使用した場合の賃料相当額の利益）も含む（大判大正14・1・20民集4巻1頁）。なお、銀行業者は、不当利得した金銭を運用して得た利益について189条を類推適用して収取することはできない（最判昭和38・12・24民集17巻12号1720頁・基本判例106）。善意の

占有者が本権に基づく訴えを受けて敗訴したときは、その訴え提起の時から悪意の占有者であったものとみなす（同条2項）。公平を図る趣旨である。もっとも、係争物件を自己の所有と信じて占有していた者が本権の訴えにおいて敗訴したとしても、その者が敗訴の判決言渡前にした売却処分が直ちに故意または過失による不法行為になるわけではない（最判昭和32・1・31民集11巻1号170頁）。なお、暴行もしくは強迫または隠匿による占有は善意でも悪意と同一に取り扱われる（190条2項）。

　悪意の占有者は現に有する果実を返還しなければならないばかりでなく、すでに消費し、過失によって損傷または収取を怠った果実の代価を償還しなければならない（同条1項）。

　これに関連しては2つのことを注意すべきである。その1つは、占有者と本権者との間に契約関係、たとえば賃貸借関係がある場合には、両者間の処理については契約関係の規律が優先的に適用されるということである。その2つは、善意の占有者の手もとに果実が現存していても、これを不当利得として返還する義務はない——善意の不当利得に関する703条の適用がない——と解されていることである（消費された果実の返還義務を免れるだけだとする反対説もある）。もっとも、占有者が善意であっても、その過失によって本権者に損害を生じさせた場合には、不法行為の責任を免れない。

27　占有者と回復請求者との関係

　他人の物を占有している者が目的物を滅失損傷したり、あるいはこれに費用をかけたりすると、本権に基づく回復請求者との間でこれをどう処理すべきかが問題となる。もっともこの場合にも、両者の間に賃貸借・寄託などの法律関係が存在していれば、これらの関係についての規律に従って処理すればよい。しかし、このような関

係が無効であったり、取り消されたりしたときや、盗人と所有者、無効または取り消された売買による買主と売主との間などにおいては、これを決済する標準がない。そこで民法は回復の請求を受ける者の占有を基準にしてこの関係を規定した（ただし、契約の無効・取消し・解除に伴う物の返還（給付不当利得の返還）の場合には、189条以下の規定は適用されないとする説も有力である）。

(1)　**占有者の損害賠償義務**　　所有の意思のある善意の占有者、たとえば無効の売買を有効と誤信した買主は、目的物を自分の物として自由に使用収益処分できると信じて疑っていないのだから、その責めに帰すべき事由によって占有物を滅失または損傷したときにも、現に利益を受ける限度において賠償すれば足りる。これに反し、所有の意思のない善意占有者およびすべての悪意の占有者は、他人の物であることを知っているのだから全部の損害を賠償すべきである。ただし、これらの者もその責めに帰することができない事由による滅失損傷に対しては賠償の義務を負わない（191条）。

(2)　**占有者の費用償還請求権**　　占有者が占有物に、たとえば乳牛の飼育とか建物の雨もりの修理のような必要費をかけたときは、その支出金額の償還を請求できる。ただし、占有者がたとえば牛乳のような果実を取得したときは、普通の必要費はその負担に帰し、特別の必要費だけを請求できる（196条1項）。また、たとえば土間を舗装したような有益費をかけたときは、その有益費の増価が現存する場合に限り、回復者の選択によって、支出した金額または現存増価額を請求できる（同条2項本文）。以上の費用償還の範囲については善意の占有者と悪意の占有者とを区別しない。しかし、悪意の占有者が有益費の償還を請求する場合には、裁判所は回復者の請求により、これに相当の期限を許与することができる（同条2項但書）。

その結果、占有者は費用の償還を受けるまでは占有物を返さないという留置権は成立しないことになる（295条1項但書、物79⑵参照）。

28　即時取得（善意取得）

即時取得は動産の占有に公信力を与え、動産取引の安全を図る制度であることはすでにしばしば述べた（物2⑵・15⑴参照）。即時取得という名称は、これが占有取得の効果であることに注目したものであるが（旧民法証拠編144条は、これを即時に満期となる時効取得として規定していた）、上記のように前主の占有（権利外観）に対する取得者の信頼を保護し、取引の安全を図る制度であることを強調する学説では、これを善意取得と呼ぶことが多い。

(1)　**即時取得の要件**

(ｱ)　**動産**　　動産に限って適用される。工場財団に属する動産についてはその譲渡が禁止されているが、それが財団から分離されて第三者に譲渡され、引き渡されたときには、192条が適用される（最判昭和36・9・15民集15巻8号2172頁。工抵5条2項参照）。不動産については、たとえ家屋を取り壊す目的で買ったり、山林を伐採する目的で買っても適用がない（取り壊しや伐採の結果、取得する材木等は動産であるが、(ｲ)で説明するように、その動産は取引によって取得したものではないから、やはり即時取得できない）。立木について無権利者が自分名義の明認方法を施したのを信頼して買った場合も同様である。なお、動産でも権利変動について登記・登録等を必要とする船舶・航空機・自動車などには適用されない。ただし、未登録の自動車や登録が抹消されている自動車には192条が適用される（最判昭和45・12・4民集24巻13号1987頁）。また、動産譲渡登記のされている動産も即時取得の対象となる。

なお、指図証券・無記名証券・手形・小切手などの有価証券は、

それぞれ特別の法律（520条の5・520条の15・520条の20、手16条2項、小21条など）によって善意・無重過失で善意取得するものとされており、192条以下の適用の余地がない。また、金銭については特別の規定はないが、封印をして特定するなど特段の事情がない限り、占有の移転に伴って金銭の所有権も移転すると解すべきであるから（最判昭和39・1・24判時365号26頁・基本判例99）、192条以下、とりわけ盗品に関する193条・194条の適用はない。

　(イ)　取引行為による占有の取得　　動産物権の取得を目的とする取引行為によって占有を取得することを要する。この要件は、通説に従って平成16年の民法改正により明文化された。預っている動産を売ったとか、借りている動産を質に入れたというように、動産の占有が取引行為によって移転された場合でないと即時取得の適用がない。競売によって債務者の所有に属さない動産が買い受けられた場合も取引行為による占有取得に含まれる（最判昭和42・5・30民集21巻4号1011頁）。これに対し、他人の山を自分の山と誤信して立木を伐採した場合のように、何ら取引行為に基づかないで動産の占有を取得する場合には適用がない（大判大正4・5・20民録21巻730頁。なお、総152(2)(イ)参照）。この場合には、伐採によって立木が動産になったのちに、その伐木が伐採者から第三者に売られ、引き渡されてはじめて即時取得の対象となる。

　(ウ)　占有の開始　　占有改定・指図による占有移転でも即時取得できるだろうか。取引の結果始められる占有は現実の占有に限らず、占有改定による代理占有でもよいであろうか（占有改定と即時取得）。たとえばBがAから借りている機械を自分のもののような顔をしてCに売った場合に、買主Cが引き続き売主Bに使用させていても——譲渡担保にこのようなことが多く起こる——即時取得の適用が

あるかどうかが問題になる。判例はこれを否定し（最判昭和32・12・27民集11巻14号2485頁、最判昭和35・2・11民集14巻2号168頁・基本判例97）、学説は分かれている。思うに、即時取得の制度は、沿革的にはドイツのゲヴェーレの制度、すなわち、Aが任意にBに渡した物（後述物28⑶参照）はBに対してだけ返還を求めることができ、Bからの転得者Cに対しては返還を求められないという原則に由来する。占有改定では物はまだBの手もとにあるのだから、Aは返還を求めることができる。しかし今日では、即時取得は、Bの占有を信頼して取引に入ったCを保護することを第一義とする制度として理解されるべきであり、Cが占有権を取得することは第2段の要件にすぎない。そうだとすれば占有改定による占有権の取得を排除していない条文の文理に反して占有改定を除外すべき理由はないということもできる。しかし、その一方で、AがBから現実に目的物の返還をしてもらったあとで、CがAに対して所有権の即時取得を理由にその引渡しを求めうる（この場合Aは192条による保護を受けられない）とすることは真正権利者Aにあまりに酷である。また、BがAとCとに二重に譲渡担保を設定し、それぞれ占有改定をしていた場合に、後から担保権を取得したCが即時取得をし、反射的に、先に譲渡担保権を取得したAの権利が失われるとすると、先に成立した担保権が優先するという担保法の原則に反する結果となってしまう。そこで、学説においては、Cが占有改定によって即時取得したことを譲渡人B以外の第三者に対抗するためには現実の引渡し——その際には善意無過失であることを要しない——を必要とすると解するもの（折衷説）や占有改定による即時取得を認めないもの（否定説）が有力になっている。

　指図による占有移転と即時取得については、倉庫への寄託物につき

指図による占有移転がされた場合に、倉庫業者の寄託者台帳の名義が変更されたときは、即時取得が成立するとした判例がある（最判昭和57・9・7民集36巻8号1527頁）。学説では、無条件肯定説が多数である。しかし、最近では、一定の場合に限って即時取得を認める学説（類型論）が有力になっている。すなわち、たとえばA所有物の受寄者BがこれをCに譲渡して占有改定しても、AのBに対する信頼は裏切られていないとしてCの即時取得は認められていない。そうだとすると、CがこれをさらにDに譲渡して指図による占有移転をしたときも、目的物はなおBの手もとにあり、AのBに対する信頼は裏切られていないのだから、即時取得を認めるのは均衡を失している。したがって、指図による占有移転によって真正権利者と直接占有者との間の代理占有関係が遮断される場合（たとえば、AがBに預けた物をBがさらにCに預けて現実の引渡しをし、BがこれをDに譲渡して指図による占有移転をした場合）に限って即時取得が認められるとするのである。

　(エ)　前主の無権利・無権限　　前主が目的物を処分する権限をもたないのに、もっていると誤信して取引をしたことを要する。即時取得は、前主の無権利ないし無権限という欠陥を補修するものであって、取引行為そのものに内在する瑕疵を治癒することを目的としていない。したがって、借主・質権者・受寄者などが所有者を装って処分する場合や、他人の動産を自分の名で処分する権限を有する者（たとえば、問屋・質権者・執行官など）がたまたま処分する権限のない動産を処分した場合、債務者以外の者が所有する物を競買してしまった場合などに192条が適用される。ただし、AがBのための譲渡担保権を設定した動産も担保権が実行されるまではAのもとに所有権があると解されているが（物123以下参照）、AがこれをCに譲渡して

引き渡したときに、Ａが無権利者でないことを理由にＣの即時取得を否定してはならない。Ａの所有権は譲渡担保権の負担を受けており、その権限の瑕疵を治癒するために即時取得が適用され、これによってＣは担保権の負担のない動産を取得できるのである。これに対し、制限行為能力者による処分の効力は行為能力に関する規定、錯誤・詐欺・強迫等による処分については95条および96条、無権代理人の処分行為については表見代理に関する109条・110条・112条によって相手方の保護が図られるべきであって、192条は適用されない。したがって、この「前主の無権利・無権限」という要件は、「取引行為がそれ自体として有効であること」も意味している。なお、制限行為能力者や無権代理人から動産を買い受けた者の占有を信頼して、彼からさらに買い受けた者は即時取得の保護を受けることはもちろんである。

　(オ)　平穏・公然・善意・無過失　　取引によって権利を譲り受けた者が善意にしてかつ無過失であること、および平穏かつ公然に占有を開始したことが要件である。ここにいう「善意・無過失」とは、前主が無権利者でないと誤信し（単に「知らない」ということではない）、かつ、そのように信ずるにつき過失がなかったことをいう（最判昭26・11・27民集5巻13号775頁参照）。善意・平穏・公然については推定規定があるが（186条）、無過失については推定規定がないから、権利の取得者は自分の誤信にもっともだと思われる事情があることを立証しなければならないようにみえる。しかし、およそ占有者が占有物について行使する権利はこれを適法に有するものと推定される（188条）のだから、前主の占有を信頼した取得者は自分の無過失を立証することを要しない（最判昭和41・6・9民集20巻5号1011頁・基本判例98）。なお、法人の善意・無過失は、法人の代表者について

決するが、法人が代理人に取引をさせたときは、その代理人につい
て決する（最判昭和47・11・21民集26巻 9 号1657頁）。

　(2)　即時取得の効果　　その取引によって外形上取得される動産
上の権利（所有権または質権など）が真実に取得される。たとえば、
他人の動産を借りている者はこの動産の所有権を譲渡する権利はな
いのだから、たとえ他人に譲渡しても、譲受人は所有権を取得する
わけはないのだが、即時取得の効果として直ちに、ある意味で原始
的に、所有権を取得する。この場合、即時取得者は、原権利者に対
して不当利得の返還義務を負わないと解するのが判例・通説である
が、反対説もある。なお、抵当不動産の従物的地位にある動産が設
定者の所有物でなかった場合、抵当権は占有を内容としないから、
抵当権者がその動産について抵当権を即時取得することはできない。
これに対し、動産先取特権については、抵当権と同様に占有を内容
としていないけれども、即時取得の規定が準用されている（319条。
物83(2)(ア)(d)参照）。

　(3)　盗品・遺失物の特則　　盗品または遺失物においては特に真
実の所有者を保護するため、即時取得の要件はいっそう加重される。
すなわち盗人または遺失物取得者が盗品または遺失物を売ったり質
に入れたりして、192条の要件を備える占有者の手に入っても、被
害者または遺失者は盗難または遺失の時から 2 年間はその盗品または遺
失物の占有者から無償で返還を請求できる（193条）。上述のゲヴェー
レの系統に属する原則であり（前述物28(1)(ウ)参照）、取引がつぎつぎ
に行われても同様である。この請求権の根拠は、 2 年間は被害者ま
たは遺失者が所有権を保持するからか、それとも占有開始時に即時
取得をし、被害者や遺失者は193条が特に認めた特別の返還請求権
を有するものと解すべきかについて争いがある。判例は前者の見解

をとるが（大判大正10・7・8民録27輯1373頁）、学説にはむしろ後者の見解をとるものが多い。なお、物がつぎつぎと取引されている間に競売されたり、店舗に並べて売られたり、または同種の物を販売する行商人などの手から売られたりしたとすれば、その取引を保護する必要が大きくなるから、被害者または遺失者は善意の買主が現に支払った代価を弁償しなければその物の返還を請求できない（194条）。この場合、善意の買主は、弁償の提供があるまで盗品等の使用収益をする権限を有するし、物を任意に返還した後でも代価弁償を請求することができる（最判平成12・6・27民集54巻5号1737頁・基本判例100）。もっとも、古物商および営業質屋は、たとえ同種の物を販売する商人から、または競売で、取得した場合でも、盗難または遺失の時から1年間は、無償で返還しなければならない（古物20条、質屋22条）。盗品返還請求前にその物が滅失したときは返還請求権は消滅し、返還に代わる賠償も請求できなくなる（最判昭和26・11・27民集5巻13号775頁）。

29　占有による家畜外動物の取得

　他人の飼育する家畜以外の動物、たとえば猿・狐・カナリヤ・鶯などが逃げ出した場合に、これを捕獲した者が他人の飼育するものだということを知らなかったときは、1ヵ月以内に飼主から回復の請求を受けなければ、その所有権を取得する（195条）。家畜以外の動物でも逃走すれば遺失物となるわけなのだが、このような物の所有権を特に薄弱にして、捕獲者の立場を保護しようとする趣旨である。何が家畜外の動物かは、人の支配に服さないで生活するのを通常の状態とするかどうかを基準として判断すべきで、北海道では九官鳥は家畜であり、家畜外動物に関する195条の適用を受けないとする判決がある（つぎの物30参照）。

30　占有の訴え

占有の訴えは物権的請求権の一種であることは前に述べた（物9
⑵参照。なお、一般に占有訴権と呼びならわされているが、訴訟法上の
特殊な権利ではなく、実体法上の請求権である）。占有権が社会の物権
的支配の秩序維持を目的とする制度であること（物3参照）は、占有
の訴えにおいて最も明瞭に現われる。かつて大審院に興味のある
事案があった（大判昭和7・2・16民集11巻138頁参照）。Aは、その
飼育していた九官鳥が逃げたので、これを捕獲しているBの家に行
き、暴力をもって奪って帰った。Bは自分が195条によって所有権
を取得した九官鳥だから返せと請求した。しかし九官鳥はわが国
では家畜とみるべきだから、195条の適用はない（物29参照）とい
う理由でBの所有物返還請求の訴えは認められなかった。ところが、
その訴訟中に証人の証言によって、問題の九官鳥はAの逃がしたも
のではなく、だれか別の人が飼育した鳥だということになった。そ
れにもかかわらずBは敗訴した。Bの訴えは自分の所有物だから返
えせという請求なのだから、裁判所はBの物ではないから訴えは認
めないと判決することで十分だったのである。もし本当にAの所有
物であったとしてもAは、所有権を理由として返還を訴求すべきで
あった。たとえ自己に帰属すべき物でも、緊急やむを得ない特別の
事情がある場合を除いて（最判昭和40・12・7民集19巻9号2101頁参
照）、自分の私力をもってその権利を実現することは許されない。
自力救済を禁じている以上、あえて自力救済をした者がいるときは、
その者から目的物を取り戻させたりすることで社会の現にある状態
を一応保護する必要がある。その必要に応えようとするところに占
有の訴えの本質が存在する。ちなみに先ほど紹介した九官鳥の事件
では、Bがその後占有回収の訴えを起こして勝訴し、九官鳥はBに

返還された。しかし、その後今度はAが所有権に基づいて所有物返還の訴えを起こし、先の証人の証言が偽証であったことが明らかになって、Aが勝訴したという興味深い後日談がある。

これに関連して、**占有の交互侵奪**ないし**相互侵奪**という問題に触れておこう。Aの所有する物をBが盗んだので、Aが実力を行使してこれを取り戻したとき、Bは占有回収の訴えにより占有を回復することができ（大判大13・5・22民集3巻224頁・基本判例108参照）、そのうえでAが所有権に基づく返還請求権を行使すべきことになる。しかし、こうした手順を踏ませることは常識に反するし、訴訟手続上も不経済であるとして、Bの占有回収の訴えを否定する学説が多数を占めるようになっている。この説は、Aの占有は奪われてから1年の間はなお継続していると解することができるので（203条但書参照）、Aの奪還はBの占有の侵奪に当たらないなどの理由をあげているが、それによると、事実上、侵奪後1年間は自力救済が認められることになってしまうし、Aが不法占有者でありBが本権者である場合には不当な結果になってしまうので、自力救済禁止の原則を実現することにこそ占有の訴えの意義があるとする学説などは、これに反対している。

以下では、占有の訴えに関して問題となる点を説明する。

(1)　**本権の訴えとの関係**　　占有の訴えは、それが正当な権利に基づくものであるかどうかを問題とせず、現実的支配の事実に基づく関係を維持しようとする訴えだから、**本権の訴え**、すなわち真実の権利に基づいてあるべき支配状態を実現しようとする訴えとは何らの関係がない（202条1項）。上に挙げた九官鳥の例においてBは占有回収の訴えを提起するとともに所有物返還の訴えを提起してもよい。同一の目的について二重に訴えたことにはならない。また所

有物返還の訴えで敗訴した後に占有回収の訴えを提起しても、いわゆる一事不再理の原則にもとることにはならない。また、Ｂが占有回収の訴えを起したときに、Ａがこれに対して、その訴訟の中で、それは元来自分の所有物だと抗争してもＢの訴えを否認する理由とはならない（同条 2 項）。ただし、Ａは本権に基づく反訴を提起することができる（最判昭和40・3・4民集19巻 2 号197頁・基本判例109）。

　⑵　占有の訴えの原告　　占有の訴えを提起しうる者（原告となりうる者）は占有者である。他人のために占有する者（占有代理人）もまた占有者であるから、自己の名において、独立に、占有の訴えを提起することが認められる（197条）。

　⑶　占有の訴えの内容　　占有の訴えの内容は占有の円満な状態の回復と損害賠償とを請求することである。損害賠償はいずれの場合にも原則として金銭賠償であるが、円満な状態の回復は侵害のいかんによってその態様を異にする。①占有を奪われたときはその物の返還と損害の賠償を請求することができる。これを占有回収の訴えという（200条 1 項）。②占有は奪われないが、占有が妨害されたとき（たとえば甲の借地の上に隣家の松の木が倒れてきたとき）は妨害の停止と損害の賠償とを請求できる。これを占有保持の訴えという（198条）。③占有を妨害されるおそれがあるとき（隣家の松の木が倒れそうなとき）は、妨害予防の手段を講ずること、または損害を生じたときの賠償のために担保を供することを請求することができる。これを占有保全の訴えという（199条）。

　⑷　占有の訴えの要件

　㋑　占有の侵害またはそのおそれの存在　　上のような占有の侵害またはそのおそれがあることを要する（198条－200条 1 項）。占有回

収の訴え（200条）においては、占有を「奪われた」ことが要件であるから、占有代理人である賃借人が他人の欺罔によって任意に占有を移したときには賃借人だけでなく賃貸人も占有回収の訴えを提起することができない（大判大正11・11・27民集１巻692頁・基本判例107）。悪意の占有者も占有回収の訴えを提起できる（大判大正13・5・22民集３巻224頁・基本判例108）。

　(イ)　出訴期間の制限（除斥期間）　　占有保持の訴えは、妨害が存する間または妨害の消滅後１年以内に訴えを提起することを要する（201条１項本文）。ただし、工事によって占有物に損害が生じたとき（たとえばＡの借地にＢが勝手に建物を造っているとき）は、その工事の完成しないうちに、しかもその工事着手の時から１年以内に訴えを提起することを要する（同条１項但書）。占有保全の訴えは、妨害の危険の存する間は提起することができる（同条２項前段）。工事によって損害が生ずるおそれのあるときは、201条１項但書が準用される（同条２項後段）。占有回収の訴えは、占有を奪われた時から１年内に提起しなければならない（同条３項）。これは占有の訴えは事実状態のかく乱をしずめるための制度であるから、かく乱状態の落ちつく前にその排除を請求すべきだという趣旨である。一度生じたかく乱状態といえども一定期間が経過すると社会の事実状態はそのかく乱のままに落ちつくから、もはやその排除を許すべきではない。もっとも、上記のさまざまな請求のうち、妨害排除および妨害予防を請求することは、いずれも妨害または妨害のおそれが現実に存する間にだけ許され、これらの事情が止んだ後には問題にならない。したがって、民法が占有保持の訴えについて妨害の消滅した後１年以内に占有の訴えを提起することを要するといっているのは、妨害による損害賠償の請求についてのことだと解すべきである。

(ウ)　**侵奪者の故意・過失の要否**　　占有の訴えは相手方となる占有侵奪者に故意または過失があることを必要としない。たとえば、隣地から倒れてきた建物のために土地の占有を妨害されその排除を請求するのには、その建物の崩壊が所有者の故意または過失によることを必要としない。ただし、妨害から派生する損害の賠償を請求するためには、原則として不法行為一般の原則によって故意または過失を要するものと考える（709条参照、大判昭和9・10・19民集13巻1940頁）。なぜなら、占有の訴えの内容として妨害の排除とともに、妨害の継続と不可避に結合する損害および妨害に起因して生ずる損害の賠償を認めるのであるが、後者の損害賠償請求は物権的請求ではなく普通の不法行為の賠償請求だからである。民法は便宜上これを占有の訴えの内容に加えたにすぎない。だから、訴えの取扱いにおいては両者を統一的に処理するのが妥当であるが（その管轄は訴訟物の価額（140万円まで簡易裁判所）によって決まる（民訴8条、裁33条1号参照））、その要件においては妨害の排除と損害賠償を別に取り扱い、後者はあくまでも不法行為としてその要件を定めるべきものである。そうでないと、所有権の侵害による損害賠償さえ故意過失を要するのに、占有権の侵害においてはこれを要しないことになって権衡を失するであろう。ただしこの点には反対の学説もある。

(5)　**占有の訴えの相手方**　　占有物に対する侵害の排除または予防の措置を求める訴えの被告となるのは、現に占有を侵害し、またはそのおそれを生じさせている者である。ただし、占有回収の訴えにおいては、奪った占有の特定承継人、たとえば盗品の譲受人に対しては、その者が悪意のときにだけ占有回収の訴えを提起できる（200条2項）。ここにいう承継人の悪意というのは、承継人が何らかの形で占有の侵奪があったことについて認識を有していた場合をいい、

占有の侵奪を単なる可能性のある事実として認識していただけでは足りない（最判昭和56・3・19民集35巻2号171頁）。善意の特定承継人に対して占有回収の訴えを提起できるものとすると、新たな物権的支配秩序が形成されたところにまた新たな波紋を生じさせることになるからである。したがって、いったん善意の特定承継人に譲渡されたなら、その後に占有を承継した者が悪意であっても、占有回収の訴えを提起することはできないものと解されている（大判昭和13・12・26民集17巻2835頁参照）。

第4節　占有権の消滅

31　自己占有の消滅原因

　自己占有の消滅原因として特殊なものは、①占有者が積極的に占有意思を放棄するか、②または占有者が所持を失うことである（203条本文）。しかし、②の場合に占有者が占有回収の訴えを提起したときは占有権は消滅しない（同条但書）。なぜなら、占有回収の訴えは、先に述べたように、占有状態のかく乱を静める制度であって、この訴えで勝訴したときは、被侵奪者の従前の占有状態は途絶えることなく継続していたとみるのが制度趣旨にかなうからである。したがって、継続が認められるのは占有回収の訴えで勝訴し、かつ、現実にその物の占有を回復した場合でなければならない（最判昭和44・12・2民集23巻12号2333頁）。もっとも、占有回収の訴えの要件さえあれば、侵奪者が任意に返還して訴訟にならなかったときでも、占有は継続するとみるべきである。

32　代理占有の消滅原因

　代理占有の消滅原因として特殊なものは、①本人が代理人に占有

させるという意思、いいかえれば代理人を通じて間接占有をするという意思を放棄すること、②代理人が本人に対して以後自己または第三者のために所持すべき意思を表示すること、および、③代理人が所持を失うことである（204条1項）。近時の学説は、代理占有の成立には本人が代理人に占有させる意思を有することを必要としないと解している（物20(5)(イ)参照）。しかし、そうだとしても、本人が代理人に占有させない意思を積極的に表示すれば、代理占有が消滅するのは当然であろう。したがって①が消滅原因となることと代理占有において本人の意思を要しないと解することは矛盾しないということができる。

　本人と占有代理人との間にある代理占有の基礎となる法律関係が消滅しても、それだけでは、本人の占有権は消滅しない（同条2項）。たとえば、賃借人による代理占有は賃貸借契約が終了したというだけでは消滅しない。上記①②③の事実が生じたことなどによって貸主・借主という外形も終了したときにはじめて本人の代理占有が消滅する。代理占有もまた外形的支配関係に基づく観念だからである。

第 5 節　準　占　有

33　準占有の意義

　準占有とは占有を伴わない財産権（たとえば債権）が事実上ある人に帰属するようにみえる外観を呈することである。占有が物の事実的支配の外形であるように、準占有は財産権の事実的支配の外形である。民法は自己のためにする意思をもって財産権を行使することが準占有だとしているが（205条参照）、行使するとは、上記の趣

旨に従い、財産権がその支配内に存するようにみえることだと解すべきである。したがって、債権証書を所持したり、預金帳と印を所持したりすれば債権の準占有がある。債権のほかには地役権・抵当権・著作権・商標権などについても準占有は重要な意味を有する。準占有という制度を認めることは占有制度を認めることとその目的を同じくする。すなわち財産権の事実的支配の秩序維持を目的とする。

34　準占有の効力

　準占有の効力は占有の効力と同じである。すなわち、準占有について占有の規定が準用される（205条）。したがって、権利の推定・果実の取得・費用償還・占有の訴えなどの効力は準占有についても生ずる。しかし、即時取得の規定は準用されないと解する。すなわち、単に債権を準占有する者から善意で譲り受けても債権を取得することはない。即時取得は特に動産取引の安全を保護する制度だからである。もちろん近時においては債権取引の重要性は動産取引のそれをしのぐものがあるが、その取引の安全を保護するためには指図証券・無記名証券などの特殊の証券的債権が発生し、これについて動産以上の取引の安全が図られている（物28(1)(ア)参照）。すべての債権について即時取得の規定を準用することはこの点からみても妥当ではない。なお、債務者が債権の受領権者としての外観を有する者（平成29年改正以前は「債権の準占有者」と規定されていた）に善意無過失で弁済をした場合には、その弁済は有効とされる（478条）。たとえば、預金証書と印鑑とを盗んで所持する者に銀行が善意無過失で弁済すればその弁済は有効となる。これは債権法の問題であるが、実際上重大な意義を有するものであるから記憶すべきである。

第3章 所 有 権

第1節 総 説

35 所有権の性質

　所有権は物に対する全面的支配権であることはすでに述べた（物4参照）。沿革的には、所有権を使用権・収益権等の諸権利の束であるとした法制度もあり、また土地と動産とではその所有権の内容を異にした時代もあった。しかし、自由な所有権という概念が確立した今日では、所有権は客体である物を全面的に支配する権利であって、物を法令の制限内においてどのようにでも利用できる渾一な内容を有する。地上権や永小作権によって制限されるときは所有権の内容は空虚に近いものとなることもありうるが、これらの制限は本来有限であるから、所有権は観念上一定の時期において円満な状態に復帰する。すなわち所有権は全面的支配に復する弾力性を有し、かつ時効によっても消滅しない永久性を有する（総156(1)参照）。

　しかし、所有権のこのような性質はこれまで学者が理論構成の上で与えた性質にすぎない。実際上の所有権は一定の具体的作用を有するものであり、しかもその資本としての作用には種々の方面から制限を受けつつあるものであって、現実の姿においては所有権といえども絶対的な・円満な・自由な権利でないことはいうまでもない。のみならず、その法律的な面においても、以前から警察・公益などの目的による種々の制限が存在していた。ただ、学者はこれらの制限をもって所有権の外部からする公法的な制限にすぎず、所有権そ

のものの本質はなお円満な支配だと考えてきた。しかし、近時、所有権に対する制限が各方面からますますその範囲を増していることを考えあわせると、民法上の所有権の本質としても、全面的な支配という性質は次第に失われ、客体の種類に応じて一定の制限された範囲における支配であるという考え方に移っていきつつあるといってもよいであろう。

36 所有権の内容

(1) **所有権の保障とその制限**　　所有権の内容は法令の制限内において客体を、自由に使用・収益・処分することである（206条参照）。所有権も財産権の最も重要なものとして、理論上、憲法29条の保障と制限のもとにおかれる。すなわち所有権は「これを侵してはならない」（憲29条1項）が、その内容は、「公共の福祉に適合するやうに、法律でこれを定める」（同条2項）のである。これは一面において所有権も、公共の福祉という見地からこれを制限することができることを明らかにすると同時に、他面その内容、したがってまた制限は法律によるべきことを規定したものである。この場合「法律で定める」とは法律または法律によって委任された命令で定めると解すべきであり、206条もこれと連係した規定とみるべきである。

　所有権を制限する法律は近時ますます多数にのぼり、その内容も多種多様である。民法は自由に使用・収益・処分する権利と規定しているが、それは単に歴史的意義を有するにとどまり、今日では法令の制限内において適当な内容を認められる権利であるにすぎず、所有権に限って自由な権利だという余地はないとさえいえる（物4参照）。

(ア) **目的による所有権の制限**

(a) **保安のための制限**　　まず、保安、すなわち社会一般の安全

347

を保つためのもの（警察規制）が挙げられる。都会地の防火地域・準防火地域で建築するには一定の防火設備を設けなければならないなどとする建築基準法61条等の規定はその適例であるが、工場における生産機械の安全保持のための規制や、公害防止関係の諸法もこの部類に属する。

　(b)　公共のための制限　　公共の施設のためのものがある。たとえば、道路・鉄道の建設や、河川の維持・改修、送電線の設置など、公共のために強制的に所有権の収用ないし使用権の設定が認められる（収用2条参照）。いわゆる公用徴収である。

　(c)　特殊事業のための制限　　特殊の産業の維持・開発のためのものが挙げられる。鉱業権者に、鉱物を掘採するために地表の所有者に対して利用権の設定を求める権利が認められ（鉱業104条参照）、あるいは山林の所有者に木材搬出のため周辺の土地の利用が認められる（森林50条以下参照）のはその一例である。

　(d)　文化財保護等のための制限　　第4に、特殊の文化財を維持し文化の向上に資するために、その処分について制限を設ける文化財保護法を挙げてもよかろう。さらに考えようによっては、借地借家法・農地法などの、本来所有権者の任意の契約によって設定される不動産の賃貸借関係も、いったん貸した以上は所有者の利用権限が大きく制限されるわけで、広い意味では所有権の制限といってもよかろう。

　(イ)　態様による所有権の制限

　(a)　所有権の剝奪　　最も強い制限は、所有権を取り上げる公用徴収である。取り上げた物を公益の用に供するのが普通であるが、事情によっては造成等を施したうえで一般市民に譲渡する場合も含む。また、埋立やダム建設などのために漁業権や水利権を消滅させ

る場合もある。

(b)　利用の禁止　　一定の利用方法を禁止するものが比較的に多い。都市計画法・建築基準法による土地利用や建築の規制はその適例である。

(c)　施設の強制　　一定の施設の設置を強制する例も少なくない。公害防止関係にその例が多い。

これらの制限に関しては、(a)のように所有権を「公共のために用いる」ときは、これに「正当な補償」をすべきことは憲法29条3項が明言しているが、(b)(c)のように、所有権の内容を法律で定めたことによって、所有者に損害が及んだ場合については規定がない。一般論としては、補償を要しないと解するほかはないが、すべての場合に補償をしなくてよいかは大いに問題である。

(2)　土地所有権の及ぶ範囲

(ア)　土地の上下　　土地の所有権は法令の制限内においてその土地の上下に及ぶ（207条）。したがって、上空高く航空機が飛ぶのも、それについて特別の法令がなければ、形の上では所有権の侵害である。しかし、土地所有者にその阻止ないし予防の権利を認めても、訴訟上それを実現する手段がない。いや、仮にその手段があるとしても（たとえば測定機械を備えつけて、航空機が当該土地の上空を通過するごとに賠償金を支払わせるなど）、そのような請求は多くの場合に権利の濫用である。むしろ、そもそも土地所有権の効力をそこまで広く認めるべきかが問題である。スイス民法のように「土地の所有権は、その行使について利益の存する限度において空中及び地下に及ぶ」（同法667条）と解することが近代の所有権思想に合致する。もっとも、このように解した場合、近時の著しい都市化と建設技術の進歩のもとで「利益の存する限度」が拡大されていること、そこ

から新しい制限の問題が提起されていることを注意すべきである。たとえば高層建築による日照・眺望・景観等の阻害、電波阻害などがそれであり、解決を迫られている。

　土地の上空の一時的通過ではなく、電線や橋梁が地上に架設される場合は、当該土地の所有権と衝突することはいうまでもない。土地所有者の承諾または承諾に代わる土地収用法の使用の裁決（収用47条の2）があるのでなければ、違法な侵害として妨害排除の対象となる。

　このことは通行や引水のための地下のトンネルについても同様である。ただし、これらの工事が、所有者の同意なしに完了してしまった場合、侵害の態様が土地利用の本質的部分に関わるものでなく、除去が大きな費用負担や社会的不便をもたらす事情があると、原状回復に代えて損害賠償で満足することを求められる可能性が高い。

　207条に関連する問題として、大深度地下の利用がある。平成12年に制定された大深度地下の公共的利用に関する特別措置法は、東京都など政令で定める地域において、道路、河川、鉄道、通信、上下水道等一定の公共の利益となる事業につき、国土交通大臣等の認可を受けた事業者が原則として土地所有者等に補償をしないで大深度地下（ビルの基礎杭埋設や地下室の設置など土地所有者による通常の利用に影響を及ぼさない深さの地下空間）を使用することができるとし、例外として補償すべき損失があれば請求をまって補償するとしている。

　(イ)　土地所有権の横における限界　　土地の所有権は横に境界を越えて隣地には及ばない。隣地との利用の調整は次段で述べる相隣関係で規制される。

　なお、近隣の工場または通過する自動車などから、所有地に振

動・煤煙・悪臭・騒音が侵入してくる場合に、その原因をなすものの管理者に対して侵害の停止を求めることができるかは、公害に関連して大きな問題となってきたが、環境問題として、土地所有権の効力を越えたさらに広い見地から対応すべきである。

　(ウ)　筆界確定の訴え　　土地の筆界（不動産登記法上1個の土地の単位とされる「筆」の範囲を示すものであり、公法上の境界ともいわれる）が不明確なときには、形成の訴えの性質をもつ筆界確定の訴えにより、裁判所は筆界を確定する。相隣者との間で筆界を定める合意をしても、土地の固有の筆界自体は変動しない（最判昭和31・12・28民集10巻12号1639頁）。筆界は、所有権の範囲（所有権界）や占有権の範囲（占有界）と一致することもあるが、概念としてはまったく別物である。

　平成17年の不動産登記法改正により以下のような筆界特定制度が導入された。筆界特定は、対象土地の所在地を管轄する法務局または地方法務局がつかさどり（不登124条）、筆界特定登記官が行う（同125条）。専門的知識・経験を有する筆界調査委員（弁護士、土地家屋調査士等）若干人を置き（同126条）、筆界特定の申請があると、指定された筆界調査委員が必要な調査を行い、筆界特定登記官に対し意見を提出する（同135条・142条）。筆界特定登記官は、その意見をふまえ、諸事情を総合的に考慮して、対象土地の筆界特定をして、筆界特定書を作成し（同143条1項）、これを申請人等に通知し、公告する（同144条）。筆界確定の訴えが提起されたときは、裁判所は、筆界特定手続記録の送付を嘱託することができ（同147条）、筆界特定は確定した判決と抵触する範囲で効力を失う（同148条）。

　(3)　所有権に基づく物権的請求権　　所有権は物に対する直接の支配を内容とする物権として、その支配が侵害されたときは、その回

復を請求するために、いわゆる物権的請求権を生ずることはすでに
述べた（物9⑵参照）。その際、所有権から生ずるこの請求権には所
有物の占有を失った場合の所有物返還請求権と、所有物の円満な支
配状態を妨げられた場合の所有物妨害排除請求権と、支配状態を妨
げられるおそれがある場合の所有物妨害予防請求権の３種の請求権
が認められることも述べたが、これらについては先に述べた３種の
占有の訴えに準じて考えればよい（物30参照）。ただ両者の要件に重
要な差のあることを注意すれば足りる。それは、占有の訴えにおい
ては妨害・侵奪の時から１年を経過するか、または妨害の継続中で
あっても工事が終了すれば訴えを提起できないという制限があった
が（201条）、所有権に基づく請求にはこのような制限はないことと、
占有回収の訴えは「奪われたとき」しか提起できず、善意の特定継
承人に対しては提起できないが（200条２項）、所有物返還請求権に
はこれらの制限がないということである（物30⑷参照）。たとえば、
隣人の建造物が境界を侵して建てられた場合にも、その工事が終了
すれば占有保持の訴えは提起できないが、所有物妨害除去の訴えは
提起できる。また盗人から善意で譲り受けた者に対しては占有回収
の訴えは提起できないが、所有物返還請求の訴えは提起できる（た
だし、192条以下の制限を受ける場合があることは別問題）。

37 建物の区分所有

　分譲マンションなど、１棟の建物を区分して各区画を別々の者が
所有することが、多くみられるようになった。この場合の各区画の
所有権は、壁や床などで区切られた空間の所有権のような様相を呈
することになる。民法には、もともと建物の区分所有に関する208条
が存在していた。しかし、これは、長屋のような建物を想定した規
定であり、今日の分譲マンションにように独立の所有権の対象とな

る区画が左右に接しているだけでなく上下にも立体的に積み重なっている大規模建物については、同条だけではとてもまかない切れないので、昭和37年に建物の区分所有等に関する法律が制定され、208条は削除された。その後も、分譲マンションの激増と大型化ないし団地化が進み、その管理や登記上何らかの措置が要請されたため、同法および不動産登記法が昭和58年に改正された。その後、平成12年には、マンション管理士の資格やマンション管理業者の登録等を定める「マンションの管理の適正化の推進に関する法律」が制定されたが、阪神・淡路大震災を経て、マンションの建替決議等をめぐって紛糾が生じ、平成14年に建物区分所有法が改正され、あわせて、「マンションの建替えの円滑化等に関する法律」も公布・施行された。建物区分所有法の主要な改正点は、①共用部分の変更（大修繕等）の決議要件の緩和（4分の3を過半数にするなど。建物区分17条1項）、②管理者の権限拡充（同26条2項）、③規約の適正化（同30条3項）、④管理組合の法人化要件の緩和（同47条1項）、⑤規約・集会の電子化（同30条5項等）、⑥復旧決議に係る買取制度の合理化（同61条8項）、⑦区分所有建物の建替え決議の要件・手続の緩和（同62条1項）等である。

　(1)　区分所有建物の所有関係　　①区分されて、独立に所有権の目的とされる専有部分（建物区分2条3項、不登44条1項7号参照）、②区分所有者の共用に供される共用部分（建物区分2条4項・4条・11条—20条、不登58条参照）、③さらに①②を含めた建物の存立の基礎をなす敷地（建物区分2条5項）および特に敷地利用権（同2条6項・22条—24条、不登44条1項9号参照）が問題になる。この三者を一体として特殊の所有権を認める構想も可能であるが（たとえばドイツの住居所有権法）、建物を敷地から独立の不動産と認めるわが国

の法制のもとでは、必ずしも妥当ではない。そこで上述の三者を一応別個のものとしながらその相互の関係を規制することによって、区分所有建物が適正妥当に維持され管理されるよう企図している。

　(ア)　専有部分　　1棟の建物の区分された部分が専有部分となるためには、つぎの2つの要件が必要とされる（建物区分1条）。①構造上の独立性があること。障子などで仕切られているだけでは不十分であるが、シャッターは隔壁となりうる（最判昭和56・1・30判時996号56頁）。周囲すべてが完全に遮断されていることを要しない（最判昭和56・6・18民集35巻4号798頁）。他人の専有部分を通らないと外部に出られない部分には構造上の独立性がない。②用途上の独立性があること。独立して住居・店舗・事務所など建物としての用途に供しうることが必要で、もっぱら専有部分の用に供される配電室などは区分所有権の目的とならない。また、管理事務室と管理人室を一体として利用しなければ区分所有建物全体の管理業務を遂行できない場合、その管理人室は、構造上の独立性があっても、利用上の独立性がなく、専有部分になりえない（最判平成5・2・12民集47巻2号393頁）。

　専有部分は独立の建物として所有権の客体となり、譲渡や抵当権・貸借権の設定などについて一般の不動産と変わりはない。各専有部分は物理的、機能的に相互に密接な相隣関係にあるので、区分所有者は建物の保存や管理・使用に関して共同の利益に反する行為をしてはならないし（建物区分6条1項。同条3項により賃借人その他の占有者も同じ）、専有部分または共用部分の保存・改良のために必要な範囲で、相互にその使用を請求することができる（同条2項）。

　(イ)　共用部分　　①区分所有権が成立している1棟の建物の専有

部分以外の（構造上または用途上の独立性のない）部分（廊下、階段室など）および専有部分に属しない建物の付属物（ガス、水道の配管など）、および②規約で共用部分とされた、構造上は区分所有権の客体となりうる区分所有建物の部分（たとえば管理人室、共用の応接室など）および付属の建物（物置、車庫など）が共用部分とされる（建物区分2条4項・4条）。①は構造上の共用部分と呼ばれる（同4条1項）。②は規約共用部分と呼ばれるが、その旨の登記をしないと第三者に対抗できない（同条2項）。

　共用部分は、原則として区分所有者全員の共有に属し、一部の区分所有者の共用すべき部分はそれらの者の共有に属するが、規約で別段の定めをすることもできる（同11条）。各共有者の持分はその有する専有部分の床面積の割合による（同14条。その算定方式も規定している）。共用部分の持分権は専有部分の処分に随伴し、原則として共用部分の持分権だけを処分することはできない（同15条）。それとの関連で共用部分については民法177条の適用がない（同11条3項）。

　共用部分の変更は、「その形状又は効用の著しい変更」を伴う場合には、区分所有者および議決権の各4分の3以上の多数による集会の決議で決する（同17条1項本文）。これに対し、外壁や屋上防水等の大規模修繕のように現状維持や原状回復を目的とする変更は、著しく多額の費用を要する場合でも、特別多数（4分の3）の決議を要せず、集会の過半数の普通決議で実施できる（同18条1項）。

　(ｳ)　敷地　　区分所有建物も敷地なしには成立しない。建物の敷地とは、①建物の所在する土地（建物区分2条5項）、②建物および建物が所在する土地と一体として管理または使用する庭・通路その他の土地で規約で敷地と定めたもの（同5条1項）、および建物の所在する土地が「建物の一部の滅失」または「土地の一部の分割」に

より、建物の所在する土地以外の土地になったもの（規約で建物の敷地と定めたものとみなされる。同5条2項）をいう。そのうえで、区分所有建物が存立しうる法的根拠として「敷地利用権」という概念を設け（同2条6項）、規約で別段の定めをしない限り、区分所有者は、その有する専有部分とその専有部分に係わる敷地利用権とを分離して処分することができないものとしている（同22条1項）。この分離処分不能の敷地利用権（不動産登記法上は「敷地権」という）は建物の表示に関する登記事項の中に加えられ（不登44条1項9号）、その登記により、専有部分と敷地利用権とは、何人に対する関係でも不可分一体のものになる（同73条）。

(2) 区分所有建物の管理等　区分所有建物には必然的に共用部分と敷地利用権の共有が伴うので、区分所有者たちは管理に関して共同作業を必要とする。のみならず、彼らは住居や店舗として同じ棟の中で生活を営むので密接な利害関係に立つ。そこに広い意味での生活の仕方を含めて建物およびその敷地等の管理を行うために区分所有者全員の団体が形成されていることを想定し（建物区分3条）、規約の設定と集会の開催が要請される（同30条以下参照）。つぎの諸点が注目される。①管理を行うための団体（通常「管理組合」と呼ばれ、法人化も可能である）の規約の設定・変更には多数決——区分所有者（の頭数）および専有部分の床面積（議決権）の4分の3以上——の原則が認められる（同31条）。②規約および集会の決議で定めた事項は区分所有者の特定承継人や賃借人に対しても効力を有する（同46条）。その反面、規約は特定の者が保管し、利害関係人の請求があれば閲覧（電磁的記録を含む）をさせなければならない（同33条）。③各区分所有者相互間には密接な利害関係があるから、それぞれの区分所有者は建物の管理・使用について共同の利益に反

する行為をしない義務を負い（同6条）、共同の利益に反する行為を
した者に対し、違反行為の停止、予防の措置、使用禁止、さらに
「区分所有者の共同生活の維持を図ることが困難」な場合には、当
該の区分所有者の区分所有権および敷地利用権の競売を請求でき、
さらには迷惑行為者が占有している専有部分の使用収益を目的とす
る契約の解除およびその引渡しを請求することができる（同57条—
60条）。④また、建物の一部滅失の場合の復旧につき詳しい規定を
おく（同61条）。⑤集会で建替えの特別決議（5分の4以上の多数決）
をする途を開き、関連する措置について詳しい規定を設けている
（同62条—64条）。

　上記⑤の建替え決議については、平成14年の改正前は、5分の4
の多数決のみでは足りず、老朽、損傷等により維持・回復に過分の
費用を要するに至ったという客観的要件を掲げていたが、これを改
め5分の4の多数決のみで建替えが可能となった。あわせて建替え
決議における手続を整備し、団地内にある建物の建替え決議手続等
も整備した（同69条以下）。

　(3)　団地　　地続きの一体の土地（団地）の上に数棟の建物があ
って、その団地内の土地または附属施設がそれらの建物の所有者ま
たは区分所有者の共有に属する場合についても上記(1)および(2)と同
様の趣旨の規定が設けられている（建物区分65条—70条）。

第2節　相隣関係

38　相隣関係序説

　(1)　相隣関係の意義　　相隣関係とは相近接する不動産所有権の相互
の利用を調節することを目的とする関係である。相近接する所有権が

互いに境界線いっぱいに絶対的支配を主張して、たとえば境界ぎりぎりに建物を建てたりしては、かえってそれぞれの所有権の有効円満な行使を妨げられる。このような態度では社会の共同生活は不可能である。したがって、民法は最小限度において所有権相互の互譲を求め、相互の利用を満足させようとする。所有権者はその範囲において、あるいは他人の侵害を忍容すべき義務を負い、あるいはその権限を行使しない義務を負い、あるいは一定の共同行為をすべき義務を負っている。

相隣関係に関して民法は、多くの部面について、きわめて具体的な規定を設けているが、それは要するに利用の最小限度の調節である。社会生活の実態および所有権の社会的意義の変遷を考え合せて、この規定の精神を活用する心がけが必要である。

(2) **民法規定の再検討の必要**　民法の規定は、土木建築をはじめ科学技術が急速な発展を遂げる以前のものであって、都市化の進んだ今日の実態からみるとかなり時代遅れのものが多く、また相隣関係をめぐって起こる新しい現象を処理するための規定を欠いている。もっとも、それらのうちのあるものについては、どちらかといえば取締りを中心とする建築基準法その他の特別法によって規制され、もしくは規制が試みられているが、民法自体の諸規定も再検討されるべき時期にきているように思われる。試みに、幾つかの具体的な問題点を拾ってみれば、①建物の区分所有権のような上と下との関係（物37参照）、②袋地の通行権と建築確認が得られるための道路との関係（物40参照）、③上下水道・ガス管などの敷設のための隣地使用（物41(2)参照）、④建築基準法の規制と民法の諸規定との関係（物44(4)参照）などがある。

(3) **所有権以外の権利への準用**　相隣関係は上述したように所有

権相互の間の調節を本来の目的とする制度であるが、民法はこれを地上権に準用している（267条）。そして永小作権には準用していない。しかし、相隣関係が利用の調節を目的とするものであることを考えると、永小作権にも準用するのが当然であろう。そればかりでなく、さらに一歩進めて不動産の賃借権にも準用するのが妥当であろうと思う。

(4) **地役権との関係**　　後述する地役権もまた近接する土地の利用の調節を目的とする制度で相隣関係によく似ている（物68(1)参照）。しかし、相隣関係は法律上当然認められる調節であり、所有権の内容そのものといってよいが、地役権は当事者間の契約によって任意に設定される調節関係であり、所有権に従属はするが、これとは別個の用益物権である（こうした特徴を踏まえて、前者を**法定地役権**、後者を**約定地役権**と呼ぶことがある）。なお、地役権以外にも、賃貸借や使用貸借契約を通じて近接する土地の利用を調節することも可能であり、実際にもその例は多いことを忘れてはならない。

39　隣地の使用請求（隣地立入権）

　境界またはその付近で障壁などの修繕をする場合には、隣地に立ち入らなければできないことが多い。このような場合のために隣地に立ち入る権利が認められる。ただし隣人の承諾を得なければその住家に立ち入ることはできない（209条1項）。そうしていずれの場合でも隣人が損害を被った場合には償金を支払う義務を負う（同条2項）。損害を填補して立ち入ることができるということで両者の利害の調節が図られている。

40　公道に至るための他の土地の通行権

　他人の土地に囲まれて公道に通じない土地（袋地）、および池沼または崖（がけ）などによらなければ公道に出られない土地（準袋地）の所

有者は、公道に至るためにその土地を囲んでいる他の土地（囲繞^{いにょう}
地^ち）を通行する権利（囲繞地通行権）がある（210条）。判例は、公道
への通路はあるが、石材を運ぶことが不能な急傾斜である場合に、
袋地に準じて隣地の通行権を認めている（大判昭和13・6・7民集17
巻1331頁）。自動車通行も諸事情を考慮して認められる（最判平成
18・3・16民集60巻3号735頁）。袋地の取得者はその旨の登記を備え
ていなくても隣地所有者に通行権を主張することができる（最判昭
和47・4・14民集26巻3号483頁）。通行権を行使するために通路を設
けることもできるが、常に、権利者の必要の範囲において、囲繞地の
損害が最も少ない方法ですべきである（211条）。また、その通行を受
け入れた囲繞地の損害に対しては一定の方法で償金を支払うべきで
ある（212条参照）。都市計画区域内では、建築物の敷地は道路に2
メートル以上接しなければならないが（建基43条1項）、袋地の所有
者は、この要件を満たすために、囲繞地に幅員2メートルの私道を
設けよとは請求できない（最判昭和37・3・15民集16巻3号556頁、最
判平成11・7・13判時1687号75頁）。袋地が共有地を分割したり土地
の一部を譲渡したために生じたものであれば、分割または譲渡の際
に当事者間で利害の調整がなされているであろうから、分割または
一部譲渡の残余地を通行できるだけで、第三者の土地を通行する権
利は生じないし、償金を支払う必要もない（213条）。この213条に
基づく無償通行権は、その対象土地につき譲渡などの特定承継があ
っても消滅することはなく、袋地所有者は分割または一部譲渡の対
象土地の残余地以外の土地を通行することができるようにもならな
い（最判平成2・11・20民集44巻8号1037頁）。農地が分割譲渡された
ときには、農地の賃借人も213条の類推適用により通行権を有する
（最判昭和36・3・24民集15巻3号542頁）。なお、210条以下の通行権

に限らず、道路位置指定（建基42条1項5号）を受けて現実に開設
されている道路の通行につき、日常生活上不可欠の利益を有する者
は、特段の事情がない限り、敷地所有者に対して通行妨害行為の排
除・禁止を求める権利（人格的権利）を有する（最判平成9・12・18
民集51巻10号4241頁・基本判例110、最判平成12・1・27判時1703号131
頁、最判平成18・3・23判時1932号85頁参照）。この権利は、通行の自
由権とも呼ばれている。

41　水に関する相隣関係

　(1)　**自然的排水**　　土地の自然の高低によって水が自然に流れる
場合には、低地の所有者はこれを忍容すべき義務がある（214条）。
事変によって水流が閉塞されたときは、高地の所有者は水流の障害
を除去するため必要な工事を行うことができる。ただし、その費用
は別段の慣習がない限り自分の負担である（215条・217条）。

　(2)　**人工的排水**　　隣地への人工的排水は原則として認められな
い。すなわち屋根から直接に雨水が隣地に注ぐような工作をするこ
とはできないばかりでなく（218条）、貯水・排水・引水などのため
に設けた工作物の破壊または閉塞によって、隣地に損害を及ぼしま
たは及ぼすおそれがあるときは、隣地所有者は、工作物を設置して
いる土地の所有者に、修繕もしくは障害の除去をさせ、または予防
工事をさせることができる（216条）。費用負担について別段の慣習
があるときは、その慣習に従う（217条）。人工的排水の認められる
例外は、高地の所有者が浸水地を乾かすため、または自家用もしく
は農工業用の余水を排出するため、他人の所有する低地を使用しな
ければ公の水流または下水道に達することができない場合に限る。
そうしてその方法も低地に最も損害の少ない方法を選ぶべきである
（220条）。都会地において、公的な水道管からの導管の敷設や下水

道までの排水などが問題となる。判例は、220条および221条の類推適用により他人の設置した給排水設備を利用できるとしている（最判平成14・10・15民集56巻8号1791頁・基本判例111）。公の下水道への接続が重要なのだから、地下に下水道管の敷設されている土地が外形上高地であるか低地であるか、あるいは排水設備の所有者が隣地所有者であるか否かを問わないで220条を適用または類推適用すべきであろう。なお、低地または高地の所有者はその所有地の水を通過させるため、他人の設けた工作物を使用できるけれども、その利益を受ける割合に応じて工作物の設置または保存の費用を分担すべきことはいうまでもない（221条）。

(3)　流水の利用

(ア)　水流変更権　　地表を流れる水に関しては、流水が所有地内を貫流するときと、境界に沿って流れるときとを区別すべきである。前者の場合には水路および幅員を変えたり池などを作ったりしても差し支えない。ただ、隣地に流れ出るところで自然の水路に返せばよい。しかし、後者の場合には水路および幅員を変えることはできない。ただし、いずれの場合にも別段の慣習があればこれに従う（219条）。水流地の所有者は、堰_{せき}を設ける必要がある場合には、対岸の土地が他人の所有に属するときであっても、その堰を対岸に付着させて設けることができる。ただし、損害を生じたときは償金を支払わなければならない（222条1項）。対岸の土地の所有者は、水流地すなわち河床の一部が自己の所有に属するときは、上の堰を使用できる。ただし、費用を分担すべきである（同条2項・3項）。水流に関するこの規定はきわめて簡単であって、農耕灌漑用水などに関する複雑な水利権関係はとうていこれによって解決できない。大きな河川には河川法が適用されるが、田畑を流れる小川にはその適

用がない（河3条参照）。裁判所はもっぱらその地方の慣習に従って争いを解決するよう努めているが、立法によって処理する必要がある。

　（イ）　地下水・温泉　　地下水または温泉に関して民法には何らの規定もないから、原則としては、土地所有者はその土地を掘って地下水を汲み上げることができる。しかし、そのために近隣の井戸水が枯れるような場合には、相互の調整が必要であろう。判例も権利濫用になる場合があることを認めている（大判昭和13・6・28新聞4301号12頁）。なお、地下水の汲み上げによる地盤沈下については公の規制があり、温泉に関しては温泉法が制定されているが、十分とはいえない。

42　境界に関する相隣関係

　境界に関する相隣関係は、相隣者が共同して境界標および囲障を設置できることである。境界標は隣接する土地所有者が費用を等しい割合で設置する。ただし、測量の費用は土地の広狭に応じて分担する（223条・224条）。囲障は2棟の建物の間に空地の存する場合に費用を等しい割合で設置する。囲障の種類は、協議が調わないときは高さ2メートルの板塀または竹垣その他これらに類する材料のものとする。ただし、増加費用を自分で負担すれば良好な材料を用い、または高さを増すことができる（225条・226条・227条）。以上の点と異なる慣習があればこれに従う（228条）。境界標または囲障は共同に設置する権利があるのだから、一方の申出に他方が従わないときは共同の設置を訴求できる。

　境界線上に設けられた境界標・囲障・障壁・溝・堀などは相隣者の共有と推定する（229条）。そうしてこの共有物は一方の意思だけでは分割を許さない（257条。「互有」とも呼ばれる）。もっとも、こ

の共有の推定は 1 棟の建物の一部をなす障壁には適用しない（230条 1 項）。建物の一部分には独立の所有権が成立しないのが原則だからである。また高さの異なる 2 棟の隣接する建物を隔てる障壁の低い建物を超える部分にも適用しないが、防火障壁なら共有の推定をする（同条 2 項）。

相隣者の 1 人は自己の費用で共有の障壁の高さを増すことができる。この高さを増した部分はその者の単独の所有に属する。その工事のために必要なときは現在のものを修理または改築できる。ただしいずれの場合にも、隣人が損害を受けたときは賠償しなければならない（231条・232条）。

43 竹木切除等に関する相隣関係

境界線を越える竹木の枝は切除を請求できるにとどまるが、根はみずから切り取ることができる（233条）。枝の場合は、隣地の所有者に植え替えの機会を与えようとする趣旨だといえよう。枝と根との取扱いを異にしたことは興味深いが、事情によっては不都合を生じさせることもある。

44 工作物建造に関する相隣関係

(1) 境界線付近の建築の制限　建物は境界線から50センチメートル以上隔てることを要する。もっともこれに違反する者があっても、建築着手の時から 1 年を経過し、または建物が完成したときは、相隣者はこれに対して建築の中止または変更を請求することはできず、単に損害賠償の請求ができるだけである（234条）。隣人の損失があまりに大きくなることをおそれた制限である。ただし、これは50センチメートルの距離をおかなかった場合のことであって、建物が境界線を越えて他人の土地にかかっているときはもちろん別問題である。なお、これと異なる慣習があるときは、その慣習に従う（236

条）。建築基準法との関係については⑷で説明する。

　⑵　窓・縁側の設置の制限　　境界線から１メートル未満の距離において他人の宅地を見通すことのできる窓または縁側（ベランダを含む）を設けるときは目隠しを付けなければならない（235条）。これと異なる慣習があるときはそれに従う（236条）。

　⑶　境界線付近の掘削　　建物以外の工作物のうち井戸・用水だめ・下水だめまたは肥料だめは境界線から２メートル以上、池、穴蔵またはし尿だめは１メートル以上を隔てなければならない。また導水管を埋めまたは溝・堀を掘るにはその深さの２分の１以上隔てなければならない。しかし、２メートル以上の深さがあるものでも１メートルを隔てれば足りる（237条）。なお、境界線付近で上の諸工事をするには土砂の崩壊または水もしくは汚液の漏出を防ぐために必要な注意をしなければならない（238条）。

　⑷　建築基準法による規制　　建築基準法は、都市計画区域内の建築物について、多くの集団規制をしている。そのうち、相隣関係との関連の深いものを挙げればつぎのとおりである。

　㋐　用途地域による建築制限　　都市計画地域においては各種の住居専用地域・住居地域・商業地域・工業地域等の指定がされることになっており（都計８条・９条）、それぞれの地域において建築することができる建築物（第１種低層住居専用地域の場合）または建築してはならない建築物（その他の地域の場合）の用途が定められている（建基48条・別表第２参照）。また建築物の大きさは敷地の広さとの関係において、延べ面積の敷地面積に対する割合（容積率）および建築面積の敷地面積に対する割合（建ぺい率）の２面から規制が行われている（同52条・53条）。

　㋑　外壁の後退距離など　　第１種低層住居専用地域などでは敷

地境界線まで都市計画の定めたところに従って1・5メートルまたは1メートル以上の距離をとらなければならない（建基54条）。他方、防火地域・準防火地域では、外壁が耐火構造であれば、隣地境界線に接して建築することができる（同63条）。また、第1種低層住居専用地域等では、建物の高さにつき10メートル以下等の制限があるほか、北側の日照を考慮した、いわゆる北側斜線の定めがある（同55条・56条）。

　(ウ)　建築協定　　一定の地域の土地所有者等は環境改善等のために当該市町村の条例に従って建築物の敷地・位置・構造・用途・形態・意匠などに関する基準を協定することができる。それには公告、聴聞、認可などの手続を要するが、協定は特定承継人に対しても効力を有する（同69条以下参照）。

　上記の各規制のうち(ア)は取締規定であって、これらに違反したからといって、直ちに隣地所有者に私法上の是正請求権が認められると解することは難しい。それが隣地所有者ないし居住者の生活侵害になる場合に、これに対して、その差止め、是正、または損害賠償の請求が認められるかどうかの問題である。これに反し、(イ)は直接に隣地の利用の関連をもつものであり、その限りで民法の規定が修正されたものと解すべきであろう（最判平成元・9・19民集43巻8号955頁・基本判例112は、建基法63条（旧65条）所定の建築物には民法234条1項の適用がないとする）。(ウ)の場合は協定違反があれば、その是正を求めうる。

　ちなみに、近時、建築基準法等の見地からは合法の中高層建築物によって著しく日照が侵害される事例が多くみられ、いわゆる日照権が主張されるようになった。私法上は、それが権利濫用にあたるかどうかの問題であるが、住居系地域等の中高層建物について隣地

にどのような日影を生じさせるかに着目した高さ制限が設けられている（建基56条の２）。

第３節　　所有権の取得

45　所有権取得の原因

　所有権取得の原因として民法の定めるものは無主物の占有（無主物先占）・遺失物拾得・埋蔵物発見および添付（付合・混和・加工）である。いずれも所有権の原始取得である。しかし、今日の経済組織においては、われわれが所有権を取得する原因のうちで、相続および売買その他の契約が決定的に重要である。第一次産業および製造工業においては無主物の占有・付合・加工などによって所有権を取得する関係を生ずるけれども、その場合にも無主物の占有・付合または加工のために雇われる労働者と雇主との間の契約関係が問題であって、無主物の占有・付合・加工そのものはあまり問題とはならない。

46　無主物の帰属

　無主の動産、たとえば野生の動物・他人の遺棄した物などは所有の意思をもって占有する（物20⑴参照）ことによって所有権を取得する（239条１項）。伝統的には、これを無主物先占と呼んできた。野生のタヌキを岩穴に閉じこめたようなときがこれに該当する（大判大正14・６・９刑集４巻378頁）。しかし、漁師が雇われて魚を捕るような場合には雇主の占有機関として占有するのであって、所有権は雇主に帰属すると解すべきである。無主の不動産は国庫に帰属し、占有による所有権取得の目的物とはならない（239条２項）。

47 遺失物の拾得

遺失物の拾得者（遺失 2 条参照）は、速やかに、拾得をした物件を遺失者に返還し、または警察署長に提出しなければならない（同 4 条 1 項参照）。警察署長は遺失物法の規定に従って公告をし（同 7 条）、遺失者が判明したときはこれに返還し（同 6 条）、拾得者に対して遺失物の価格の 5 ％ないし20％の報労金を交付させる（同28条以下）。しかし、3 ヵ月以内に所有者が判明しないときは、拾得者がその所有権を取得する。これが遺失物拾得による所有権の取得である（240条、なお遺失35条・36条・37条参照）。漂流物および沈没品は性質上遺失物であるが、これについては水難救護法に特別の規定がある（同24条以下）。

48 埋蔵物の発見

埋蔵物発見、すなわち土地その他の物の中に包蔵されて所有者がだれであるかを容易に識別できない物を発見した場合の取扱いは遺失物の取扱いに似ている。公告期間は 6 ヵ月である（遺失 7 条 4 項）。ただ他人の物の中に埋蔵されているのを発見したときは、その所有者と発見者とで折半して所有権を取得する（241条、遺失36条）。なお、埋蔵物が学術技芸もしくは考古の資料に供すべきいわゆる埋蔵文化物である場合には、文化財保護法の規定（文化財92条－108条）の適用があり、発見者および発見された土地の所有者は価格に相当する金額を得るだけで、所有権は国庫に帰属する。また、鉱業法所定の鉱物は鉱業権によるのでなければ採掘できない（鉱業 7 条）。鉱業権者等でない者が、鉱区から分離ないし採掘した鉱物は土地所有者ではなく、鉱業権者等の所有とされる（同 8 条 1 項）。

49 添 付

⑴ 添付の意義　　添付とは付合・混和および加工の総称である。

　(ア)　付合　　不動産に他人の動産が付着して分離復旧することが社会経済上著しく不利な状態となったとき（不動産の付合）、たとえば他人の畑にまかれた種子や、他人の土地に植栽されて根を張った樹木（仮植を含まない）などは、土地の構成部分になってしまい、不動産所有者のものとなる（その一例として最判昭和31・6・19民集10巻6号678頁・基本判例113）。ただし、小作人・賃借人などが種をまき、苗を植えた場合のように、不動産に付合させる権原を有する者がその権原に基づいて付合させた物については、その者が所有権を保留する（242条）。したがって小作人等の債権者は稲立毛（田に生育したままの稲）を差し押さえることができる（大判昭和2・6・14刑集6巻304頁）。なお、ここにいう権原は賃借権・使用借権等の債権であってもよく、かつそれが対抗要件を備える必要もないと解されている（大判昭和17・2・24民集21巻151頁）。

　とはいえ、農地にまいた種子や肥料、幼苗などは、実際上これらを土地から分離することは不可能に近いから、この段階で賃貸借契約が解除されたような場合に、種子等は賃借人が権原によって付属させた物であり賃借人の所有物であるとして賃借人に撤去義務を負わせるのは妥当でない。逆に、これらの物について付合を認めると、賃借人は撤去義務を免れるだけでなく、それらの物が土地所有者にとって有益なものであれば償金請求権を取得する（248条）。しかも、それらの物は土地の一部になっているのだから、その償金請求権は土地に関して生じた請求権ということができ、これを担保するために土地全体について留置権を獲得する（292条）。このように付属物が不動産の一体的な構成部分になっており、その分離を認めることが妥当でない場合には、これを強い付合といい、権原によって付属させた場合であっても242条但書は適用すべきでない。その一方で、

賃貸借契約が解除されないまま農作物が成長して収穫期に達したようなときには、その分離を認めることに支障はなくなるのだから（これを弱い付合という）、242条但書を適用して賃借人に農作物の所有を認め、賃借人が農作物を自由に収穫し、売却することができるようになると解すべきであろう。

　自分の所有する材料を用いて他人の所有する建物を増改築したときも、その増改築部分は建物に付合して建物所有者に帰属する。賃借人が建物所有者である賃貸人の承諾を得て増築をしたときは、権原による付合だから（同条但書）、賃借人が増改築部分の所有権を有するように思われるかもしれないが、そのためにはその部分が独立の所有権の対象となりうることを要するので、増改築部分が区分所有権の成立要件（構造上および用途上・利用上の独立性。物37(1)(ア)参照）を満たさないかぎり、その増改築部分は付合によって賃貸人の所有となる（最判昭和38・5・31民集17巻4号588頁・基本判例114）。

　なお、公有水面を埋め立てるために投入された土砂は、埋立工事が完成して竣功認可を受けるまでは土地に付合することはないとされている（最判昭和57・6・17民集36巻5号824頁）。

　数個の動産が結合して、損傷しなければ分離できないか、または分離のため過分の費用を要するとき（動産の付合）においては、その合成物の所有権は主たる動産の所有者に属する（243条参照）。ただし、主従の区別ができないときは付合の当時における価格の割合で合成物を共有する（244条）。

　(イ)　混和　　穀物・金銭などの固形物の混合、酒・醤油などの流動物の融和において、いずれがだれの所有物か識別できない状態になったとき（混和）には、動産の付合と同一に取り扱う（245条）。

　(ウ)　加工　　他人の材料に加工して別種の物を製作したとき（加工）、

たとえば他人の粘土を用いて茶わんを焼いたときは、その茶わんの所有権は原則として材料の所有者に帰属する。ただし、加工によって生じた価格が著しく材料の価格を超えるときには、加工者の所有に帰属する（246条1項）。加工者が自分の材料をも用いたときは、その材料の価格に工作によって生じた価格を加えたものが他人の材料の価格を超えるときに限り、その加工物の所有権は加工者に帰属する（同条2項）。建築途中で未だ独立の建物となっていない状態で放置されていた建築物（建前）について、自己所有の材料を用いた工作により建物に仕上げて大きく価値を増加させた者は、付合に関する243条ではなく、加工に関する246条2項によりその建物の所有権を取得する（最判昭和54・1・25民集33巻1号26頁・基本判例115）。

(2)　添付の効果　　添付によって所有権の移動を生ずるのは、1個の物の一部に所有権を認めることができないという理論（一物一権主義）がとられているために、旧所有権がそのまま存続し続けることを認めることができないからである。そうすることで無用な分離・復旧の請求を避けるととも、物の一部に所有権が成立することを否定して取引の安全を確保できるのである（物8(2)参照）。しかし、これによって所有権を取得する者にとっては、他人の損失において所有権を取得すべき実質上の原因があるわけではないから、不当利得の規定に従って利得の返還をすべきは当然である（248条）。また、添付の結果所有権が消滅すれば、その所有権の上に存した他の権利も消滅する（247条1項）。他方、添付の対象となった物の所有者が合成物・混和物または加工物の単独所有者となり、または共有者となったときは、その物について存する他の権利はその単独所有物または共有持分について存続する（同条2項）。公平に基づいたもの

である。なお、添付によって一方の所有権が消滅することは、上述のように物権法の理論に基づくものであるから強行規定であるが、その結果として生ずる合成物等がだれの所有に帰属するかは強行的規定とみる必要はない。たとえば加工によって著しく価格を増す場合でも、はじめから当事者が加工物は材料の所有者の所有とするという趣旨であれば、246条1項但書の適用はない。請負人に材料を提供して建物を建てさせた場合については一般にそう解されている。判例は、業務として他人の依頼に応じ、小麦を預って製粉する場合にもこの理論を認めている（大判大正6・6・13刑録23輯637頁）。

第4節　共　　有

50　共同所有と共有

(1)　共同所有の諸形態　　共有とは、広義においては共同所有の意味に用いられる。人は単独ではなく複数で、時には多数で、共同して同一の物を所有し、支配することがある。しかし、それは一様ではなく、いろいろの形態がある。

　第1に、多数の人が同一の物の所有を通じて共同の関係に入る場合に、その原因が一様ではない。たとえば、①A所有の土地からBが1個の埋蔵物を発見したり（241条）、A・Bが別々に所有していた灯油が、何かの事由で同一の容器に入れられて混和したような場合（245条）には、A・Bはその物を共有する。②Aが死亡すればその遺産は一応Aの相続人B・Cの共有に属し（898条）、やがて分割される（906条）。③A・B・Cが、共同の事業を営むために、組合契約を締結し、Aが店舗（土地と建物）を出資したとすれば、その店舗はA・B・Cの共有に属する（668条）。④A・B・C・Dら

が同一の村落に生まれ、そこに居住し、村落の所有にかかる山林に立ち入って薪を採る権利を有する場合に、民法はこの権利を共有の性質を有する入会権と称している（263条）。また、⑤Ａ所有地とＢ所有地の境界線上に設けた境界標や障壁などは原則としてＡ・Ｂの共有になる（229条）。⑥区分所有建物の共用部分は区分所有者の共有になる（建物区分11条）。このように共同所有関係を成立させる原因となった人と人との関係には、偶然の関係・血縁関係・契約関係・地縁関係などの違いがあり、これを時間的にみると、仮のもの、経過的なもの、持続的なもの、半恒久的なものなどの違いがある。

　第2に、上記のような違いに応じて、各共同所有者が共有物に対してもつ権利の性質にもかなりの差異がある。前記①の場合は、Ａ・Ｂはいつでも分割を請求できるばかりでなく、分割前においてもそれぞれ持分を有し、その持分を自由に処分することができる。②の場合は、Ｂ・Ｃは原則として相続財産の上の持分権を処分することはできるが、分割にあたってはＡの遺言による拘束（908条）、特別受益の有無（903条）、とりわけ遺産分割の基準（906条）などの拘束を受ける。③の場合は、Ａ・Ｂ・Ｃらの持分権は、分割請求ならびに持分権処分に対する制約（676条）や、組合契約（規約）の効力としての団体的拘束に由来する管理権能への制約を受ける（たとえば多数決、もしくは業務執行組合員の専行（670条）など）。④の場合は、Ａ・Ｂ・Ｃ・Ｄらは慣行上の収益権能を認められるが、一般に各個人としては普通の共有に認められる持分権がなく、管理権能を有しないとさえいわれている（この点に異説のあることについて物74参照）。⑤の場合も、Ａ・Ｂは分割の請求ができない（257条）。⑥の場合、共有者の持分は専有部分と分離して処分することができない（建物区分15条）。

(2) 共有・合有・総有　　　共同所有には上記のような形態の相違があるにもかかわらず、民法はこれを共有という概念でくくっている。つまり広い意味で共有という言葉を使っている。しかし、民法の物権編の第3章第3節共有について規定するところは、おおむね前記の第1および第2いずれの観点からみても、①の形態に関するものである。つまり、共有者の間には何らの団体的統制がなく、各自独自の立場を有し、その立場の処分も自由であり、またいつでも目的物を分割して共同所有関係を終了させることができる。仮にこれを狭義の共有とするならば、③④⑤はそれと異なり、共有以外の共同所有の形態ということになる。学者は、これらを別の名称で呼んでいる。第1に、多数人は各自独立の立場を有するが、共同目的のためにある程度の統制を受け、その立場を自由に処分することを禁じられ、あるいは目的物の分割を禁じられるものを合有と呼ぶ。組合財産の共同所有（上記③）がそれに属することにはあまり異論はない（ただし、最判昭和33・7・22民集12巻12号1805頁は、組合財産につき特別規定がない限り共有の規定が適用されるとした）。遺産の共同所有（前掲②）については合有説と共有説とに分かれている（相16(2)参照）が、判例は共有説をとっている（最判昭和38・2・22民集17巻1号235頁・基本判例82、最判昭和50・11・7民集29巻10号1525頁）。第2に、多数人が1つの団体を組成し、目的物の管理処分などはもっぱら団体の権限に属し、団体員は一定の範囲で各自収益をする権能を認められるにとどまるものを総有と呼ぶ。入会権の共同所有（前掲④）がこれに属することについては異説を聞かない。判例は、権利能力のない社団の財産は構成員全員に総有的に帰属すると解している（最判昭和39・10・15民集18巻8号1671頁・基本判例16）。また、境界標や境界線上の障壁等については、その機能を維持するために共有

物分割請求が禁じられており、旧民法はこれを互有と呼んでいた。今日では単に共有といった場合には、多くの場合に、合有・総有・互有とは区別された狭義の共有を指す。

　ちなみに、多数人が法人を構成している場合には、各人はその団体の中に埋没して表面に現われないから、その所有の形態は法人の単独所有であり、個人所有と変わらない。

51　共有の法律的性質──対外的効力

　共有の性質については、１個の所有権を数人が量的に分有する状態だという説と、各共有者が１つずつの所有権を有し、各所有権が目的物が１個であるために互いに制限しあっている状態だという説とがある。後の説は、いささか技巧的にすぎるようだが、民法の共有の性質（特に「共有の弾力性」の説明）には適するであろう（物52(1)参照）。共有者が目的物の上にもつ権利、すなわち共有持分権は目的物を全面的に支配するという点では両説の間に差異がない。持分権の効力は所有権と同一である。したがって、各共有者は、自分の持分権を、他の共有者の同意等を得ることなしに、自由に処分することができる（持分処分の自由）。それが不動産の持分権であれば、不動産所有権と同様に登記の対象になる。共有物について第三者が不法占有をしている場合やＡＢＣ共有の登記がされている不動産につきＣ→Ｄという不実の持分移転登記がされている場合には、各共有者は単独で共有物全体について妨害の排除を請求することや無効な持分移転登記の抹消を請求することができる。判例ではこれらを保存行為に当たるから（252条但書参照）というものが多い（大判大正10・6・13民録27巻1155頁、最判昭和31・5・10民集10巻5号487頁。ただし、最判平成15・7・11民集57巻7号787頁・基本判例117は保存行為概念を援用していない）。また、共有地が地役権の要役地である場合に、各共

有者は保存行為として単独で承役地につき地役権設定登記手続を請求できるとする判例もある（最判平成 7・7・18民集49巻 7 号2684頁・基本判例118）。一部の判例や学説にはこれらを保存行為ではなく、不可分債権に関する428条の準用だというものもあるが、最近では持分権の性質上当然のことであると説明するものが多い。ただし、ＡＢ共有の不動産につきＡＢＣ共有の不実の所有権保存登記がなされている場合には、共有者の 1 人Ａは単独で、Ｃに対してＡの持分についての更正登記手続を求めることができるが、Ｂの持分についての更正登記を求めることはできない（最判平成22・4・20判時2078号22頁）。また、共有物侵害の損害賠償請求については、各共有者は全損害を持分の割合で配分した分だけの請求しかできない。これに対し、第三者に対して目的物がＡＢの共有であるということの確認の請求は、ＡＢ共同でなければできない（大判大正 5・6・13民録22輯1200頁・基本判例116、最判昭和46・10・7 民集25巻 7 号885頁など）。すなわち、持分権の確認など、共有持分権の対外的な主張は各共有者が単独ですることができるが（最判昭和40・5・20民集19巻 4 号859頁）、共有権の確認など、共有関係にあること自体（共有権）の対外的主張は、固有必要的共同訴訟とされている（民訴40条）。共有者ごとの判断が区区になることを避ける必要があるからである、ただし、その多くの場合は、各共有者が単独でできる持分の主張によっても同様の解決が可能である。なお、共有不動産に関する境界確定の訴えも固有必要的共同訴訟とされている（最判昭和46・12・9 民集25巻 9 号1457頁。最判平成11・11・9 民集53巻 8 号1421頁参照）。

52 共有者間の関係

(1) 持分権と持分割合　　共有は数個の所有権が互いに制限しあう状態だから、その制限の割合がなければならない。持分の語は、

共有者の権利を示すことも、共有持分の割合を示すこともあるので、両者を区別するために、前者を持分権、後者を持分割合と呼ぶことがある。持分割合は法律の規定によって定まることもあり（241条但書・244条・900条以下）、共有者の意思表示によって定まることもある。しかし民法は一応相等しいものと推定した（250条）。また、共有者の1人が持分を放棄しまたは相続人なしに死亡したときは、その持分は他の共有者にその持分の割合に応じて帰属する（255条）。これを説明するのに持分に所有権と同様の弾力性があることに基づくといわれてきたが、近時は、政策的考慮に基づくという説明が有力となっている。相続人なしに死亡した共有者に特別縁故者（958条の3）がいる場合について、判例は、958条の3は255条の特則であり、同条に基づく財産分与がされないことが確定したときにはじめて、死亡した共有者の持分が他の共有者に帰属するとしている（最判平成元・11・24民集43巻10号1220頁・基本判例119）。

　(2)　共有物の使用　　各共有者は、共有物の全部について、その持分に応じた使用をすることができる（249条）。収益についても同様に解すべきである。

　(3)　共有物の保存・管理・変更・処分　　共有物の維持については、保存行為は各共有者が単独にすることができる（252条但書）。共有物の管理は持分の価格に従って過半数をもって決する（同条本文。最判昭和39・2・25民集18巻2号329頁は、賃貸借契約の解除は252条によるべきで、544条1項は適用されないとする）。共有物の変更は全員の同意をもって行う（251条）。共有持分権の譲渡は各共有者が自由に行うことができるが、共有物全体を売却する場合など共有物の処分をするときには、共有者全員の同意が必要である。法律上の処分も251条の変更にあたるからだと説明するものも多いが、共有者全員の持分権

が処分されるのだから、全員の同意がなければ効力を生じないのは当然であるといってよいであろう。

　共有物の管理費用・公租公課その他の共有物の負担は、持分に応じて各共有者がこれを負担する（253条1項）。1年以内にこの負担を履行しない共有者があるときは、他の共有者は相当の償金を支払ってその者の持分を取得できる（同条2項）。のみならず、共有者の1人が、他の共有者に対して、共有物について管理費用の立替などによる債権を有するときは、その債務者の持分の特定承継人に対してもこの債権を行うことができる（254条）。また分割に際しては、その債務者の受ける部分をもって共有に関する債権の弁済に充てさせることができる（259条）。これらはいずれも共有者の共同管理を確保する趣旨に基づく規定である。なお、共有物の分割に関する共有者間の契約による義務も254条によって登記の有無にかかわらず特定承継人に承継されるとする判例もあるが（最判昭和34・11・26民集13巻12号1550頁）、不分割特約が登記なしには対抗できないこととの不均衡を理由とする批判も強い。

　(4)　共有者相互間での明渡請求等　　各共有者は他の共有者に対してもその持分を主張し、その妨害の排除などを請求できることは外部に対すると同様である（大判大正10・7・18民録27輯1392頁、最判昭和31・5・10民集10巻5号487頁、最判昭和40・5・20民集19巻4号859頁など）。いいかえれば、持分は他の共有者に対しても第三者に対しても所有権としての効力を有する。ただし、たとえば共有者の1人Aが他の共有者B・Cと協議しないまま共有物を独占的に占有している場合、BやCは、当然にはAに対して共有物の明渡しを請求することができない（最判昭和41・5・19民集20巻5号947頁）。それを認めると、A自身の持分に応じて使用収益する権限を全面的に奪う一方

で、BまたはCが持分割合を超えて独占的に占有をすることを許す結果になってしまうからである。この場合、BやCは賃料相当額の不当利得ないし損害賠償の支払を請求することができる（最判平成12・4・7判時1713号50頁）。同様に、共有者の1人が共有物につき単独所有名義の登記をしている場合、他の共有者は、その持分について一部抹消（更正）登記を求め得るだけで、全部の抹消登記を請求することはできない（最判昭和38・2・22民集17巻1号235頁など。ただし、更正前の登記と同一性が認められない登記をしなければならなくなる場合は全部抹消を認めざるを得ない（最判平成17・12・15判時1920号35頁））。

53　共有物の分割

(1)　**分割請求の自由**　　各共有者はいつでも自由に共有物の分割を請求することができる（256条1項本文）。共有は、前述のように、共有者間に格別緊密な団体的関係の存在しない共同所有関係であるから、共有者の1人が欲すれば他の者は分割に応じなければならない。各共有者が不分割の契約をした場合には、分割できないことになるが、その契約も5年を超えることはできない。不分割契約を更新しても、更新の時から5年を超えることはできない（同条1項但書・2項）。

(2)　**分割の方法**　　分割の方法は共有者全員の協議が調う限り、どのようにしてもよい。現物で分割しても、売却して代金を分けても、また1人が現物を取得して他の者に価格の一部を与えてもよい。協議が調わないときは裁判所に分割を請求できる。「協議が調わないとき」とは、共有者の一部が協議に応じないため協議が不能な場合も含む（最判昭和46・6・18民集25巻4号550頁）。裁判所は原則として現物分割をすべきだが、現物分割が不能か、または現物分割によって著しく価格を減ずるおそれがあるときは、競売して代金分割をする（258条）。外形上一団とみられる数個の共有建物につき、各共有

者が各個の建物の単独所有権を取得するという現物分割も可能である（最判昭和45・11・6 民集24巻12号1803頁）。この現物分割には、金銭による過不足の調整も含まれる（最大判昭和62・4・22民集41巻 3 号408頁）。のみならず、共有者間の実質的公平を害しない特段の事情があるときは、共有者の 1 人が単独所有し、その者が他の共有者に持分の価格を賠償させるという全面的価額賠償も認められる（最判平成 8 ・10・31民集50巻 9 号2563頁・基本判例120、最判平成10・2 ・27金商1051号44頁、最判平成11・4 ・22判時1675号76頁）。

　共有物について権利を有する者および各共有者の債権者は自分の費用で分割に参加できる。これらの者が参加を請求したにもかかわらずその参加を待たずに分割をしたときは、その分割をこの請求をした者に対抗できない（260条）。これは分割の結果に対して利害関係を有する第三者の保護を図ったものだが、分割の通知を必要とせず、また参加して意見を述べても共有者はこれに拘束されるのでもないから、その保護としての作用はそれほど大きくはない。もっとも、裁判所が分割する場合には、これらの参加者の意見は、実際上裁判に影響するであろう。

　(3)　分割の効果　　各共有者は他の共有者が分割によって得たものについて、その持分に応じて、売主と同様の担保責任を負担する（261条）。分割は理論上あたかも各共有者が持分の一部分を交換しあうものだからである（559条・561条以下参照）。なお、共有物の分割によって各自はその時からその得た部分の単独所有者となるのであって、遺産の分割の場合のように最初から単独所有者だったとみなされるのではない（909条参照）。

　ちなみに、共有持分の上に抵当権が設定されている場合、共有物が分割されて抵当権設定者が共有物の全部または一部の単独所有者

となった場合も、全面的価格賠償が行われて持分を失った場合も、その抵当権者が分割に参加してその結果を承認したのでない限り、抵当権はもとの持分割合において共有地全体の上に存続すると解されている（大判昭和17・4・24民集21巻447頁参照）。

(4)　共有物に関する証書　　共有物に関する証書があるときは、分割の後は一定の者がこれを保管し、必要に応じ他の者にこれを使用させることを要する（262条）。

54　準　共　有

所有権以外の財産権を数人で有する場合にこれを準共有といい、共有に関する規定をこれに準用する。ただし、その財産権の共同所有に関して特別の法令があればまずその法令の規定を適用する（264条）。著作権（著作65条参照）・漁業権（漁業32条・33条）・特許権（特許73条）・鉱業権（鉱業23条・43条参照）などについての準共有は実際上重要な意義を有する。債権についても準共有は成立するが、民法債権編の不可分債権（428条以下）・連帯債権（432条以下）の規定などがまず適用される。

第4章　地　上　権

55　地上権の意義および性質

地上権は他人の土地を利用する権利の1つであって、植林および建物所有を目的とするものであるが、わが国の実際に行われる植林および建物所有の関係は大部分賃貸借であること、そして建物所有の関係においては民法施行後多くの特別法が制定され、これによって賃借権の物権化、および地上権の強化が図られた事情についてはすでに述べた（物5参照）。いま賃借権と対比しつつ地上権の性質を述べればつぎのとおりである。

（1）　地上権の内容　　地上権は、他人の土地の上に工作物または竹木を所有するため、その土地を使用する権利である（265条）。工作物とは家屋・橋梁・池・トンネルその他地上および地下の一切の設備である。竹木には種類の制限はないが、桑・果樹などのようにその植栽が耕作とみられるものは永小作権の目的となる（270条参照）。地上権の設定は一定の工作物または一定の竹木に限ってもよいし、その両者を含めてもよい（269条の2）。なお、地上権は工作物または竹木の所有を「目的」とする土地の使用を本体とするから、工作物や竹木が現存しないときにも有効に成立し存続しうる。これらの点で賃借権と格別の差異がない。

（2）　物権性　　地上権は物権として直接物に対する権利であるから、土地所有者その人との間の人的な関係を基礎としていない。したがって相続性および譲渡性がある。これに反し、賃貸借は特定の地主と特定の賃借人との間の契約関係であり、個性が強いので、相

続性は認められるが譲渡性は制限されている（612条）。借地借家法は多くの点において土地賃借権と地上権との間の差異をなくし、ついに、一定の条件のもとではあるが、賃借権の譲渡性を認めるに至ったことは注目に値する（借地借家19条参照）。また地上権は登記をすれば第三者に対抗できるから（177条）、土地所有者の変更は地上権者の地位に影響がないのに反し、賃借権においては、特に土地所有者の好意で登記をしてもらったときは格別（605条参照）、そうでないときはいわゆる「売買は賃貸借を破る」の理論により、賃借人は新土地所有者に対してその地位を対抗できない。しかし、この賃借権と地上権との差異は前に一言した借地借家法によって大いに緩和されている（物56(3)参照）。

　(3)　地代　　地上権は定期の地代を支払うことを要件としない。最初に一括払いで地上権を買ってもよく、また全然無償でもよい。これに反し、賃貸借は地代（賃料）を要素とし、地代を伴わないものは使用貸借になる（265条・601条・593条参照）。しかし、実際上は地上権にも定期の地代を支払うものが多いから、この点は賃借権とそれほど大きな差異とはならない。

　(4)　土地所有者の義務　　　地上権は物権だから、土地所有者は地上権者の土地使用を認容すべき消極的な義務を負うにとどまる。これに反し、賃貸借においては、土地所有者は賃借人に対して土地を使用させる積極的な義務を負う。これを具体的にいえば、土地所有者は、地上権の場合には積極的に土地の設備をし修繕をする義務を負わないが、賃貸借の場合にはこれを負うのを本則とする（606条参照）。しかし、地上権において土地所有者が特にこのような義務を負担することにしても、あえて地上権の本質に反するという必要もないし、また、賃貸借において土地所有者がこのような義務を負

わない特約をすることはもとより差し支えない。

(5)　期間　　地上権は、その存続期間が比較的長期なものとされ（268条参照）、平成29年改正前の604条は、賃貸借の存続期間の上限を20年としていたが、改正法は、賃貸借の上限を50年に改めた（なお、期間の定めのない賃貸借については617条参照）。これに対し、地上権の存続期間は、契約によって自由に決めることができる。借地借家法は、建物の所有を目的とする地上権と賃借権を合わせて借地権と定めて（借地借家2条1号）、両者間の差異をほとんどなくしたばかりでなく、両者を含めて期限がきた場合の借地権者の更新請求を強力なものにし、借地権の期間を実際上きわめて長期のものにしている（同3条以下。特に5条・6条参照）。なお、借地借家法は、借地期間が更新されない定期借地権（同22条）、事業用借地権（同23条）および建物譲渡特約付借地権（同24条）を認めている。

(6)　消滅　　地代の滞納による権利の消滅に関しても両者間に差がある（266条・276条・541条参照）。この点は借地借家法によっても取り除かれない。

56　地上権の取得

(1)　取得原因　　地上権は設定契約（設定行為）によって取得することが最も多い。しかし、時効によることもありうる（163条）。また土地と建物とが同一所有者に属する場合に、その一方だけが抵当に入れられ、かつ競売された場合には、法律上当然地上権の成立が認められる（388条）。これを法定地上権と呼ぶ（物107）。

(2)　地上権の認定　　土地の使用権を設定する契約が、地上権の設定であるか賃借権または使用借権の設定であるかは、各場合にその契約を解釈して判断すべきである。ただ明治33年の「地上権ニ関スル法律」によって、同法の施行前から他人の土地において工作物

または竹木を所有するためにその土地を使用する者は地上権者と推定される。無償で土地を利用させる契約は、使用貸借契約（593条参照）と認定されることが少なくないであろう（最判昭和41・1・20民集20巻1号22頁参照）。

(3)　登記　　地上権は物権一般の原則に従い登記をしなければ第三者に対抗できない（177条）。この登記には土地所有者の協力を要するが（不登60条、物13⑭参照）、土地所有者がこれを拒むときは登記申請への協力を訴求できる（同63条1項参照）。もっとも先にも述べたように、借地借家法10条は「土地の上に借地権者が登記されている建物を所有するとき」は、借地権の登記がなくても建物の登記をもって第三者に対抗する力を有するものと定めている。そうしてこの建物の登記は土地所有者の協力がなくてもできるのであるから、対抗力の取得は民法によるよりも簡易である。したがって、同条は本来土地所有者に登記義務のない賃借権についてきわめて重大な意義を有するが、地上権にとってもかなりの意義を有する。なお、大規模な災害の被災地における借地借家に関する特別措置法は、大規模な火災・震災・風水害その他の災害の被災地において、当該災害により借地上の建物が滅失した場合における借地権者の保護等を図るため対抗力等に関する特別措置を定めており、政令で指定する被災地域にその都度適用され、重要な機能を営んでいる（大規模災害借地借家特別措置法4条）。

57　地上権の存続期間

(1)　地上権の存続期間を契約で定めるとき　　最長期・最短期いずれも民法上の制限はない（278条参照）。

(ア)　永久の地上権　　最長期として永久の地上権を設定できるかどうかが解釈上争われている。判例は肯定するが、否定する説がむ

しろ多い。所有権が全面的支配権として絶対性と弾力性を有すべきことからいえば、これを制限する地上権は有期のものでなければならないという理論は一応正当である（物35参照）。しかし、永久の地上権というものが実際存在するものであり、また、所有権が地代徴収権能と化している場合の多い現状および今日の所有権理論においては、その絶対性をそれほど重要視すべきものでないとして判例を是認する学説も多くなっている。もっとも「無期限」と登記されたものは、反証がない限り存続期間の定めがない（268条の適用がある）ものと解するのが相当である。

　(イ)　短期の地上権　　最短期については、第1に、建物所有を目的として3年・4年というような短期を約定するのは、地上権そのものの期間ではなく、地代の据置期間であるにすぎないと解すべき場合の多いことを注意すべきである（総97⑴参照）。しかし、第2に、借地借家法は普通の借地において30年未満の期間を約定してもその効力がないものとしていることは最も重要である（借地借家3条・9条）。なお、借地借家法施行前に成立した借地契約については、堅固な建物の場合は30年未満、その他の建物の場合は20年未満の期間を約定してもその効力がないとする旧借地法の規定（旧借地2条2項）が適用される（借地借家附則4条但書）。

　⑵　地上権の存続期間を契約で定めないとき

　(ア)　裁判所の決定　　民法上は、まず慣習により、慣習がないときは当事者の請求によって裁判所が定める。裁判所は工作物または竹木の種類その他の事情を考慮して、20年以上50年以下の範囲において適宜に決定する（268条）。ただし、民法施行前からのものは民法施行法44条の特則による。

　(イ)　借地借家法の定め　　借地借家法はこの点について詳細な規

定を設けた。すなわち、まずその期間を30年以上とするが（借地借家３条）、期間が経過しても建物が存在するときは借地人は借地契約の更新を請求することができ（同５条１項）、土地所有者は、「借地権設定者及び借地権者（転借地権者を含む。以下この条において同じ。）が土地の使用を必要とする事情のほか、借地に関する従前の経過及び土地の利用状況並びに借地権設定者が土地の明渡しの条件として又は土地の明渡しと引換えに借地権者に対して財産上の給付をする旨の申出をした場合におけるその申出を考慮して、正当の事由があると認められる場合でなければ」、更新請求に異議を述べることができない（同６条）。のみならず更新を請求しなくても、借地人が土地の使用を継続するのに対して土地所有者の方から遅滞なく異議を述べないと、建物がある場合に限り、契約は自動的に更新したものとみなされる（同５条２項。なお７条・８条参照）。当事者の合意によって借地契約を更新する場合には、その期間は、更新の日から10年（借地権の設定後の最初の更新にあっては、20年）とし、当事者がこれより長い期間を定めたときは、その期間とするとされる（同４条）。これらの規定はもちろん強行性を有する（同９条）。もっとも借地借家法は、たとえば工事用の仮設建物のためのように一時使用のための地上権には適用がない（同25条）。

　なお、借地借家法施行前に設定された借地権については、旧借地法によって生じた効力は妨げないとされるので（借地借家附則４条但書）、堅固な建物の場合は60年、その他の建物の場合は30年の借地期間となる。その契約の更新についても旧借地法が適用されるので（旧借地６条）、借地権者の更新請求に対しては土地所有者はみずから土地を使用することを必要とする場合その他正当の事由がなければ異議を述べることができず（同４条１項）、借地人が土地使用を

継続するときには借地契約の更新が認められる（同6条）。

58 地上権の効力

(1) **権利の範囲** 地上権の効力は地上権者がその権利の範囲内——設定行為で定められた目的の範囲内、時効で取得したときは時効の基礎となった占有によって定まる目的の範囲内——において土地を使用することができる。土地所有者は土地の使用を忍容すべきであり、地上権者の使用を妨げてはならないが、積極的に使用に協力する義務のないのを本則とすることは前述した（物55(4)参照）。

(2) **譲渡性等** 地上権者は自分で土地を使用できるだけでなく、他人に土地を賃貸しまたは地上権を譲渡できることは前に一言した（物55(2)参照）。永小作権については設定行為によって禁じない限り譲渡・賃貸できる旨の規定があるが（272条）、地上権にはこのような規定がない。しかし、これは物権の性質上当然のことである。永小作権の上記規定は実は譲渡・賃貸できることを定めた点に意義があるのではなく、設定行為によってこれを禁ずることができるとする点に意義がある（不登79条3号参照）。したがって、このような規定がない地上権においては、譲渡・賃貸を禁ずる特約をしても第三者に対する効力はないと解すべきである。なお、地上権が譲渡性および賃貸性を有することは、その地上に生育中の竹木や家屋その他の工作物を譲渡しまたは担保に入れることを可能にするものであって、地上権者の投下資本の回収に重大な意義を有するものであることは容易に知りうるであろう。

(3) **変更** 地上権者は「土地に対して、回復することのできない損害を生ずべき変更を加えること」ができないであろうか。永小作権についてはこれを肯定する規定があるが（271条）、地上権においても同様に解されている。

(4)　相隣関係等　　地上権が土地の使用を本体とすることから相隣関係の規定が準用されることも理解されるし（267条参照）、また占有すべき権利を包含するから（物18(2)参照）、その使用の円満な状態を侵害された場合にその排除を請求するいわゆる物権的請求権を生ずることも肯定されるであろう（物9(2)参照）。

(5)　工作物等の収去権と買取権　　地上権者は、その権利が消滅したときには、土地を原状に復してその工作物および竹木を収去することができる。ただし、土地所有者が時価を提供してこれを買い取りたいと申し出たときは、地上権者は正当な理由がなければこれを拒むことはできない。もっとも、これらの点について別段の慣習があればこれに従う（269条）。この収去権は地上権者をしてその投下した資本を回収させるものではあるが、建物などについては実益が少ない。むしろ土地所有者に買い取ってもらうことが有利な場合が多い。建物の社会経済的な意義からみてもそのほうが望ましいことである。しかし、これを民法のように土地所有者の買取権としておいては実効を収めにくい。そこで借地借家法は借地権者が買取請求権を有するものとした（借地借家13条参照）。この借地権者の建物買取請求権は土地所有者の承諾を要せず、借地権者の意思表示だけで売買の効力を生じ（一種の形成権である）、土地所有者は時価を支払って建物を引き取る義務を負うに至る。時価がいくらかについて争いがあれば裁判所がこれを決定する。

59　地代支払義務

(1)　義務の性質　　地上権者が地代を支払うべきときは、地代支払義務はあたかも地上権と結合した義務となる。そうして地上権の譲受人は当然この義務を承継し、土地の譲受人は当然この権利を取得する。ただし、地代関係についても登記がなければ第三者に対抗

できない（177条、不登78条 2 号）。

　(2)　**地代額**　　地代額の決定は当事者の契約にまかされる。借地権については、一度定められた地代が、その後公租公課が増減するとか地価が騰貴または下落するとかいうような事情の変更のために不相当なものとなったときは、一定の期間地代を増減しない特約がない限り、土地所有者のほうから相当な値上げを、また借地人のほうからは相当の値下げを、請求できるものと定められている（借地借家11条 1 項）。なお、この**地代増減請求権**も、買取請求権と同じく、請求が相当である限り、請求と同時に値上げまたは値下げが実現する建前ではあるが、この請求があった後も、借地人は裁判確定まで自分で相当と認める地代を支払えばよく、後に裁判等で確定した額に不足額・超過額があればこれに年 1 割の利息を付して支払わなければならないとされる（同条 2 項・ 3 項）。借地借家法11条は、強行規定であって、**地代等自動改訂特約**があっても、基礎となる事情の変化のため同特約によって地代等の額を定めることが同条 1 項の趣旨に照らして不相当なものとなった場合には、地代等増減請求権の行使ができる（最判平成15・ 6 ・12民集57巻 6 号号595頁など参照）。

　(3)　**不可抗力による減額**　　定期に地代を支払うべきときは、永小作権の規定が準用され、天災その他の不可抗力によって収益を得ない場合にも地代の減額請求権がないことになっている（266条 1 項・274条・275条参照）。この規定は、地上権においても植林などの目的のものについては意義があるが、永小作権にとっては見逃すことのできない規定であるから次章に述べる。また地代の滞納があっても、引き続き 2 年以上に及ばないと土地所有者のほうから地上権を消滅させることはできない（266条・276条）。これは地上権にとっても重要な規定である。引き続き 2 年以上というのは、過去合計して 2 年間と

いう意味ではなく、継続して2年間にわたる地代の支払を怠ること
である（永小作権につき大連判明治43・11・26民録16輯759頁）。土地
所有者が地代の受領を拒絶してきたようなときには、受領拒絶の態
度を改めて相当期間を定めて催告をするなどしなければ地上権消滅
請求はできない（最判昭和56・3・20民集35巻2号219頁）。なお、地
代については賃貸借に関する規定が準用される（266条2項）。611
条（賃借物の一部滅失）・614条（賃料の支払時期）・312条以下（不動
産賃貸の先取特権）などがその主要なものであろう。建物の所有を
目的とする地上権については借地借家法11条の地代増減請求権が認
められることは上述した。

60　地上権の消滅原因

　地上権の消滅原因として特殊なものには、上述した地代の滞納に
よる土地の所有者の消滅請求のほか、地上権者の**放棄**がある。地上
権に存続期間の定めがないときは、**地上権者は原則としていつでも地
上権を放棄できる**。もっとも、**地代を支払うべきものであるときは、1
年前に予告するかまたは1年分の地代を支払うことを要する**（268条1
項）。しかし、**不可抗力によって収益を得ないことを理由として放棄す
ることを認められる場合には**（266条・275条）、地上権に期間の定め
があっても放棄できるし、また予告期間も必要ではない。地上権者
がその権利を放棄することは普通にはあまり実例がないであろう。
ことに凶作の場合に権利の放棄を認めることは、後に永小作権につ
いて述べるように、地上権者の保護としてはいささかの値打ちもあ
るまい。ただ地上権者がその権利の上に抵当権を設定し、あるいは
地上の建物を第三者に売り渡したような場合に、地上権を放棄して
抵当権者や建物の買主を不当に苦しめようとすることは考えられる。
しかし、このような権利の放棄はもちろん正当とは認められない。

抵当権が設定されている場合については明文があるが（398条）、その他の場合についてもこの規定の趣旨を拡張すべきである。

61　区分地上権

　(1)　**区分地上権の意義**　　地上権は、上述のように、工作物または竹木の所有を目的として土地を全面的に利用する権利であるが、都市化と建設技術の進歩に対応して、他人の土地の空中または地中の一部だけを利用するという土地の立体的利用の現象が多くみられるようになった。たとえば他人の土地の地下に地下鉄路線を、あるいは空中にモノレールの架線を通す場合に、必ずしもその土地を買収し、または全面的使用権を設定する必要はないのであって、地下または空中のその部分だけの利用を確保できればよい。その余の部分の利用権はこれを土地所有者に残すほうが、社会的にみても効率的であることが少なくない。このような要請は、地下の部分だけを目的とする賃貸借契約、ないしは、駅または支柱のある土地を要役地とし、路線の通る土地を承役地とする地役権の設定によっても満たすこともできるが、前者は賃借人の地位が脆弱であるし（地下または空中だけの賃借権を登記する方法がない。不登81条参照）、後者もはなはだ複雑な仕組みを必要とする（物69(1)参照）。そこで昭和41年に借地法などが改正された際に、民法に269条の2がつけ加えられて、特に「工作物を所有するため」に「地下又は空間」について、その「上下の範囲を定めて」地上権を設定することが認められた。区分地上権または部分地上権と呼ばれるものである（地中権・空中権などともいわれる）。なお、これに関連して、その登記のための措置もとられた（不登78条5号）。

　(2)　**区分地上権の性質**　　区分地上権も地上権の一種であるから、その法律的性質は普通の地上権と本質的には同じである。ただその

対象が地下または空中の一部であることからくるいくつかの特質がある。

　(ｱ)　区分地上権の目的　　区分地上権は工作物を所有するためにだけ認められる。

　(ｲ)　権利の及ぶ範囲　　1筆の土地の全部に及ぶ普通の地上権と異なって、区分地上権は、1筆の土地をいわば横に切った特定の層にだけ及ぶ。その層は、たとえば東京湾の平均海面△△メートルから××メートルに至る部分というように定められるのが普通であり、そのように登記される。

　(ｳ)　使用制限の合意　　区分地上権が設定されると同一の土地の使用権者（土地所有者と区分地上権者であるのが普通）が階層的に上下の相隣関係に入る。したがって、最小限度において相互の互譲を求め、相互の利用を満足させようとする相隣関係に関する規定が準用されることはいうまでもない（物38(3)、267条参照）。しかし、このような上下の相隣関係は人為的に作り出されるものであるから、設定にあたって、使用権者が相互に相手方のために自分の使用に制限を加えるよう合意することが可能である。そして区分地上権の行使のために所有権に基づく「土地の使用に制限を加える」ことについては規定があり（たとえば地下道の上に重い建物を建てない（269条の2第1項後段））、その登記をすれば第三者に対抗できる（不登78条5号）。土地所有権のために区分地上権の行使に制限を加える（たとえば地下道所有のためにのみ使用し、建物を建設しない）ことは、設定行為で明らかにすればよい。

　(3)　第三者の使用権との関係　　区分地上権はその性質上、第三者が普通の地上権・永小作権・賃借権などの使用・収益をする権利を有する土地についても設定することができる。ただし、これらの者

およびその権利を目的とする権利を有するすべての者の承諾を必要
とする。承諾を与えた者は区分地上権の行使を妨げることはできな
い（269条の2第2項）。承諾の意思表示によって観念上は排他性
（物8(2)参照）を有する既存の権利の領域に、別の権利の成立を認め
るものであるが、上述の土地所有者との関係と異なって、登記の方
法がないことは問題であろう。

　この用益権者および用益権を目的とする権利を有する者の承諾は、区
分地上権の成立要件であると解される。なぜなら、法文もすべての者
の承諾があるときに設定することができると規定しているし、承諾
しない一部の者に対抗できないような区分地上権の成立を認めるこ
とは、いたずらに土地の利用関係を混乱させるからである。もっと
も、そのような諸権利が存在している場合にも、対抗要件を備えて
いないものについては、その権利者の承諾を必要としない。

　すでに抵当権が設定され、登記もされている土地については、民
法は何も規定していないから、一般の原則に従って区分地上権を設
定することは自由である。しかし、抵当権が実行された場合には、
買受人に対抗できないことになる。もっともこの場合には、代価弁
済など抵当権の実行を阻止する途が開かれている（378条。物109参
照）。

第5章　永小作権

62　永小作権の意義および性質

　永小作権は地上権と同様に他人の土地を利用する権利の1つであって、小作料を支払って他人の土地において耕作または牧畜をするものであるが、わが国の実際に行われる小作関係はほとんどすべて賃貸借関係であって、永小作権はきわめてわずかな部分に行われるにすぎないものであることはすでに述べた（物5参照）。またその際、建物所有のための土地の利用関係については早くから特別法の制定があったが、耕作のための土地の利用関係についてその制定が遅れた事情も述べたから、ここには繰り返さない。ただ、その立法の変遷も主として賃借小作に関するものであったことを注意すべきである。なお、戦後の農地改革については債権各論で言及するが、永小作権に触れる点は比較的少ない。永小作権の性質は地上権に酷似するから詳説を略する。

　(1)　**永小作権の内容**　　永小作権は耕作または牧畜の目的で他人の土地を使用する権利である（270条）。

　(2)　**譲渡性等**　　永小作権は相続性および譲渡性を有する。また当該の土地を他人に賃貸する権利を包含する。しかし、譲渡および転貸の権限はこれを設定契約で制限することができ、この特約を登記すれば第三者に対抗できるものとなることはすでに述べた（272条、不登79条3号、物58(2)参照）。

　(3)　**小作料**　　永小作権は小作料支払義務を伴うことを要件とする（270条参照）。特定の土地所有者が将来のすべての小作料を免除す

ることはしようと思えばできる。しかし、これを登記することは認められないから、第三者、たとえば土地を譲り受けた新所有者に対しても効力を生じさせることはできない。

63　永小作権の取得

　永小作権の取得については地上権の取得に準じて考えればよいから、特にいうことはない。ただここには地上権の推定のような法律はないから、各場合について賃借小作か永小作かを判別するよりほかはない。一般に新田と呼ばれるところに永小作権が多いというようなことは1つの標準となるであろう。しかし、判例は、徳川時代からの、耕地開墾の労働提供者などに認められている「鍬先権（くわさき）」と称する小作権につき、存続期間の定めがなく、土地の所有者も鍬先権を買収しなければみずから耕作できず、当該権利の譲渡に土地所有者の承諾を要しない、というだけでは永小作と認めるには十分でないとする（大判昭和11・4・24民集15巻790頁）。

64　永小作権の存続期間

　⑴　契約の定めがある場合　　永小作権の存続期間を契約で定めるときは、20年以上50年以下としなければならない。50年を越える期間を定めたときは50年に短縮される（278条1項）。この期間は更新できるが、更新の時から50年を越えることはできない（同条2項）。民法施行前に設定したものが50年以上であるときにも、民法施行の時から50年より長く存続することは許されない（民施47条1項・3項参照）。このように永小作権を50年以上存続させないとするのは、所有権の全面的支配権たる実質を維持しようとする趣旨であろう。しかし、これは小作関係の実質に適しないばかりでなく、民法施行前永久の永小作権であったものについても民法施行の日から50年でこれを消滅させようとすることは禍を将来に残したものであった

（同条3項参照）。しかし、このような永小作権は農地改革によって買収され、永小作人の自作農地とされた。

(2)　**契約の定めがない場合**　　永小作権の存続期間を契約で定めないときは慣習により、慣習がないときは一様に30年とする（278条3項）。民法施行前のものは慣習により50年より短い場合のほかは、民法施行の日から50年とする（民施47条2項）。なお、この永小作権も政府が買収し、自作農地とされた。

65　永小作権の効力

(1)　**永小作権の内容**　　永小作権の効力は永小作人がその権利の範囲内において土地を使用できることを本体とする。この点についても地上権に準じて考えてよい。永小作人は土地に永久の損害を生ずるような変更を加えることはできないと定められているが、用益物権としての性質上当然いうまでもないことであろう（271条）。また永小作人はみずから使用できるばかりでなく、譲渡・賃貸をすることができるのを原則とすることは前述した（272条、物62(2)参照）。

(2)　**物権性**　　永小作権から物権的請求権を生ずることも地上権と同様である。相隣関係の規定を準用すべきかについては、地上権のように規定はない（267条参照）が、ことの性質上これを肯定すべきことはすでに述べた（物38(3)参照）。

(3)　**収去権**　　永小作権消滅のときに永小作人が原状回復義務と収去権とを有すること、および土地所有者が買取権を有することは、地上権におけると全く同じであるが（279条・269条）、永小作人の側からする買取請求権はない。

(4)　**賃貸借規定の準用**　　なお、広く永小作人の義務について賃貸借に関する規定が準用される（273条）。したがって小作料についてのみならず、永小作人の義務についても615条（賃借地について権

利を主張する者があった場合の賃借人の通知義務）、使用貸借の規定を準用する616条を通じて594条1項（借主の使用収益権）などが準用される。

(5)　**慣習**　最後に、永小作権の本質的な内容以外に関することについて、別段の慣習があれば、その慣習が民法の規定に優先するものであることを注意すべきである（277条）。

66　小作料支払義務

永小作権と小作料支払義務との関係は、地上権と地代支払義務との関係と同じである。小作料の額の決定はもっぱら契約による。事情の変更による小作料値上げの慣習が存在することは判例によって認められたことがあるが、その例は地上権の場合ほど多くはない。農地法は、一定要件のもとに小作料増減請求を認めている（農地20条）。

なお、民法上の小作料支払義務に関し注目すべきは、凶作による小作料減額請求権に関する規定である。永小作人は凶作の場合にも小作料減額請求権はない（274条）。凶作が続き、継続して3年以上全く収益を得ないか、または5年以上小作料より少ない収益を得るに及んでようやくその権利を放棄することができるにとどまる（275条）。凶作のときは収穫額まで減じてもらえるという賃借小作の規定でさえ苛酷であるのに（609条参照）、これはあまりにも残酷である。永小作権は比較的長期であり、小作料は低廉であるから、豊作と凶作と相償うことができるというのが立法の趣旨であろう。しかし、今日の永小作人の実情にあわないことは多言を要しないであろう。前述の農地法20条はこの場合にも働く。ただし、小作料の滞納に基づいて土地の所有者が永小作権の消滅を請求するには、1回の滞納では足らず引き続き2年以上の滞納があることを要する（276条）ことは、

多少永小作人の利益を考慮したものである。もっとも、この規定を任意規定だと解するのが一般の説であるが、永小作人の立場を保護し継続的関係を規律するものとして強行性を認めるべきものと思う。なお、小作料に関しても賃貸借に関する規定が準用される（273条）。614条（賃料の支払時期）・611条（賃借物の一部利用不能による賃料減額）・312条以下（不動産賃貸の先取特権）などがその重要なものであろう。最後に、本段に述べた点についても別段の慣習があればこれに従う（277条）。凶作に関しては事実民法のこのような苛酷な規定とは異なる小作料減免の慣習が行われてきたのではあるまいか。

67　永小作権の消滅原因

永小作権の消滅原因として特殊なものは、上に述べた凶作による永小作人の権利の放棄（275条）および地代の滞納による土地の所有者の消滅請求（276条）を挙げるべきである。ただし、これらの点についても別段の慣習があればこれに従う（277条）。

第6章 地 役 権

68 地役権の意義および性質

(1) 地役権の内容　　地役権は、通行、引水、眺望確保など一定の目的に従って、甲地（要役地）の便益のために乙地（承役地）を利用する権利である。このような目的は甲地の所有者が必要な土地を乙地所有者から賃借することによっても達することができる。しかし、地役権は特定の人のための権利ではなく、所有権に付属した権利として、あたかも甲地所有権の内容が拡張したような結果を導くものである（281条参照）。そればかりでなく、賃貸借だと、原則として目的地の利用権能を全部賃借人に譲ることになるのに反し、地役権は承役地所有者と要役地所有者（地役権者）の共同利用の理想を実現しようとする。これらの点に地役権の独自の作用がある。なお、地役権と相隣関係との差異はすでに述べたが（物38(4)参照）、地役権の内容は相隣関係の内容を拡張するものであることも多い。ところが、相隣関係は隣接する土地の利用の最小限度の調節だから、これを制限することを許さないものが少なくない。たとえば袋地の所有者の囲繞地通行権（210条）、境界付近の工事のための隣地使用権（209条）などがそれである。このような公の秩序に関する規定に違反する内容の地役権は許されない。これは理論上当然だが、民法は注意的にこの旨を明らかにした（280条但書）。

　民法280条は、地役権は「他人の土地」を「自己の土地」の便益に供する権利であると定めるが、地役権はもっぱら土地所有権者相互の間でだけ成立させることができるのか、それとも要役地の地上

権者・永小作権者なども自己の名で地役権を取得することが認められるであろうか。学者の間には多少の反対説もあるが、これを肯定すべきであろう。地役権は利用の調節であって、所有の調節ではないからである。同様の理由で土地の賃借権者も地役権を取得しうると解すべきものと思う。これに対し、承役地の地上権者や賃借人が要役地の所有者等のために承役地所有者の負担となる地役権を設定しうるとすることは認めるべきでないだろう。

　(2)　存続期間　　地役権の存続期間は設定行為によって定まる。永久の地役権が認められることについては、地上権の場合と違って反対説をみない。存続期間を定めた場合には、これを登記しなければ第三者に対抗できないと解する説が有力であるが、不動産登記法は存続期間の登記を認めていない（不登80条1項参照）。

　(3)　地役権の性質　　分説すればつぎのようである。

　(ア)　要役地の利用価値増進　　地役権はこれによって要役地の利用価値を増すものでなければならない。甲地の所有者がたまたま昆虫学者なので乙地の所有者と乙地で自由に採集してよいという約束をしたとしても、個人的の利用であるから地役権の内容とはならない（このようにもっぱら特定人の便益を高めるための物権を人役権という。わが民法はこれを認めていない）。

　(イ)　付従性・随伴性　　地役権は要役地の所有権（または利用権）の従たる権利である。すなわち、地役権は、要役・承役両地の存在を前提として成立し、要役地の所有権が移転されたり、または他の権利の目的とされたときは、設定行為に別段の定めがない限り、これと運命をともにする（281条1項）。また、地役権は要役地の便益のための権利であるから、要役地から分離して譲渡したり他の権利の目的としたりすることは不可能である（同条2項）。これを地役権の付

従性・随伴性という。登記においても、要役地の所有権登記の名義人が地役権者とされるので、承役地についてする地役権の登記に権利者の氏名・住所は記載されず、要役地の所有権登記がない場合には承役地に地役権設定の登記をすることができない（不登80条2項・3項参照）。

　㈦　共有・分割・譲渡における不可分性　　要役地をＡＢ両人で共有するときに、Ａの持分のための地役権だけを消滅させることは理論上不可能である。同様に承役地をＣ・Ｄが共有するときにＣの持分の上の地役権だけを消滅させることも不可能である（282条1項）。なぜなら、地役権は要役地の実質的利益のために承役地を実質的に利用するものであって、共有持分というような観念的なものについては、そのためにも、またその上にも、存在することのできないものだからである。これを地役権の不可分性という。その結果、要役地または承役地が分割または譲渡によって数人の所有に属するようになるときは、地役権は各部のためまたは各部の上に存することになる。もっとも、承役地の東の境界線から5メートル内には建物を建てないというように、地役権が土地の一部のみに関するものであるときは、この部分についてだけ地役権が存続し、他の部分の取得者は地役権の負担を受けないことになる（同条2項）。

　㈧　時効における不可分性　　地役権の不可分性はさらに時効に関してもその適用を示す。要役地がＡ・Ｂの共有であって両者が地役権を行使しないために消滅時効が進行した場合に、Ａだけが途中で行使して消滅時効の完成猶予または更新の効力を生じさせたとする。時効の完成猶予・更新の相対効（153条）に照らせば、Ｂだけが地役権を失うことになるはずである。しかし、これは前述のように実現不可能な結果である。そこで民法は要役地が数人の共有に属

する場合において、その1人のために地役権の消滅時効の完成猶予または更新があるときは、全共有者のために効力を生ずるとした（292条）。同様のことは共有の土地のために地役権が時効で取得される場合についても生ずる。そこで民法は共有者の1人のために取得時効が完成すれば、他の共有者もこの恩恵を受けるという立場で規定を設けた（284条1項）。したがって、共有者に対する時効の更新は、地役権を行使する各共有者に対してしなければその効力を生じない（同条2項）。複数の共有者が地役権を行使する場合、1人だけに完成猶予事由があっても、取得時効は各共有者のために進行する（同条3項）。これらの規定は前に述べた地役権の不可分性と、法律がなるべく地役権を成立存続させようとする意図を有することによって生じたものである。

69　地役権の種類

(1)　**各種の地役権**　　地役権の目的たる便益の種類には制限がない。要役地と承役地が隣接している必要もない。引水地役権・通行地役権などがもっとも普通であるが、日照や景観を害するような建物を建てないとか、特定の種類の工作物を設置しないなど不作為を内容とするものであってもよい。きわめて特殊のものとしてはモノレール設置のために支柱の地盤を要役地とし、支柱と支柱の中間の土地を承役地として、一定の高さ以上の工作物を設置しない地役権の例などがある。しかし、269条の2が設けられた今日では区分地上権の設定によることになろう（物61(1)参照）。

(2)　**地役権の分類**　　地役権はその行使の態様から、つぎのように分類される。主として時効との関係で重要な意義を有する。

(ア)　**作為・不作為の地役権**　　地役権者が一定の行為をするのを承役地利用者が認容する義務を負担する作為の地役権と、承役地利用者が一定の利用をしない義務を負担する不作為の地役権。

　㈡　継続・不継続の地役権　　地役権行使が間断なく継続する継続地役権（通路や防音壁などの設備を設けるもの、不作為の地役権など）と、間断のある不継続地役権（通路を設けない通行地役権など）。

　㈢　表現・不表現地役権　　外部から認識される外形的事実を伴う表現地役権（土地の表面を引水する地役権など）と、これを伴わない不表現地役権（不作為の地役権など）。

70　地役権の取得

　地役権の取得原因として特殊のものは時効取得である。地役権は継続的に行使され、かつ、外形上認識することができるもの（物69参照）、すなわち地役権の行使が間断なく外部からみえるもの、たとえば通路を設けた通行地役権（最判昭和33・2・14民集12巻2号268頁・基本判例121）、地表に現われている溝または堀による引水地役権のようなものでないと時効によって取得できない（283条）。判例は、通行地役権につき、通路が開設されており、かつ、その通路の開設が要役地所有者によってされることを要し、承役地たるべき土地に設けられている通路を誰からも異議を述べられることなく通行しているだけでは「継続」に当たらないとする（最判昭和30・12・26民集9巻14号2097頁、前掲最判昭和33・2・14）。しかし、誰が通路を開設したかよりむしろ、当該通路の維持管理を要役地所有者が継続して行ったかどうかに重点をおくべきであろう（前掲昭和33年判決の補足意見参照）。なお、共有地に関する地役権の時効取得にはいわゆる地役権の不可分性に基づく特則の存することはすでに述べた（284条、物68⑶㈣参照）。

　地役権の得喪変更は登記を対抗要件とする（177条、民施37条参照）。ただし、登記のない通行地役権の承役地が譲渡された時に、その承役地が要役地の所有者によって継続的に通路として使用されてい

ることがその位置、形状、構造等の物理的状況から客観的に明らかであり、かつ、譲受人がそのことを認識していたか、または認識することが可能であったときは、譲受人は、通行地役権が設定されていることを知らなかったとしても、特段の事情がない限り、地役権設定登記がなされていないことを主張するについて正当な利益を有する第三者に当たらず（最判平成10・2・13民集52巻1号65頁・基本判例122）、通行地役権者は承役地の譲受人に地役権設定登記の請求ができる（最判平成10・12・18民集52巻9号1975頁）。なお、承役地の譲受人が背信的悪意者に当たるためには、通行地役権の存在について悪意であることが必要だが、通行地役権が時効取得されたものであるときは、承役地の取得時に、時効取得の成立要件を充足していることをすべて具体的に認識していなくてもよいが、時効取得者が多年にわたって通廊分を継続して占有している事実を認識していることが必要であり、調査をすれば時効取得を容易に知り得たというのでは足らないとする判例がある（最判平成18・1・17民集60巻1号27頁・基本判例90。物14⑴(ウ)・⑶(イ)参照）。

71　地役権の効力

　地役権の効力として、要役地の所有者は、設定行為に定めるところに従って、その権利を行使できる。これはいうまでもないことだが、地役権は前述のように両地の利用の調節を目的とするのであるから、要役地所有者の権利の行使は、その必要の範囲においてできる限り承役地の利用の制限を少なくしなければならないという大原則があることに注意すべきである。民法は、この理論の表われとして用水地役権に関する互譲協調について規定した（285条1項）。ただし、同一内容の地役権が前後して数個設定されるときは、前に設定されたものが、後に設定されたものに優先することは当然である（同条

2項）。また地役権の行使のために承役地の上に設けられた設備は、承役地の所有者も一定の要件のもとにこれを利用できるというのも、この大原則の表われといえる（288条）。

承役地所有者の義務は、要役地所有者による通路開設と継続的な通行などの権利行使を認容するか（作為の地役権）、または日照・眺望を害するような建物を建築しないといったように、一定の所有権行使をしないこと（不作為の地役権）を内容とする場合が多い。しかし、契約によって地役権の行使に必要な設備をし、または修繕をするという積極的義務を負担することも妨げない。この場合の義務は承役地の所有権に付従するものとして、その特定承継人にも移転する（286条）。ただし、承役地所有者は、任意に、地役権に必要な土地の部分の所有権を放棄して地役権者に移転して工作物設置または修繕の義務を免れることができる（287条）。地役権者はこれによってその部分の土地の所有権を取得し地役権は消滅する。

72　地役権の消滅原因

地役権の消滅原因として特殊なものは承役地の時効取得である。承役地が第三者によって地役権を排斥するような状態で占有され、その取得時効が完成するときは、地役権は消滅せざるをえないことはもちろんである（289条）。ただし、この取得時効の完成する前に地役権の行使があれば、取得時効の基礎である承役地の占有は地役権を排斥しないものとなるから、その完成によっても地役権は消滅しない。これも当然の理論であるが、民法290条がこれを地役権の消滅時効とその中断とみているのは理論上正確ではない。真の地役権の時効消滅は地役権者が20年間その権利を行使しないときに生ずる（166条2項）。民法はこれについてその20年の時効期間の起算点を不継続地役権と継続地役権とに分けて詳細に定めた（291条）。な

お当然のことであるが、地役権の全部が行使されない場合には地役権の全部が、一部だけ行使されない場合、たとえば2メートルの通路を設けることができる通行地役権において1メートルの通路だけしか設けなかった場合には、残りの一部だけが時効によって消滅する（293条）。また、要役地が共有である場合についていわゆる不可分性に基づく特則のあることは前述したとおりである（292条、物68(3)(エ)参照）。

第 7 章 入 会 権

73 入会権の意義

入会権（いりあいけん）は、一定の地域の住民（入会集団）が、山林原野において共同に収益する、慣習上の権利である。民法はこれについてわずかに 2 ヵ条を設けたにすぎず（263条・294条）、独立の章も設けず、独立の権利たる地位も与えなかった。これは各地の慣習に深く根ざしている制度を徹底的に調査する暇がなかったためである。昭和30年前後から盛んになった各地の実態調査によって入会権の解体の過程がかなり明らかにされ、裁判例も多く現われたが、なおその法律的性質および社会経済上の作用について、論議はかなり分かれている。法律的性質については次段74で詳しく述べる。ここではその社会経済上の作用およびその変遷について考えてみる。

入会権は、その収益の内容が、多くの場合に肥料・飼料用の雑草、薪炭用の雑木の採取であったことが物語るように、農民の自然経済において重要な社会的作用を営んだものである。しかし、その一方で、入会権の存在は山林原野の造林・開墾等による開発を妨げ、水源地の涵養をなおざりにさせがちであり、社会経済上不利をもたらす。ことに村落の共同体的統制がゆるんだ場合にそうである。「入会地は荒廃する」ことは悲しむべき現実である。ここに後述する入会近代化事業が行われる 1 つの根拠が存する。入会権の整理解消を急ぐ者と、入会権の存続のために闘う者と、それぞれの真理に立つ。困難にして重要な問題である。

ところで、近時の社会経済の発達は、入会権者、つまり入会集団

の構成員である住民の側の生活にも大きな影響をもたらした。化学肥料の開発、牛馬に代わる機械の普及、燃料としての石油の普及などは農山村にも押し寄せ、その結果、旧来の利用状態による入会権の価値を著しく低下させた。そこで入会地の利用形態は、入会集団が一括しての造林等による管理（団体直轄利用形態）、入会権者に分割して各自の自主性にまかせる管理（個人分割利用形態）、または入会権者もしくは第三者の個人またはグループに賃貸して対価を徴収する管理（契約利用形態）という形をとることが多くなった。つまり効率的利用を図り、その収益を入会集団（村落）のために消費し、またはその構成員に分配するという形態に代わるものが多くみられるようになった。このような利用形態の変化によって、入会権は消滅するかが論争の的となったが、入会集団が実在的総合人として存続する限りは、依然として総有関係としての入会権は存続するとの説が有力である。

74　入会権の法律的性質

　入会権の性質は最も団体的色彩の濃厚な共同所有形態たる総有の一種とみるべきことは前に一言した（物50⑵参照）。入会権の主体は、いわゆる実在的総合人——村落を構成する村落民の総体——であり（構成員が団体の中に埋没し、団体が構成員とは別個の権利主体となる一般の法人と異なる）、入会権はこの実在的総合人の収益関係の、特に物権的な側面である。

　⑴　共有の性質を有する入会権　　目的地が一村落の所有に属するときは（いわゆる共有の性質を有する入会権。古い形でいえば村中入会）、この村落が１つの団体として目的地の管理・処分などの権能を有し——村落民は原則としてこれに参加する平等の権利を有し、処分には全員の同意を必要とする——、村落民は団体の一員として団体の

統制に服しながら各自一定の収益権を有する。そうしてこの収益権が民法の入会権となって現われる。だから村落民各自は目的地に対して譲渡の可能な持分をもたないし、また分割請求権もない。したがって、民法はこのような入会の態様を共有の一種とみているようであるが（263条。大連判大正9・6・26民録26輯933頁参照）、共有とその本質を異にするといわねばならず、講学上総有と呼ばれていることはすでに述べた（物50参照）。

(2)　共有の性質を有しない入会権　　入会には上のほか、目的地がその村落以外の村落または個人の所有に属する場合（いわゆる共有の性質を有しない入会権。地役権の性質を有する入会権ともいう。代表的には他村持地入会）もある。このような場合には村落団体は目的地そのものを処分する権能をもたない。しかし、この他人の土地で収益するという権利そのものの管理・処分をする権能はやはり村落団体に属し、村落民は団体の統制を受けながら収益をする。したがって、この収益権そのものが村落に帰属する関係は、あたかも入会地が村落団体の共同所有に属する場合の所有権の帰属と法律的性質を同じくする。すなわち収益権は村落に総有的に帰属する。いいかえれば収益権の準総有である。民法はこのような入会の態様について地役権の規定を準用すべきものと定める（294条）。思うに、他人の土地の利用はできる限り両者の利用を調和するようにすべきだという理論においては、この種の入会と地役権とに共通な点がある。しかし、個々の村落民の収益権能の裏に収益権そのものが村落に帰属する関係があることを忘れてはならない。

要するに入会権は村落団体が所有権または他人の土地の収益権を総有または準総有する場合における個々の村落民の収益権能であるというべきである。そして上記(1)、(2)を通じて、近時、入会権は、収益権能

に限らず、土地の総有または準総有を含むとの主張がなされている。入会権の解体の過程（入会地の処分の場合の分配金など）で意味をもつが、定義の問題であり、収益権能とみるのが事実に近いであろう。

(3)　入会権の３類型　　入会権の変遷の過程において、以上述べたところとは別に地盤の帰属との関連から、つぎの３つの型が問題とされている。

(ア)　国有地上の入会権　　明治初年の地租改正および官民有地区分の措置によって、入会権の地盤が官有地に編入されたものについては、入会権は消滅したというのが判例であったが、学説はこぞって反対し、判例も変更され（物76(2)参照）、国有地の上にも入会権が存続しうるとされた（国有地入会）。

(イ)　市町村有地上の入会権　　明治初年に村落有地とされたが、後にその村落が市町村の一部とされた場合、当該の土地の上に入会権が存続するかが問題とされた。判例は国有地の場合と違って入会権の存続を認めるが（公有地入会）、行政当局は入会権ではなく、慣行上利用を認められているにすぎないという（自治238条の６参照）。その廃止にあたって村落民全員の同意を要するかどうかで差異を生ずる。

(ウ)　私有地上の入会権　　明治初年に１人または数人の代表者、神社などの名義になったが（私有地入会）、実は村持の土地であった場合には、今日でもその実際が尊重されるべきであるとされる（最判昭和41・１・28判時434号２頁―小繋事件はこのことを考えさせる事件）。入会権は登記がなくても第三者に対抗できるとされているため、私有地の場合は特に取引の安全を害するおそれがあるので、何らかの立法による解決が要請される。

75　入会権の効力

　入会権の効力は各地の慣習によって定まるが、個々の入会村落民の共同収益を本体とする。共同収益の範囲は雑草刈取から建築材料や石材の採取に至るまでさまざまであるが、これも慣習によって決まる。また他人の所有地に入り会うときは、地役権の規定を準用して所有者との間の収益の調節を図るべきである。入会村落民の一員または第三者が入会権の行使を妨げるときは、村落自体としてはもちろん、個々の村落民としてもその侵害の排除を請求できる。個々の村落民の収益権能がこのような排他性を有すべきことは当然だからである。しかし、個々の村落民の権利は団体に総有的に帰属する権利の一権能であるにすぎないこと前述のとおりだから、入会地そのものまたは収益権の分割の請求はできない。また村落民の権能は村落団体の一員であることに伴うものだから、任意にその権能の譲渡もできない。いいかえれば個々の村落民は処分すべき持分をもたないし、分割を請求すべき独立的地位をももたない。このように入会権の管理権能が個々の入会構成員に属しないので、入会権確認の訴えは、権利者全員が原告となる固有必要的共同訴訟となり（大判明治39・2・5民録12輯165頁、最判昭和41・11・25民集20巻9号1921頁）、入会地についてなされた不法登記の抹消請求も同様である（最判昭和57・7・1民集36巻6号891頁）。ただし、第三者に対して入会地であることの確認を求める場合に、入会集団構成員に非同調者がいるときは、非同調者を被告に加える形の訴えの提起が認められる（最判平成20・7・17民集62巻7号1994頁）。もっとも、権利能力のない社団に当たる入会団体は、構成者全員に属する不動産につき、これを争う者を被告とする総有権確認請求訴訟を追行する原告適格を有する（最判平成6・5・31民集48巻4号1065頁）。

76　入会権の得喪

　入会権の得喪は村落自体についてと、個々の村落民についてと、別々に起こりうる。

　(1)　**個人の権利**　　個々の村落民は前述のように入会権者としての地位だけの処分はできない。村落団体を規律する慣習上の規範により、入会集団の構成員としての村落民の地位を認められれば（戸主以外の者や分家者にこの地位が認められるかどうかも各地の慣習によって異なる）、原則として入会権を取得し、反対にその地位を失うこと（村落からの退去は多くの場合にこれに当たるが、それも慣習による）によって入会権を喪失する。入会権者を一家の代表者に限定する慣習上の会則は公序良俗違反で無効とされる（最判平成18・3・17民集60巻3号773頁）。

　(2)　**村落の権利**　　村落自体の入会権の取得は慣習による。民法は新たに契約によって取得することを認めない趣旨とみるべきであろう。また慣習以外に時効による取得を認める必要もないのではなかろうか。しかしこの2点については反対説がある。特に実在的総合人である村落集団が新たに林野の所有権ないし用益権を取得することによって、入会権を取得する事例があるといわれる。村落自体の入会権の喪失については、官有林への編入と、村落民の意思による廃止とが問題である。前者については、入会権はこれによって消滅すると解するのが判例（大判大正4・3・16民録21輯328頁）であり、支持する学説も多かったが、反対説も有力に主張され、今日ではそれが多数説となっている。最高裁は、この多数説に従って従来の判例を変更した（最判昭和48・3・13民集27巻2号271頁・基本判例124）。後者については、入会権の崩壊現象とも関連して実際上重要な意義を有するので、盛んに論議されるが、少なくとも入会村落民

全員の同意を要すると解するのが総有の性質に適し、かつわが国の慣習にも合すると考える。なお、判例は、入会集団により管理される入会権（団体直轄利用形態。物73参照）が漸次解体して消滅することがあるとし（最判昭和42・3・17民集21巻2号388頁）、また、個人分割管理（物73参照）の行われてきた分け地につき入会権の存在を否定すべきかどうかは、慣行を検討のうえ慎重に決すべきであるとしている（最判昭和32・9・13民集11巻9号1518頁、最判昭和40・5・20民集19巻4号822頁・基本判例123参照）。

　(3)　入会権の公示　　入会権は登記によって公示する途が開かれていない（不登3条参照）。入会権の内容も、村落自体の入会権の得喪、および個々の入会権者たる地位の得喪も、すべて各地の各様の慣習によるため、これを登記簿に公示することが困難だからである。したがって、その得喪・変更は登記がなくても第三者に対抗できる。かつては、当該の村落に行けば、容易にその存否や内容を知ることができるので、取引の安全を害することも少なかった。しかし、一方で入会権が解体し、他方で土地に対する投資が盛んになった現状からは、何らかの公示方法の検討が要請される。

77　入会林野近代化法

　前述したように、入会権の存在が山林原野の開発を妨げ、またその権利関係が必ずしも明確でないところから、昭和41年に、「入会林野等に係る権利関係の近代化の助長に関する法律」（いわゆる入会林野近代化法）が制定された。この法律は、入会林野または旧慣使用林野である土地の農林業上の利用を増進するため、これらの土地に係る権利関係の近代化を助長するための措置を定めることにより、農林業経営の健全な発展を図ることを目的としている（入会林野1条）。具体的には、入会権者がその全員の合意により、入会林野整

備計画を定め、入会権を消滅させ、所有権または地上権、賃借権その他の使用・収益権を生じさせることにしている（同4条）。この入会林野整備計画には、都道府県知事の認可を必要とする（同3条）。

第8章 留 置 権

78 留置権の意義および性質

(1) 留置権の意義　　留置権は、他人の物の占有者が、その物に関して生じた債権の弁済を受けるまでその物を留置して、債務者の弁済を間接に強制する担保物権である（物6(1)参照）。たとえば時計屋は修繕代金の支払を受けるまでは、修繕を依頼した者だけではなく、たとえばその時計を修繕に出した者に貸していた所有者に対しても、その修繕した時計を留置して返還を拒むことができる。これが留置権の作用である。

　留置権は、債権が留置する物に関して生じたものである場合に法律上当然生ずる権利、すなわち法定担保物権であって、質権や抵当権のように当事者間の契約に基づいて生ずるものではない。この点において留置権は先取特権と性質を同じくする。

　法律がこのように当事者の意思によらないで当然に発生する留置権という制度を設けたのは公平の原理に基づく。他人の物を占有する者がその物に関して生じた債権を有するときは、たとえその物を返還すべき時期が来ても、その債権が弁済されるまではその物の返還を拒むことができるとするのは、いかにも公平の原理に適するであろう。これと最も類似する制度はいわゆる同時履行の抗弁権である。売主は代金の支払を受けるまでは目的物の引渡しを拒むことができ、買主は目的物の引渡しを受けるまでは代金の支払を拒むことができるというのがそれである（533条）。同時履行の抗弁権と留置権とは公平の理想に基づく点で全くその基礎を同じくする。ただ同

時履行の抗弁権は、１個の双務契約から生じた対立する２個の債権の間の関係において債務の履行を拒むことができる権利とされるから、債権関係の相対的効力があるにすぎない。時計商は修繕を依頼した者に対してだけこの抗弁権を行使できる。これに反し、留置権は特定の物から生じた債権についてその物を留置する権利とされるから、物権であり、契約の相手方ではない所有者その他の第三者に対してもその効力が認められる。

　(2)　留置権の性質　　留置権は担保物権の一種であるから、つぎのような性質を有する。

　(ア)　付従性　　債権がなければ成立しない。また、債権が消滅すれば、留置権も消滅する。これを担保物権の付従性という。抵当権については重大な意義を有することだが、そのことは抵当権の章で述べる。

　(イ)　随伴性　　特定の債権を担保するものであるから、その債権が譲渡されるときは、原則として、すなわち特に留置権を移転させないという特約がない限り、留置権はこれに伴って移転する。これを担保物権の随伴性という。留置権についてはこの随伴性を否定する少数の学者もあるが、大多数の学者はこれを認める。ただし、後に述べるように留置権の存続には占有を要件とするから（物81(1)参照）、目的物の占有も債権とともに移転されることが必要である。

　(ウ)　不可分性　　担保物権の被担保債権は最後の１円に至るまで担保目的物の全部によって担保され、担保物権の目的物はどの一部分をとっても被担保債権の全額を担保する。したがって、債権の全部の弁済を受けるまで目的物の全部についてその権利を行うことができる（296条、物80(1)参照）。また、目的物の一部に対する侵害は、たとえ残部に十分な担保価値があっても、担保物権全体に対する侵

害として、妨害排除請求の対象となる。これを担保物権の不可分性という。担保物権の効力を強めるために民法がすべての担保物権について認めたものであるが（305条・350条・372条）、具体的な内容はそれぞれの担保物権について後に述べる。

　　(エ)　物上代位性の欠如　　　先取特権・質権・抵当権はいわゆる物上代位性を有する。これらの権利は、その実質において、目的物の物質そのものを目的とするものではなく、その交換価値を目的とするものだからである。ところが、留置権はその目的物を留置するという作用を本体とするにとどまり、目的物を売却してその代金から優先弁済を受けるという効力を有しないから、物上代位性がない。そこに留置権が他の担保物権に対して有する特異性が存する（304条・350条・372条、物82(3)参照）。

79　留置権の成立要件

　留置権が成立するためにはつぎの4つを要件とする（295条）。なかでも第1の、物と債権との牽連性が重要である。

　(1)　物に関して生じた債権（295条1項本文）　　　留置権者が留置権の目的物に関して生じた債権を有すること。債権が目的物自体から生じたものであるとき、たとえばその物の修繕費の償還を請求するものであるときは物と債権の牽連関係（密接な関係）が存することは疑いない。判例は、仮登記担保の目的物を取得した第三者に対し、設定者は仮登記担保権者に対する清算金請求権に基づく留置権を目的物取得者に主張できるものとしている（最判昭和58・3・31民集37巻2号152頁・基本判例126）。また、建物買取請求権（借地借家13条）の行使により建物を留置でき、あわせて敷地を占有できるとする（大判昭和18・2・18民集22巻91頁）。留置権の実効性を確保するために効力を拡張したものである。借家契約の終了にあたって借家人が家

屋に付加した物のうち家屋に付合したものについては家屋自体の必
要費・有益費として償還請求ができ（248条・608条参照）、家屋全体
を留置することができるのに対し、建物には付合しない畳・建具な
どの造作については、造作買取請求権を行使することになる（借地
借家33条）。判例は、その代金は造作に関して生じた債権であって
家屋に関して生じた債権でないから、家屋の返還を拒否できないと
解しているが（大判昭和6・1・17民集10巻6頁、最判昭和29・1・14
民集8巻1号16頁）、造作買取請求権も借家人保護のための制度であ
ることを考えれば、むしろこれを肯定すべきであろう。また、物の
瑕疵から生じた損害の賠償請求権もその物に関して生じた債権であ
る。しかし、そればかりでなく、その債権が目的物の引渡義務と同一
の法律関係または同一の生活関係から生じたものであるとき、たとえば
売主の代金債権、運送人の運賃請求権、またはお互いに物を取り違
えた場合におけるその物の返還請求権などにおいても、上の牽連性
が存在すると解するのが普通である。留置権制度の趣旨からみて、
このような場合をも包含させるのが妥当だからである。なお、商人
間の留置権についてはこの要件が緩和されている（商521条参照）。

　以上と異なり、不動産の譲渡担保権者が不動産を他に処分した場
合における譲渡担保権者の債務不履行を理由とする設定者の損害賠
償請求権（最判昭和34・9・3民集13巻11号1357頁・基本判例125）や、
不動産が二重に売買されて第2買主に移転登記がされた場合におけ
る売主の債務不履行を理由とする第1買主の売主に対する損害賠償
請求権（最判昭和43・11・21民集22巻12号2765頁）、他人物売買におけ
る売主の債務不履行を理由とする買主の損害賠償請求権（最判昭和
51・6・17民集30巻6号616頁）は、物との牽連性がないとして留置権
は否定される。これらの場合には債権発生の当初から目的物の引渡

請求権者と債務者が異なっているので、目的物を留置することによって債務者の履行を強制するという関係が存しないからである（前掲最判昭和51・6・17参照）。

　(2)　債権が弁済期にあること（295条1項但書）　　たとえば、占有者はその目的物に支出した有益費のために留置権を有するが、裁判所が回復請求者の有益費償還義務の履行に期限を許与した場合には、目的物の引渡義務を先に履行すべきことになるから、留置権は成立しない（196条2項、物27(2)参照）。

　(3)　留置権者が目的物を占有していること（295条1項本文）　　留置権の目的物は債務者の所有に属することを必要としない。第三者の所有物でもよい。たとえば賃借人が賃借物の修繕を頼んだような場合でも修繕者は所有者（賃貸人）に対して留置権を主張できる。ただし反対説がある。

　(4)　占有が不法行為によって始まったものでないこと（295条2項）たとえば盗人が目的物に保存費をかけても、その償還請求権のために留置権は生じない。判例はこれを拡張して権原喪失によって不法占拠になった者についても類推適用し、賃貸借終了の後に正当な理由なく占有を続ける賃借人は、その不法占拠中に賃借物のために有益費を支出しても、その償還請求権のために留置権を取得しないとする（大判大正10・12・23民録27輯2175頁、最判昭和46・7・16民集25巻5号749頁・基本判例127。最判昭和41・3・3民集20巻3号386頁（売買契約解除後に修繕費等を支出した買主の例）参照）。しかし、無権原になったのちに費用を投下した占有者については留置権の成立を認めたうえで、不信行為があった場合に限って裁判所が期限を許与することで留置権を排除すべきである（196条2項但書参照）。

80　留置権の効力

　留置権の中心的効力は債務の弁済を受けるまで目的物を留置することである（295条1項本文。ただし、税徴21条参照）。留置権は物権であるから、留置権成立後に目的物の所有権を取得した者などにも留置権を主張して引渡しを拒むことができる。留置権は占有と一体になっているから、登記など特別の対抗要件を必要としない。なお、所有者の引渡請求に対して留置権が認められても、原告の請求は棄却されるのではなく、債務の弁済と引換えに留置物を引き渡すこと（引換給付判決）が命じられる（最判昭和33・3・13民集12巻3号524頁。民執31条参照）。このことは同時履行の抗弁権の場合と同じである。民法はこの留置の内容に関してさらに詳細な規定を設けた。

　(1)　留置的効力　　留置権者は債権の全部の弁済を受けるまでは目的物の全部を留置できる（296条）。たとえば修繕の目的物が可分なものでも、修繕代金の半分を支払って目的物を半分だけ引き渡せとはいえない。また、留置権者が留置物の一部を債務者に引き渡した場合でも、留置権者は被担保債権の全部の弁済を受けるまで留置物の残部につき留置権を行使することができる（最判平成3・7・16民集45巻6号1101頁）。これらは前に述べた担保物権の不可分性の作用である（物78(2)ウ参照）。

　(2)　果実収取権　　留置権者が目的物自体を競売に付して弁済に充てることができるかどうかは、後述(5)のように争いのあることだが、目的物の果実はこれを取得してこれによって優先弁済を受けることができる（297条1項）。果実には天然果実と法定果実を含むと解する（88条参照）。もっとも、法定果実を取得するために留置権者が目的物を他人に賃貸するには債務者の承諾を得ることが必要である（298条2項）。また天然果実を弁済に充てるには競売をすべき

421

である。なお、果実を弁済に充当するときは、まず利息、つぎに元本という順序にすることを要する（297条2項）。

(3) **保管義務・善管注意義務**　　留置権者は善良な管理者の注意をもって目的物を占有しなければならない（298条1項）。留置物を使用もしくは賃貸し、または担保に供するには債務者（債務者と留置物の所有者と異なる場合には所有者）の承諾を得ることを要する。もっとも、その物の保存に必要な使用、たとえば乗馬用の馬に適当な運動を与えるために騎乗するようなことは妨げない（同条2項）。問題となるのは、賃貸借の終了した際に、借家人が以前に自分が支出した修繕料の返還請求権に基づいて借家を留置する場合である。借家人は家屋をいつでも引き渡せるように空屋にして留守番をおくといったことまでする必要はなく、従前どおりの使用を継続できる。従前どおりの使用を続けることは保存に必要な使用といえるが、物を留置する権限しかない留置権者が無償で家屋を使用することは、実質的にみて不当利得となるから、家賃相当額を支払わなければならない（大判昭和10・5・13民集14巻876頁）。なお、この使用の継続は、留置権によって担保される債権が弁済などによって消滅したときは遅滞なく引き渡すことができる態勢することを要する。以上の保管義務に違反するとき、たとえば修理費に基づいて船舶を留置している者が、その船舶を航行させた場合（最判昭和30・3・4民集9巻3号229頁）などには債務者である所有者は留置権の消滅を請求することができる（同条3項）。この消滅を請求するというのは、留置権者の承諾を要する意味ではなく、消滅の意思表示をすればそれだけで消滅するもの、すなわち形成権と解すべきである。この留置権消滅請求権は、違反行為の終了の有無や損害の発生の有無を問わないですることができる（最判昭和38・5・31民集17巻4号570頁）。

⑷　**費用償還請求権**　　留置権者が目的物の保存のために必要費を支出したときは所有者からその額を償還させることができる（299条1項）。有益費についても償還請求権があるが、これには一定の制限がある（同条2項）。

⑸　**競売権と優先弁済**　　民法は留置権については目的物から優先弁済を受ける権利があると規定していないが（295条と303条・342条・369条を対比せよ）、民事執行法は留置権による競売を認め、担保権の実行としての競売の例によるものと定めている（同195条。最決平成18・10・27民集60巻8号3234頁）。留置権者が長く修繕代金や運送賃の弁済を受けない場合にも、単に留置しうるにすぎないとすることの不便を考えれば、形式的競売であるとはいえ、留置権者に競売権を認めることの実益も多いであろう。

　留置物がその所有者の一般債権者または留置物に担保権を有する者によって競売されることがある。動産の場合には、留置物を執行官に提出しないと差押えができないので（民執124条）、執行をしようとする債権者は留置権者に代位弁済をすることになり、留置権者は事実上の優先弁済を受けられる。不動産の場合には留置権がついたままで競売できるが、留置権は買受人に引き受けられ、買受人が被担保債権を弁済する責任を負うので（同59条4項）、この場合にも、留置権者は事実上最優先順位で弁済を受けることになる。

⑹　**被担保債権の消滅時効との関係**　　留置権者は目的物を留置していても、その留置権によって担保される債権そのものを行使しているとはいえない。したがって、留置権を行使していてもその債権について消滅時効が進行することの障害とはならない（300条）。すなわち、留置権の行使は時効の更新事由・完成猶予事由ではない。しかし、単に留置物を占有するだけでなく、留置権に基づいて被担

保債権の債務者による引渡請求に対して留置権の抗弁をする場合には、訴訟係属中継続して被担保債権についての権利主張がなされているものとして、完成猶予の効力を生じ（裁判上の催告）、訴訟終結後6ヵ月を経過するまで時効は完成しない（150条参照。最大判昭和38・10・30民集17巻9号1252頁・基本判例65。総150(2)(ア)(iv)、(3)(イ)参照）。

81　留置権の消滅

留置権に特有の消滅原因はつぎのとおりである。

(1)　**占有の喪失**　　留置権者が目的物を占有することは、単に留置権の成立要件であるばかりでなく、その存続要件である。占有を失えば目的物を留置して弁済を促すという留置権の本体的作用が不能となるから、留置権は当然に消滅する（302条本文）。ただし、留置権者が占有回収の訴えに勝訴して、奪われた目的物を取り戻したときには、留置権は消滅しない（203条但書参照）。なお、留置権者の有すべき占有は自己占有に限らず代理人による占有（物20(5)参照）でもよいと解されているから、留置権者が債務者の承諾を得て目的物を賃貸または質権の目的としても留置権が消滅しないのは当然である（302条但書）。

(2)　**留置権者の義務違反による消滅請求（298条3項）**　　この請求は形成権であり、留置権者の承諾を要しないものであることは前述した（物80(3)参照）。なお、留置物の第三取得者も298条3項による留置権消滅請求をすることができるが（最判昭和40・7・15民集19巻5号1275頁）、留置権者が留置物の使用または賃貸について所有者から承諾を受けていたときは、その後その物を譲り受けた新所有者（第三取得者）は、同条3項によって留置権の消滅を請求することができない（最判平成9・7・3民集51巻6号2500頁）。

(3)　**相当の担保を供した消滅請求（301条）**　　留置権においては、

これによって担保される債権額にくらべて目的物の価格がはるかに大きい場合が多いから、債務者に不利益であるので、債務者（留置物の所有者を含む）は債権額にくらべて相当な担保を供して留置権を消滅を請求することができる（301条）。担保の種類は問わない。担保が成立するためには留置権者の同意を要し、担保の提供に同意があれば、留置権の消滅には承諾を必要としないと解されている。

　(4) 債務者の破産　　破産手続開始の時に破産財団に属する財産についての留置権は破産財団に対して効力を失う（破産66条3項）。ただし商事留置権は特別の先取特権とみなされる（同条1項・2項・65条参照）。

第 9 章　先取特権

82　先取特権の意義・根拠および性質

(1)　**先取特権の意義**　先取特権（さきどりとっけん）は、法律の定めた特殊の債権を有する者が、債務者の一定の財産から優先弁済を受ける法定担保物権である（303条、物 6(1)参照）。たとえば労働者はその給料債権について使用者（債務者）の総財産について先取特権を認められるから、使用者の総財産が大勢の債権者によって処分されるような場合には、労働者は他の債権者に分配する前にまず弁済を受けることができる（306条 2 号参照）。元来債権は、物権と異なって、排他性も優先的効力もないから、その成立の時の順序によって効力に差異を生ずることはない。すべての債権は平等の効力を有する（債権者平等の原則）。したがって、債務者が多額の債務を背負い、その総財産が整理されるような場合には、各債権者に対して按分（あん）比例で分配するのが本則である。しかしそうすると、数億円の債権者の中に入って、労働者がわずか数万円の給料債権を有するにすぎないときなどには、按分比例なら1,000円にもならないことがありうる。それでは労働者に対してまことに気の毒である。そこで労働者に先取特権を与え、他の債権者に分配する前に労働者に対してまず弁済すべきものとする。これが先取特権の作用である。だから、先取特権は法律が特に他の債権よりもいっそう厚く保護する必要を認めた債権の特殊な効力だという感じの強いものである。

(2)　**先取特権の根拠**　法律が債権者平等の原則を破って特殊の債権に先取特権を認める理由は、上述の労働者の給料債権などでは

社会政策的な考慮にある。しかし、すべての先取特権がこのような公益的理由に基づくものとは限らない。当事者間の公平の理念に基づくものや、当事者間の意思の推測に基づくものなどもある。共益費用の先取特権（306条1号参照）は前者の適例であり、旅館が宿泊客の持ち込んだ手荷物について有する先取特権（311条2号・317条参照）は後者の例である（旅館は宿泊客の手荷物を信頼して宿泊させる。旅館と宿泊客との間には手荷物が宿泊料を保証するような暗黙の合意がある）。先取特権は債権者平等の原則を破るものであるから、軽々しく認めるべきでない。ドイツ民法やスイス民法にはこの制度はない。しかし、わが民法は、フランス民法にならって相当に多数の先取特権を認めている。のみならず、近時になっても、種々の理由から特別法によって認められるものがかえって増えてゆく傾向を示す。債権関係にも国家の積極的な関与が多くなることを示す現象というべきであろう。特別法によって認められる先取特権を数え尽くすことはできないが、後述の民法の認める種類に対応して主要なものを挙げれば、一般の先取特権を認めるもの（税徴8条以下、地税14条以下、健保182条、厚年88条、自賠81条等）、動産の先取特権を認めるもの（商842条、農動産3条以下等）、不動産の先取特権を認めるもの（借地借家12条等）、不動産物権および動産の先取特権を認めるもの（建物区分7条）などである。

　⑶　先取特権の性質　　先取特権の性質として注意すべきものは下記のとおりである。

　㋐　付従性・随伴性　　付従性および随伴性を有することは留置権と同様である（物78⑵㋐㋑参照）。随伴性について疑いを差しはさむ学者もあるが、先取特権は特定の債権に伴うものであって、債権者その人に付着するものではないから、債権の譲渡によって債権の

同一性を失わない以上、先取特権もこれに伴うと解すべきである。

（イ）　不可分性　　不可分性を有することは他の担保物権と同様である（305条・296条、物78⑵（ウ）参照）。したがって、債権全部の弁済を受けるまでは目的物の全部を競売に付することができる。

（ウ）　物上代位性　　先取特権は物上代位性を有する（304条）。これは、先に一言したように、質権と抵当権にはあるが、留置権にない性質である（物78⑵（エ）参照）。

（a）　物上代位の必要　　先取特権・質権および抵当権は、地上権や永小作権のように物の物質的利用を目的とするものではなく、物の交換価値を目的とする。したがって目的物が物質的には滅失また損傷しても、保険金に代わるとか、滅失損傷させた第三者に対する損害賠償債権に代わったような場合には、目的物の担保価値は形を変えながらなお存在するから、担保物権はこれらの代わりのものについて存続するとするのは、これらの担保物権の本質に適している。そればかりではない。さらに進んで、目的物が売却または賃貸され、あるいは目的物の上に地上権・永小作権・地役権などが設定された場合にも、その代金または賃料について担保物権の効力を及ぼしてもよい。なぜなら、動産が売却され、引き渡されたときは先取特権が効力を失うからであり（物85⑴参照）、その他の場合には物はなお債務者のもとに存在するから先取特権は原則として影響を受けないが、売却または賃貸によってすでに交換価値を実現したときは、これから優先弁済を受けられるとすることが権利の本質に適しかつ便利だからである（反対説もある）。なお、建築工事等の請負人に材料を供給した者の先取特権は、労務その他一切の報酬を含む請負代金請求権に代位しないが（大判大正2・7・5民録19輯609頁）、請負代金債権の全部または一部をその動産の転売代金債権と同視するに足

りる特段の事情がある場合には、その部分の請負代金債権に対して物上代位権を行使することができるものとする判例がある（最判平成10・12・18民集52巻9号2024頁・基本判例130）。

　（b）　差押えの必要　　注意すべきことは、先取特権者が上記のような目的物の代わりのものについて優先権を行使するには、そのものの払渡または引渡し前に差押えをしなければならないことである。たとえば先取特権の客体である家屋が焼失して保険金請求権に代わったときは、先取特権者は保険金が債務者に支払われる前に差し押さえなければならない。したがって、物上代位の目的となるのは、変わりの物や金銭それ自体でなく、それらの物の引渡しまたは支払を求める請求権（債権）である。判例は、先取特権者（抵当権に準用される場合には抵当権者）が自分で差し押さえることを要するとするが（大連判大正12・4・7民集2巻209頁・基本判例134）、代わりのものが特定する限り第三者が差し押さえた場合でもよいと解する説もある。民法がこのような要件を必要としたのはなぜであろうか。もし支払われた後でも物上代位ができるとすると、金銭が債務者の一般財産中に混入して見分けがつかなくなった後でも権利を主張できることになり、結局、債務者の一般財産から優先弁済を受けうると同様になるであろう。それでは、特に目的物である家屋について優先権を認めた制度の趣旨がなくなるばかりでなく、他の一般債権者を害するおそれもあって、とうてい是認できないからである。したがって、この差押えは債務者の一般財産についての先取特権については必要ではないと考えることもできる。判例は、差押えの特定性維持機能に重きをおきつつも、物上代位権者自身の差押えは必要であるとしている。先取特権の代位の目的債権につき差押えをしないうちに債務者が破産手続開始決定を受けても、先取特権者はなお

自ら目的債権を差し押さえて物上代位権を行使できるし（最判昭和
59・2・2民集38巻3号431頁）、物上代位の目的債権につき一般債権
者が差押え、または仮差押えをしたにすぎないときは、その後に先
取特権者が自らこれを差し押さえて物上代位権を行使することは妨
げられないとしている（最判昭和60・7・19民集39巻5号1326頁・基
本判例128）。ただし、代位の目的債権が第三者に譲渡され対抗要件
を備えられると、その債権は債務者の一般財産には属しないことと
なるから、物上代位権者は、その根拠となる担保物権について第三
者対抗要件を備えていない限り、それを有効に差し押さえることは
できなくなってしまう。判例も、動産売買先取特権者は、物上代位
の目的となる債権が他に譲渡され第三者対抗要件を備えた後は、目
的債権を差し押さえて物上代位権を行使することができないとして
いる（最判平成17・2・22民集59巻2号314頁・基本判例129）。その意
味で、抵当権などと違って公示方法の存在しない動産先取特権等に
ついては特に、この差押えが優先権の存在を公示して第三者保護の
機能を営むことを否定することができない。

83　先取特権の種類

　先取特権はその客体によって3種に分けられる。

　(1)　一般の先取特権　　これは債務者の総財産から優先弁済を受ける
ことができるものである。債務者の財産中他の債権者の質権・抵当
権などの目的になっている物については、後述のような制限がある
が（物85(2)参照）、結局、債務者の所有に属する動産・不動産はいう
に及ばず、債権その他の財産権のすべてのうちからまず弁済を受け
ることができる権利であるから、その特権としての程度は最も強い。
したがって、民法は目的物との関係を問題とせずに、債権の性質そ
のものが特に保護すべきものだと考えられる4種のものに限ってこ

の先取特権を認めるとともに、その債権額についても、一定の制限を設けることに意を用いている。つぎのとおりである。

(ｱ)　共益費用の先取特権　　共益費用の先取特権は、各債権者の共同の利益のためにされた債務者の財産の保存、清算または配当に関する費用のために存在する（307条1項）。1人の債権者が債務者の財産の保存（たとえば詐害行為の取消しの訴えを提起して勝訴した場合（424条参照））や、清算または配当のために費用を支出した場合には、この費用は他の債権者の利益にもなるのだから、一般の先取特権を認めることは公平に適する。それらの費用のうち、すべての債権者に有益でなかったものについては、先取特権は、その費用によって利益を受けた債権者に対してのみ存在する（307条2項）。すなわち、共益費用の利益を受けない債権者があれば、これに対しては優先権をもたないという趣旨である。

(ｲ)　雇用関係の先取特権　　雇用関係の先取特権は、給料その他債務者と使用人（被用者）との間の雇用関係に基づいて生じた債権について存在する（306条2号・308条）。平成15年の改正（序5⑵参照）前は、使用人が受けるべき最後の6ヵ月間の給料に限定されていて範囲が狭いという批判があったので、改正法は、最後の6ヵ月間という制限を撤廃した。社会政策的見地から認められる先取特権であり、広く雇用契約によって労務を提供する者について認められる（最判昭和47・9・7民集26巻7号1314頁）。農業や家事使用人のほか、近代産業の労働者の賃金についても成立する。

(ｳ)　葬式費用の先取特権　　葬式費用の先取特権は、債務者のためにされた葬式の費用のうち相当な額について存在する（309条1項）。この先取特権は、債務者がその扶養すべき親族のためにした葬式の費用のうち相当な額についても存在する（同条2項）。それは、貧困者

でも葬式を営むことができるようにしようとする公益上の要請によって与えられたものである。死亡した債務者の遺産の上に成立するだけでなく、たとえば債務者である父の葬式を行った子の総財産についても成立すること、およびいずれの場合も、相当な額という制限の存することを注意すべきである。

　㈢　日用品供給の先取特権　　日用品供給の先取特権は、債務者またはその扶養すべき同居の親族およびその家事使用人の生活に必要な最後の6ヵ月間の飲食料品、燃料および電気の供給について存在する（306条4号・310条）。債務者の生活の維持に直結する債権を保護し、または貧困者の最小限度の生活資料を供給した商人に特権を与えて間接に貧困者の生活を保護しようとする社会政策的趣旨である。内縁の妻は「同居の親族」に含まれるとする判例がある（大判大正11・6・3民集1巻280頁）。なお、310条の債務者は自然人に限られ、法人は含まれないとされる（最判昭和46・10・21民集25巻7号969頁）。

　(2)　動産の先取特権　　動産先取特権は、債務者の所有に属する特定の動産から優先弁済を受けることができるものである。特にその動産について密接な関係を有し、特権を認めるべき必要のある債権について与えられる。

　㈠　不動産賃貸の先取特権（311条1号）　　不動産賃貸の先取特権は、不動産の賃料その他の賃貸借関係から生じた賃借人の債務に関し、賃借人の動産について存在する（312条）。その趣旨は主として当事者の意思の推測にあると考えられる（物82⑵参照）。動産の先取特権の中で最も重要なもので民法の規定も最も詳細である。土地の賃貸人の先取特権は、その土地またはその利用のための建物に備え付けられた動産、その土地の利用に供された動産および賃借人が占有するその土地の果実について存在する（313条1項）。建物の賃貸人の先取

特権は、賃借人がその建物に備え付けた動産について存在する（同条2項）。地上権・永小作権の地代にも準用されると解されている（266条2項・273条参照）。要点はつぎのとおりである。

(a)　**建物に備え付けた動産**　　第1に、目的物の範囲を詳細に規定した（313条）。そのうち建物に備え付けた動産の意味に関しては解釈が分かれているが、建物の使用に関連して備え付けた物と解すべきである。判例は、単に継続して存置する目的でもち込んだ物であればよいとして、タンスの中の宝石や有価証券も包含されると解しているが（大判大正3・7・4民録20輯587頁）、これは全く制度の趣旨を誤解するものと思われ、大多数の学者はこれに反対している。

(b)　**賃貸人の債権の範囲**　　第2に、この先取特権を有する賃貸人の債権には、「不動産の賃料その他の賃貸借関係から生じた賃借人の債務」という種類の制限はあるが（312条）、数額の制限はない。何ヵ月分の賃料でもよい。ただし、賃借人の総財産を清算するとき、たとえば破産・限定相続などの場合には賃貸人だけの特権を認めるべきではないから、支払期について一定の制限を設ける。すなわち、賃借人の財産のすべてを清算する場合には、賃貸人の先取特権は、前期、当期および次期の賃料その他の債務ならびに前期および当期に生じた損害の賠償債務についてのみ存在する（315条）。なお、賃貸人が敷金（622条の2第1項）を受け取っているときは、この敷金額を差し引いた残額についてだけ先取特権が認められる（316条）。

(c)　**賃借権の譲渡・転貸の場合**　　第3に、賃借人が転貸または賃借権譲渡をしたときは（612条参照）、先取特権は賃借人が取得する転貸賃料または賃借権譲渡の代価に及ぶばかりでなく、転借人または新賃借人の所有動産にも及ぶとされている（314条）。先取特権が転貸賃料または賃借権譲渡の代価に及ぶのは物上代位（物82(3)(ウ)参

照）の趣旨を拡張したものであるから妥当であるが、賃借人の延滞賃料債務（適法に譲渡・転貸した後の賃料債権については、この特則をまつまでもない（613条））の先取特権が転借人や新賃借人の所有動産にまで及ぶのはどうであろうか。民法は転貸や賃借権譲渡の場合には、賃借人の備え付けた動産をそっくりそのまま譲渡するのが普通の例だから、これによって先取特権が行使できなくなっては（333条参照）、先取特権の実効を収められないと考えたものであろう。しかし、転借人や新賃借人は全く自分に関係のない他人の債務のためにその動産について先取特権が行われる。その迷惑は大きいであろう。民法の態度にはにわかに賛成できないものがある。

　(d)　先取特権の即時取得　　最後に、先取特権は債務者所有の動産についてだけ成立するものであるから（311条・325条参照）、賃借人が他人からタンスを借りてきて備え付けたような場合には、先取特権は成立しないはずである。しかし、民法はこのような場合をあたかも他人から借用した物を質に入れたのと同視して、賃借人の所有だと信頼した賃貸人のための先取特権を成立させるために、即時取得の規定を準用している（319条。ただし同条が195条を準用することは無意味である。物28・29参照）。

　(イ)　旅館宿泊の先取特権（311条2号）　　旅館宿泊の先取特権は、宿泊客が負担すべき宿泊料および飲食料に関し、その旅館にあるその宿泊客の手荷物について存在する（317条）。立法の趣旨は不動産賃貸の先取特権と同様に当事者の意思の推測を主とする。先取特権の客体について即時取得の規定が準用されることも不動産賃貸の先取特権に同じである（319条）。

　(ウ)　旅客または荷物の運輸の先取特権（311条3号）　　運輸の先取特権は、旅客または荷物の運送賃および付随の費用に関し、運送人の

占有する荷物について存在する（318条）。立法の趣旨も、客体につき即時取得の規定が準用されることも（319条）、旅館宿泊の先取特権と同様である。運送人は同時に留置権を有するのを常とするであろう。

　㈢　動産保存の先取特権（311条4号）　　動産保存の先取特権は、動産の保存のために要した費用または動産に関する権利の保存、承認もしくは実行のために要した費用に関し、その動産について存在する（320条）。立法の趣旨は、共益費用の先取特権と同じく、公平の観念に基づく（306条1号・307条、物83⑴㈠参照）。民法は、動産の滅失損傷を防ぐような本来の意味の保存の費用のほか、債務者の動産に関する権利について、時効取得されようとするのを妨げ、取り消すことのできる行為などを追認させ、または返還義務を実行させるなど、その現状を維持するための行為に要した費用をも含めている。

　㈣　動産売買の先取特権（311条5号）　　動産売買の先取特権は、動産の代価およびその利息に関し、その動産について存在する（321条）。売主が代金を受領する前に目的動産の所有権を買主に移転したときは、その代金および利息（575条2項参照）に関し、その動産について先取特権が認められる。公平に適するからである。

　㈤　種苗または肥料の供給の先取特権（311条6号）　　種苗または肥料の供給の先取特権は、種苗または肥料の代価およびその利息に関し、その種苗または肥料を用いた後1年以内にこれを用いた土地から生じた果実（蚕種または蚕の飼養に供した桑葉の使用によって生じた物を含む）について存在する（322条）。種苗・肥料または桑葉の供給者に対して、これらのものを使用して生産したものについて先取特権を認めることは公平に適するのみならず、種苗・肥料等の供給を促進して間接に農業の振興につながるであろう。

㈔　農業労務の先取特権（311条7号）　　農業労務の先取特権は、その労務に従事する者の最後の1年間の賃金に関し、その労務によって生じた果実について存在する（323条）。農業労働者が賃金を支払われずにいるときに、その労力によって生産した物について先取特権を有することは、公平に適しかつ社会政策的要求にそうものである。

㈕　工業労務の先取特権（311条8号）　　工業労務の先取特権は、その労務に従事する者の最後の3ヵ月間の賃金に関し、その労務によって生じた製作物について存在する（324条）。前条と同趣旨である。

⑶　不動産の先取特権　　不動産先取特権の趣旨は動産の先取特権と同じである。つぎの3種がある。

㋐　不動産保存の先取特権（325条1号）　　不動産保存の先取特権は、不動産の保存のために要した費用または不動産に関する権利の保存、承認もしくは実行のために要した費用に関し、その不動産について存在する（326条）。その趣旨は動産保存の先取特権と全く同じである（物83⑵㋓参照）。

㋑　不動産工事の先取特権（325条2号）　　不動産工事の先取特権は、工事の設計、施工または監理をする者が債務者の不動産に関してした工事の費用に関し、その不動産について存在する（327条1項）。不動産の工事費用の債権を有する者がその不動産について先取特権を認められることは公平に適する。工事は新築に限らず、増築・改築などでもよい。しかし、いずれも工事によって不動産の価格が現になお増加していることを必要とする。先取特権はこの現存増価額についてだけ認められる（327条2項・338条2項）。

㋒　不動産売買の先取特権（325条3号）　　不動産売買の先取特権は、不動産の代価およびその利息に関し、その不動産について存在す

る（328条）。その趣旨は動産売買の先取特権と同じである（物83(2)
(オ)参照）。

84　先取特権の順位

　同一の目的物について数個の先取特権が成立する場合は少なくな
い。買ってまだ代価を支払わない物について保存費をかけた者があ
れば、売主の先取特権と保存者の先取特権とがかちあう（311条4
号・5号・325条1号・3号）。賃借地から収穫した物については、労
働者と肥料商と賃貸人とがともに先取特権を有する場合が多いであ
ろう（311条1号・6号・7号）。また一般先取特権が相互にかちあ
うことが多いのは例示するまでもあるまい。さらに一般先取特権の
存在する場合に特別の先取特権も存在するときは、両者は常にかち
あうことになる。このように先取特権の競合する場合には、物権一
般の理論からいえば、先に成立したものが後に成立したものに優先
すべきである（物9参照）。しかし、先取特権はもともと債権者平
等の原則の例外として特殊の債権に優先的地位を与えようとする制
度である。したがって先取特権相互間においても、その各種の債権
の保護に値する程度に応じて優劣を定め、成立の時の順序に拘泥し
ないことが制度の趣旨を貫くゆえんである。民法はこの立場におい
て先取特権相互間の効力の順位を定めた。これを先取特権の順位と
いう。

　(1)　一般の先取特権相互の間　　共益費用の先取特権・雇用関係の
先取特権・葬式費用の先取特権・日用品供給の先取特権の順序とな
る（329条1項）。なお、国税（税徴8条以下）・地方税（地税14条以
下）・地方団体の徴収金（地自231条の3第3項）・各種の社会保険の
保険料（たとえば労保徴29条、健保182条）が大体この順序で、民法
の一般の先取特権に優先することを注意すべきである。

(2)　一般の先取特権と特別の先取特権との間　　特別の先取特権が常に優先する。ただし、共益費用の先取特権だけは、その利益を受けたすべての先取特権者に優先する（329条2項）。

(3)　動産の先取特権相互の間

(ア)　原則　　動産の先取特権を3つのグループに分けて順位を定め、これを原則とする。すなわち、不動産賃貸の先取特権・旅館宿泊の先取特権および運輸の先取特権が第1順位、動産保存の先取特権が第2順位（ただし、数人の保存者があるときは後の者が優先する）、動産売買の先取特権・種苗または肥料供給の先取特権・農業の労務および工業の労務の先取特権が第3順位（330条1項）である。この順位は、当事者の意思の推測に基づく先取特権を公平または社会政策的考慮に基づく先取特権に優先させようとする趣旨であろう。

(イ)　例外　　上記の原則に対して3個の例外がある。第1に、上の第1順位の先取特権者が債権取得の際に第2または第3順位の先取特権のあることを知っているとき、たとえば代価未払のため売主の先取特権があるということを知って運輸したような場合には、第1順位者はこれに対して優先権を行使できないことになる（同条2項前段）。つぎに、第1順位者のために物を保存した者はこれに優先する（同条2項後段）。最後に、土地から産出する果実については農業労働者・種苗または肥料の供給者・土地賃貸人の順である（同条3項）。

(ウ)　民法以外の動産の先取特権の順位　　民法以外の動産の先取特権のうち、船舶債権者の先取特権は上記(ア)の第1順位の先取特権よりさらに先順位を認められ（商844条）、農業動産信用法による先取特権は保存資金については第2順位、その他の資金については第3順位の先取特権と同順位であり（同11条）、債務者が破産した場

合に商事留置権から転換した先取特権は、民法その他の法律による他の特別先取特権に遅れるものとされる（破66条1項・2項）。

　(4)　不動産の先取特権相互の間　　不動産保存の先取特権・不動産工事の先取特権・不動産売買の先取特権の順である（331条1項）。なお、同一の不動産がABCと順次に売買されたときは前の売主Aが後の売主Bに優先する（同条2項）。土地の賃貸人が地代について賃貸地上の立木の上に有する先取特権は他の権利に優先し（立木先取2項）、また借地借家法（12条）の認める地主の地代の先取特権は、不動産売買の先取特権と同順位とされる。

　(5)　同順位の先取特権　　以上の標準に従って順位を決定したうえで、同順位となるものがあれば、それらのものの間では債権額に応じて分配する（332条）。

85　先取特権の効力

　先取特権の中心的効力は目的物から優先弁済を受けることである。そのためには目的物を競売することができる（民執180条参照）。ただ、動産の先取特権による競売は、債権者が執行官に対し、動産を提出したとき、または動産の占有者が差押えを承諾することを証する文書を提出したときに限り、開始するとされる（民執190条）。他の担保物権者等により競売等が行われたときは、順位と効力に応じて売得金から優先弁済を受けられる。しかし、この優先弁済的効力に関して先取特権者と他の債権者・担保物権者または目的物の第三取得者などとの関係を考慮しなければならない。なぜなら、先取特権は動産について目的物の占有を取得することを要件としない（公示されていない）ものであるから、この点については特に第三者を保護する必要がある（178条、物2・15(2)参照）。また特殊の債権について優先的特権を認めようとする趣旨から、先取特権相互の間の

順位を成立の時の順序には従わせなかったのであるが（物84参照）、同様の趣旨は先取特権と他の担保物権との間においても考慮されなければならない。民法はこれらの点を考慮して詳細な規定を設けた。なお、民法は先取特権について抵当権の規定を一般的に準用している（341条）。これは両者が占有を取得しない担保物権である点で同一だからである（準用される主要な規定は370条・374条・377条・378条以下）。

　(1)　第三取得者との関係　　一般の先取特権および動産の先取特権の客体である動産が単に第三者に譲渡されただけでは先取特権は影響を受けないが、それが第三取得者に引き渡されると、先取特権はこれに対して行うことができなくなる（333条）。この引渡しには占有改定を含む（最判昭和62・11・10民集41巻 8 号1559頁・基本判例131）。一般先取特権の客体が不動産である場合は、一般の原則に従い登記を標準として効力を決すべきである（177条）。

　(2)　一般債権者および担保権者との関係

　(ア)　一般の先取特権の特別取扱い　　一般の先取特権は債務者の総財産の上の権利であるから、総財産のうちなるべく他の債権者に影響を及ぼすことの少ない部分から弁済を受けるべきものとされる。すなわち、まず動産から、つぎに特別担保の目的になっていない不動産から、最後に特別担保の目的である不動産から弁済を受けるべきものとされる（335条 1 項・ 2 項）。この定めに従って配当に加入することを怠ったときは一定の不利益を受ける（同条 3 項）。もっとも、債務者の財産がこの順序と違う順序で配当されるときは、先取特権者は拱手傍観する必要はない。どの部分からでも配当を受けられる（同条 4 項）。一般の先取特権はこうした制限を受ける代わりに、登記をしなくても、債務者の財産中の不動産について、担保権を

有しない一般債権者に対抗できる。登記をした第三者には対抗できないが（336条）、登記をしていない担保権者に対しては優先権を主張できると解される。これは不動産物権に関する公示の原則を破るものであるが（177条、物2(1)・13参照）、一般先取特権者が登記をすることは実際上不可能に近いから、もし登記を要するとすれば一般先取特権は事実上不動産について認められないような結果になるおそれがあり、かつ、この先取特権の金額は多くないから第三者を害する心配はほとんどないというので認められた特例である。

(イ)　動産質権との関係　　先取特権の客体である動産が質権の客体となっているときは、質権は動産先取特権中の第1順位のものと同一の効力あるものとする（334条）。したがって、動産質権は、不動産賃貸・旅館宿泊および運輸の先取特権と同順位となり、原則として、第2順位および第3順位のものに先だつことになる（330条1項・2項・332条）。

(ウ)　不動産の先取特権の登記　　不動産の先取特権については登記を必要とする。その登記の要件は一般の場合よりも厳格である。すなわち不動産保存の先取特権は保存行為完了後直ちに登記することによって（337条）、不動産工事の先取特権は工事を始める前に予算額を登記することによって（338条1項）、不動産売買の先取特権は売買契約と同時に登記することによって（340条）、それぞれその効力を保存する。ここに効力を保存するというのは、これらの登記は不動産先取特権を第三者に対抗する要件であるだけでなく（177条）、当事者間において効力を主張するについても要件とされる意味だと解するのが伝統的な多数説である。この見解によるときは不動産の先取特権者は登記がなければ競売を申請することもできない。しかし、登記がなくても不動産担保権を実行できるとする民事執行法181条

１項との関係で疑問があり、登記がなくても競売権はあるが、第三者に対して優先弁済権を対抗することができないと解する説も有力になっている。つぎに、適法に登記された不動産保存の先取特権および不動産工事の先取特権は、その以前に登記された抵当権に優先する（339条）。保存費用は抵当目的物の価格を維持したものであり、工事費用は抵当目的物の増価額についてだけ行うものであるから、公平の立場からみて適当だとされるわけである。おわりに、不動産売買の先取特権と抵当権との関係は、一般原則に従い登記の前後によって優先順位を決定する。

86　先取特権の消滅

先取特権の特殊な消滅原因として注意すべきことはあまり多くない。先取特権の目的物が動産であるときは、それが第三取得者に引き渡されると先取特権が消滅することは前述した（333条、物85(1)参照）。このほか先取特権の目的物が不動産であるときは、抵当権の規定の準用により（341条）、第三取得者の代価弁済（378条）、または抵当権消滅請求（379条以下）などによっても消滅することを注意すればよい。

第10章　質　　権

87　質権の意義

　質権は、債権者がその債権の担保として債務者または第三者から受け取った物を、債務が弁済されるまで留置して債務者の弁済を間接に強制するとともに、弁済されない場合にはその物から優先弁済を受ける約定担保物権である（342条・347条、物6(2)参照）。民法には、目的物に応じて、動産質（352条）、不動産質（356条）、権利質（362条）の3種類の質権が規定されている。

　(1)　**質権と抵当権の比較**　　質権は抵当権とともに契約によって生ずる担保物権（約定担保物権）であるから、金融の手段に用いられる。しかし、質権と抵当権との間には、その金融の手段としての作用を営むうえで根本的な差異がある。

　(ア)　**留置的効力の有無**　　質権は目的物を取り上げて質権設定者の使用・収益を禁じ、弁済を間接に強制する力（留置的効力）を有するのに反し、抵当権は目的物を抵当権設定者の手もとにとどめ、その使用・収益を許すことを特色とする（非占有担保）。この差異のために、質権は日用品や先祖伝来の土地というように、設定者にとって主観的な使用価値の多い物について特にその作用を発揮できることになり、抵当権は貸家・工場というように設定者がこれを利用して、その収益から弁済をさせる物について特に確実な地位を取得できることになる。

　しかし、さらに一歩進んで考えると、質権においては、質権者にその取り上げた目的物をみずから使用・収益することを許すべきか

否かが問題となる。民法は、質権設定者の利益を考慮して、質権者は質物所有者の同意がなければ使用・収益できないことを原則とした（350条・298条参照）。しかし、不動産質についてもこの原則を貫くときは、不動産を荒れるにまかせることになるから、不動産質権者には使用・収益をする権利を与えた（356条参照）。その反面、国家の政策上権利者自身に使用・収益させることを必要とする不動産については、質権の設定を禁じなければならないことになる。採掘権および漁業権を質権の目的とすることを禁ずるのはこの理由に基づく（鉱業13条・72条、漁業23条2項参照）。登記した船舶や運行の用に供する自動車や航空機の質入れを禁ずるのも同じ趣旨である（商849条・850条、航空機抵当23条参照）。なお、特許権その他の知的財産権については、質権の設定を認めるが、特約がない限り質権者による実施は認められていない（特許95条、著作66条など）。

　(イ)　公示方法の差異　　質権は引渡しをもってその成立要件ないし効力発生要件とし（344条）、質権設定者に質物を占有させることを禁じている（345条）。占有による権利の公示を強く要求する趣旨である。特に動産質の場合には、継続して質物を占有することを第三者に対する対抗要件としている（352条）。近代社会において占有は次第に観念化したので（たとえば代理占有）、公示方法として不十分であるが、質権に関してはなおこれを重視している。これに対して、抵当権においては、目的物を抵当権設定者の手もとにとどめる関係上、それだけでは担保物権の存在を公示できないから、登記・登録など帳簿上の記載によって公示する方法をとらなければならない（物2(1)参照）。ところが、登記・登録などは、帳簿上の記載から簡単明瞭にその同一性を確認することができる物についてでなければ実行できない制度であるから、すべての財貨についてこれを認め

ることは不可能である。そこで、抵当権は国家が特殊の帳簿上の公示手段を創設した財貨についてだけ認められることになり、その設定できる範囲は著しく制約される。すなわち、従来は、不動産（369条１項参照）・地上権・永小作権（369条２項参照）、不動産物権と同視される採掘権（鉱業13条但書）・漁業権（漁業23条・24条）・立木法による立木（立木２条以下、物16参照）、登記をする点で不動産に酷似する登記船舶（商847条）、特別法で定められる不動産的財産集団である各種の特殊財団に限って抵当権の目的とすることができた（物６⑵参照）。このような事情のもとにおいて、農業動産信用法（昭和８年）が農業用の発動機・精米機・牛・馬などの動産を登記し、その上に抵当権を設定することができるものとして動産の抵当化の途を開いたことは注目に値する（物６⑶参照）。戦後に至って、自動車抵当法（昭和26年）、航空機抵当法（昭和28年）および建設機械抵当法（昭和29年）によって自動車・航空機および土木建設機械の上に抵当権を設定することができるようになった。しかし、これらは特殊の金融を目的とするもので、中小企業者の要望に十分にこたえるものではない（物６⑶参照）。また、企業担保法（昭和33年）により会社の総財産の上に抵当権を設定する途が開かれているが、株式会社の社債発行のためにだけ認められるもので、その適用範囲は限られている。

　⑵　権利質　　質権は債権・株主権・知的財産権などの権利についても成立する。これを権利質という。物権は物を支配する権利だから（物８参照）、権利質は純粋の質権でないと論ずる学者もある。なるほど、質権はそもそも物について発達した制度であって、権利についての質権は後になって物についての質権に準じて認められたものであるし、留置的作用を発揮する余地も少ない。しかしながら、

これらの権利質においても、質権者は目的である権利を自分の事実上の支配の下に収めて、設定者の利用を拘束する手段が考えられているのであるから（364条・366条、物97(1)参照）、なお質権の実態を備えるものということができる。事態を直視すれば、特殊の財貨が発生し、その価値が増大するとともに、質権の観念が権利質にまで拡張され、そしてこれが銀行金融などにおいて圧倒的に重要な作用を営むようになるに従って、質権の作用が、目的物の使用価値（留置的効力）に重きをおくことから、次第にその交換価値（優先弁済的効力）に重きをおくことに向かってその焦点を移しつつあるのだ、とみるべきである。

　上に述べたところを取りまとめて、主要な財産について現行法上質権または抵当権の成立の可否を対比したのが次頁の表である。

88　質権の性質

　質権は担保物権の一種としてつぎのような性質を要する。

　(1)　付従性　　債権がなければ質権は成立せず（成立における付従性）、また債権が消滅すればこれを担保とする質権もまた消滅する（存続における付従性ないし消滅における付従性）。これは、担保物権がもっぱら債権の担保という目的のために存在する権利であることから生ずる当然の帰結だということができる（物78(2)・82(3)参照）。しかし、質権と抵当権は、留置権および先取特権と異なり、金融取引の目的をもって当事者の契約に基づいて生ずる担保制度であるため、金融取引が頻繁となるに従って、実際取引上の需要はその付従性を多少緩和することを必要とするようになった。以下のような問題がある。

　(ア)　将来債権のための質権　　将来発生する可能性はあるが現在は存在していない債権のために担保物権を設定することについては

財産＼担保権	質権			抵当権
	可否	公示方法	留置的効力	
動産　a　普通の動産	可能	引渡し	有	不能
b　証券に化体した商品	可能	証券の引渡	有	不能
c　農業用動産	可能	登記		可能
d　建設機械	登記したものは不能。登記しないものは可能	登記		登記したものは可能
e　自動車・航空機（運行の用に供するもの）	不能	登記		右に同じ
不動産　土地・建物	可能	登記	収益を伴う	可能
地上権・永小作権・採石権	可能	登記	収益を伴う	可能
立木法による立木	不能	登記		可能
漁業権・採掘権	不能	登録		可能
登記船舶	不能	登記		可能
知的財産権（特許権等）	可能	登録	収益を伴うものと否とあり	不能
債権・株式等	可能	場合によって異なる	ほとんどなし	不能

成立における付従性との関係が問題になる。銀行と商人との間で、商人の必要に応じて、銀行が一定の限度額まで逐次に金融を与える契約（与信契約・当座貸越契約など）をすることがきわめて頻繁となったが、その際に、銀行は将来の貸出しによって取得する債権のためにあらかじめ質権または抵当権を設定させる必要に迫られることがある。この場合には、将来の、または成否未定の債権のために担保物権を設定することが認められなければ上の必要に応えられない。

　(イ)　根質等の問題　　同一当事者間で継続的な取引が行われ、債権の発生・消滅が繰り返されることが増えている。また、担保物権の付いた債権が確実な財産として転々譲渡されることも多くなった。こうした場合に、担保物権が常に債権と運命をともにするものとすると不便が多い。継続的な取引が行われている場合に、個別の債権が発生し、あるいは消滅するたびに担保権を設定し直すことは煩雑だし、担保権の順位が低下していくこともある。また、債権がなんらかの理由によって消滅しても外界からはたやすくこれを知ることができないため、債権の消滅が当然に担保物権の消滅を伴うものとすると、担保物権の消滅についてだけ公示の原則や公信の原則（物2参照）を貫いても意味はなく、担保物権の公示が残っているだけにかえって担保付債権の取引が危険になる。そこで、特に頻繁な取引の目的となる担保物権については、債権の消滅が必ずしも担保物権の消滅を導かないものとする必要が生ずる。

　1つはいわゆる根担保の問題であって質権（根質）と抵当権（根抵当）とに共通なものであり、もう1つは抵当権の独立性（抽象性）の問題であってもっぱら抵当権について考察されているものである。その詳細は後述する（物89(3)・100(1)・113以上参照）。いまここでは、質権の付従性に関し、質権は債権がなければ成立しないといっても、

その債権は必ずしもすでに発生したものに限らず、条件付債権または将来の債権でも差し支えないものであることを注意しておこう。

(2)　随伴性　　随伴性（帰属における付従性、転移における付従性）を有することも他の担保物権と同様である（物78(2)・82(3)参照）。なぜならば、質権はその債権の経済的価値を増すために当事者の意思によって設定されたものであり、その債権が譲渡される場合にも、質権を伴った価値の多い債権として取り扱われるのが普通だからである。

(3)　不可分性　　不可分性を有することも他の担保物権と同様である（350条・296条、物78(2)・80(1)・82(3)参照）。すなわち債権全部の弁済を受けるまで、目的物の全部を留置し（AがBに対して有する80万円の債権のためにBがCに対して有する100万円の債権を質権にとった場合にも同じである）、かつその全部を競売することができる。また、目的物の各部分は、それぞれ債権の全額を担保しているので、目的物の一部に対する侵害は、残存部分に十分な担保価値があったとしても質権全体に対する侵害として、これを排除することができる（ただし、実損がなければ損害賠償を請求することはできない）。

(4)　物上代位性　　物上代位性を有することは先取特権および抵当権と同様である（350条・304条、物78(2)・82(3)参照）。

89　質権の設定

(1)　質権設定契約　　質権は当事者間の契約によって設定される（質権設定の合意は、直接に物権を成立させるもので、債権債務関係を発生させないから、厳密な意味での契約とはいえないので、民法は、これを「設定行為」と呼んでいるが、学説は一般にこれを「設定契約」と呼んでいる）。

(ア)　当事者　　質権設定契約の当事者は債権者と質権設定者とで

ある。質権設定者は債務者であることを必要としない。第三者でも
よい。債務者の友人がその所有の骨とう品を提供して債権者と質権
設定契約を締結するようなのがその例である。この債務者でない設
定者のことを物上保証人という。物上保証人は、債務者が履行をし
ないときには質物を競買されるなど、質物の価格の限度で責任（物
的有限責任）を負っているけれども、保証人と違って、債務を負担
しない。もちろん、物上保証人は、債務者が弁済しない場合に質物
の競売を免れるために、みずから債務者に代わって弁済することは
できる（474条参照）。しかし、債権者から積極的に物上保証人に対
して弁済を請求する権利はない。けれども、物上保証人が債務者に
代わって弁済をし、または質物を競売されたときは、他人の債務に
ついて財産的出費をする点で、あたかも保証人が保証債務を弁済し
たのと同様の関係となるから、民法は、物上保証人は保証の規定に
従って債務者に対して求償、すなわち出費の償還を求めることがで
きるとした（351条・459条以下）。この351条の規定は、抵当権の場
合にも準用されている（372条）。物上保証人から抵当不動産の所有
権を譲り受けた者（物上保証人からの取得者に限らず、担保物権の存
する物を取得した第三者を広く「第三取得者」という）が債権者に弁
済した場合にも同条の準用により求償権が認められる（最判昭和
42・9・29民集21巻7号2034頁）。

　（イ）　要物契約　　質権設定契約は目的物を引き渡してはじめて効
力が生ずる（344条）。したがって要物契約であると解されている
（ただし、最近では合意のみで契約は成立し、引渡しは質権の効力発生要
件であると解する説が有力である）。目的物を引き渡すというのは必
ずしも現実の引渡しに限らない。簡易の引渡しはもちろん、指図によ
る占有移転でもよい。他人に預けてある物をそのまま第三者に質入

れするときなどにはこの手段によるべきである。ただし、占有改定によることは許されない。すなわち、質権者が、質権設定者に、質権者に代わって引き続き占有させるという方法（質権設定者による代理占有）で質権を設定することは不可能である（345条・182条－184条、物15(1)・22参照）。もっとも、古い判例には、質権者がいったん質物の引渡しを受けて、質権が有効に成立した後に、質権設定者に質物を占有させても質権が消滅するわけではなく、動産質の場合に第三者に対抗できなくなるが（352条）、不動産質の場合には登記を対抗要件とするから（361条・177条）、登記している限り対抗力を失わないと解したものがある（大判大正5・12・25民録22輯2509頁）。所有権の譲渡などにおいては意思表示だけで効力を生じ、目的物の引渡しまたは登記は単に対抗要件にすぎない（物権変動における意思主義）のがわが民法の特色であることは前に述べたとおりであるが（176条－178条、物10(2)参照）、質権はこの原則に対して重大な例外をなす。質権について引渡しを成立要件ないし効力発生要件にするという例外を認めた理由は、目的物を設定者の手もとから奪って留置的効力（物87(1)ア参照）を発揮させる必要があることと、質権の存在は所有権などよりさらに強く公示しなければ第三者ことに一般債権者を害するおそれがあることとによるといわれている。近時の学説では、譲渡担保などとの対比において、留置的効力確保の要請を重視して、設定者への返還によって質権は消滅する（占有の継続は質権存続の要件である）と解するものが有力になっている（物95(2)・127(2)参照）。

　(2)　目的物の譲渡性　　質権の目的となりうる物は譲渡することができる物または財産権である（343条・362条）。抵当権の目的物との差異についてはすでに述べたが（物87(1)参照）、民法が特に譲渡可能

性をもって要件としたことは注意を要する。もともと質権は、前述のようにいわゆる留置的効力を中心とするが、この作用だけからみるときは、債務者にとって主観的な偏愛価値があるだけで一般には譲渡価値のないもの（たとえば亡妻の写真や卒業証書など）についても質権の目的を達することができるはずである。しかし民法は、質権の他の作用である目的物を換価してその代金をもって優先弁済に充てることにも同等の意義を認め、換価できないものの上には法律の認める質権は成立しないものとした。

(3)　**質権の被担保債権**　　質権によって担保される債権の種類は金銭債権には限らない。金銭以外のものを目的とする債権も、質物を留置することで間接的に履行を強制することには意味があるし、その不履行があるときは金銭をもって損害を賠償する債権に変わるのであるから（417条参照）、なおこれを質権によって担保することができる。

また被担保債権は現在すでに発生している債権に限らないことは前に述べたとおりである（物88(1)参照）。もっとも、将来の債権のための担保権（質権・抵当権）にも２つの種類がある。１つは、条件付債権などの担保権で、他の１つは、基本契約から生じてくる多くの債権を一定額まで担保する担保権（根担保権）である。前者にあっては、被担保債権は特定されており、その額もすでに一定しているのが常である。これに反し後者にあっては、債権発生の基本契約は成立しているが、最終的に質権実行によって優先弁済を受けることになる可能性を有する債権は常に入れ替わっており、一定の事由が発生するまではどの債権が担保されるかが特定されておらず、ただその基本契約から生ずるすべての債権を一定額まで担保しようとするものである。前者は、普通の質権・抵当権について、成立にお

ける付従性を緩和したものにすぎない（したがって根抵当権に関する規定の適用・類推適用はない）が、後者は、不特定の債権を担保する特殊の制度と考えざるをえない。わが民法にはいずれについても規定がなかったが、昭和46年の民法改正で「根抵当権」について規定が設けられた（物116以下参照）。もっとも、それ以前から、判例・通説ともに、付従性を緩和することによって、両者を有効としていた（将来の債権につき最判昭和33・5・9民集12巻7号989頁、根抵当につき大判大正8・8・1民録25輯1390頁）。

90 質権の担保する債権の範囲

質権によって担保される債権の範囲は、設定契約に別段の定めがない限り、元本・利息・違約金・質権実行の費用・質物保存の費用（350条・299条参照）および債務の不履行または質物の隠れた瑕疵によって生じた損害の賠償に及ぶ（346条）。質権の被担保債権の範囲は抵当権よりも広い（375条参照）。これは、質権においては目的物を現実に質権者に引き渡す場合が多く、同一目的物について二重に質権の生ずることも実際上あまり多くはないから、質権者の優先弁済を受ける範囲を広くしても他の債権者を害するおそれが少ないことによる。

91 質権の効力の及ぶ目的物の範囲

目的物に対して質権の効力の及ぶ範囲は、設定契約の解釈と引渡しの有無とによって決すべきである。主物の質入れは従物の質入れを伴うのを原則とするが（87条、総84参照）、従物の引渡しがなければ質権は従物について及ばない。なお、不動産質については、抵当権の規定が準用される（361条・370条）。

92 質権者の権利

(1) 留置的効力　質権者は担保される債権の全額の弁済を受けるま

でその目的物全部を留置できる（物87⑴㈠、347条本文、民執59条参照）。しかしこの権利は留置権と異なり、その質権に優先する債権者には対抗できない（347条但書）。たとえば、質権者が質権取得の際にその質物を保存した先取特権者のあることを知っている場合に、その先取特権者が競売をしたようなときには、質権者は留置権を主張できない（334条・330条2項参照）。また、使用・収益をしない定めのある質権は一般債権者の申し立てた強制競売や担保権の実行としての競売によって消滅する（民執59条1項）。

質権者には、目的物を留置する権利に関連して、さらに、留置権者と同様の権利が認められる。果実を取得して弁済に充当する権利（ただし物96⑵・97⑵㈡参照）、必要費および有益費の返還請求権、目的物の保存に必要な使用権などである（350条・297条—299条）。なお質権は、このように目的物を留置することを本体とする権利だから、この意味において目的物を占有すべき権利（物18⑵参照）を含むということができる。しかし、後に述べる動産質権に関する353条は、これに対する重大な制限である（物95⑵参照）。

最後に、債権者が質権を行使して目的物を占有していても、債権そのものを行使しているとはいえないから、これによって債権の消滅時効の進行を阻止することはできない（350条・300条）。

⑵　**優先弁済的効力（優先弁済権）**　　質権者は目的物を留置する権利とともに、債務者が期限に弁済をしないときに目的物から優先弁済を受ける権利をも有することはすでにしばしば述べたとおりである。その方法は民事執行法によるのを原則とするが（同180条・190条・193条など参照）、動産質と権利質とには後述の簡易な方法が認められる（354条、物95⑶、366条、物97⑴㈡参照）。優先弁済に関連しては注意すべきいくつかの問題点がある。

　(ア)　流質契約の禁止　　流質契約は禁止されている。流質契約とは、質権設定契約そのものの中で、または債務の弁済期より前の別の契約で、債務を履行しない場合には質物の所有権を取得し、あるいはこれを任意に他に売却して優先弁済に充てる権能を質権者に与えることである。質権発達史上においては、質権によって優先弁済を受ける常態的手段だったと思われる。しかし、これを無条件に許すときは、債務者の窮迫に乗じわずかの債務のために高価な質物を失わせて不当の利を貪る者が現われる心配があるというので、民法はこの流質契約を無効とし、質権者が質物によって優先弁済を受けるためには、必ず競売その他法律の定める手続によるべきものとした（349条）。そうして、当事者間の自由競争を尊重すべき商事関係（商515条参照）、および簡易な小額金融を目的とする営業質屋（質屋営業1条・18条参照）についてだけ、この民法の原則に対する例外が認められている。しかし、民法の範囲においてはたして立法の目的を達するものであるかどうかは、利息制限法などの場合と同様に、かなり問題である（物128(1)参照）。なお弁済期以後においては、当事者間で質物をどのように処分する契約をしても自由であることは、349条の文理から明瞭である。実質的にいえば、弁済期以後になれば、当事者の経済的立場には不当な強弱は存在しないはずであり、代物弁済として質権の目的物で清算する（482条参照）ことは自由だからである。また、質物の所有権を債権者に取得させて債務を免れる選択権を債務者である質権設定者に与える特約は、349条の禁止に触れない（大判明治37・4・5民録10輯431頁）。なお、349条に反して流質契約が結ばれた場合、原則として、流質の特約部分のみが無効とされ、質権自体は有効に成立するものと解されている。

　(イ)　優先弁済の順序　　優先弁済を受ける順序は、動産質権相互

の間においては設定の順序による（355条）。不動産質権相互の間および不動産質権と抵当権との間においては登記の順序による（361条・373条）。権利質権相互の間について規定はないが、対抗要件成立の順位によると解すべきである（物97⑴(ウ)参照）。質権と先取特権との間の効力の順序は先取特権の章においてすでに述べた（物85⑵参照）。

(ウ) 強制執行　　質権者は目的物から優先弁済を受ける権利を行使せずに、一般債権者の資格において、民事執行法の規定に従い、債務者の他の財産に対して強制執行をすることできる。債務者はこれに対して、まず質物について弁済を受けてくれと抗弁することはできない。また質物の価格が債権額に満たない場合には、質権実行後に、その残額を請求できることはいうまでもない。しかし、質屋営業法による質権だけは一種の物的有限責任と解されるから（同1条・19条2項参照）、この質権者は直ちに債務者の財産に対して執行できないだけでなく、残額についても請求することはできない。その反面、前述のように営業質屋には流質契約が許されている。

(3) 質権者は転質をすることができる。段を改めて説くこととする。

93 転 質

(1) 転質をする権利　　質権者は、その権利の存続期間内において、自己の責任をもって質物について転質をする権利を有する（348条）。すなわち、AがBに対する債権の担保としてBから質物を受け取っている場合には、この質物をA自身のCに対する債務のためにさらに担保として質に入れることができる。質権者にこのような権利を認めたのは、AがBに金融を与えて質物に固定させた資金を、Bの弁済以前に再び流動させることができるようにしようと

する趣旨である。

　(2)　転質の要件・理論構成　　転質の要件と理論構成に関しては学説が大いに分かれている。

　(ア)　質権設定者の承諾の要否　　第1に、質権者Aは質権設定者Bの承諾がなければ転質することはできないという少数説がある。350条によって298条2項が準用されることを理由とする。しかし、348条は特に質権者の責任を重くしながら承諾なく転質すること（責任転質）を認めたものだと解さなければ、転質権を認めた意味がなくなる（大連決大正14・7・14刑集4巻484頁）。もちろん質権者は承諾を得て転質すること（承諾転質）もできるが、それは298条2項に基づく担保権設定であって348条の転質ではないというべきである。もっとも、商品仲買人が委託証拠金充用証券を無断で他へ担保に差し入れる行為は、それが原質権の範囲を越えるときは業務上横領罪になる（最決昭和45・3・27刑集24巻3号76頁）。

　(イ)　転質の理論構成　　第2に、承諾がなくても転質をすることができるのだと認めながら、その理論構成は、以下のように分かれる。

　(a)　債権・質権共同質入説　　AのBに対して有する債権とこれによって担保される質権とをともに質入れするのだとみる見解（債権・質権共同質入説）が相当有力に主張されている。質権は債権に付従するものであるから、被担保債権とともにするのでなければ質権の目的とすることはできないということを主たる理由とする。もちろん、債権は権利質の目的とすることができる。そうしてその債権に担保物権が付いているときは、債権についての質権もまた原則としてその担保物権について効力を及ぼすべきことは、担保物権の随伴性から当然のことである（物88(2)参照）。しかし、民法が特に質

権者の責任を重くして転質権を認めたのは、このような当然の事理に従ったのではなく、債権から分離して質権または質物を転質できるものと規定したのだと解するのが正しいとする説（単独質入説）も有力である。

　(b)　単独質入説　　債権からは切り離して質権または質物だけを転質できるのだと解する学説も、さらに２つに分かれる。

　(i)　解除条件付質権譲渡説　　第１は、原質権者Ａの有する質権が転質権者Ｃに一種の解除条件付に——すなわちＣの債権が消滅すれば質権は再びＡに復帰するという条件のもとで——譲渡されるというやや複雑な理論構成である。

　(ii)　質物再度質入説　　第２には、質物がＡのＣに対する債務のために再び質入れされるという端的な理論構成である。

　判例（前掲大連決大正14・7・14）は(ii)説をとり、学説もほぼこれに傾いている。

　解除条件付質権譲渡説に対しては、原質権者Ａは、質権を失うが、その債権は何らの拘束を受けないから、Ｂから自由に弁済を受領できるわけであり、そうするとＣの転質権もこれによって消滅するほかはないこととなる。それでは転質権者の地位ははなはだしく薄弱となる、という批判が加えられている。しかし、この批判は必ずしも正当なものとは思わない。なぜなら、Ａはその質権をＣに解除条件付で譲渡した以上、Ｂから弁済を受けてこれを消滅させることはできないと解することも不可能ではないからである。しかし、転質権者ＣはＡの質権をそのまま取得するのではなく、自分の債権が履行されない場合にだけ、自分の債権額に限り、優先弁済を受けることができるという制限を加えられるのであるから、これを質権の単なる譲渡と説明することは適当ではあるまい。

　質物再度質入説に対しては、Aが有するもともとの質権（原質権）とCの取得する質権（転質権）とは無関係なものとなるから、Aは自分のBに対して有する債権よりも債権額が大きい債務や弁済期がずっと遅く到来する債務についても転質をすることができ、またAの債権が消滅して原質権が消滅しても転質権は消滅しないことになるはずで、そうだとすると、原質権設定者BがAに対する債務を弁済してもCから目的物を返還してもらえなくなってしまい、Bの不利益がはなはだしい、という批判が加えられている。しかし、質物を再度質入れするといっても、転質権者が目的物の全部についてこれを留置し、かつこれを競売できるという意味において、質物そのものを質入れするというだけである。その本体は、質権者Aの把握した担保価値についてCの転質権を設定するのであるから、Cの転質権はAの質権の基礎の上に立ち、その範囲および態様において原質権より重くなることはできず、またその基礎の消滅することによって自分もまた当然消滅するものと解することは、決して理論上許されないことではないだろう。転質についてこのような理論構成をとると、その結果は、前述の質権付債権の質入れとする説（債権・質権共同質入説）とほとんど同じになる。しかし、債権・質権共同質入説では、転質権者Cは、AのBに対する債権を直接に取り立てる（Bの一般財産に対して執行する）こともできる（366条参照）のに反し、質物再度質入説では、CはAのBに対する債権そのものについて権利を有しないから、その債権の差押え等の措置をとらない限り、それができないという違いがある。なお、債権・質権共同質入説では、担保物権の不可分性により、AはBに対する債権の一部分についての弁済を受けることはできないと考えられるのに反し、質物再度質入説ではAのBに対する債権がCの債権額を超過する額だ

けは弁済を受けることができることになりそうである（判例はそうみている）。しかし、この点は、Aは、原質権によって把握した担保価値をCに質入れしたのだから、被担保債権の一部弁済を受けることで転質権の担保価値を減少させることはできないと解するのが、担保物権の不可分性に適するであろう（物93⑷末尾参照）。

　⑶　転質の要件　　上述したように、転質権は、原質権の範囲内、すなわちAの有する債権の範囲内であることのほかに、原質権の存続期間内であることを要する（348条・360条参照）。原質権が弁済によって消滅したとき転質権がなお存続し、Bが質物を取り戻すことができなくては不都合だからである。ただし、債権の範囲や転質権の存続期間の限定は、転質の要件としないで転質の効果とみることもできる。なお、目的物の占有移転その他の質権設定の一般的要件を必要とすることはいうまでもない。

　承諾を得て転質する場合には、その承諾の内容にもよるが、一般に、その被担保債権額や質権の存続期間において原質権の態様より重くなっても差し支えないと解すべきである。また質権者Aが転質であることを秘してCに質入れした場合に、Cが即時取得（192条、物28参照）の要件を備えるときは、その質権は、原質権とは何らの連絡のないものとして成立することはもとよりいうまでもない。もっとも、この場合AのBに対する義務違反の責任が生ずることもこれまたいうまでもない。

　⑷　転質の効果　　転質権を設定した質権者は転質をしなければ生じなかった損失については、それが不可抗力によるもの（たとえば、Aの倉に入れておけば安全だったが、転質権者Cの倉に入れておいたので火災を受けたとき）であっても、賠償の責任を負う（348条後段）。原質権設定者の承諾を得ないで転質する代償である。

　なお、転質権者による質権の実行するには、自分の債権が弁済期に達しただけでなく、原質権によって担保される債権もまた弁済期に達していることを要する。転質権の実行によって得た売得金はまず転質権者の優先弁済に充て、残余を原質権者の優先弁済に充てるが、転質権者が優先弁済を受けることによって原質権者（転抵当権設定者）の債務が減少するのだから、これも原質権の被担保債権の弁済になる。転質権の被担保債権額が原質権のそれを上回る場合には、転質権者が優先弁済を受けられるのは原質権の被担保債権額に限られるし、原質権の債務者は自分の債務額全額を転質権者に弁済することで、目的物を取り戻すことができる。これらの点はすでに述べたことから明らかであろう。

　問題とされるのは、原質権の債務者Bのその債権者（転質権設定者）Aに対する弁済の可否およびその効力である。転質を質権と債権の共同質入れと解する説によれば、Bに対する転質権設定の通知またはBの承諾があってはじめて転質権をBに対抗することができるのだから（364条）、その場合のBの弁済が債権額の全部について一定の制限を受けることは当然である（物97⑴エ参照）。質物再度質入説においても、転質の実質はAが原質権によって把握した担保価値をCに質入れするのだから、Aはその担保価値を消滅させない義務（担保保存義務）を負い、Bもまた、その範囲で弁済を制限されると解さなければならない。しかし、無条件でそう解することは、転質の事実を知らないBにとっては不利益となる。そこで、転抵当に関する376条を転質に準用し、転質の設定について、Bに通知またはBの承諾を得たときにだけBを拘束し、Bが転質権者Cの承諾を得ないでしたAへの弁済は、Cに対抗できないと解している。その場合、この拘束を転質の被担保債権額に限定せず、原質の被担保債権

の全額に及ぼすのがいっそう適切である。担保物権の不可分性に適するからである。

94　質権者の義務

　質権者は目的物を占有するが、債務の不履行がない限りこれを処分できるものではなく、かつ、質権消滅の際にはこれを設定者に返還する義務を負うものであるから、民法はその保管義務について留置権の規定を準用した（350条・298条）。

95　動産質の特則

　(1)　**占有の継続**　　動産質においては、前述のように目的物の占有移転をもって質権の成立要件ないし効力発生要件とするだけでなく（物89(1)(イ)参照）、その占有の継続が第三者に対する対抗要件であると定められている（352条）。この点で登記をもって対抗要件とする不動産質と異なる。占有は代理占有でもよいが、質権設定者による代理占有は認められないこと（345条）についてはすでに述べた。

　(2)　**質物の占有回収**　　動産質権者が質物の占有を奪われたときは、占有回収の訴えによって質物の返還を求めうることはいうまでもない（物30(3)参照）。しかし、占有回収の訴えの要件のない場合、たとえば質物を遺失した場合や任意に引き渡した場合に、動産質権者は質権自体に基づいてその返還を請求できるであろうか。民法は動産質権者が質物の占有を「奪われたとき」は「占有回収の訴えによってのみ」その質物の回復をなしうるものと規定しており（353条）、質権自体に基づいて質物の回復を請求することは認められないことになる。ただし、占有継続をもって質権の対抗要件とするのは第三者に対する関係においてだけであるから、質権設定者に対しては、占有回収の訴えの要件がない場合にも、なお質権を理由としてその回復を請求できると解する説が有力であったが、最近では、これは345

条の趣旨に反するとして、設定者に返還した場合には質権が消滅すると解する説が多くなっている。なお、民法が動産質権の第三者に対する効力を制限したのは、動産質権についての公示の原則を厳格に貫徹しようとする趣旨からであろうが、譲渡担保が広く認められるようになった現代においては、その立法の当否に疑問の余地がある（物89(1)(イ)参照）。

(3)　**簡易な弁済充当**　　動産質について流質契約禁止の原則（物92(2)(ア)参照）を貫くときは、価額の小さい質物の換価においては費用倒れとなるおそれがあるので、特に裁判所に請求し鑑定人に評価させて弁済に充当するという簡易な換価方法が認められている（354条、非訟93条）。

(4)　**動産質権の順位**　　同一質物について数個の動産質権が競合する場合の順位は、質権設定の順序によることは前述した（355条、物92(2)(イ)参照）。

96　不動産質の特則

(1)　**不動産質権の意義**　　不動産質においても、前述のように目的物の占有移転をもって質権の成立要件ないし効力発生要件とするが（物89(1)(イ)）、その対抗要件は登記である（177条、不登1条）。

(2)　**使用・収益権**　　不動産質にあっては、質権者は目的不動産を使用・収益する権利を有し（356条）、その代償として管理費用の支払など不動産に関する負担を負い（357条）、かつ利息を請求できない（358条）。これは不動産について融通される資金の利息とその不動産の収益とはほぼ等価だという経済観念に立脚するものであって、買戻しにも同様の趣旨が現われている（579条参照）。ただし、これら3点は強行規定ではなく当事者の特約によって左右でき、また担保不動産収益執行（民執180条2号参照）の開始があったときには適

用されない（359条）。

(3)　存続期間　　不動産質権の存続期間は10年を超えることはできない。もしこれより長い期間を定めたときは、10年に短縮する（360条1項）。この期間は更新できるが、更新の時から10年を超えることはできない（同条2項）。所有者以外の者にあまり長く不動産の用益をさせることは望ましくないという趣旨である。

(4)　抵当権規定の準用　　不動産質権は、目的不動産の占有を質権者に移転する点において抵当権と大いに異なるが、不動産についての約定担保物権である点において両者は同一であるから、民法はこれについて抵当権の規定を一般的に準用した（361条・370条・374条・377条－387条等が準用される主要なもの）。

97　権利質の特則

権利質は有体物を目的とするものではないが、なおこれを他の質権と本質を同じくするものとみてよいことは前述した（物87(2)参照）。ただ、もともと質権は有体物について発達した制度だから、質権の一般理論を権利質に当てはめるには多少の修正を要する。民法が権利質について、質権の総則・動産質および不動産質の規定を準用する旨の規定を特においたのは（362条2項）、このような趣旨を示すためだと解すべきである。

権利質の目的となることができる権利は譲渡性のある財産権である（362条・343条）。しかし、所有権・占有権・地役権（土地所有権から分離して）などは、その権利の性質から権利質の目的とはなりえない。債権および株主権が最も主要なものであるが、そのほか、地上権・永小作権・知的財産権などについても成立する。

(1)　債権質　　債権は権利質の目的として最も重要なものであるが、譲渡性や効力等をめぐって考察すべき問題が多い。

　(ア)　譲渡性　　債権は、将来の物も含めて一般に譲渡性があるから、原則として質権の目的とすることができる（466条1項・466条の6参照）。しかし、譲渡性のない債権は質権の目的とはならない（343条）。法律によって譲渡または担保に入れることが禁止されている債権は質権の目的とならない（881条、国健保47条、恩給11条1項参照）。債務者の承諾を得た場合にだけ譲渡できる債権（612条参照）は、その承諾を得なければ質入れを第三債務者に対抗することができない。譲渡禁止の特約のある債権であっても質権を設定することができるが（466条2項参照）、質権者が悪意または重過失である場合には、第三債務者は、質権者の直接取立権の行使（366条参照）に対して、その履行を拒絶することができるし、債権者（質権設定者）に弁済してこれを質権者に対抗するすることができる（466条3項参照）。ただし、預貯金債権の譲渡制限特約は悪意または重過失の質権者に対抗することができる（466条の5第1項参照）。

　(イ)　有価証券の質入れ　　指図証券の質入れには、証券への裏書と交付が（520条の2・7）、記名式所持人払証券および無記名証券の質入れには証券の交付が（520条の13・17・20）、それぞれ必要とされる。債権者を指名する記載のある証券で指図証券および記名式所持人払証券以外のものは、債権の質入れに関する一般原則に従って、当事者の合意だけで効力を生ずる（520条の19）。

　(ウ)　対抗要件　　対抗要件は各種の債権によって異なる。

　(a)　債権質の対抗要件　　債権（未発生の債権を含む）を目的とする質権の設定は、その譲渡と同様に、質権設定を債権者（質権設定者）から債務者（第三債務者）に通知し、またはその債務者（第三債務者）が質権の設定を承諾しなければ、これをもって第三債務者その他の第三者に対抗することができない（364条・467条）。通知また

は承諾の形式および効力は後述の債権譲渡の場合と同一に解すべきである。この通知または承諾は具体的に特定された者に対して質権を設定するという内容のものでなければならない（最判昭和58・6・30民集37巻5号835頁・基本判例132）。法人が債権を目的として質権を設定する場合には、債権譲渡登記ファイルへの質権設定登記により、民法467条の確定日付ある証書による通知があったものとみなされる（動産債権譲渡4条1項）。

　(b)　記名国債質等の対抗要件　　記名国債は明治37年の法律第17号によって民法364条の適用が排斥されているから、証券の交付だけで完全に効力を生ずるが、記名株式・記名社債と同様に、証券の占有の継続を対抗要件とすると解される（362条2項・352条。会社146条・147条2項・692条・693条2項）。ただし、登録国債の質入れは登録をもって対抗要件とする（国債ニ関スル法律3条）。

　(c)　有価証券質の対抗要件　　証券の交付を効力発生要件とする有価証券の質権については、質権取得の対抗要件を問題にする必要はないが、質権が存続していることの公示および留置的効力の確保という観点からは、質権者が証券を引き続き占有することをもって対抗要件とすると解してよいであろう（362条2項・352条、物95(1)参照）。

　㈤　債権質の効力

　(a)　債権への拘束　　まず債権を質に入れると、その債権についていかなる拘束を生ずるか。民法に規定がないが、質権設定者は質入れされた債権の取立てや放棄（債務免除）など目的債権の担保価値を毀損する行為をしてはならないと解すべきである（最判平成18・12・21民集60巻10号3964頁）。そうでないと債権質は全く無価値な制度となるからである。理論上も、債権について担保物権が成立した

以上、その設定者がこうした拘束に服するのは当然であろう。判例および通説も、債権が差し押えられた場合に関する481条1項を類推適用するなどして、質入債権の債務者がその債権者に弁済をし、または質権設定後に取得した質入債権に対する反対債権で相殺をしても、これをもって質権者に対抗できないと解している（大判大正5・9・5民録22輯1670頁）。質権者は受けた損害の限度でさらに弁済を請求できる。

　(b)　優先弁済　　債権質権者は質入債権の果実、すなわち利息をもって優先弁済に充てることができる（362条2項・350条・297条）。しかし、優先弁済を受ける主要な手段は質入債権そのものを弁済に充てることである。これについてはつぎの2つの手段が認められている。

　(i)　直接取立権　　質権者は、質権の目的である債権を、自己の名において第三債務者から直接に取り立てることができる（366条1項）。そうして、質入債権が金銭債権であるときは、質権者は取り立てた金銭をそのまま自分の債権に充当できるから問題はきわめて簡単である。もちろんこの場合に、質権者が直接に取り立てることができるのは自分の債権額に対応する部分に限る（同条2項）。ただ、質権者の債権が弁済期に達する以前に質入債権が弁済期に達したときは、質権者はまだ質権を実行できる時期に達していないから取立権を行使できない。しかし、第三債務者の弁済を延期させることも質権者に不利となるおそれがあり、また質入債権者に弁済させることはもちろん認めるわけにはいかない。そこで質権者は第三債務者にその弁済をすべき金額を質入債権者のために供託させることができ、供託したときは質入債権者の有する供託金請求権について質権が存続するものとして、関係当事者の利害の調和を図った（同条3項）。

つぎに、質入債権が金銭債権でないときには、直接に取り立てた物をもって直ちに弁済に充当することはできない。そこで、質権者は弁済として受領した物についてさらに質権を有するものとされている（同条4項）。この場合には、質権者は動産質または不動産質の規定に従ってこれを換価してはじめて優先弁済に充当できることになる。

　(ii)　民事執行法による執行　　民事執行法に規定する債権に対する執行方法である。債権質はその存在を証する文書を提出することによって実行が開始され（民執193条1項）、取立て（同155条）、転付命令（同159条）、譲渡命令等（同161条）などの債権の強制執行に関する規定が準用される（同193条2項）。

　(c)　債権質権者の転質権　　債権質権者も転質権を有する。その性質・要件などは動産質と同じである。

　(2)　株式の上の質権　　株式の上の質権は今日の経済界においては債権質に優る作用を営む。かつては商法に規定がなかったために、解釈上問題が多かったが、会社法の規定が整備され、詳細な規定が設けられている（会社146条－154条）。

　(ア)　株式の譲渡性　　株式は譲渡性を有し、定款をもって株式会社の承認を要する旨定めた場合にも（会社107条1項1号・108条1項4号参照）、買取りの途が開かれているので（同138条1号ハ・2号ハ・140条）、常に質権の目的とすることができる。

　(イ)　株券の交付　　株式質入れの効力発生要件としては、株券の交付を要する（会社146条2項）。

　(ウ)　株券の継続占有　　質権者は、氏名または名称・住所を株主名簿に記載・記録し、株券を継続して占有しなければ、その質権をもって第三者に対抗できない（会社147条1項・2項）。なお、民法

364条の適用は排除されており、会社に対する質権の設定の通知または会社の承諾という手続を必要としない（会社147条3項）。

（エ）　株式質権の効力　　株式に設定された質権の効力は略式質と登録質とで異なる。

（a）　略式質　　株主名簿に登録しない場合である。質権者は、一般の原則に従い株式を競売して優先弁済を受けることができる（342条）。また株式の併合・分割などの場合に物上代位権（会社151条）を有するが、この場合にも株主の受けるべき金銭または株式について、その払渡前に差し押えることを要する。なお、この種の質権において質権者が株式による剰余金の配当を受けられるかについては、後に述べる登録質制度が認められていなかった時代に大いに争われたものであるが、今日では、略式質の場合は当然には配当を受けられないという説が有力であり、また慣行でもあるといわれている。

（b）　登録株式質権　　質権設定者が会社に請求して、質権者の氏名・名称および住所を株主名簿に記載・記録する方法で設定される質権である（会社149条）。この場合には、質権者は、一般の原則に従って株式を競売して優先弁済を受けることができるほかに、当然に会社から剰余金の配当・残余財産の分配を受け、また株式の併合などの場合に受けるべき金銭の支払を受けて、他の債権者に優先して債権の弁済に充てることができる（同154条1項）。支払前の差押えを必要としない。もっとも、株主の受けるべきものが株式である場合には質権者は株式を取得して株主になるわけではなく、ただ質権の効力がその上に及ぶだけである（同151条・152条）。その際の質権の効力を確保するために、質権者は会社に対して、株主が受けるべき株券の引渡しを請求することができる（同153条）。

⑶　地上権・永小作権の質入れ　　不動産質に準じ、目的不動産の引渡しを効力発生要件とし、登記を対抗要件とする。実行方法は抵当権実行の方法による（362条2項・361条）。

⑷　知的財産権の質入れ　　特許権・意匠権・実用新案権（およびこれらの権利に基づく専用実施権・通常実施権。ただし一定の制限がある）なども質権の目的として重要な作用を営む。その法律関係は、これらの法律の全面的改正（特許法・昭和34年、実用新案法・同年、意匠法・同年）によって整備された。その質権は、いずれも、登録をもって効力発生要件とする（特許98条1項3号、実用25条3項、意匠35条3項）。質権者は、目的である権利を競売して優先弁済を受けるほか、物上代位権（権利の譲渡または権利を実施させる場合の対価について。ただし払渡前に差し押えることを要する）を有する（特許96条、実用25条2項、意匠35条2項、著作66条2項）けれども、目的たる権利を実施することは、契約で別段の定めをした場合にだけ認められる（特許95条、実用25条1項、意匠35条1項）。したがって、この種の質権の性質は抵当権に近い。著作権（および出版権、ただし複製権者の同意を要する（著作87条））についても、登録をもって対抗要件とし（同77条2号・88条1項2号）、特許権等の場合と同様の効力を認められる（同66条）。

98　質権の消滅

質権の特殊な消滅原因としては298条の準用による所有者の質権消滅請求（350条、物80⑶参照）、および不動産質権における第三取得者の代価弁済（361条・378条、物109⑴参照）または質権消滅請求（361条・379条以下、物109⑵参照）に注意すべきである（361条）。

第11章　抵　当　権

第1節　普通の抵当権

99　抵当権の意義

　抵当権とは、債務者または第三者が担保に供した不動産につき、設定者に占有をとどめておくが、債務不履行があったときは、抵当権を実行し（抵当不動産の競売または収益執行を行い）、その換価代金または収益から抵当権者が他の債権者に優先して弁済を受けることができる担保物権である（369条、物6⑵参照）。契約によって生ずる担保物権（約定担保物権）であることは質権と同様であるが、目的物の引渡しを受けず、したがって、いわゆる留置的効力をもたず、もっぱら優先弁済的効力を通じて担保としての作用を営む点で質権と異なることは、すでに質権に関連して詳細に述べた（物87⑴参照）。目的物の物質的存在や現実的な利用から離れた交換価値だけを客体とする価値権の純粋な形態だといわれるゆえんである。そのために目的物が原則として登記簿によって権利関係を公示することのできる不動産に限られていることも質権との大きな違いであるが、非占有担保であるが故に、生産活動に必要な不動産の担保化による資金の獲得手段として産業資本主義の基盤として重用な社会的機能を営んでいる。

100　抵当権の性質

　抵当権は担保物権の一種としてつぎのような性質を有する。なかんずく、付従性が最も根本的な問題を提供する。

(1)　付従性　　抵当権は、債権を担保するためのものであるから、それによって担保される債権（被担保債権）が成立しなければ抵当権も成立せず（成立における付従性）、被担保債権が消滅すれば抵当権も消滅する（消滅における付従性）といったように、さまざまな場面で被担保債権に付従する性質を有するが、抵当権付きの債権が金融取引上重要な作用を営むようになるに従って、付従性が緩和されつつあることも、質権に関連してすでに述べたとおりである。抵当権の付従性緩和の理論において特に重要なのは、根抵当と抵当権の独立性（抽象性）との２つである。前者は、根質と共通の問題であるから質権について述べた理論をそのまま抵当権に適用すればよい（物87・88(1)・89(3)。なお物100(1)(エ)参照）。後者、すなわち抵当権の独立性は抵当権特有の問題である。これは、要するに、抵当権によって把握される不動産の担保価値を安全かつ確実な取引の目的とするために、債権の消滅によって抵当権が影響を受けることをある程度まで阻止しようとすることである。しかし、その理論構成はきわめて多方面にわたるものであるから、ドイツ、スイスなどにおいて認められている制度のうちで、わが民法の解釈の参考となる主要なものについて簡単に述べることにする。

(ア)　債務の弁済による抵当権の消滅　　たとえばAがBに対して抵当権付債権を有し、これがC・Dと転々譲渡されたとする。DがBに対する抵当権を実行しようとする際に、BがすでにCに債務を弁済したことを立証して、債権も抵当権も消滅した、と主張すれば、債権の消滅は、たとえ抵当権を伴うときでも、登記と関係なくすべての者に対抗できるから、抵当権は絶対的に消滅し（消滅における付従性）、たとえその登記の抹消がなくても、Dはもはや抵当権の存在を主張できなくなる（大判大正9・1・29民録26輯89頁）。した

がって、登記を信頼して取引をしたDもこの点では何らの保護を受けない。せっかく不動産物権の変動について公示の原則を採用したことも、この場合には何の役にも立たない結果となる（ただし、民事執行法184条は、これによって公の競売手続に対する信頼が損なわれることを避けるために、不動産競売手続の中で債務者や目的不動産の所有者が自分の権利を主張する機会を保障するとともに、その権利を行使しないまま競売代金の納付まで手続が進んでしまったときには、買受人による不動産取得の効果を覆すことができなくなるものとしている。最判平成5・12・17民集47巻10号5508頁参照）。

　(イ)　抵当権登記の公信力の問題　　そこで、抵当権に関する登記の公信力を認め、それを抵当権の被担保債権にまで拡張し、Dが登記簿の記載を信頼してCから譲り受けた場合には、抵当権だけでなく債権もまだ消滅しないものとして、Dがこれを有効に取得できるというような制度が考案されている。ドイツ民法はこのような制度を採用している。しかし、わが国においては、登記に公信力を認めないのだから、この場合にDは保護を受けることができない（物2(2)・13(12)参照）。

　ただ、抵当証券にあっては、債権および抵当権は証券面に記載され、取引はこの証券の裏書交付によって行われる。そして、債権がすでに弁済されて消滅したということを証券の譲受人に主張するためには、そのことが証券面に記載されていなければならないだけでなく、この証券を盗んで正当な権利者のように装って譲渡した者が中間に介在しても、これを知らずに譲り受けた者は完全に権利を取得する（抵証40条）。この制度のもとでは、抵当権の独立性ではなく、債権の存在そのものを確実にすることが考えられているのであるが、これによって抵当権付債権の取引を安全確実にしようとする

目的がある程度まで達せられる。抵当証券制度は、この特質と、もう１つの特質、すなわち登記簿の記載がたとえ事実と異なっていても、これに基づいて抵当証券を作成した場合には、利害関係人は一定の時期に異議を唱えないと、その後は異議を唱えられなくなるという特質（同６条・７条・10条参照）と相まって、抵当権付債権の流通性を増加し、土地金融の固定がこれによって緩和されるだろうという予期のもとに考案されたものである（物６(2)参照）。

　㈡　借替えにおける優先権の喪失　　　ＡがＢの不動産について被担保債権額8,000万円の抵当権を有し、Ｃがその後同一不動産について2,000万円の抵当権を取得し、それぞれ登記をすませていたとする。Ａは１番抵当、Ｃは２番抵当であるから、目的不動産が競売されて9,000万円にしかならなかったとすると、Ａは8,000万円を取得し、Ｃは1,000万円を取得するにとどまる（373条参照）。ところで、ＢがＡに一度8,000万円を全部弁済しその後にさらにもう一度8,000万円借りたとする。Ａはこの後から貸した8,000万円の債権についてＣの抵当権に優先する方法があるだろうか。弁済によってＡの債権が消滅したときにその抵当権も消滅し、Ｃの抵当権が当然１番抵当に昇格するという順位昇進の原則が採用されているから、ＡはＣよりも後順位の２番抵当権の設定を受けることしかできない。たとえＡの抵当権登記が抹消されずにそのままになっていたとしても、これを後に成立する8,000万円の債権を担保するための抵当権の登記として流用することによってＣの利益を害することもできない（物13(10)(ｴ)参照）。しかし、元来Ｃは8,000万円の先順位抵当権の存在を覚悟し、つまり２番抵当権であることを承知のうえで、おそらくは利息も高率に取って2,000万円を貸与したのであろうから、Ａへの弁済によって１番抵当に昇格するのは必ずしも妥当ではない。

それよりも、ＢはＡへ弁済した後には目的不動産についての8,000万円の１番抵当という権利をみずから保有し、後日これを利用してＡあるいはそれ以外の者から有利な条件で8,000万円を借用できるものとし、Ｃは２番抵当権者にとどまることがかえって妥当とも考えられる（これを順位確定の原則という）。少なくとも、当該不動産の担保価値を十分に利用するという立場からいえば、このほうがはるかに合理的であろう。

　㈢　所有者抵当・根抵当　　こうした不都合を是正するために、ＢはＡへの弁済によって自分の所有不動産についてみずから１番抵当権を有する、という理論が認められている法制がある。この理論は、債権がなくても抵当権は存続できるというだけでなく、さらに抵当権が所有権と混同しても消滅しないという特殊な理論の上に立脚するものであって、これを所有者抵当ないし自己抵当という。しかし、わが民法はこのような制度を認めていない。したがって、上記のような場合にはＣの抵当権は当然に１番に昇格し、これを阻止する方法はない。ただ、いわゆる根抵当（398条の２以下、物116以下参照）においては、１番抵当の債権消滅による２番抵当の順位昇進という原則が修正される。すなわち、もしＢがＡに極度額2,000万円の根抵当を設定したとすると、この2,000万円の根抵当権は、ＡＢ間の与信関係から生ずる不特定の債権を担保するものであって、特定の債権の担保のためのものではないから、Ａが一度2,000万円まで貸し出し、のちにその全額の弁済を受け、さらにまた2,000万円を貸し出した場合にも、Ａはその2,000万円について１番根抵当を保有する。このように根抵当においては、目的不動産の担保価値中の2,000万円分がＡのために留保され、Ａはその範囲内においては、債権の消滅や発生の過程には何らの関係なく、目的物の競売代

金を配当する際に存在した債権について優先弁済を受けることができる。その限りで債権への付従性が大幅に緩和されているところに、その重大な特質を有している。

(2)　随伴性・不可分性・物上代位性　　抵当権が随伴性・不可分性（372条・296条。ただし共同抵当の場合に多少の制限あることにつき物108参照）および物上代位性（372条・304条）を有することについては質権に準じて理解すればよい（物88(2)・(3)・(4)参照）。

101　抵当権の設定

(1)　抵当権設定契約　　抵当権は当事者間の諾成無方式の契約によって設定される（抵当権設定の合意は、直接に物権を成立させるもの（物権行為）で、債権債務関係を発生させるものでないから、厳密な意味での契約とはいえないので、民法はこれを「設定行為」と呼んでいるが、一般的には（広い意味での）「契約」と称している）。

(ア)　当事者　　抵当権設定契約の当事者は債権者と抵当権設定者とである。抵当権設定者は債務者であることを必要としない。設定者が債務者以外の第三者であるときは、これを物上保証人という。物上保証人と債務者との間の求償関係について保証債務の規定が準用されることは質権の場合と同様であるが（372条・351条、物89(1)(ア)参照）、保証人とは違って債務を負っていない（債務なき責任）。抵当権付きの不動産を取得した者（第三取得者）も同様である。

(イ)　対抗要件　　抵当権設定契約は、質権設定契約と異なり、意思表示だけで効力を生ずる（176条、物10(2)参照）。登記は第三者に対する対抗要件であるにすぎない（177条）。第三者に対抗する効力のない抵当権は他の債権者に対して優先弁済を主張できないから、抵当権としての意義は少ないが、競売権だけはあるから（民執181条1項1号・2号参照）無価値ではない。判例も、手続に瑕疵があ

って抵当権の登記が無効な事案についてこのことを言明する（最判昭和25・10・24民集 4 巻10号488頁）。

(2)　**抵当権の客体**　抵当権の目的となりうるものは、登記または登録などの手段によって帳簿上の公示方法を認められた特殊の財産に限るものであることは、質権に関連してすでに述べた（物87(1)(イ)参照）。現行法上認められる客体の種類もその際に述べたが、ここでは民法上のもの、すなわち不動産と地上権および永小作権を中心に解説する。

(3)　**被担保債権**　抵当権によって担保することのできる債権の種類に制限がないことも、質権の場合と全く同じである（物89(3)参照）。一定の範囲に属する不特定の債権を極度額の限度において担保するための根抵当権は、従前から慣行上認められ、登記も可能であったが、昭和46年の民法改正によって内容が整備されて条文化された（398条の 2 以下、物116参照）。根抵当にあっては、債権の発生・消滅や債権額の増減によって何らの影響を受けない点で、普通抵当と大いに異なることは、抵当権の付従性に関連してすでに説明した（物100(1)(エ)参照）、このような根抵当としての特別の効力を主張するためには、登記簿に必ず根抵当である旨を記載しなければならない（不登88条 2 項）。

102　抵当権の担保する債権の範囲

抵当権によって担保される債権（被担保債権）の範囲は質権の場合より大いに制限される（物90参照）。すなわち、抵当権者は、元本のほかには、満期となった最後の 2 年分の利息その他の定期金および遅延損害金についてのみ優先弁済を受けることができる（375条）。たとえば令和元年に令和 5 年12月末日を弁済期とする利息年 1 割の債権のために抵当権を設定したが、利息は令和元年分から全部延滞し

ていたとする。令和6年6月末日に競売が完結し配当が行われたと
仮定すると、令和6年1月から6月までについて、元本の支払を遅
滞したことによる損害（遅延損害金または遅延利息という）を賠償す
べきであり、その額は、特約がない限り、約定利率が法定利率
（404条2項・3項）を超えているので、約定利率で計算すべきであ
るが（419条1項但書）、──抵当権者は、これと履行期までの延滞
利息とを通算して、配当表作成の日からさかのぼって2年分、すな
わち遅延損害金6ヵ月分、延滞利息1年6ヵ月分について優先弁済
を受けるにとどまる。そしてこのような制限は利息以外の定期金、
すなわち地代・家賃・終身年金などについて抵当権を設定した場合
にも適用される（375条1項本文）。抵当権についてこのような制限
を設けたのは、主として他の債権者を保護するためである。質権に
おいては目的物を質権者に引き渡すため、同一物に二重に質権の生
ずることは想定しにくいので、質権者が優先弁済を受ける範囲を広
くしても他の債権者を害するおそれが少ないが、抵当権については、
2番抵当や3番抵当が設定されることが予定されており、それらの
後順位抵当権者はもちろん無担保の債権者も、先順位の抵当権者が
優先弁済を受ける額の大小に痛切な利害関係を有する。ところが、
抵当権の登記には単に利息の有無とその利率とが記載されるだけで
（不登88条参照）、利息等の延滞の有無・延滞期間などを知ることが
できないので、一定の制限を設けることによって、それらの者が意
外の損害を被るおそれをなくそうとしたのである。したがって、抵
当権者が延滞中の利息その他の定期金について改めて登記をすれば、
最後の2年分とは別に、この登記の時から、これについても優先弁
済を受けることができる（375条1項但書）。違約金については民法
に規定がないが、登記をした場合にだけ優先弁済権を取得すると解

する説が有力である。ただ、抵当権実行の費用だけは、登記がなくても優先弁済を主張できるものとされている（民執194条・42条2項参照）。これはたとえ登記がなくても第三者において常に予測すべきものだからである。

　最後に注意すべきは、この利息その他の定期金および遅延損害金に関する制限は、他の債権者に対して優先弁済を主張する場合の制限にすぎないことである。利息も遅延損害金も、最後の2年分の制限を超える部分については、一般債権者と同順位で配当を受けることになる。また、債務者や抵当不動産の所有者（物上保証人・第三取得者）が任意に債務を弁済して抵当権を消滅させようとするときには、利息・遅延損害金等の全額を弁済しなければならない（不可分性。ただし、根抵当権の場合は別であることについて物118(2)参照）。

103　抵当権の効力の及ぶ目的物の範囲

　目的物に対して抵当権の効力の及ぶ範囲は、目的不動産についての所有権の及ぶ範囲と大体一致するのを原則とするが、抵当権設定当事者の意思によって、あるいは抵当権の価値権としての特質に応じて、多少の程度の拡張または縮減が認められる。

　(1)　付加一体物　　抵当不動産に付加してこれと一体となっている物には、すべて抵当権が及ぶのを原則とする（370条本文）。地上の樹木（ただし立木法による登記がしてあれば別である（立木2条3項参照））、家屋の増改築のために付加された建築材料などがその例である。しかし、この原則には3個の例外がある。第1は、設定行為に別段の約束がある場合であって（370条但書）、これは登記簿に記載することを要する（不登88条参照）。第2は、抵当不動産の所有者がその物を抵当不動産に付加することが自分の一般財産を減少させ、他の債権者が十分な弁済を受けることができなくなることを知りな

479

がらあえてこれを付加し、抵当権者もこの事情を知っている場合である（370条但書・424条）。このときには、424条の場合のように、損害を受ける債権者がこの付加行為の取消しを裁判所に請求する必要はないものと解されている。付加行為は事実行為だからである（平成29年改正法は詐害行為取消請求の対象を「法律行為」から「行為」に改めたが、改正法のもとでも従前と同様に解する説が有力である）。以上の２個の例外は370条の定めるところであるが、そのほかに、物権法の一般理論から第３の例外を認めねばならない。それは地上権者が植栽した樹木などのように、他人が権原によって付属させた物である。これらはその他人の所有物として残るから（242条但書）、抵当権もまたこのような物には及ばないのである。ただし、いわゆる「強い付合」の場合には、これらの例外を適用することはできないものと解される（物49⑴⑺参照）。

　以上の付加一体物に関する原則および例外は、抵当権設定当時にすでに付加されているものと、抵当権設定後に付加されたものとの、両者に適用されると解して妨げない。このように解することは、370条の文言、設定当事者の意思および物権法理論（付合の原則）のいずれからみても妥当だからである。

　(2)　従物　　上記(1)の説明は付加された物が不動産に付合する場合を想定している（242条。物49⑴⑺参照）。付合物は不動産の構成部分としてこれに吸収されるのだから、付加された時期のいかんを問わず抵当権の効力が及ぶのは当然であるといえよう。これに対し、庭園に配置された灯籠、家屋に付属させられた障子・畳などの従物は、主物とは別個独立の所有権の対象であるが、主物の常用に供するために付属されることで、それぞれの効用を高めているという点に着目して、当事者が反対の意思を表示していない限り主物の処分

に従うものとされている（87条、総73・74）。したがって、抵当権設定当時に付属されている従物については、それを除外すべき特段の事情がない限り、抵当権の効力が及ぶ（大連判大正8・3・15民録25輯473頁―抵当権従物判決・基本判例133、最判昭和44・3・28民集23巻3号699頁、最判平成2・4・19判時1354号80頁）。そして、それらの従物に抵当権の効力が及んでいることは、民法178条ではなく370条により、抵当権設定登記によって第三者に対抗することができるものとされている（前掲最判昭和44・3・28）。これに対し、設定後に付属されたものについては、建物の内外を仕切る扉・ガラス戸などは、取り外しが容易であっても、建物の一部を構成するもの（付合物）として抵当権効力が及ぶが、それ以外の畳・建具類（従物）は独立の動産であるから抵当権の効力が及ばないとする判例がある（大判昭和5・12・18民集9巻1147頁）。抵当権設定後の従物については、主物の処分がないから87条2項の適用がなく、また、従物は独立の動産としての性質を失っていないから370条の適用もできないことを理由とする。なるほど、従物は独立の存在を有するものであって主物たる不動産の一部となるものではないから、370条の「付加して一体となっている物」という文言には含まれないと論ずることは一応もっともである。しかし、抵当権は、その存続中は絶えず目的物の担保価値を支配するものだから、その間に付属させられた従物にも効力を及ぼすと解することも可能である。実際からいっても、抵当権設定後に取り代えられた障子・畳などに抵当権が及ばないと解することははなはだしく不都合である。そればかりでなく、370条はフランス民法にならったものであって、同法の解釈では従物を包含するものである。これらのことを考え合せると、370条の解釈としては、付加一体物には従物を含む趣旨であるとみるのが妥当で

あると思う（ドイツ、スイスなどの民法は明文で抵当権は設定後の従物にも及ぶことを規定する）。今日の多数の学説はこのように解している。また、建物を所有するために必要な敷地の賃借権や地上権は、建物所有権に付随し、これと一体となって一つの財産的価値を形成しているから、従たる権利として、従物の場合と同様に、建物の抵当権の効力が及ぶ（最判昭和40・5・4民集19巻4号811頁など）。なお、わが国の工場抵当法は、工場財団を設定しない場合にも、工場に属する土地・建物に備え付けられた機械・器具など工場の用に供されている物について、特則を設けている（工抵2条以下。物115(3)(ア)参照）。

(3)　建物　　土地についての抵当権がその地上の建物に及ばないことはいうまでもない。建物は常に土地とは独立した存在であり、土地の処分は決して建物には及ばないものだからである（総71(3)参照）。370条がこれを明言しているのは当然の事理を注意したにすぎない。立木法の適用のある立木に及ばないこともいうまでもない（総71(4)・物115(2)参照）。

(4)　果実　　抵当権の目的である不動産から産出する果実（88条参照）には抵当権の効力は本来及ばない。抵当権は目的物の使用収益を抵当権設定者のもとに保留しようとする制度だからである。しかし、抵当権の担保する債権につき不履行があったときは、その後に生じた果実に抵当権の効力が及ぶ（371条）。これは、抵当権の目的不動産から生ずる天然果実および法定果実、すなわち地代・小作料・家賃などについて適用される。抵当権者は物上代位の手続をとって、これらのものに抵当権を行使することができる（372条・304条、物82(3)(ウ)・105参照）。さらに、平成15年の改正法（序5(2)参照）は、特に抵当不動産からの賃料に対する抵当権の効力を合理的なも

のにするために、抵当権に基づく強制管理類似の手続として担保不動産収益執行の制度を創設した（民執180条２号・188条・194条。物106参照）。これには、基本的に強制管理に関する民事執行法の規定が準用され、管理人が目的不動産を占有し、開始決定後に収穫すべき天然果実およびすでに弁済期が到来しまたは後に到来すべき法定果実を管理人が収取し、必要な経費等を差し引いた額が抵当権者等に交付される（同188条・93条以下）。抵当権の実行手段としては、担保不動産収益執行は競売と並ぶ制度であり、抵当権者は、それぞれ独立して申し立てることができる。

104　抵当権の目的物に対する拘束力

(1)　**目的物の使用・収益**　抵当権は目的物の占有を設定者にとどめるものであるから、設定者は目的物の使用収益について何らの制限を受けない。しかし、目的物の経済上の用益として普通に認められる範囲を超えて、たとえば抵当地上の山林を伐採するような行為は、抵当権の侵害として許されない（物113参照）。

(2)　**目的物の処分**　抵当権設定の後においても、設定者は、目的物を売却し、またはその上に地上権・永小作権等を設定し、あるいはこれを賃貸するというような法律的処分を有効になしうる。しかし、抵当権設定後の設定者の行為によって抵当権者を害することはできないので、抵当権が実行されるときは、抵当権設定登記後に対抗要件を備えた第三者の所有権・地上権・永小作権・賃借権などはことごとく買受人に対抗できないものとして消除させられるのが原則である（民執188条・59条参照）。この理は質権においても同様である。しかし質権においては、質権設定後に目的物に第三者の権利が成立することは実際上きわめてまれであるのに反し、抵当権にあっては、目的物の使用収益権能を設定者にとどめておくことを最

大の特徴としているのだから、抵当権設定後に第三者の権利が成立
する例はきわめて多い。そこで民法はこのような第三者の地位を相
当と認められる範囲で保護し、抵当権設定者に目的物の法律的処分
をある程度しやすくにするために特別の制度を設けた。このことは
後に述べる（物110参照）。

105　抵当権の物上代位

　抵当権の物上代位については、先取特権の304条の規定が準用さ
れるので（372条）、先取特権について述べたこと（物82⑶（ウ））がほ
ぼ抵当権にもあてはまる。抵当の目的物の代金債権やこれを賃貸し
た場合の賃料債権については、これらに対する抵当権の物上代位を
否定する学説もあるが、いずれについても物上代位を認めるのが判
例である（賃料債権につき、最判平成元・10・27民集43巻9号1070頁参
照）。賃借人が所有者と同視できる場合には転貸料債権にも物上代
位できる（最決平成12・4・14民集54巻4号1552頁・基本判例136）。ま
た、賃料債権が第三者に譲渡された場合、公示方法のない先取特権
の場合（最判平成17・2・22民集59巻2号314頁・基本判例129）と異な
り、抵当権者は、債権譲渡につき確定日付のある対抗要件が備えら
れた後でもみずからその賃料債権について差押えをすれば物上代位
権による優先権を主張できる（最判平成10・1・30民集52巻1号1
頁・基本判例135）。同一の債権につき一般債権者による差押えと抵
当権者の物上代位による差押えが競合したときは、差押命令の第三
債務者への送達と抵当権設定登記の先後によって優劣を決する（最
判平成10・3・26民集52巻2号483頁）。これに対し、抵当権者がみず
から差押えをする前に他の債権者のための転付命令が効力を生じて
いるときには、転付命令が差押債権者に独占的満足を与えるもので
あること等を理由として（民執159条3項・160条参照）、物上代位は

できないものとしている（大連判大正12・4・7民集2巻209頁・基本判例134、最判平成14・3・12民集56巻3号555頁）。他方、抵当権者が物上代位権を行使して賃料債権の差押えをした後は、抵当不動産の賃借人は、抵当権設定登記の後に賃貸人に対して取得した債権を自働債権とする賃料債権との相殺をもって抵当権者に対抗することができない（最判平成13・3・13民集55巻2号363頁・基本判例137）。

　近時、賃料債権に対する物上代位が頻繁に用いられ、抵当権設定者は賃料全額を差し押さえられて目的物の管理費や公租公課を捻出できないというような事態も生じていたため、平成15年の民法・民事執行法改正法（序5⑵参照）は、担保不動産収益執行の制度を設け（民執180条2号・188条）、物上代位と管理手続との調整を図り、後者を優先させた。すなわち、担保不動産について収益執行が開始されると、管理人が賃貸不動産を適切に管理し（同188条・94条・95条・100条）、抵当不動産所有者の困窮を回避するための分与、公租公課、管理人の報酬その他の必要な費用を控除した後に、その残額を抵当権者および配当加入債権者に配当するものとするとともに（同188条・106条・107条）、賃借人に対し担保不動産収益執行の開始決定の効力が生じたときは、その賃料債権に対してすでにされている物上代位の手続は停止され、収益執行の中で配当等を受けることにした（同188条・93条の4）。

　抵当家屋に付された火災保険金請求権は物上代位の対象となるというのが判例（前掲大連判大正12・4・7）・多数説だが、抵当権者が差し押える前にその請求権につき質権の設定を受けた第三者が現れた場合に、抵当権と質権との優劣につき問題が生じる。実際には、抵当権者は抵当権の設定を受けると同時に、保険金請求権上に質権の設定を受けておくという金融実務が確立している。

106　抵当権の実行

　債務者が期限に弁済をしない場合に、抵当権者は目的物から優先弁済を受ける権利を有することは、抵当権の効力の本体的なものである。平成15年の改正法（序5⑵参照）は、抵当権の実行方法の多様化を図り、競売に加えて不動産の賃料等の収益から優先弁済を受ける手続として、上述の担保不動産収益執行を創設した（民執180条2号）。担保不動産収益執行については、強制管理の規定が準用される（同188条。物105参照）。

　⑴　優先弁済を受ける方法　　優先弁済を受けるためには担保不動産競売または担保不動産収益執行によるのを原則とする（民執180条参照）。しかし、当事者間の契約によって任意の方法で換価し、あるいは目的物を直ちに抵当権者の所有に帰属させることを約束しても妨げない。抵当権については、質権についての流質契約に該当する抵当直流ないし流抵当の特約は禁止されていない（大判明治41・3・20民録14輯313頁。民法372条は349条を準用していない）。抵当権と併用される代物弁済予約等（物131以下参照）は流抵当特約として機能する。

　競売の方法に関しては、民法に2、3の要件が定められているだけで、詳細は民事執行法に定められている（民執180条以下、民執規170条以下）。その要点を摘記しよう。抵当権者は執行裁判所に対して競売の申立てをすることができる（民執188条・44条以下参照）。執行裁判所は、競売を許すべきものとするときは競売開始決定をし（同188条・45条）、裁判所書記官が売却の日時および場所を定めてこれを公告し（同188条・64条3項・5項）、その期日に買受人が決定される。債務者は債務を完済する義務を負うから買受人になれないが（同188条・68条）、抵当権者や第三取得者は買受人になることができ

る（390条参照）。第三取得者は、現に目的物の所有者であっても、競売によって所有権を失うのだから、みずから買受人となって所有権を留保できるのである。物上保証人についても同様である。買受人は売却許可決定の後定められた期日までに代金を執行裁判所に支払うべきであり（民執188条・78条1項）、代金納付の時に抵当不動産の所有権を買受人が取得し（同188条・79条・184条。代金納付の時までは被担保債務を弁済して競売をやめさせよことができる）、裁判所書記官が登記所に買受人への移転登記と売却によって消滅した権利等の登記の抹消を嘱託する（同188条・82条）。裁判所が受領した代金は、裁判所において、まず執行費用を控除し（同188条・63条1項など参照）、ついで、配当要求をした第三取得者が抵当不動産について支出した必要費または有益費を、民法196条の規定に従ってこれに償還し（391条）、最後にこれを優先順位に従って担保物権者や債権者に配当する（民執188条・85条・87条以下）。配当にあずかる担保物権者は競売を申し立てた者には限らない。同一不動産の上に他にも抵当権、使用収益をしない旨の定めのある質権または先取特権が存在するときは、これらの物権は売却によって消滅し（同188条・59条1項）、その順位と効力とに応じて配当を受ける（同188条・87条1項4号）ことになる（これを消除主義という）。売却によって消滅する抵当権その他の担保物権に対抗することのできない用益物権・賃借権も消滅する（同188条・59条2項）。

　(2)　競売の目的物　　抵当権に基づいて競売をすることのできる物は、前に抵当権の効力の及ぶ範囲として説明したもの（物103参照）と同一である。そうして、その際に述べたように土地と建物とは全然別個の取扱いを受けるから、その一方だけが抵当権の目的であるときは、それだけが競売に付され他方に影響を及ぼさない（立

木法による立木、明認方法をほどこした立木についても同じ）。しかし
この理論を貫くと、競売の結果土地とその地上の建物とが異なる所
有者に帰属することとなって不都合を生ずることが多い。そこで民
法はこのような場合に備えるために2つの特別な規定を設けた。抵
当地上の建物の競売権と法定地上権である。後者については、別項で
考察する（物107）。

　(3)　抵当地上の建物の競売（一括競売）　　土地に抵当権を設定し
た後に抵当地の上に建物が築造されたときは、抵当権者は抵当地と
ともにその建物を競売することができる（389条1項本文）。ただし、
優先弁済権は土地の代価についてだけ認められる（同項但書）。こ
れはこのような場合の土地だけの競売が事実上困難であることと、
建物の保護とを考慮したものである（なお、一般債権者の申立てによ
る強制競売の場合にも同趣旨の規定がある。民執61条）。

　平成15年の改正（序5(2)参照）前の民法によると、抵当権設定者
が建築した建物についてのみ一括競売が認められ、第三者が建築し
た建物は一括競売の対象とされていなかったため、抵当権設定者が
第三者と通じて第三者名義の建物を建築して一括競売を妨害する事
例が多かった。そこで平成15年の改正法は、一括競売の範囲を拡大
して、抵当権設定後に抵当権設定者以外の者が建物を築造した場合
であっても、建物を抵当地とともに競売ができるが（同条1項本文）、
建物所有者が抵当地を占有するについて抵当権者に対抗できる権利
を有するときは、この限りでないものとした（同条2項）。

　(4)　抵当権者の優先弁済権と他の債権者の権利との関係　　抵当権者
の優先弁済を受ける権利と他の債権者の権利との関係についてその
衝突を調和するために、民法は2、3の重要な規定を設けている。

　(ア)　優先弁済の順位　　同一の不動産について数個の抵当権が競

合する場合の優先弁済権の順位は、各抵当権の登記の順序による（373条）。ただし、先順位の抵当権が消滅したときは次順位の抵当権の順位が昇進するものであることは、すでに述べた（物100⑴⑺参照）。また抵当権と他の担保物権、すなわち先取特権および不動産質権との効力の関係は、それぞれの個所に述べた（物85⑵・92⑵⑷参照）。

　⑷　一般財産の配当との関係　　抵当権者は特定の不動産について優先的地位を確保するものであるから、債務者の他の財産から弁済を受けなくても不利益はないようなものであるが、抵当不動産の価格が被担保債権額を下まわっているときなど、これを競売しないで一般財産（担保権の目的となっていない財産）に対して強制執行することが有利な場合もある。そこで民法は、抵当権者も一般債権者（担保物権を有しない債権者）としての資格で、民事執行法に基づいて債務者の一般財産に対して強制執行をすることができるという原則に対しては何らの制限を設けなかった。この点は質権の場合と全く同じである（物92⑵ウ参照）。しかし、抵当権者に対してこの原則を無制限に認めるときは、債務者の一般財産が一般債権者の債権総額に満たない場合には、一般債権者の地位と権衡を失するきらいがある。たとえば、被担保債権額9,000万円の抵当権が設定されている不動産の売却価格が7,000万円にしかならないと予想される場合に、抵当権者がまず債権の全額9,000万円について一般財産の配当に参加したとする。たとえば債務総額が3億円で一般財産が9,000万円分あるとすれば、すべての債権者が3割の配当を受けることになるので抵当権者は2,700万円を取得する。ついでその不足分6,300万円について抵当権を実行することができるとすれば、抵当権者は債権全額の満足を受けるが、それでは抵当不動産の価値を過大に評

価して金を貸した抵当権者等を保護しすぎる。そこで民法は、抵当権者は抵当不動産の代価で弁済を受けない部分、すなわち2,000万円についてだけ一般財産の配当に加入できるものとした（394条1項）。その結果、上の例では抵当権者はまず抵当不動産から7,000万円を得て、残りの債権2,000万円については一般財産から配当を受けることになる。残った債権の総額は2億3,000万円で一般財産の価格は9,000万円であるから、抵当権者は2,000万円の9/23に当たる約783万円の配当を受けることになり、結局7,783万円弱だけの弁済を得ることになる。ただし、抵当不動産の代価を配当する以前に一般財産をまず配当する場合にも上の制限を適用し、抵当権者は抵当権の目的不動産を競売した後でなければ一般財産の配当に参加できないとするときは、その前に一般財産の配当が終了することなどもあり、抵当権者にとってあまりに不利益であるから、その場合には、抵当権者は直ちに債権全額をもって一般財産の配当に参加できるものとし、ただ、他の各債権者の請求があれば、抵当権者の配当額をこれに支払ってしまわずに供託することにした（同条2項）。その場合には、抵当権者はまず抵当目的物から弁済を受け、その後に、その残額について一般財産の配当に参加すれば取得できたであろう金額を計算してこれを上記供託金から取得できることになる。

107　法定地上権

⑴　**法定地上権の意義**　　抵当権設定の当時すでに土地と建物とが存在し、両者が同一人の所有に属する場合に、その一方だけに抵当権を設定したときは、その実行の結果土地と建物とが異なる人の所有に属するようになることが多い。そうすると、建物は他人の土地の上に権原なく存在することになってこれを撤去しなければならなくなるはずである。そこで、民法はこのような場合に、抵当権設

定者が建物のために地上権を設定したものとみなし、地代は当事者の請求によって裁判所がこれを定めるものとして、建物の存置を図った（388条）。これを法定地上権という。土地とその上の建物を所有する者が、その一方だけを抵当権の目的とする場合に、前もってその土地の上に建物所有のための地上権を自分名義で設定しておけばよいのであるが、わが民法上それは認められていない（179条参照）。そこで、このような潜在的な要請を、抵当権実行によって土地と建物が所有者を異にするに至った際に顕在化させるものとしたのである。

　法定地上権の成立要件は、第1に、抵当権設定時に土地の上に建物が存在していることである。判例は、土地に抵当権を設定した当時には建物が存在せず（更地）、その設定後に建物が築造された場合には、本条を適用できないとしている（最判昭和36・2・10民集15巻2号219頁・基本判例138）。この場合には抵当権者は更地として目的物を評価したのに、その後に建物が築造されて法定地上権が成立することになったのでは、抵当不動産の価格が不当に低下することになって抵当権者の利益を害するという理由に基づく。

　388条によって法定地上権が認められるための第2の要件は、抵当権設定時に土地とその土地上の建物が同一の所有者に属することである。両者が別々の所有に属するときには、合意によって土地の利用権を設定することが可能なので、法定地上権を認める必要はないからである。なお、土地建物が同一の所有者に属することは登記簿上明確になっていなくてもよい（最判昭和48・9・18民集27巻8号1066頁、最判昭和53・9・29民集32巻6号1210頁）。土地に1番抵当権が設定された当時に土地と建物の所有者が異なっていた場合には、その後両者が同一の所有者に属した後に後順位抵当権が設定されても、法定

地上権は成立しない（最判平成 2・1・22民集44巻 1 号314頁・基本判例140）。地上権の負担のない土地に抵当権を取得した 1 番抵当権者の利益を害さないようにするためである。これに対し、土地を目的とする先順位抵当権が消滅した後に後順位抵当権が実行された場合において、先順位抵当権の設定時には土地と地上建物が同一の所有者に属していなかったとしても、後順位抵当権の設定時に同一の所有者に属していたときは法定地上権が成立する（最判平成19・7・6民集61巻 5 号1940頁・基本判例141）。後順位抵当権者は、先順位抵当権が被担保債権の弁済によって消滅する可能性も考慮して担保価値評価をすべきだからである。また、土地所有者が借地人から 1 番抵当権の付いた建物を取得した後にその建物に 2 番抵当権を設定した場合に法定地上権の成立を認めた判例がある（大判昭和14・7・26民集18巻772頁）。この場合には 1 番抵当権者も 2 番抵当権者も土地所有者も不測の不利益を被らないからである。

　法定地上権の第 3 の成立要件は、土地または建物について抵当権が設定されたことであり、第 4 の要件は、その抵当権の実行により土地と建物の所有者が異なることになったことである（388条前段）。前者については下記(2)(ア)を、後者については(2)(エ)を、それぞれ参照されたい。

　上記の 4 要件が満たされると、抵当権実行によって土地と建物が所有者を異にするに至った時に、法定地上権が成立する。法定地上権の成立する土地の範囲は建物の敷地だけに限られず建物利用に必要な範囲に及ぶ（大判大正 9・5・5 民録26輯1005頁・基本判例145）。法定地上権の内容は土地の買受人と建物所有者または建物の買受人と土地所有者の合意によって決定される。合意が成立しない場合は、存続期間については30年となり（借地借家 3 条・9 条）、地代は当事

者の請求により裁判所が定める（388条後段）。

　(2)　388条の拡張的適用　　388条は実際においてきわめて重要な作用を営む。そこで判例はこの規定をかなり拡張して適用している。

　(ア)　土地・建物両方を抵当に入れた場合　　土地と建物の両方を抵当に入れた場合にも、抵当権実行によって両者が別々の所有者に属することになったときはやはり本条を適用する（最判昭和37・9・4民集16巻9号1854頁）。

　(イ)　建物再築の場合　　同一所有者に属する土地建物のうち土地のみに抵当権が設定された後、抵当権実行までの間に建物が取り壊され、再築された場合には、旧建物を基準とする法定地上権が成立する（大判昭和10・8・10民集14巻1549頁。借地借家法の制定に伴って廃止された借地法によれば、建物が堅固か非堅固かによって借地権の存続期間が異なり、また、建物が朽廃したときには借地権が消滅するものとされていたから、どの建物のための地上権であるかは極めて重要であった）。なお、土地に抵当権を設定した時に抵当権者が建物の建て替えに同意して新建物を基準とする担保評価をしていた事案で、新建物を基準とする法定地上権を認めた判例がある（最判昭和52・10・11民集31巻6号785頁）。この判決は抵当権者自身が土地の買受人となった事案に関するものであるから、問題はないということができるけれども、これを一般化すると、抵当権設定時の当事者間の事情が法定地上権の成否・内容に影響を及ぼし、そうした事情を知らずに買受人となった者に不測の損害を及ぼす可能性がある。また、所有者が土地および地上建物に共同抵当権を設定した後、建物が取り壊されて再築された場合には、新建物の所有者が土地の所有者と同一であり、かつ、新建物が建築された時点での土地の抵当権者が新建物について土地の抵当権と同順位の共同抵当権の設定を受けた

などの特段の事情のない限り、新建物のための法定地上権は成立しないとする判例もある（最判平成9・2・14民集51巻2号375頁・基本判例144）。そのように解しないと、もともと土地・建物の全体価値を把握していた抵当権者が、新建物のための法定地上権の負担を強いられ、不測の損害をこうむることになるからである。

　㈡　建物譲渡の場合　　土地とその上にある建物のうち土地だけに抵当権が設定された後にその建物が第三者に譲渡され、それから後に土地の抵当権が実行された場合にも本条が適用される（大連判大正12・12・14民集2巻676頁・基本判例139）。

　㈢　他の債権者が競売した場合　　抵当権者自身が競売を申し立てた場合に限らず、他の債権者の申立てによって競売された場合にも本条を適用する（大判昭和9・2・28新聞3676号13頁）。

　㈣　土地単独所有・建物共有の場合　　Ａ所有地上にＡＢ共有の建物があり、Ａ所有地の抵当権が実行された場合、共有者全員のために法定地上権が成立する（最判昭和46・12・21民集25巻9号1610頁・基本判例143）。この判例はＡがＢによる土地利用を許容していたことを理由にする。Ａの持分についてだけ法定地上権が成立するというのは法律関係を複雑にして妥当でないし、建物全体について法定地上権の成立を認めることによって抵当権者もＢも利益を受けることなどから、学説もこれに賛成する。Ａの建物共有持分の抵当権が実行された場合も同様に解されている。

　㈤　土地共有・建物単独所有の場合　　ＡＢ共有の土地にＡ単独所有の建物があり、Ａの土地共有持分上の抵当権が実行されたときは、法定地上権は成立しない（最判昭和29・12・23民集8巻12号2235頁）。Ａが単独で行った抵当権設定行為に起因して、本来共有者全員の同意がないと設定できない地上権が成立してしまうのは妥当でないか

らである。したがって、上記の例でＡが建物に抵当権を設定した場合も同様に解するのが正当であるが、Ｂが法定地上権の成立を容認していたことを理由に例外的に法定地上権の成立を認めた判例がある（最判昭和44・11・４民集23巻11号1968頁）。

　㈭　土地・建物とも共有の場合　　ＡとＢが土地を共有し、その土地上にＡとＢが共有する建物がある場合、あるいはＡとＣの共有する建物がある場合に、土地または建物のＡ共有持分に設定された抵当権が実行されてＤが買受人となった場合は、上記㈪の場合と同様に、Ｂが法定地上権の発生をあらかじめ容認していたとみられる特段の事情がなければ、法定地上権の成立を認めるべきではない。ＡＢら複数名の共有の土地の上にＡＣらが共有する建物がありＡの債務のためにＡの土地共有持分上に抵当権が設定され、それが実行された場合に、土地共有者がＡとその妻子でありといったような事情だけからＢらが法定地上権の発生をあらかじめ容認していたとみることができるような特段の事情が存在したとは認められないとして、法定地上権の成立を否定した判例もある（最判平成６・12・20民集48巻８号1470頁・基本判例142）。

　(3)　民事執行法・国税徴収法の場合　　「土地及びその上にある建物が債務者の所有に属する場合」に、その土地または建物について一般債権に基づく強制執行としての差押えがあり、「その売却により所有者を異にするに至ったとき」にも、抵当権実行の場合と同様の事情があるので、民事執行法はこの場合にも同じく法定地上権の成立を認めている（民執81条）。国税の滞納による公売の場合も同様である（税徴127条）。これに対し、仮登記担保法は、同一所有者に属する土地建物のうち土地について仮登記担保権が設定され、これが実行された場合には建物の所有のための土地賃貸借がなされた

ものとみなしている（仮登記10条。法定借地権）。

108　共同抵当

　同一の債権の担保として数個の不動産について抵当権を設定するいわゆる共同抵当においては、後順位抵当権者との間に複雑な関係を生ずる。たとえばAが9,000万円の債権につき甲（価格6,000万円）、乙（価格4,000万円）、丙（価格2,000万円）という3個の不動産について共同抵当を有し、甲にはBの1,500万円の債権につき、乙にはCの1,000万円の債権につき、丙にはDの500万円の債権につき、それぞれ2番抵当権が設定されていたとしよう。Aは、抵当権の不可分性の原則により（物78(2)(ウ)参照）、甲・乙・丙のうちの任意のものから弁済を受けることができるはずだが、そのままでは、B・C・Dにとってきわめて不公平な結果となりうる。すなわち、もしAが甲から6,000万円、乙から3,000万円の弁済を受ければ、Bは何らの弁済を受けられず、C・Dは全額の弁済を受けられることとなる。もしこの結果を是認すれば、第三者は共同抵当においては各不動産がいずれも債権全額を負担することがあると覚悟しなければならず、担保価値全体を有効に利用することが妨げられる。この不都合を避けるため、民法は、どのような順番で競売がなされても同じ結果となるよう、共同抵当の各不動産にその価額に応じて債権額を負担させようとしている。

　(1)　同時配当の場合　　共同抵当の目的不動産全部について同時にその代価を配当すべきときは、各不動産の価額に応じて、被担保債権の負担を按分する（392条1項）。したがって、上に掲げた例の場合には、Aは、甲から4,500万円、乙から3,000万円、丙から1,500万円の配当を受け、2番抵当権者であるB・C・Dいずれも債権全額の満足を得ることになる（共同抵当の目的となった数個の不

動産の代価を同時に配当すべき場合に、1個の不動産についてその共同
抵当に係る抵当権と同順位の他の抵当権が存するときの処理については、
最判平成14・10・22判裁判集民208号291頁・基本判例146参照）。

　(2)　異時配当の場合　　たとえば甲不動産の代価だけをまず配当
するときは、まだ競売をしない乙・丙について不動産価格に応じた
負担額を定めることは困難であるから、Aに甲の代価から債権全部
の弁済を受けさせる。そうして、次順位の抵当権者Bを保護するた
め、Bは、共同抵当権者Aが各不動産を同時に配当する場合に他の
不動産から弁済を受けるであろう金額を限度として、すなわち、乙
につき1,000万円（2,000万円はなおAに帰属する）、丙につき500万円
（1,000万円はなおAに帰属する）まで、Aに代位してその1番抵当権
を行使できるものとして（392条2項）、同時配当の場合と同じ結果
になるようにした。これが異時配当の場合の後順位抵当権者の代位で
ある。上の設例の場合に甲の配当の後に乙、乙の後に丙と順次に配
当するときは、Aは乙から3,000万円の配当を受けるから、Bは丙
についてだけ1,500万円を代位できる。この代位は抵当権の法律に
よる移転であって、その対抗要件としてはAの抵当権の登記に代位
の付記登記をする（393条）。

　先順位の共同抵当権者が一部の配当を受けたにすぎないときでも、
後順位抵当権者は代位権を行使できる（大連判大正15・4・8民集5
巻575頁）。

　債務者B所有の甲不動産と物上保証人C所有の乙不動産について
共同抵当が設定されたときには、甲不動産についての後順位抵当権
者の代位権（392条2項）と物上保証人の代位権（372条・351条）と
の優劣が問題となるが、物上保証人の代位権が優先するというのが
判例である（最判昭和44・7・3民集23巻8号1297頁）。

　なお、根抵当権の場合には重要な例外があることに注意しなければならない（物121参照）。

109　第三取得者の保護

　抵当権が実行されると、その抵当権の設定後に目的物について所有権・地上権・永小作権・賃借権などを取得した第三者の地位は覆滅されるから、これらの者の地位を保護する必要のあることはすでに述べた（物104(2)参照）。民法がこれについて設けた制度が代価弁済および抵当権消滅請求である。しかし注意すべきは、これらの制度が第三者の地位を保護することは、それだけ抵当権の効力を弱くすることである。なお、抵当権について抵当証券を発行した場合には、抵当権の効力を確実なものにする必要があるから、第三取得者の抵当権消滅請求を封じている（抵証24条）。

　(1)　代価弁済　　抵当不動産について所有権または地上権（月払いや年払いの地代を払う場合には「代価」を確定できないので、設定対価全額を一括払いするものに限る）を買い受けた第三者が、抵当権者の請求に応じてこれにその代価を弁済すれば、抵当権はその第三者のために消滅する（378条）。抵当権者は物上代位の規定によってこの代価の上に抵当権を行使できることは前述のとおりであるが、本条によるときは差押えをする必要がない（372条・304条、物82(3)(ウ)参照）。また、抵当不動産の買主は、抵当権者の請求がなくても、代金額を抵当債権者に弁済して（474条参照）抵当権を消滅させ、弁済額を売主から償還させるために代金債務と相殺する（505条以下参照）こともできる。しかし、この手段では、代金額が被担保債権額に満たないときは、抵当権は消滅しない。これに対し、代価弁済においては、代金額が被担保債権額に満たない場合にも抵当権が消滅する。これによって被担保債権額が不動産価格を超える抵当権が設

定されている不動産の流動化を図ることができることになる。地上権を買い受けた者による代価弁済の場合には、抵当権は所有権の上に残るが、地上権は抵当権に対抗できるものとなる。なお、代価弁済をした買主は代金債務を免れ、被担保債権の債務者はその範囲で債務を免れることになる。そして、売買代金額が抵当権の被担保債権額に満たないときは、抵当権者は抵当権を失うがその残額についてなお債権を有していることはもちろんである。

(2)　抵当権消滅請求

(ア)　抵当権消滅請求の意義　　抵当不動産につき所有権を取得した第三者（第三取得者）は、後述の383条の手続により、抵当権消滅請求をすることができる（379条）。

この抵当権消滅請求制度は、平成15年改正（序5(2)参照）で、従来の滌除を改めたものである。従来の滌除のもとでは、不当に安い価格で抵当権の消滅請求をする悪質な滌除屋が横行するという弊害があった。この制度の廃止論も有力であったが、平成15年の改正法は、この制度を合理化して制度を存続させた。第三取得者への抵当権実行通知義務（旧381条）の廃止や、抵当権者は滌除に応じないときは増価競売を請求し、もし第三取得者が提供した金額より10分の1以上高価に抵当不動産を売却できないときは10分の1の増価をもってみずからその不動産を買い受けなければならないという増価買受義務（旧384条）の廃止などが主要な改正点である。

(イ)　抵当権消滅請求権者　　請求権者は、抵当不動産につき所有権を取得した第三者（第三取得者）である。平成15年の改正前は、抵当不動産につき地上権または永小作権を取得した第三者も抵当権消滅請求ができたが、改正法は、所有権を取得した第三者に限って請求ができるものとした。代価弁済とは違って無償の所有権取得者

も含まれる。ただし、主たる債務者、保証人およびその承継人は債務全額を弁済する義務を負っているから、抵当不動産の所有権を取得しても抵当権消滅請求をすることができない（380条）。停止条件付第三取得者は、条件の成否未定の間は、抵当権消滅請求をすることができない（381条）。譲渡担保権者も、担保権を実行して清算手続を完了するまでは抵当不動産につき確定的に所有権を取得した者とはいえないので、抵当権消滅請求をすることができない（最判平成7・11・10民集49巻9号2953頁参照）。

　(ウ)　抵当権消滅請求の時期　　第三取得者は、抵当権の実行としての競売による差押えの効力発生前に抵当権消滅請求をしなければならない（382条）。

　(エ)　抵当権消滅請求の手続　　第三取得者が抵当権消滅請求をするときは、登記をした各債権者（抵当権者・質権者・先取特権者）に対し、下記の3種の書面を送付しなければならない（383条）。①取得の原因、年月日、譲渡人および取得者の氏名、住所、抵当不動産の性質、所在、代価その他取得者の負担を記載した書面（同条1号）、②抵当不動産に関する登記事項証明書（現に効力を有する登記事項のすべてを証明したものに限る）（同条2号）、③債権者が2ヵ月以内に抵当権を実行して競売の申立てをしないときは、抵当不動産の第三取得者が①に規定する代価または特に指定した金額を債権の順位に従って弁済または供託する旨を記載した書面（同条3号）。

　(オ)　代価または金額の承諾の擬制　　以下の①ないし④の場合には、383条に掲げる書面（上記(エ)参照）の送付を受けた債権者は、第三取得者が提供した同条3号（上記(エ)③）の代価または金額を承諾したものとみなす（384条）。①その債権者が383条に掲げる書面の送付を受けた後2ヵ月以内に抵当権を実行して競売の申立てをしな

いとき（1号）、②その債権者が上記①の競売の申立てを取り下げ
たとき（2号）、③上記①の競売の申立てを却下する旨の決定が確
定したとき（3号）、④上記①の申立てに基づく競売の手続を取り
消す旨の決定（民事執行法188条が準用する同法63条3項もしくは68条
の3第3項または同法183条1項5号の謄本が提出された場合における同
条2項の規定による決定を除く）が確定したとき（4号）。

(カ)　競売申立ての通知　　債権者が383条に掲げる書面（上記(エ)
参照）の送付を受けてから2ヵ月以内に競売の申立てをするときは
（上記(オ)①参照）、この2ヵ月の期間内に債務者および抵当不動産の
譲渡人にその旨を通知しなければならない（385条）。

(キ)　抵当権消滅請求の効果　　登記をしたすべての債権者が第三
取得者の提供した代価または金額を承諾し、かつ第三取得者がその
承諾を得た代価または金額を払い渡しまたは供託したときは、抵当
権は消滅する（386条）。

110　建物抵当権設定登記後の建物使用権

(1)　抵当建物使用者の引渡しの猶予　　抵当権が実行されると、抵
当権設定登記後に抵当建物を賃借した者は買受人に対して賃借権を
主張できない。しかし、直ちにこれを明け渡させるのは酷である。
そこで、平成15年の改正法は、以下のように引渡猶予期間を定めた。
すなわち、抵当権者に対抗できない賃貸借により抵当建物の使用ま
たは収益をする者であって、①競売手続の開始前より使用または収
益をする者、または、②強制管理または担保不動産収益執行の管理
人が競売手続の開始後にした賃貸借により使用または収益をする者
のいずれかに該当する者は、その建物の競売における買受人の買受
けの時から6ヵ月を経過するまでは、その建物を買受人に引き渡す
ことを要しない（395条1項）。ただし、買受人の買受けの時より後

にその建物の使用をしたことの対価について、買受人が抵当建物使用者に対し相当の期間を定めて1ヵ月分以上の支払を催告し、その相当の期間内に履行がない場合には、引渡しの猶予は打ち切られる（同条2項）。

　これは、改正前の短期賃貸借保護制度に代わるものである。改正前の395条は、602条に定めた期間（宅地は5年、建物は3年）を超えない賃貸借は、抵当権の登記後に登記したものといえども、これをもって抵当権者に対抗できる（ただし、その賃貸借が抵当権者に損害を及ぼすときは、裁判所は、抵当権者の請求によりその解除を命ずることができる）ものとしていた。しかし、抵当権の実行を妨げる目的で短期賃貸借契約が締結され、いわゆる占有屋が抵当建物を占有し、賃貸借が解除されても立ち退かない事例が多かった。そこで、判例は、抵当権者は、抵当不動産の所有者（この事件では物上保証人であって債務者でないことに注意を要する）に対して抵当不動産の適切な維持・保存を求める請求権を保全するため、423条の法意に従って所有者の不法占有者に対する妨害排除請求権の代位行使ができるとした（最大判平成11・11・24民集53巻8号1899頁・基本判例147）。しかし、より根本的な解決のために、平成15年の改正法は、短期賃貸借保護制度を廃止するとともに、保護すべき賃借人に合理的な範囲で確実な保護を与えるため、抵当権者に対抗できない建物賃借人に6ヵ月間引渡しを猶予する制度を設けた。

　なお、占有者を次々に入れ替えて引渡しの執行を妨害する行為に対処するため、民事執行法は、占有者を特定できなくても引渡しを命じうるものとした（民執27条3項・4項・5項）。また、占有屋を排除するために、価格減少行為禁止の保全処分の要件を緩和するとともに（同55条・55条の2）、執行裁判所による引渡命令の制度を設

けた（同83条・83条の2）。

　(2)　**抵当権者の同意の登記がある場合の賃借権の対抗力**　　短期賃貸借の保護の廃止によって賃貸マンションの管理や正常な賃貸借の保護に欠けることになるのではないかとの心配もあったが、平成15年改正法は、抵当権設定後の合理的な賃貸借が確実に保護されるようにするために、登記した賃貸借は、その登記前に登記した抵当権を有するすべての者が同意し、かつ、その同意の登記があるときは、その同意をした抵当権者に対抗することができるものとした（387条1項）。なお、抵当権者がこの同意をするには、その抵当権を目的とする権利（転抵当権等）を有する者その他その同意によって不利益を受けるべき者の承諾を得なければならない（同条2項）。

111　抵当権の処分

　(1)　**抵当権の処分の意義**　　抵当権者は、抵当権を自分の債務の担保とすること（転抵当）ができるほか、抵当権またはその順位を同一の債務者に対する他の債権者の利益のために譲渡または放棄することができる（376条1項）。これを一括して抵当権の処分という（被担保債権を譲渡すれば抵当権もそれに随伴するし、抵当権の順位を絶対的に変更すること（374条）や根抵当権を譲渡すること（398条の12）によっても抵当権の帰属や順位などに変動がもたらされる。それらも広い意味での抵当権の処分と言って言えなくはないが、民法は、376条の定める処分のみを「抵当権の処分」と呼んでいる（398条の11第1項参照））。

　376条1項において「抵当権」の譲渡・放棄というのは抵当権者から抵当権を有しない債権者に対する譲渡・放棄を意味し、抵当権の「順位」の譲渡・放棄とは先順位抵当権者から後順位抵当権者に対する譲渡・放棄をいう。また、「譲渡」というのは優先弁済権を全面的に移転させることであり、「放棄」とは優先権を主張しない

（対等な立場になる）ことを意味する。抵当権またはその順位の譲渡
または放棄は、いずれも当事者間でのみ効力を生じ（相対的効力）、
他の債権者に影響を及ぼさないことに注意を要する。

　なお、376条1項が抵当権の処分の受益者を「同一の債務者に対
する他の債権者」といっているのは、債務者自身が抵当不動産の所
有者であるという通常の場合を想定したものであり、債務者と抵当
不動産所有者が異なる場合には、「債務者」の語は「抵当不動産所
有者」と読みかえなければならない。

⑵　抵当権の処分の諸態様

㋐　転抵当　　抵当権者がその抵当権を他の債権の担保とするこ
とを転抵当という。抵当権者AがB所有不動産上に有する抵当権を
自分自身のCに対する債務の担保に供するのがその例である（原抵
当権者＝転抵当権設定者は転抵当権者を害さない義務を負うので、勝手
に原抵当権設定者から自分の債権の弁済を受けることはできないが、原
抵当権の被担保債権額が転抵当権のそれより大きいときには、みずから
原抵当権を実行して超過額の弁済を受けることができるものとした判例
がある（大決昭和7・8・29民集11巻1729頁））。転質と同様の制度で
あるから、その性質に関して、転質の場合と同様に学説が分かれて
いる。転質について説いたと同様に、転抵当は抵当不動産を（抵当
権者の把握している担保価値の範囲内で）再度抵当に入れるものと解
釈し、その要件および効果もすべて転質の質物再度質入説に準じて
取り扱う見解（抵当物上再度抵当権設定説）が多数説になっている
（物93⑵㋑参照）。

㋑　抵当権の譲渡　　抵当権者Aが、被担保債権の債務者Bに対
する他の無担保債権者（一般債権者）Cに抵当権の譲渡をしたときは、
Cは、Aに配当されるべき金額から、Aに優先して配当を受けるこ

とができる。つまり、Aは対外的には抵当権者のままであるが、AとCの間では、あたかもCが自分の債権額の範囲内でAの抵当権を取得し、Aはその範囲において無担保債権者になったのと同様の関係になるのである。

　(ウ)　抵当権の放棄　　Aが債務者Bの一般債権者Cの利益のために抵当権の放棄をしたときは、AはCに対する関係において無担保債権者となり、Aに配当されるべき金額をAとCとで各自の債権額に応じて分配することになる。

　(エ)　抵当権の順位の譲渡　　Aが同一不動産の後順位抵当権者Cに抵当権の順位の譲渡をしたときは、AとCとの内部関係において各自の債権額の範囲内において抵当権の順位の交換を生ずる。具体的には、Aに配当されるべき金額とCに配当されるべき金額からまずCが配当を受け、つぎにその残額がAに配当される。

　(オ)　抵当権の順位の放棄　　Aが同一不動産の後順位抵当権者Cの利益のために抵当権の順位の放棄をしたときは、AとCとの間では両者が同順位の抵当権者となって、Aに配当されるべき金額とCに配当されるべき金額をAとCの債権額に応じて按分する。

　(3)　抵当権の処分の効果　　以上いずれの場合にもAC以外の抵当権者の地位（配当を受ける金額）に影響を及ぼさないことを注意すべきである。

　(4)　抵当権の処分の対抗要件

　(ア)　第三者への対抗　　抵当権の処分は、いずれも不動産物権の変動であるから、登記をもって対抗要件とする（177条）。その登記は抵当権の登記への付記登記で行う。376条2項は抵当権者が数人のために抵当権を処分した場合のその数人の間の順位に関連してこのことを規定しているが、すべての処分に通ずる原則を注意的に規

定したまでである。

　(イ)　債務者等への対抗　　抵当権の処分をもって、被担保債権の債務者・保証人・抵当権設定者およびその承継人に対抗するためには、債権譲渡の場合と同様に、抵当権の処分を主たる債務者に通知し、または、これについて主たる債務者の承諾を得なければならない（377条１項）。そうしてこの対抗要件を備えたときは、抵当権処分の利益を受ける者の承諾なしにした弁済は、その受益者に対抗できない（同条２項）。その結果、通知を受ける前に債務者が弁済した場合には抵当権が消滅し、処分の効力は失われるが、主たる債務者が抵当権処分の通知を受けた後に弁済をした場合には、その債権は消滅するけれども、受益者との関係では処分の対象となった抵当権は消滅していないものとして取り扱われることになる。

112　抵当権の順位の変更

　上に述べた抵当権の処分のほかに、昭和46年の民法改正にあたって、新たに抵当権の順位の変更という制度が設けられた。すなわち、Ｂ所有の不動産にＡ・Ｃ・Ｄの順で抵当権が設定されている場合に、関係する抵当権者全員の合意があれば、この順位をあるいはＤ・Ａ・Ｃとし、あるいはＣ・Ｄ・Ａとするなど、いかようにも変更することができる。ただし、それによって順位の下がる抵当権に転抵当権者がいる場合のように、順位の変更によって不利益を受ける者があるときは、その者の承諾を得なければならない（374条１項）。なお、順位の変更は登記をすることによって効力を生ずる（同条２項）。376条の抵当権の処分は当事者間で相対的に効果を生ずるだけで他の者に影響を及ぼさないのに対し、抵当権の順位の変更は絶対的にその効力を生ずる。したがって、たとえばＡ・Ｃ・Ｄの順位をＤ・Ｃ・Ａに変更した場合、Ｃは同じ２番抵当ではあるが、Ａの債

権額よりＤの債権額の方が大きいと債権全額の弁済を受けられない危険が増大するので、ＡとＤだけでなくＡ・Ｃ・Ｄ全員の合意が必要とされる。なお、Ａより先順位の者、Ｄより後順位の者には影響がないから、それらの者の合意は必要としない。

113　抵当権に対する侵害

　第三者が抵当権の目的不動産を損傷したり、その価値を減少させる行為をしているときには、抵当権者は妨害の排除や損害の賠償を請求することができる。また、債務者が同様の行為をしたときは、期限の利益の喪失（137条2号）等の問題が生ずる。

　⑴　**妨害排除請求権**　　抵当権は物権であるから、抵当権者は侵害に対し妨害排除請求権を行使することができる。抵当権の目的である山林の立木が通常の用法の範囲を超えて伐採・搬出されるときには、伐採・搬出の禁止を請求できる（大判大正5・5・31民録22輯1083頁、大判昭和6・10・21民集10巻913頁、大判昭和7・4・20新聞3407号15頁）。侵害行為者が無権限であるかどうかは関係ない。侵害行為があっても目的物価格が被担保債権額を下まわらないときでも妨害排除請求権が成立すると解するのが多数説である（物78⑵⑺参照）。抵当権者は抵当不動産についてなされた無効な登記の抹消も請求できる（大判明治42・12・20民録15輯933頁ほか）。抵当山林から伐採されて搬出された木材や抵当建物を解体して搬出された木材については、動産になったとたんに抵当権の効力が及ばなくなるとする説も有力であるが、抵当権の効力は及んでいると解してよいであろう（工場抵当法2条によって抵当権の対象になっている動産が工場から無断で搬出された場合に、抵当権者が元の備付場所へ戻せと請求できるとした最判昭和57・3・12民集36巻3号349頁がある）。ただし、第三者が即時取得するまで、公示なしに抵当権を行使できると考える

のは取引の安全を害するおそれもあるので、その木材が抵当不動産から搬出されて抵当権の登記との関連性を失ったときに第三者対抗力を失い（抵当権設定者や不法行為者は177条の第三者ではないから、それらの者に対しては抵当権を対抗することができる）、搬出物を抵当不動産上に戻せと請求することや、その物に対して抵当権に基づく競売を申し立てることはできなくなると解するのが妥当であろう。

抵当不動産を占有して競売手続を妨害する第三者に対しては、抵当権者は、抵当権設定者に代位して、または抵当権に基づいて直接、妨害排除請求権を行使することができる（最大判平成11・11・24民集53巻8号1899頁・基本判例147、最判平成17・3・10民集59巻2号356頁・基本判例148）。

(2)　損害賠償請求権　　抵当権者は、違法な侵害行為によって目的物の価値が減少して抵当債権の満足が得られないときは、侵害者に対して不法行為（709条）に基づく損害賠償を請求できる。判例は、抵当権の実行前においても損害賠償請求権が発生するとしている（大判昭和7・5・27民集11巻1289頁、大判昭和11・4・13民集15巻630頁）。

(3)　期限の利益の喪失等　　債務者が抵当権の目的物を滅失させ、損傷させ、または減少させたときは、債務者は期限の利益を失う（137条2号。総140(2)参照）。債務者の責めに帰すべき事由の有無を問わず、およそ抵当権の侵害がありさえすれば、債務者が期限の利益を失うという特約が行われることが多い。

この場合に、抵当権者が増担保を請求できるという特約が行われることも多いが、特約（黙示であってもよい）がなければ増担保請求権は生じない。

114　抵当権の消滅

　抵当権の主な消滅原因は弁済等による被担保債権の消滅（担保権に共通の消滅原因）と抵当建物の滅失（物権に共通の消滅原因）である。抵当権特有の消滅原因には、代価弁済・抵当権消滅請求・競売などがあるが、いずれもすでに説明したので、改めて説く必要がない。ただ、民法が抵当権の消滅という節を設けて3個の特別規定をおいていることに注意すべきである。

　(1)　**抵当権の消滅時効**　　担保物権はその担保する債権が時効で消滅しない間は独立に消滅時効にかからないものと解すべきことはすでに述べた（総156(1)）。しかし、民法は抵当権についてはその例外を規定する。すなわち、抵当権は債務者および抵当権設定者に対する関係においては上の原則に従う旨を定めているが（396条）、その反対解釈として、それ以外の者、たとえば第三取得者や後順位担保権者などとの関係においては、債権が消滅時効にかからない間においても、抵当権が独立に消滅時効にかかると解しうることになる（第三取得者については物上保証人と同視すべきであるとして反対する学説もある）。その時効期間は権利を行使できる時から20年である（166条2項）。債権は一般に5年または10年で消滅時効にかかるから（同条1項）、債権より先に抵当権の時効期間が満了するという事例は被担保債権について時効の完成猶予または更新があった場合に生ずることになる。

　(2)　**取得時効による抵当権の消滅**　　債務者または抵当権設定者以外の者が、抵当不動産について取得時効に必要な要件を具備する占有をしたときは、抵当権はこれによって消滅する（397条）。取得時効は原始取得として完全な所有権を取得させるものだからである。債務者および抵当権設定者についてこの原則を制限したのは、みず

から債務を負担し、またはみずから抵当権の負担を受けた者につい
て取得時効による抵当権の消滅を認めるのは不当だからである。判
例は、抵当権の存在を知りながら占有を開始した場合にも善意・無
過失の占有による10年の時効取得を認めるが（最判昭和43・12・24
民集22巻13号3366頁、最判平成24・3・16民集66巻5号2321頁）、悪意
占有者として時効期間は20年と解すべきであるという有力な反対説
もある（162条参照）。

(3)　抵当権の目的である地上権等の放棄　　地上権または永小作権
を抵当権の目的とした地上権者または永小作人は、その権利を放棄
しても、これをもって抵当権者に対抗することができない（398条）。
自分の権利といえども、その上に他人の権利が存在するときは、こ
れを自由に放棄できるはずのものではないからである。判例は398
条の趣旨を拡張して、借地権者がその借地の上の建物を抵当に入れ
た場合には、その借地権を放棄しても、抵当権者に対抗できないと
解しているが（大判大正11・11・24民集1巻738頁）、きわめて正当で
ある。

第2節　特殊の抵当権

115　特殊の抵当権

(1)　総説　　以上に述べた普通の抵当権に対して、3種類の特殊
の抵当権がある。その1つは、抵当権の目的である財産が、通常の
不動産ではなく特殊なものである。立木抵当・財団抵当・動産抵当
がこれに属する。その2つは、目的である財産の価値の押さえ方が
特殊なものである。共同抵当・根抵当がこれに属する。その3つは、
抵当権が証券化されたものである。抵当証券がこれに属する。以上

のうち、動産抵当（物87(1)）、共同抵当（物108）および抵当証券（物100(1)(イ)）については、すでにある程度言及した。本段では立木抵当、および財団抵当について簡単に述べ、根抵当については段をあらためて詳しく述べる。

(2) 立木抵当　　立木、すなわち成育中の樹木の集団は立木法に従って登記をすれば、土地から独立した不動産とされることは先に述べた（総85(4)）。伐採を目的とする立木の売買については、明認方法による場合が多いと思われるが、立木を担保に金融を受けるためには、登記を利用して抵当権を設定するほかはない（物16参照）。立木法はこの立木抵当の効力等について、特別の規定をおいている。

　立木の所有者は抵当権を設定した後にも、当事者の協定した施業方法により、間伐その他樹木の採取ができる（立木3条）。その反面、抵当権者は、それ以外の事由で樹木が土地から分離しても（風による倒木など）、それについて抵当権を行使し、競売することができる（同4条）。さらに土地とそれについての立木が民法388条の要件を満たす場合には、より広い法定地上権・法定借地権を認め（立木5条－7条）、地上権者等の所有する立木が抵当権の目的である場合には、地上権者等は、抵当権者の承諾がなければその権利を放棄できないとか（同8条）、立木の買受人は、樹木の運搬のために、旧所有者がもっていた土地使用権を行使できる（同9条）など、行き届いた規定がある。

(3) 財団抵当　　企業資金を得るために、企業設備全部を一括して担保するという要請にこたえて、各種の財団抵当法が制定されていることはすでに述べた（総83(1)、物6(2)）。今その詳細に立ち入ることはできない。概略を述べればつぎのとおりである。

　財団抵当に関する特別法は9つあるが（物6(2)参照）、2つのグル

ープに分けられる。

　㋐　工場抵当法　　その１つは、工場財団抵当に代表されるものである。工場抵当法にいう工場とは、営業のため物品の製造・加工など法定の目的に使用される場所をいう（工抵１条）。

　(a)　工場財団を組成しない場合　　財団を設定しなくても、工場に属する土地・建物の上に抵当権を設定した場合には、抵当権の効力はこれらの不動産に付加して一体をなした物のほか、そこに備えつけた機械、器具その他工場の用に供する物に及び（工抵２条。民370条と比較せよ）、それらの動産が抵当権者の同意なしに工場から持ち出されて第三取得者に引き渡された後でも、即時取得されない限り、これに対して抵当権を行使できるものとされている（同５条。最判昭和57・３・12民集36巻３号349頁参照）。

　(b)　工場財団の設定　　工場の所有者が工場を構成するあれこれの財産を選んで工場財団を設定し、工場財団登記簿に記載することによって公示すれば、工場は「１個の不動産」とみなされる（同８条・９条・11条・14条）。動産をも含む財団の詳しい内容は付属の工場財団目録に記載され（同22条）、それらについて抵当権の効力が及ぶ（同８条１項参照）。財団に包含された個々の不動産については、それぞれの登記簿に財団に属した旨が記載される（同23条）。財団に属するものは抵当権者の同意を得て賃貸する以外の処分をすることができないが（同13条２項）、工場の所有者が抵当権者の同意を得て財団から分離したものについては抵当権が消滅する（同15条１項）。工場財団登記および工場財団目録への記載は動産について必ずしも有効な公示方法とはいえないが、これによって財団の所有権や抵当権を第三者に対抗できることになるので、財団に属する動産が不法に譲渡されたような場合には、第三者は即時取得の規定によらなけ

れば保護されないことになる。

　(イ)　鉄道財団抵当法等　　その２つは、鉄道財団抵当に代表されるもので、法律（鉄道抵当法）で定められた物的設備の全部を包含し、特別の登録簿の記載によって公示され、財団が「１個の物」とみなされる。財団の詳しい内容は財団目録に記載されるが、財団を構成する財産が特殊であるため（たとえば線路に当たる土地は広い地域にわたり、筆数もおびただしく多数に上る）、個々の不動産についてそれぞれの登記簿への連絡は図られていない。財団を構成する動産に対する効力は工場財団に準じて考えればよい。

116　根抵当権の意義および性質

　普通抵当権のほかに根抵当権が認められるに至った事情についてはすでにくりかえして述べた（物89(3)・100(1)(ウ)・(エ)）。銀行その他の金融機関と取引企業、メーカーと卸商や小売商などのように、継続的に取引が行われて債権債務が不断に増減する当事者間では、それらの不特定・多数の債権を一括して担保するために、それに適した担保を設定することを必要とする。つまり、普通抵当権は被担保債権額の減少や消滅に合わせてその姿を変えていくが、継続的取引から生ずる債権を担保するためには、あらかじめ一定の大きさを持った担保枠を設定し、その枠内で被担保債権適格を有する債権が絶えず入れ替わり、最終的な担保権実行の時にその枠内にある債権を担保する、そのような根担保制度が望ましいことになる。この要請にこたえて、判例は民法施行前から存在した根抵当の慣行を有効と判示し（大判明治34・10・25民録７輯９巻137頁）、それは実務上広く利用されてきた。しかし、判例の示す理論は必ずしも明確でなく、妥当でない部分も含んでいたので、昭和46年に民法の抵当権の章に「第４節　根抵当」の21ヵ条が追加された。これによって根抵当権

の内容が整備されて明確となったばかりでなく、新しくその機能を発揮するための法理が導入された。根抵当権は、一定の範囲に属する不特定の債権を極度額の限度において担保するものとされたこと、その処分や変更について普通の抵当権と全く違った制度を取り入れて、複雑な法律関係の発生を回避しつつ広い自由を認めたことなどが顕著な改正点である。

117　根抵当権の設定と内容の変更

(1)　**根抵当権の設定**　　根抵当権は、設定行為で定める一定の範囲に属する不特定の債権を極度額を限度として担保する抵当権である（398条の2第1項）。根抵当権も抵当権であるから、根抵当の節に規定のないことがらについては抵当権の規定が適用される。

(ア)　**設定行為・当事者**　　根抵当権は諾成・無方式の設定行為（設定契約）によって成立する。設定行為の当事者は、根抵当権者と債務者または第三者（物上保証人）である。

(イ)　**被担保債権の範囲**　　根抵当権によって担保される債権は、不特定の債権と定められているが、その範囲は、原則として、根抵当権者と債務者との間の取引によって生ずるものに限定しなければならない。ただし、取引によって生ずるものといっても、債務者Bと特定の継続的取引契約（たとえばAの製品についての継続的供給契約）に基づいて生ずるAの債権とまで限定する必要はなく、根抵当権者Aと債務者Bとの間で事実上行われる一定の種類の取引（たとえば債務者BとA銀行との間の銀行取引）によって生ずるものと限定すれば、それで十分である（398条の2第2項）。被担保債権の範囲について何らの限定もなく、AがBに対して取得するすべての債権を担保するといったもの（包括根抵当）は認められない。またAがBの他の債権者Cから譲り受ける債権も担保すると一般的に定めることはで

きない。CからAに譲渡された債権はAと債務者Bとの取引によって生じた債権ではないからである。ただし、ある特定の債権を特に指定して、根抵当権者と設定者の合意で被担保債権の一つとすることは妨げないから、他の債権者から譲り受けた債権もこの方法で根抵当権の被担保債権とすることはできる。

　㈦　手形・小切手上の請求権　　被担保債権は根抵当権者と債務者との間の取引によって生じたものでなければならないという原則には例外がある。手形上もしくは小切手上の請求権または電子記録債権である（398条の2第3項）。Bの振り出した手形の所持人CがA銀行に割り引いてもらった場合（いわゆる廻り手形）にA銀行がBに対して取得する遡求権を被担保債権とする合意は認められる。ただし、Bの信用状態が悪化した後にAが取得した手形・小切手上の債権および電子記録債権は一定の制限を受ける（398条の3第2項）。これを無限定に認めると、根抵当権者が、債務者の信用状態悪化によって価値の下落した手形・小切手上の債権や電子記録債権を安く買い集めたうえで根抵当権を行使して優先弁済を受けることで、他の債権者の犠牲のもとに過大な利益を得る可能性があるからである。

　㈢　特定原因に基づく継続的債権　　取引によって生ずる債権でなければならないという原則にも例外がある。特定の原因に基づいて債務者との間に継続して生ずる債権ならよい（398条の2第3項）。Bの工場から流出する廃水に一定基準を越える有毒物があれば、そのたびごとに被害者Aが損害賠償を請求する債権などがその例である。

　㈤　極度額・元本確定期日の定め　　設定に際しては必ず極度額を定めなければならない（398条の2第1項）。元本確定期日は定めなくともよいが、定める場合には5年以内としなければならない

（398条の6）。

(2) **根抵当権の変更** 根抵当権を設定する際に定めた内容は、根抵当権の元本が確定するまでは、設定当事者（設定者または第三取得者と根抵当権者）の合意によって比較的自由に変更することができる。第三者は極度額以内で根抵当権の把握している担保価値を設定当事者が自由に利用することを覚悟すべしとの趣旨である。

(ア) **被担保債権の範囲・債務者の変更** 元本の確定前においては、根抵当権の担保する債権の範囲を、後順位抵当権者その他の第三者の承諾なしに変更することができる。債務者を変更することも同様である（398条の4）。物上保証人が設定した場合はもちろんのこと、債務者自身が設定した場合にも、債務者は被担保債権の範囲を決定する一基準たる地位をもつにすぎないから、根抵当権者と物上保証人または第三取得者の合意によって債務者を変更する場合であっても、債務者の承諾は必要ない。もっとも、債務者の委託に基づいてなった物上保証人がその承諾なしに債務者を変更する場合には、委託に背いた責任を生ずることもあるであろう。

(イ) **極度額の変更** 極度額の変更は、それを大きくするときには後順位抵当権者の利益を害し、それを小さくするときには転抵当権者の利益を害するので、それらの不利益を受ける利害関係人の承諾を必要とする（398条の5）。

(ウ) **元本確定期日の変更** 元本確定期日は、その期日の到来前であれば自由に変更しうる（398条の6、本段(1)(オ)参照）。

(3) **根抵当権の性質** 現行法の根抵当権の性質は、従来の学説・判例の明らかにしたところに対し、つぎの特色を示す。それは結局、根抵当権をして付従性のないものとすることである（物88(1)・89(3)・101(3)などの説明と対比せよ）。

　(ア)　不特定の債権の担保　　かつては、保険金請求権のように将来発生する可能性はあるが現在はまだ存在していない債権を担保する抵当権は、成立における付従性を満たしていないから、普通抵当権ではなく根抵当権であるといった考え方もとられていたが、現行法の根抵当権の本質は、不特定の債権を担保する点にある。ここでいう「不特定」とは、根抵当権が実行された時点で存在するすべての債権を担保するが、それまでは担保される可能性のある債権は発生・消滅・変更を繰りかえし、どの債権が終局的に担保されるか特定しない、ということである。「被担保適格を有する債権の入れ替わり可能性がある」と言うほうが分かりやすいかもしれない。したがって、たとえば保険金請求権を担保する抵当権は、将来の債権を担保するものではあるが、被担保債権が特定していて入れ替わり可能性がないから、普通抵当権であって根抵当権ではない（その意味で、普通抵当権の付従性も緩和されている）。

　(イ)　基本契約の不要　　根抵当権を設定するためには、与信契約その他の基本契約の存在を必要としない。かつては基本契約の存在を要求することで成立における付従性の要件を充足させるという解釈もなされていたが、現行法の根抵当権は、上の(1)(イ)および(3)(ア)で述べたように、被担保債権は一定の種類の取引上の債権であれば足りるものとされている。基本契約が存在する場合にも、それは根抵当権の被担保債権の範囲を決定する基準となるだけである。

　(ウ)　根抵当権の処分　　現行法の根抵当権においては、376条1項の定める抵当権の処分のうち転抵当以外のものをすることは許されていないが、根抵当権を被担保債権から切り離して処分することができる。これについては後述する（物120）。

118　根抵当権の効力

(1)　**優先弁済権**　根抵当権者は優先弁済を受けるために、自分で競売を申し立てることができるだけでなく、他の債権者の申立てによって競売が開始したときにその配当手続に加入して優先弁済を受けることもできる。自分で競売を申し立てるには、被担保債権の1つについて債務不履行が生ずればよい。

(2)　**優先弁済の範囲**　根抵当権者は、根抵当権の担保すべき元本が確定した時に存在する元本および利息その他の定期金、遅延損害金、ならびに確定後配当の時までに生ずる利息その他の定期金、遅延損害金のすべてについて極度額まで優先弁済を受けることができる（398条の3第1項）。375条の適用は排斥される（物102参照）。なお判例は、極度額は「換価権能の限度」を示すものであるから、被担保債権の極度額を超える部分については、根抵当権者は、当該競売手段においては、その交付を受けることはできないとする（根抵当権規定制定前のものであるが、最判昭和48・10・4判時723号42頁）。

119　根抵当権で担保される債権・債務の移転と承継

(1)　**元本確定前の被担保債権の譲渡等**　元本確定前には、根抵当権によって担保されている個々の債権が譲渡その他によって根抵当権者と債務者の関係から離脱しても、根抵当権はこれに随伴せず、第三者または保証人などが弁済した場合にも、根抵当権に代位しない（398条の7第1項）。債務の引受けがあった場合には、引受人の債務は、根抵当権によって担保されない（同条2項）。免責的債務引受があった場合も、472条の4第1項の規定にかかわらず、根抵当権を引受人の債務に移すことはできない（398条の7第3項）。債権者または債務者の交替による更改の際に旧債務についていた根抵当権を新債務に移すことはできない（同条4項）。確定の時に被担

保債権の範囲を決定する基準に適合する状態にある債権だけを担保するものとする趣旨である。

(2)　**共同相続の場合**　元本確定前に根抵当権者または債務者について共同相続が開始した場合には、根抵当権はその時に確定し、関係当事者が根抵当権関係を継続しようとするときは改めて設定することにすれば簡明だが、それでは根抵当権のもっていた順位を維持することができない。法はこの不利益を考慮して、相続開始後の債権も担保できるようにするため、つぎのような定めをおいた。

(ア)　**合意による承継**　根抵当権者が死亡した場合には、共同相続人全員と根抵当権設定者との合意で、共同相続人中の1人または数人（おそらく亡父の営業を承継する者）と債務者との間にその後に生ずる債権をも担保するものと定めることができる（398条の8第1項）。債務者が死亡した場合には、根抵当権者と設定者（債務者が設定者のときは共同相続人全員）との合意で、共同相続人中の1人または数人（おそらく亡父の営業を承継する者）が根抵当権者に対してその後に負担する債務をも担保するものと定めることができる（同条2項）。

(イ)　**合意の登記**　上記の合意によって根抵当権が相続開始後の債権も担保するものと定めるには、後順位抵当権者その他の第三者の承諾を必要としないが（398条の8第3項）、相続開始後6ヵ月内にその旨の登記をしないと、相続開始の時に元本が確定したものとみなされる（同条4項）。

(3)　**法人の合併・会社分割の場合**　根抵当権者または債務者が法人であって、それが元本確定前に合併したときは、根抵当権は合併後の債権も担保するものとして存続するが、設定者は元本の確定を請求することができる。もっとも、設定者が債務者であってその者

に合併を生じた場合には元本確定請求はできない（398条の9第1項
－3項）。確定請求があれば合併の時に元本が確定したものとみな
されるが、そのためには、設定者が合併の事実を知った日から2週
間または合併の日から1ヵ月を経過しないうちに請求しなければな
らない（同条4項・5項）。元本確定前に根抵当権者または債務者に
ついて会社分割があったときは、根抵当権は、分割の時に存する債
権または債務のほか、分割をした会社および分割により設立された
会社または分割をした会社の権利義務を承継した会社が分割後に取
得または負担した債権または債務を担保する（398条の10第1項・2
項）。その場合に根抵当権設定者は、合併の場合に準じて、元本確
定請求をすることができる（同条3項）。

120 根抵当権の処分

　民法376条1項は、抵当権の処分として、転抵当および抵当権ま
たはその順位の譲渡・放棄を認めているが、根抵当権については、
それらのうち転抵当以外の処分をすることを禁じ（398条の11第1
項）、それに代わるものとして、根抵当権を被担保債権から切り離
して譲り渡すことを認めた（398条の12・13）。ただし、根抵当権者
が順位の譲渡または放棄を受けること（398条の15参照）、および順
位の変更をすること（374条）は禁止されていない。

　(1)　転抵当以外の処分の禁止　　Aは債務者Bに対する9,000万円
の根抵当権の上に、自分のCに対する債務のために、転抵当権（普
通抵当権でも根抵当権でもよい）を設定することができる。この場合
には、普通抵当権の上に転抵当権を設定した場合と異なり、BはA
に対して自由に弁済することができる（398条の11第2項、物93(4)参
照）。しかも、Cは、AがBに対して現実に有する債権に基づいて
配当を受ける額について転抵当権を実行しうるだけだから、Aの根

抵当権に被担保債権が存在しないために転抵当権は空虚なものとなることもありうる。この制度が利用されるのは、A・C間に緊密な企業上の系列関係があって、事実上の統制が行われている場合だといわれる。

(2) 根抵当権の（全部）譲渡・分割譲渡

(ア) 全部譲渡　元本確定前の根抵当権者Aは、設定者の承諾を得て、その根抵当権を譲渡（全部譲渡）することができる（398条の12第1項）。譲渡の時に存在した譲渡人Aの被担保債権はすべて無担保債権となり、譲受人Cは、必要に応じて被担保債権の範囲や債務者を自分の取引状況に合うように変更して（398条の4参照）、その根抵当権を利用することができる。根抵当権について設定されていた転抵当権などは、そのまま譲渡後の根抵当権の上に存続する。なお、根抵当権の処分には根抵当権設定者の承諾を要するが、債務者が設定者である場合を除いて、その承諾を得る必要はない。

(イ) 分割譲渡　元本確定前の根抵当権者は、設定者の承諾を得て、その根抵当権を2つに分割して1つを譲渡することもできる（分割譲渡）。たとえばB所有不動産上に極度額1,500万円の根抵当権を有しているAが、その根抵当権を極度額1,000万円の甲根抵当権と極度額500万円の乙根抵当権に分割して、乙根抵当権をCに譲渡するといった場合には、譲渡人Aの被担保債権は保留した甲根抵当権だけで担保され、譲受人Cの取得する根抵当権はその時点では被担保債権のないものとなる。のみならず、分割前に存した転抵当権などの権利も、譲渡されるほうには及ばなくなる（398条の12第2項）。そうしないと共同根抵当権の変形のような複雑な関係となるからである。そのため、分割譲渡には転抵当権者などその根抵当権を目的とする権利を有する者の承諾を得なければならない（同条3

項)。なお分割された2つの根抵当権は同順位となる。

(3) **根抵当権の一部譲渡と共有**　　元本確定前の根抵当権者Aは、設定者Bの承諾を得て、根抵当権の一部譲渡をすることもできる。この場合には、Aは譲受人Cと根抵当権を共有することになる（398条の13）。

(ア) **根抵当権の共有**　　極度額1億円の根抵当権をAとCとで共有する場合には、その根抵当権に配当される金額はAとCとが有する被担保債権額に比例して分配される。ただしA・Cの合意で、異なる割合とし、または一方が他方に優先すると定めることもできる（398条の14第1項）。

(イ) **持分の譲渡**　　根抵当権の共有者は、その持分を自由に譲渡することはできない。譲渡するには、他の共有者全員の同意と設定者の承諾を得なければならない（398条の14第2項）。この方法によれば、A・Cの共有をA・C・Dその他多数の者の共有とすることもできる。

(4) **抵当権の順位の譲渡・放棄と根抵当権の譲渡・一部譲渡**　　根抵当権者が、普通抵当権者からその順位の譲渡または放棄を受けることは妨げない。たとえば、3番の根抵当権者が1番の普通抵当権者から順位の譲渡を受ければ、普通抵当権と根抵当権とに配当される額の和から根抵当権が優先して弁済を受ける。その場合に根抵当権者がその根抵当権の譲渡または一部譲渡をしたときは、譲受人も順位の譲渡・放棄の利益にあずかる（398条の15）。

121　共同根抵当

　　根抵当権は、主として取引関係から生ずる一定の範囲に属する不特定の債権を担保するものであるから、複数の不動産の上に設定される場合が多い。たとえば、A・B間の同一の銀行取引から生ずる

債権を担保するために、甲不動産について4,000万円、乙不動産についても4,000万円を極度額とする根抵当権を設定するような場合である。民法は、このような場合の根抵当権の効力について、2つの異なる方式を認めている。

　(1)　累積根抵当　　数個の不動産について被担保債権の範囲を決定する基準が全く同一である根抵当権を有する者は、つぎに述べる特別の場合を除き、同一の範囲の債権につき、各不動産の代価について各極度額に至るまで優先権を行うことができる（398条の18）。前述の例では、甲・乙両不動産について4,000万円の同一の債権の担保として普通の共同抵当権が設定された場合（この場合には、同時にその代価を配当するときは甲・乙両不動産の価額に準じて負担を分ける。392条）と異なり、A銀行は甲不動産について4,000万円、乙不動産についても4,000万円、合計8,000万円まで優先権を行うことができる。また、それぞれの代価を同時に配当すべき場合においても、各不動産の極度額の範囲で、弁済を受ける債権を甲・乙のいずれに入れるかはAが自由に定めることができ、393条による後順位抵当権の代位も認められない（398条の16参照）。その意味では、この場合は、累積式共同根抵当などと呼ばれることがあるけれども、実は、被担保債権の範囲を同じくする複数の根抵当権が併存しているだけで、共同抵当としての実質を有しないというべきである。

　(2)　狭義の共同根抵当　　民法は、累積根抵当とは別に、普通の共同抵当（物108参照）と同様に392条・393条の適用を受ける共同根抵当は、「同一の債権」の担保として数個の不動産について設定され、「設定と同時に」その旨の登記をした場合に限って成立するもので（398条の16）、前述の累積根抵当と区別する意味で「狭義の共同根抵当」とか「純粋共同根抵当」と呼ばれることがある。甲乙両不動産

にそれぞれ4,000万円の根抵当権が設定され、共同根抵当の登記が
されたときには、根抵当権者は両不動産の代価から合わせて4,000
万円の弁済しか受けることができない。設定と同時に登記するとは、
共同根抵当権が生ずる時に、という意味だから、甲不動産について
単独の根抵当権が設定された後に、乙不動産の根抵当権を追加して、
その時に共同根抵当権である旨を登記することはできる。これに反
し、甲・乙2つの不動産についてそれぞれ単独の根抵当権を設定し
た後に、両者を共同根抵当にすることはできない。なお、この狭義
の共同根抵当権についても、その内容を変更しまたは全部譲渡や一
部譲渡をすることができるが、すべての根抵当権について同様に行
って、すべての不動産について登記をしなければならない（398条
の17第1項）。また、元本の確定も全部同時に生じなければならな
いから、1つの不動産について元本確定事由（たとえば他の債権者
による差押えを根抵当権者が知ってから2週間の経過）が生ずると、
すべての根抵当権について担保すべき元本が確定する（同条2項）。

122 根抵当権によって担保される元本の確定

　根抵当権の元本の確定（根抵当権の確定）とは、これまでもしばし
ば触れたように、その時点において存在する元本だけが根抵当権で
担保され、その後に生ずる元本は担保されなくなることをいう。こ
れによって、根抵当権が担保する元本債権の入れ替わり可能性がな
くなり、元本債権としては、その時に存在するものだけが根抵当権
によって担保されるものとなる（利息その他の定期金や遅延損害金は、
既存のものはもちろん、確定後に発生するものも極度額の範囲内で担保
される）。元本の確定が必要とされる理由は、一つには、配当を行
うためには被担保債権額を確定する必要があるという技術的なもの
であり、もう一つは、設定者や第三取得者が長期間にわたって担保

価値を拘束され、不安定な状態におかれることによる不利益・不都合を小さくすることである。

(1)　根抵当権の元本の確定請求と確定事由

(ｱ)　元本確定請求権　　根抵当権設定者は、設定の時から3年経過したときは、担保すべき元本の確定を請求することができる。第三取得者も同様である。この請求の時から2週間経過すると元本が確定する（398条の19第1項）。根抵当権者が十分な融資をせず、しかも極度額の減少にも応じない場合などに、設定者を救うことになろう。他方、根抵当権者は、担保すべき元本の確定を請求でき、この場合には、根抵当権の担保すべき元本は請求の時に確定する（同条2項）。確定請求により元本が確定した場合の元本確定の登記は、根抵当権者が単独で申請することができる（不登93条本文）。なお、元本確定期日の定め（398条の6参照）があるときは、その定めに従うので、確定請求権に関する規定の適用の余地はない（398条の19第3項）。

なお、根抵当権または債務者である会社が合併した場合や会社分割があった場合に根抵当権設定者が確定請求権をもつことについてはすでに説明した（398条の9第3項・4項、398条の10第3項、物119(3)参照）。

(ｲ)　元本確定事由　　以下の(a)ないし(d)に述べる具体的な確定事由の定め（398条の20）があるほか、根抵当権者または債務者について相続が開始した場合には、相続開始後6ヵ月以内に被担保債権の入れ替わり可能性を存続させる合意の登記をしないと、相続開始の時に元本が確定したものとみなされる（398条の8第4項、物119(2)）。

(a)　競売等の申立て　　根抵当権者がその根抵当権の実行手続を始めたとき、すなわち、根抵当権者が抵当不動産につき競売もしく

は担保不動産収益執行または物上代位による差押え（372条・304条）を申し立てたときに元本が確定する。ただし、これらの申立てがあっても、取下げ等の理由で、競売手続もしくは担保不動産収益執行手続が開始されず、または差押えがなされなかった場合には確定しない（398条の20第1項1号）。競売等の手続が開始され、または差押えがなされた後に、それが取り消されたり、その効力が消滅しても、確定の効力は消滅しない（同条2項参照）。

　(b)　根抵当権者が抵当不動産に対し滞納処分による差押えをしたとき（398条の20第1項2号）

　(c)　他の債権者による競売申立て等　　抵当不動産について他の債権者による競売手続の開始または滞納処分による差押えがあった場合には、根抵当権者がその事実を知った時から2週間を経過したときに元本が確定する（398条の20第1項3号）。競売開始決定または差押えの効力が消滅したときは、元本が確定したものとしてその根抵当権またはこれを目的とする権利を取得した者がいる場合を除いて、元本は確定しなかったものとみなされる（同条2項）。

　(d)　債務者等の破産手続開始の決定　　債務者または根抵当権設定者が破産手続開始の決定を受けたときは元本が確定する（398条の20第1項4号）。破産手続開始の決定の効力が消滅すると、元本が確定したものとしてその根抵当権またはこれを目的とする権利を取得した者がいる場合を除いて、元本は確定しなかったものとみなされる（同条2項）。

　(2)　元本確定の効力　　基本的な効力は、その後に発生する元本債権は担保されなくなることである。いいかえれば、被担保債権は特定し、付従性や随伴性を取得し、普通抵当権に関する規定が適用され、376条・377条に定める処分も可能になる。それに反し、被担

保償権の範囲の変更、相続・合併の特則、根抵当権特有の処分（全部譲渡・分割譲渡・一部譲渡）などはできなくなる。これらの事項に関する規定の多くが「元本の確定前」と断っているのはその意味である（398条の4・7―13参照）。したがって、根抵当権は確定すると普通抵当権になるといっても間違いではない。ただし、利息・遅延損害金等については375条の制限を受けず、極度額の範囲内で全額の弁済を受けることができる点に注意すべきである（物102・118(2)参照）。

(3)　**確定後の2つの請求権**　根抵当権の元本の確定の後になしうる2つの制度、すなわち極度額の減額請求と根抵当権の消滅請求とが認められたことは注目すべきことである。いずれも、根抵当権の効力が強大にすぎて設定者その他の利害関係人に不当な圧力を加えることを防止する目的を有する。

(ｱ)　**極度額の減額請求**　根抵当権の元本が確定した場合に、被担保債権額が少なく、極度額との差が大きいときは、設定者は、その時に存する債権の総額（利息・遅延損害金を含む）とそれから2年間に生ずる利息その他の定期金および遅延損害金の合計額まで極度額を減額するように請求することができる（398条の21）。

(ｲ)　**根抵当権の消滅請求**　元本が確定した根抵当権の被担保債権の総額が極度額を超えている場合には、物上保証人または根抵当不動産について所有権・地上権・永小作権もしくは対抗力を備えた賃借権を取得した第三者は、極度額に相当する金額を払い渡しまたは供託して、根抵当権の消滅を請求することができる（398条の22第1項）。本来ならば第三者による弁済（474条）であっても被担保債権額全額を弁済してはじめて根抵当権を消滅させることができるはずだが（不可分性）、元本確定後の根抵当権者は、第三者に対する

関係では、極度額で満足すべきものであることに着目して、不動産の用益的利益との調和を図る趣旨を含む。主たる債務者・保証人・停止条件付第三取得者などが除かれることは抵当権消滅請求と同じだが（同条３項、物109⑵参照）、賃借人が加えられていることは注目に値する。なお、この消滅請求権を行使する要件である払渡しまたは供託は、根抵当権を消滅させるもので、被担保債権の全額でなくてもよいとされているのだから、純粋の弁済とはいえないが、その限度で債務を消滅させることや債務者に対して求償権を生ずることなどでは、弁済と同一の効力を有する。

第12章　権利の移転等による担保制度

第1節　譲渡担保

123　権利の移転等による担保制度

　(1)　各種の非典型担保　　民法が物権編において認めている約定
担保権は、質権にしても抵当権にしても、担保に供しようとする権
利自体はこれを留保して、その上に担保的作用をする制限物権を設
定する制度である。これに対し、担保に供しようとする権利自体を
いったん債権者に譲渡し、一定の期間内に弁済をすればこれを再び
返還させるという担保制度がある。ローマ法においては、まず後の
制度である fiducia が発達し、その後に前の制度が次第に認められ
るに至った。近代においては、英米法は後者 mortgage を発達させ
たのに対し、大陸法は前の制度だけを承継した。わが国でも従前は
主として後の制度が行われていたが、民法は大陸法にならって前の
制度を輸入した。ところが、資本主義の発達に伴い財産の担保化の
必要が拡大するに従って、大陸諸国においてもわが国においても、
民法の認める制限物権型の担保制度だけでは窮屈になり、当事者は
契約で権利移転による担保を設定するようになった。今日では、こ
の制度は実際上きわめて重要な作用を営んでいる。ここに1つの章
を設けて解説をするゆえんである。

　権利の移転による担保（権利移転型担保、権利取得型担保）は、民
法に定められている質権、抵当権との対比において、非典型担保と
称されている。このあと説明する譲渡担保が権利移転型担保の代表

的なものであるが、このほか、仮登記担保と所有権留保もこれに属する。非典型担保には、権利移転型担保のほかにも、債権質に近い性質をもつものとして、代理受領と振込指定がある。これらも本章において取り上げる。

(2)　非典型担保利用の根拠　　そもそも、民法典が質権と抵当権という、それ自体としてはかなり完備した制度を用意しているのに、それらとは別に権利自体を移転する担保方式が採用されるに至ったのはなぜであろうか。いくつかの理由が考えられる。1つには、動産について抵当権の設定——目的物件の占有・利用を債務者の手もとに残しながら、これを担保化すること——が認められていない（369条参照）不備を補う必要があること、2つには、抵当権は財団とまでいかない物や権利の集合体を担保化しようとする要請にこたえてくれないこと、3つには、抵当権の実行が、平成15年の民法改正前における滌除その他の手続上の制約・短期賃貸借の保護などの利用権との調整のための制約などを受けて、迅速・簡易でなかったこと、4つには、競売手続による目的物件の売却価格が適正な水準を下回りがちであること、そして5つに、債権者が競争相手に取得されたくない物件を担保に取る場合に、抵当権だと競売によって競争相手に落札される可能性があることなどが挙げられる。権利自体を一応債権者に移しておいて、債務が約束どおり履行されない場合に、その権利の移転を終局的なものとする方法には、上に述べたような制約や欠陥が伴わないから、債権者が債務者に対して強い立場にあり、かつ、債務が履行されないときに目的物件を引き取ってもよいという事情がある場合には、権利移転型の担保が債権者側から債務者に押しつけられ、慣用化されるに至ったのである。権利移転型担保の利用には、上記のように一定の合理的理由が認められ、そ

の限りでは当事者の意思に応じた効果を認めるべきであるが、債権者が目的物件の価額と被担保債権額の差額を利得することや、目的物件の価額が上昇した場合の上昇益を取得することには合理性がなく、暴利行為の危険性もあるので、これを抑止しながら、適切かつ合理的な運用を確保できるように解釈する必要がある。

　ところで、同じく権利の移転という形をとる担保にも、2つの型がある。1つは、担保設定時に目的物件を債権者に移転させ、弁済があるとこれを返還する方式である。譲渡担保とか売渡担保といわれるものがこれである（物6(3)参照）。伝統的には不動産を目的とする場合が多かったが、最近では動産や債権その他の権利について適用される例が増えている。他の1つは、債務の不履行があったときに目的物件を債権者に移す方式である。条件付権利または予約上の権利の保全方法との関係で、主として仮登記制度のある不動産について利用されてきたので、仮登記担保と呼ばれている。以下それぞれについて解説する。

124　譲渡担保の意義等

(1)　**譲渡担保の意義**　譲渡担保とは、あらかじめ所有権その他の財産権を債権者に移転させることによって担保の目的を達する制度をいう。これも、契約形式に着目すると、さらに2つの類型を区別できる。第1は、権利の移転のために売買の形式を借用し、債務者に買い戻す権利を認めるものであり、第2は、もっぱら債権の担保のために権利を移転するものである。印刷工場主Bが資金調達のためにAから500万円の金銭を年12％の利息で2年間借り、その所有の印刷機械一式を担保に供する事案を例にとろう。前者によれば、Bはまず機械一式をAに500万円で売却し、これを月5万円（500万円の1％に相当）の賃料で2年間賃借する。そして2年内は500万円

で買い戻せる特約をすればよい。Aは占有改定によって対抗要件を備えるから（178条・183条、物15(1)参照）、Bが破産しても印刷機械は自分の物として取り戻せるし（破62条参照）、Bが2年以内に買い戻さないときにはBの買戻権が消滅して印刷機械は確定的にAのものとなり、Aはあたかも流質契約をしたのと同様の満足を得るから、担保としての作用は十分に果たすことになる。後者によるときは、BはAとの間に消費貸借契約を締結して500万円を借用し、毎月末に月利1％（年率12％）の利息5万円を支払い、弁済期2年後と約定し、印刷機械はこの消費貸借上の債務の担保のためにAに譲渡し、Bがこれを2年間無償で借りることにする（使用貸借）。そして、2年内に弁済すればその機械の所有権が再びBに戻ることを特約すればよい。Aの担保権者としての地位は大体前者の場合と同じである。

(2)　譲渡担保の2つの類型　　上に掲げた2つの類型は、担保としての経済的作用においてはあまり差異がないようだが、法形式上は重要な差異がある。それは、後者では、AはBに対して500万円の債権を有するのに対して、前者では貸金債権を有しないことである。その結果、後者では、AはBに対して500万円の弁済を請求し、その一般財産に対する執行もできるに反し、前者では、そのような権利を有しない。また印刷機械が不可抗力で滅失したようなときは、後者ではAはなお500万円を請求できるに反し、前者ではBは機械の買戻しができなくなるだけで、別に500万円を支払う義務はない。このように2つの類型を法律的に区別するときは、前者を売渡担保と呼び、後者はこれを（狭義の）譲渡担保と呼ぶことができよう（大判昭和8・4・26民集12巻767頁参照）。しかし、わが国の実際ではこの用語の区別は正確に行われてこなかった。買戻し（579条以

下）およびこれに類似した再売買の予約は、前者の類型の一例だが、それ以外では、広く後者の類型も含めて売渡抵当とか譲渡担保（広義の譲渡担保）と呼ばれてきた。したがって、実際上の契約の解釈にあたっては、当事者の用語に拘泥せず、当事者の真意を探究し、かつ、正義・公平の理念に従って、そのいずれであるかを決定する必要がある。そしてその際、一般には後者の契約と推定することが適当である。なぜなら、担保という目的からいえば後者のほうが一層合理的だからである。そこで、本章ではもっぱら後者について述べることにする。前者については買戻しに関連して債権編でこれを説くことにする。なお、買戻特約付売買契約の形式がとられていても、目的不動産の占有の移転を伴わないものは、特段の事情のない限り、譲渡担保の目的で締結されたと推認され、その性質は譲渡担保契約と解されるという判例（最判平成18・2・7民集60巻2号480頁・基本判例149）、および、再売買予約付きの売買契約で担保目的のものは譲渡担保契約と解すべきであるという判例（最判平成18・7・20民集60巻6号2499頁・基本判例153）がある。

　(3)　譲渡担保の法律構成　　譲渡担保は「譲渡」の形式をとるが、実質は「担保」である。この形式と実質の食い違いをどのように調和させるかをめぐって、学説は様々に分かれるが、主な法律構成を「譲渡」を重視するものから「担保」の側面を重視するものへと順に並べると、①担保の目的のために所有権を信託的に譲渡したとみる学説（信託的譲渡説）、②債権者には所有権が移るが設定者に所有権マイナス担保権が戻ってくるとする学説（2段物権変動説）、③担保権者には所有権移転についての期待権があるとみる学説（物権的期待権説）、④債権者には担保のための権限だけが授与されたとみる学説（譲渡担保権説）、⑤抵当権の設定と同視する学説（抵当権説）

などがある。いずれの構成も、譲渡担保権者と設定者との内部関係において、担保目的に必要な範囲でしか譲渡の効力を有しないとする点で共通しているが、第三者との関係では大きく異なる。たとえば、被担保債権の弁済期到来前に譲渡担保権者Ａが設定者Ｂに無断で目的物をＣに譲渡した場合、①説ではＡは所有権者であるから、Ｃは善意悪意にかかわらず有効に所有権を取得することができ、ＢはＡに債務不履行責任を問うことしかできないが、④説や⑤説では、Ａは担保権者でしかないから、Ｃは、即時取得等の善意者保護制度が適用される場合を除いて、担保権しか取得できないので、Ｂは債務を弁済して目的物を取り戻すことができると解することになる。

　譲渡担保の目的物は、譲渡可能な財産権でありさえすれば、何でもよい。物の分類（総83）において触れたように、集合物上の譲渡担保（集合動産譲渡担保）も認められており、在庫商品のように断えず構成物が変化する集合動産についても、その種類・所在場所および量的範囲を指定するなどなんらかの方法で目的物の範囲が特定される場合には、１個の集合物として譲渡担保（流動動産譲渡担保）の目的となりうる（最判昭和54・2・15民集33巻１号51頁・基本判例152、最判昭和62・11・10民集41巻８号1559頁・基本判例131、前掲最判平成18・7・20・基本判例153）。将来発生すべき売掛代金など複数の債権を一括して譲渡担保に供することも、目的債権が何らかの方法で特定される場合には、これが認められ（集合債権譲渡担保）、契約締結時において将来債権の発生可能性が低いことは、債権譲渡の効力を左右しない（最判平成11・1・29民集53巻１号151頁・基本判例187、最判平成13・11・22民集55巻６号1056頁など参照）。

125　動産債権譲渡対抗要件特例法

　平成10年の「債権譲渡の対抗要件に関する民法の特例等に関する

法律」によって、法人がする債権譲渡については、債権譲渡登記をすれば、債務者以外の第三者に対する関係で対抗要件を具備したものとみなされることとなった。これは、債権を譲渡担保に供したことをその債権の債務者（第三債務者）に知られると設定者の信用を危うくするかもしれないという懸念から、被担保債権の債務不履行の危険が生じるまで第三債務者への通知を留保することが多く、それに伴うリスクも小さくないし、将来発生するであろうものも含む数多くの債権を一括して担保に入れようとする場合に、すべての債務者に確定日付のある証書によって債権譲渡通知をすることは不可能に近いので、債権譲渡登記をもって第三者対抗要件とすることにより、債権譲渡担保の設定を容易にすることを主な目的の一つにするものであった（第三債務者には譲渡担保権実行のときに通知すればよい）。

　さらに、平成16年にこれを改正して、法人による動産譲渡に限定してではあるが、動産譲渡登記によって対抗要件を具備することができるようになった。これによって、従来は占有改定という最も公示機能の低い対抗要件に頼っていた動産譲渡担保を、より安定的に活用できるようになった。

　すなわち、「動産及び債権の譲渡の対抗要件に関する民法の特例等に関する法律」は、法人がする動産の譲渡（倉荷証券、船荷証券または複合運送証券が作成されているものを除く）および法人の有する債権の譲渡（金銭の支払を目的とするもので、民法第3編第1章第4節の規定により譲渡されるものに限る）について、動産譲渡登記ファイルまたは債権譲渡登記ファイルへの登記をすれば、民法178条の引渡し、または民法467条2項の定める確定日付のある証書による通知があったものとみなし、第三者に対抗できるという民法の特例等を

定めている（動産債権譲渡 3 条・ 4 条）。なお、動産譲渡登記の存続
期間は、特別の事由がある場合を除いて、10年を超えることができ
ず（同 7 条 3 項）、債権譲渡登記の存続期間は、特別の事由のある場
合を除いて、譲渡される債権の債務者がすべて特定している場合は
50年、それ以外は10年を超えることができない（同 8 条 3 項）。

　この立法は譲渡担保にとって画期的なもので、新たな展開も予想
されるが、ここでは、今後の発展を期待しつつ、これまでの判例に
よる処理を中心に説明する。

126　譲渡担保の設定

　(1)　設定契約　　譲渡担保は設定者と譲渡担保権者との間の、担
保のために権利を移転する旨の諾成無方式の契約で成立する。譲渡
担保権者は、原則として債権者に限られる（付従性）。設定者は債
務者であるのが普通だが、第三者（物上保証人）でもよいことは質
権・抵当権と同様である（物89(1)(ア)・101(1)(ア)参照）。

　(2)　権利の移転　　譲渡担保契約は、担保の目的である権利自体
を債権者に移転する。譲渡できるものである限り、目的となる権利
の種類・内容に制限がないことはすでに述べた（物124(3)）。権利自
体を移転するといっても、それは法律的な形式においてであって、
実質的には目的である権利の有する価値の一部（担保価値）だけが
移転するのであり、この特殊の移転に物権的な効果を認めるよう努
力されていることも上述した。

　(3)　対抗要件　　譲渡担保においても、当事者間では意思表示に
よって権利が移転するが、第三者に対する関係では対抗要件を必要
とする。すなわち、動産の場合には引渡し（178条）または動産譲
渡登記（動産債権譲渡 3 条。物125参照）を必要とするが、設定者が
引き続き目的物を占有して使用収益する場合には占有改定（183条）

があったものと解されている（最判昭和30・6・2民集9巻7号855頁）。倉庫内の原材料や商品をまとめて担保に入れた集合動産譲渡担保の場合、設定後に倉庫内に搬入されて集合物の構成部分になった動産にも設定時にした占有改定による対抗力が及ぶ（前掲最判昭和62・11・10・基本判例131）。不動産については移転登記または借地借家法上の対抗要件を必要とする。登記原因は「譲渡担保」とすることが認められているが、被担保債権に関する事項などの登記は認められていない。実は譲渡担保であるのに「売買」を原因とする所有権移転登記がされる場合も少なくない。第三者に対する関係で効力に差異が生ずる可能性を含むが、できるだけその実体に即して法律構成を与えるべきである。債権を譲渡担保の目的とした場合には、確定日付のある証書による第三債務者への通知もしくは承諾（467条2項）または債権譲渡登記（動産債権譲渡4条。物125参照）が第三者対抗要件となる。第三債務者への対抗要件は確定日付けのない通知・承諾で足りる（467条1項）。

　(4)　目的物の占有等　　目的物を設定者の占有にとどめてその利用を許すか、担保権者に引き渡すか（前者を譲渡抵当、後者を譲渡質と呼ぶことがある）は、設定契約によって決まるが、そのいずれであるかは譲渡担保権の効力にも影響する。優先弁済を受ける方法、特に清算型か流担保型かについては特別な場合を除き清算型と解されている（物128(3)・(4)参照）。金銭債権等の譲渡担保の場合には占有移転は問題にならないことはいうまでもないが、債務不履行の危険が具体化するまでは設定者による取り立てを許すものと、そうでないものがある。企業活動から不断に生ずる売掛代金債権等をまとめて譲渡担保の目的とする場合（集合債権譲渡担保、流動債権譲渡担保）には、設定者に取立権を留保する例が多い。

127　譲渡担保の有効性

(1)　**虚偽表示との関係**　　以前には譲渡担保は虚偽表示だから無効だという説があった（94条参照）。当事者の真の意思は債権の担保であるにもかかわらず売買といい、また権利の移転というのは虚偽の表示だというのである。しかし、これは当事者の達成しようとする経済的目的と、当事者がその手段として用いた法律的方法とを混同するものであって、明らかに誤りである。権利移転による担保は、上記のいずれの類型においても、「担保のために」という制約のもとにではあるが、真実にその権利を移転しようとする意思を有し、真実に移転の効果を生じさせているのであって、虚偽表示でないことはもちろんである。判例も早くからこの理論を認めている（大判大正3・11・2民録20巻865頁）。

(2)　**質権との関係**　　譲渡担保は不動産や債権を目的とする場合には常に有効であるが、動産を目的とする場合には、その目的物を債権者に引き渡さないで自分で使用しているときは無効だ、という説が主張されたこともある。動産の譲渡担保において、目的物を債務者の手もとにとどめ、かつ、弁済がないときは担保の目的物が当然債権者の所有になりきってしまうことを認めるのは、質権設定者による代理占有を禁止する345条および流質契約を禁止する349条を潜脱する脱法行為だというのである（物89(1)(イ)・92(2)(ア)、総99参照）。これは一応もっともな議論である。しかし、すでに述べたように、今日の経済的必要は、質権のこれらの規定を不自由であるとして、譲渡担保の制度を発達させたものである。ことに生産手段である動産を債権者に引き渡さないで担保化したり、経済の発達に伴って新たに発生する無形の財産を担保化したりするには、譲渡担保の手段に訴えなければ他にこれを実現する方法がない。また、法律の定め

る担保目的物の換価手段の煩雑さと費用負担の重さを回避しながら多額の融資を実現することも、譲渡担保によってはじめて達成される。経済界の必要と現行担保制度の欠陥とを思いあわせるときは、譲渡担保は一般にこれを有効とし、その法律構成をできる限り妥当なものにすることが、法律解釈の任務にいっそう忠実なものというべきである。

　判例は譲渡担保を有効とするのみならず、これに関して詳細な法律構成を与えた。判例法が実社会の現象に対応してこれを適切に整備した顕著な例である。段を改めて、判例理論を中心に、譲渡担保権の効力のあらましを述べる。

128　譲渡担保の対内的効力（担保権者と設定者の関係）

　(1)　譲渡担保の効力の及ぶ債権の範囲　　譲渡担保の被担保債権の種類等について特別の制約はない。将来の債権や条件付債権でもよい。根抵当と同じように（398条の2参照）、一定の範囲に属する不特定の債権を担保する譲渡担保（根譲渡担保）も認められる。元本のほか、利息・違約金などにも効力が及び、抵当権のような制限（375条参照）はない。もっとも、元本のほかに支払われる金銭が、実質において利息制限法に違反する場合、たとえば設定者に目的物の使用を許す際の賃料が多額に上るような場合には、同法の適用を認め、制限を超える部分の元本への充当を認めるべきである。また、債務不履行があれば目的物は全部担保権者に帰属すると定めた場合（流担保型）であっても、目的物価額が被担保債権額を超えるときは、特段の事情がない限り、その差額を設定者に返還（清算）すべきである。

　(2)　譲渡担保の効力の及ぶ目的物の範囲　　譲渡担保の目的物は譲渡性のある財産でありさえすればよい。譲渡担保の効力が目的物の

付加一体物（370条参照）や従物（87条参照）に及ぶかどうかは、各場合の当事者の契約の趣旨によって定められる。企業施設を担保の目的とした場合は、企業活動に有用なものは広く含まれると解するのが妥当であろう。

　なお、物上代位（304条）の趣旨は譲渡担保にも適用される（最決平成11・5・17民集53巻5号863頁、最決平成29・5・10民集71巻5号789頁参照。物82⑶(ウ)参照）。ただし、構成部分の変動する集合動産を目的とする集合動産譲渡担保（流動動産譲渡担保）契約は、設定者が目的動産を販売して営業を継続することを前提とするものであるから、設定者が通常の営業を継続している場合には、目的動産の滅失により損害保険金請求権が発生しても、特段の事情がない限り、譲渡担保権者が当該請求権に対して物上代位権を行使することは許されないし（最決平成22・12・2民集64巻8号1990頁）、通常の営業の範囲内で目的動産を販売した場合の売却代金債権に物上代位権を行使することも認めるべきでない。

　⑶　目的物の利用関係　　担保目的物の利用関係も各場合の契約によって定まる。目的物が設定者の企業活動や日常生活に必要なものである場合は、特別の合意ないし事情がなければ現実の占有は移さない趣旨、つまり譲渡抵当型とみるのが適当である。その反面、公租・公課や保険料などの費用は設定者が負担することになろう。

　設定者が目的物を占有し利用している場合に、設定者から担保権者に支払われる金銭が被担保債権の利息であるか、目的物賃貸の賃料であるかは、一応先に述べた譲渡担保と売渡担保のいずれかによって判断される。しかし、設定契約において当事者が賃料を支払う旨の合意をしていても、そのことから直ちにそれが売渡担保であり、賃料の不払いがあれば担保権者は賃貸借契約を解除して目的物の返

還を請求できるということにはならない（物124参照）。むしろ、その賃料不払いは実質上は利息の滞納であることに着目して、担保権者に賃貸借契約の解除権はないと解すべきである。借地上建物が譲渡担保に供されると、借地権にもその効力が及ぶ（従たる権利。87条2項参照）けれども、譲渡担保権者に使用収益をさせない以上は、賃借権の無断譲渡・無断転貸に関する612条2項に基づいて借地契約を解除することはできない（最判昭和40・12・17民集19巻9号2159頁）。

　まれに譲渡担保権者が目的物を使用収益する権利を有する場合もある。この場合には一種の収益質であり、収益はまず利息に充当し、残余があれば元本に充当すべきである（358条参照）。上記のような場合には612条2項も適用される（最判平成9・7・17民集51巻6号2882頁）。

　(4)　優先弁済権　　担保権者は、債務者が履行を遅滞した場合に、譲渡を受けた財産権から弁済を受ける権利——権利の移転を受けているのであるから、つまりは優先弁済を受ける権利——を有することはいうまでもないが、その方法は大きく当然帰属と請求帰属の2つの型に分けられ、それぞれの型の中に清算型と非清算型（流担保型・丸取り型）の2つの型があり、さらに、清算の方式に処分清算と帰属清算の2つの型がある。

　(ア)　当然帰属型　　当然帰属型とは、債務不履行があれば、目的物は、当然に、確定的に譲渡担保権者に帰属するというものである。判例は、当然帰属の特約があったとしても、第三者に売却して換価するか（処分清算型）、適正な価格を評価して（評価清算型）、債権額と清算し、差額があるときはそれを設定者に返還しなければならず、目的物の引渡請求は清算金の支払いと同時履行の関係に立つものと

している（最判昭和46・3・25民集25巻2号208頁・基本判例150）。目的物の価額では被担保債務の弁済に不足があるときは、不足額を請求することができる（代物弁済（482条）との相違点である）。このように、清算型が原則であって、流担保型（丸取り型）が認められるのはごく例外的な場合にとどまる。

　(イ)　請求帰属型　　請求帰属型は、債務不履行があれば、譲渡担保権者は、設定者が目的物を占有している場合にはその引渡しを請求し、自分が占有している場合には目的物をもって弁済に充てる旨の意思表示をすることによって、目的物が確定的に担保権者に帰属することを予定している。しかし、判例は、上記の当然帰属型の場合と同様に、債務不履行があり、債権者が債務者に目的物を確定的に自己の所有にする旨の意思表示をしても、債務者は目的物の処分権能を取得するだけで、帰属清算型では債権者が債務者に対して清算金の支払もしくはその提供または目的物の適正評価額が債務の額を上まわらない旨の通知をするまで、処分清算型では目的物が第三者に売却等されるまでは、設定者は債務全額を弁済することで目的物を取り戻すこと（受戻し）ができるものとしている（最判昭和62・2・12民集41巻1号67頁・基本判例151参照）。流担保型（丸取り型）は、目的物の価格が被担保債権の元利合計額をあまり超過しない場合にごく例外的に認められるにとどまる。

　なお、判例は、はじめ目的となった権利が「内外部ともに移転」する場合は流担保型であり、「外部的にのみ移転」の場合は清算型であるとし、後者を原則とする見解をとったが、その後、権利が外部的にだけ移転するというのは理論上特例に属するという理由で前者を原則とした（大連判大正13・12・24民集3巻555頁）。しかし、これはいわれのないことである。なぜなら、法律の理論構成において異

例とみるべきかどうかは、その実際的作用においていずれが常態か
ということとは何ら関係のないことであり、法律行為の解釈はもっ
ぱら後者によるべきものだからである。その後、流担保的な効果を
生ずるためには、その旨の特約を要するという判例が現われ（大判
昭和2・5・10新聞2710号11頁、大判昭和6・4・24民集10巻685頁な
ど）、さらに原則として清算型と解すべきだとされるに至って「内外
部ともに移転」・「外部的にのみ移転」という類型の区別は捨てられ
ている。

　譲渡担保による優先弁済を受ける方法としては、請求帰属型でか
つ清算型が原則的な態様であり、特段の事情がある場合にだけ、当
然帰属型であったり、流担保型であったりすると解すべきである
（これを「強い譲渡担保」と呼び原則的態様のものを「弱い譲渡担保」と
呼ぶこともある）。担保として必要にして、かつ十分の権能を認める
ことが合理的であり、また当事者の普通の意思にも適するからであ
る。

　なお、被担保債務の弁済期が到来した後も、債権者による換価処
分が完結するまでは、債務が消滅しないのだから、債務者は債務を
弁済して目的物を受け戻すことができる（最判昭和57・1・22民集36巻
1号92頁）。

　(5)　目的物保管の責任

　(ア)　譲渡担保権者の責任　　譲渡担保権者は、担保物の所有権そ
の他の権利を取得するが、設定者に対して担保の目的以上にはその
権利を行使しない義務を負う。弁済期の到来前に目的物を第三者に
譲渡したり、滅失・損傷その他事実上の処分をしたときは、設定者
に対して責任を負う。その責任の性質について、判例は原則として
債務不履行であるとする。侵害に対する損害賠償としては侵害の時

を標準として侵害された目的物の価格を請求できるものとし（最判昭和35・12・15民集14巻14号3060頁参照）、債務との差引計算をするかどうかは債務者の意思に任せるべきであろう。

　⑷　譲渡担保設定者の責任　　譲渡担保設定者は、目的物を占有し用益している場合も、担保権者が担保の目的を達しうるように保管する義務を負う。設定者がこの義務に違反して、目的物を処分しまたは滅失・損傷した場合には、損害賠償責任を負う。この責任の性質は不法行為と債務不履行の競合と解される。損害賠償の額は、有効に流担保の特約がなされているごく例外的な場合を除いて、被担保債務額を限度と解すべきである。なお、倉庫内の商品のように構成部分の変動する集合動産の譲渡担保（流動動産譲渡担保）においては、設定者は通常の営業の範囲内で目的動産を処分する権限が与えられている（転売授権）と解すべきである（最判平成18・7・20民集60巻6号2499頁・基本判例153、前掲最決平成22・12・2）。

129　譲渡担保の対外的効力

　前段で述べた対内的効力は、いわば譲渡担保契約の効力であり、その内容は主として契約の解釈で決まる。これに反し、譲渡担保の存在が、設定者の一般債権者、担保権者の一般債権者、担保の目的物を設定者または担保権者から買い受けたり担保に取ったりした第三者、目的物を侵害した第三者に対してどのような効力を及ぼすかは、多くの場合に担保権の物権性のいかんにかかっている。つぎにそのあらましを述べる。

　⑴　設定者の一般債権者に対する関係

　⑺　目的物が動産の場合　　動産譲渡担保においては、目的物を設定者の占有にとどめるものが多いので、設定者の債権者がこれを差し押える事例がしばしば起こる。伝統的な理論によれば譲渡担保

権者は第三者異議の訴え（民執38条）を起こすことができる（最判昭
和56・12・17民集35巻9号1328頁。多数説も判例に賛成）。しかし、譲
渡担保権も清算型を原則とし、一種の独立の担保権であるとする立
場からは、これは担保権者に過大の利益を与えるので、譲渡担保権
者が優先弁済を受ける限度でその訴えを認めるとか、差押債権者は
被担保債権を弁済して異議の訴えをしりぞけることができると解し
てよかろう。同じ趣旨から、担保権者が進んで配当手続に参加して
優先弁済を求める場合には、これを認めて妨げないであろう（同
133条の類推）。設定者について会社更生手続が開始した場合に、担
保権者は所有権者として目的物の取戻しを請求することはできず、
担保権者として更生手続によってだけ権利行使ができるとする判例
がある（最判昭和41・4・28民集20巻4号900頁）。なお、目的物であ
る動産が担保権者の占有下にある場合には、担保権者がそれを任意
に提出することが必要とされているから、事実上、設定者の債権者
がこれを差し押えることはできないであろう（同124条参照）。

　(イ)　目的物が不動産の場合　　不動産を目的とする譲渡担保は、
占有移転の有無に関係なく、登記の効力を尊重しなければならず、
譲渡担保権者名義で登記されている限り、設定者の一般債権者によ
る差押えは認められない。登記をしていなければ、担保権者は設定
者の一般債権者に対して優先弁済権を主張できない。

　(2)　担保権者の一般債権者に対する関係

　(ア)　目的物が動産の場合　　担保権者の一般債権者が設定者の占
有する目的動産を差し押えることは許されないと解される。これに
反し、担保権者が占有する動産を差し押えることは可能である。し
かし、設定者は被担保債権を弁済して差押えの効力を失わせること
ができると解される。

(イ)　目的物が不動産の場合　　譲渡担保権者への所有権移転登記がされている場合には、担保権者の一般債権者は差押えができる。判例は、債務の履行を遅滞した設定者は譲渡担保権者による換価処分と同様に譲渡担保権者の債権者による強制執行も受忍すべきであるから、弁済期後の差押えに対して第三者異議を述べられないが、被担保債権の弁済期前に譲渡担保権者の債権者が差押さえたときは、担保権者はまだ目的不動産を処分する権能を有しないのだから、設定者は、被担保債権を弁済して差押えの効力を失わせることができるとしている（最判平成18・10・20民集60巻8号3098頁）。譲渡担保権者は債権担保の目的を達するのに必要な範囲内で目的となった不動産の所有権を把握しているにすぎず、担保権者の一般債権者にもそれ以上のものを認めるべきではないからである。なお、担保権者への所有権移転登記がされてなければ、担保権者の一般債権者が差押えをできないことはいうまでもない。

(3)　担保権者から目的物を譲り受けた者に対する関係　　伝統的な理論によれば、担保権者が弁済期の到来前に目的物を処分すれば、担保権者の義務違反となるが、第三者は善意悪意を問わず完全に権利を取得する。しかし、近時の多くの学者は、悪意の第三者に対しては、譲渡担保関係を主張できると説く。具体的にはつぎの諸点が問題になる。

(ア)　目的物が動産の場合　　目的物が動産であって、設定者が占有している場合には、担保権者から目的物を譲り受けた第三者は、担保権者から設定者に対する指図によって占有の移転を受け、目的物の引渡しを求めることになるであろうが、譲受人が悪意であるときは、設定者は譲渡担保関係を主張して、弁済期が到来するまで引渡しを拒否できるし、被担保債権を弁済して目的物を取り戻すこと

ができると解したい。目的物の占有が担保権者にある場合には担保
権者から直接に譲受人に引き渡されるであろうが、同様に解したい
（いずれの場合も譲受人が即時取得で保護されることも否定されるべきで
ないが、指図による占有移転と即時取得、占有改定と即時取得の問題に
注意しなければならない。物28(1)(ウ)参照）。

　(イ)　目的物が不動産の場合　　伝統的な学説は、目的物が不動産
である場合には、移転登記を得た第三者は背信的悪意者に当たらな
い限り善意悪意を問わず完全な所有権取得を設定者に対抗すること
ができると解してきた。最近の学説では、譲渡担保権者は担保権し
か有していないのだから、第三者は担保権しか取得できないのが原
則で、94条2項の類推適用等によらなければ完全な所有権を取得で
きないと解するものが有力になっている。

　(4)　設定者から目的物を譲り受けた者に対する関係

　(ア)　目的物が動産の場合　　目的物が動産であって設定者が占有
している場合には、譲受人は即時取得の要件を満たす限り完全な所
有権を取得する。なお、流動動産譲渡担保の場合には、設定者は通
常の営業の範囲内で目的物件を処分する権限が与えられている（転
売授権）と解されることについては既に述べた。譲受人が譲渡担保
関係の存在を認め、被担保債務を弁済したときは、弁済による代位
（499条以下）を生ずると解すべきである。目的動産の占有が譲渡担
保権者にある場合に設定者が処分することはまれであろうが、同様
に譲受人が被担保債務を弁済して代位することを認めてよいであろ
う。

　なお、すでに譲渡担保権が設定され占有改定もなされた動産につ
いて、他の債権者のために重ねて譲渡担保権を設定することは認め
られるが、配当手続が整備されていない譲渡担保について後順位の

譲渡担保権者が私的実行をすることは、先行する譲渡担保権者が優先弁済権を行使する機会を失わせることになるので、認めるべきでない（前掲最判平成18・7・20・基本判例153）。この場合、占有改定による即時取得が認められれば、後から設定された譲渡担保権が優先権を取得しうるが、これも認められていない（物28(1)(ウ)参照）。

　　(イ)　目的物が不動産の場合　　目的物が不動産であり、登記名義が譲渡担保権者に移されている場合は、設定者が目的不動産を第三者に譲渡して対抗力のある権利を取得させることができないことはいうまでもない。

　　(5)　不法占有者・不法行為者に対する効力　　不法占拠者や不法行為者との関係では取引の安全について特別の考慮をしなくて良いのだから、実質的な権利関係に応じた主張をすることができるものと解すべきである。第三者が目的物を不法に占有する場合は、伝統的学説は譲渡担保権者が所有権に基づいてその返還を求めるべきものとしていたが、判例には、譲渡担保権者は担保目的を実現するのに必要な範囲内の権利しか有していないのだから、設定者がその返還を求めることができるとしたものがあり（最判昭和57・9・28判時1062号81頁）、近時の学説にはこれに賛成するものが多い。目的物の滅失・損傷に対する損害賠償請求については、譲渡担保権者が担保権侵害を理由として被担保債権額を限度とする賠償を受け（大判大正12・7・11新聞2171号17頁）、設定者は所有権侵害を理由として目的物価額または目的物価額から被担保債権額を差し引いた残額について賠償を受けることができると解されている。

130　譲渡担保の消滅

　　(1)　被担保債権の弁済　　被担保債権が弁済によって消滅すれば、譲渡担保も当然に消滅する（消滅における付従性）。その結果、担保

の目的である権利は、担保権者から設定者に当然に、かつ確定的に復帰する。譲渡担保設定者は、債権者から清算金の支払もしくはその提供または目的不動産の適正評価額が債務の額を上回らない旨の通知を受けるまで、または目的不動産が第三者に売却等をされた時まで受戻権がある（最判昭和62・2・12民集41巻1号67頁・基本判例151）。目的物の占有または登記名義が担保権者にある場合には、設定者は復帰した権利（所有権）を根拠として返還または登記の回復（抹消登記でも移転登記でもよい。大判大正7・4・4民録24輯465頁）を請求できる。この請求権はその根拠が所有権である以上、独立して消滅時効にかからない（166条1項・2項参照）。

(2) **被担保債権の時効消滅**　被担保債権とは別に譲渡担保権だけが時効によって消滅することはありえないが、被担保債権が消滅時効にかかり、設定者がこれを援用した場合には、譲渡担保は消滅し（消滅における付従性）、設定者は目的物件の返還または登記の回復を請求できる。

(3) **目的物の滅失・損傷**　目的物件が滅失すれば、譲渡担保権は消滅するが、被担保債権は消滅しない。そこに売渡担保との差異がある（担保権者あるいは設定者が滅失・損傷について有責の場合については物128(5)参照）。なお、損害賠償請求権や保険金請求権に対する物上代位が認められていることについてはすでに説明した（物128(2)参照）。

第2節　仮登記担保

131　仮登記担保の意義と沿革

(1) **仮登記担保の意義**　履行期に債務の弁済がない場合に不動

産の所有権等を債権者に移転することをあらかじめ約束し、この権利を仮登記（不登105条）によって公示する方法による担保を、総称して仮登記担保という。多くは代物弁済予約または停止条件付代物弁済契約という形をとって行われるが、売買予約または停止条件付売買契約という形で行われることもある。差し当たり権利の移転がない点で、一応権利を移転しておいて、弁済があれば受け戻される譲渡担保と異なる（物120(2)参照）。

　(2)　**仮登記担保の沿革**　　仮登記担保は、債権者が債務者の不動産の上に抵当権を設定させると同時に、それと並んで、同一の不動産について併用したのがはじまりである（いわゆる併用型）。抵当権にまつわる諸制限、とりわけ被担保債権の範囲を制限する375条、平成15年の民法改正前の短期賃貸借保護に関する395条および滌除に関する378条以下の諸規定を回避しようというのがそのねらいであった。しかし、後に仮登記担保は抵当権と離れて独立に利用されること（独立型）も増えてきた。こうした中で、仮登記担保自体の効力を合理的なものにするために多くの事件が裁判所に現われ、新しい判断が下され、次第に判例法が形成されていった（最判昭和42・11・16民集21巻9号2430頁ほか）。仮登記担保の利点・難点はほぼ譲渡担保と共通であるが、不動産に関する限り、譲渡担保をしのいで利用されたのは、仮登記の登録免許税が譲渡担保の場合に用いられる本登記に比べて格段に安かったことのほかに、担保の目的である不動産の所有権の登記名義がなお設定者の手もとに留保されているので、設定者において後順位の担保権の設定や権利の処分が可能なためであったと思われる。しかし、まさにそのために、後順位担保権者や第三取得者に対する関係で困難な問題を伴った。

　(3)　**仮登記担保法**　　仮登記担保の性質や効力については昭和49

年に最高裁判所大法廷が、当該の事件からみるとやや傍論の感はあるが、一応その立場を明らかにした（最判昭和49・10・23民集28巻7号1473頁）。その説くところはおおむね妥当であるが、仮登記担保権者がその権利を実行していく場合も、後順位の担保権者が競売手続を進める場合も、技術的手続的に難しい処理を必要とする場面が多いことから、問題を判例の発展にまかせず、立法によって規制すべきであると主張され、昭和53年に「仮登記担保契約に関する法律」が制定公布され、昭和54年4月1日から施行された。

132 仮登記担保権の設定

仮登記担保権は当事者間の契約（仮登記担保契約）によって設定される。

(1) **定義** 仮登記担保契約とは、金銭債務を担保するため、その不履行があるときは、債務者または第三者に属する所有権その他の権利で仮登記または仮登録のできるものを債権者に移転等をすることを目的としてされた代物弁済の予約、停止条件付代物弁済契約その他の契約をいう（仮登記担保1条）。

(2) **目的物** 仮登記担保権の目的となるのは、土地等の所有権である場合が普通であるが、その他の権利で、仮登記（不登105条）または仮登録（たとえば特許登録令2条）をすることができるものを含む。

(3) **被担保債権** 仮登記担保法の適用対象となる仮登記担保権は、金銭債権の担保を目的とするものに限る。一定の範囲に属する不特定の金銭債権を担保するものでもよい（根仮登記担保）。ただし、根仮登記担保契約は、強制競売等においては、その効力を有しない（仮登記担保14条）。

133　仮登記担保の効力

(1)　担保権者と債務者との関係

(ア)　実行手続　　金銭債権の不履行があれば、所有権が移転し、代物弁済の効果として債権が消滅し、過不足額の清算を要しない（482条参照）というのが仮登記担保契約の形式的な効果である。しかし、それが債権担保を目的とするものであることから、仮登記担保法はこれに制約を加え、一定の手続によることを義務づけている。すなわち、契約が土地または建物の所有権の移転を目的とするものである場合には、予約の完結、停止条件の成就その他の当該契約で所有権を移転するものとされている日以後に、債権者が後述の清算金の見積額（清算金がないと認めるときはその旨）を、その契約の相手方である債務者または第三者（物上保証人。目的不動産の第三取得者を含まない）に通知することを要する。その通知が債務者等に到達した日から2ヵ月（清算期間という）を経過しなければ、その所有権移転の効力は生じない（仮登記担保2条1項）。2ヵ月を経過した時点で当然に所有権が移転し、債権が消滅する。この通知（以下実行通知という）では、清算期間が経過する時の土地等の見積価額およびその時の債権ならびに債務者等の負担すべき費用で債権者が代わって負担したものの額（債権等の額という）を明らかにしなければならない（同条2項）。債務者が債務を履行しないまま清算期間が経過した時の土地等の価額がその時点の債権等の額を超えるときは、債権者は、その超える額に相当する金銭（清算金）を債務者等に支払わなければならず、債務者等は同時履行の抗弁によって所有権移転の本登記および引渡しを拒むことができる（同3条1項・2項、民法533条）。これに反する特約で債務者等の不利なものは無効である（仮登記担保3条3項）。

　なお、この清算金の見込額の通知は債権者を拘束し、清算期間を経過した後の土地等の価額が債権者の予期に反して安く、そのため実際の清算金の額が見込額に満たなくともこれを主張することができず（同8条1項）、債権者は通知した見込額を清算金として支払わなければならない。これと異なり、土地等の価額が債権額に達せず清算金がない旨を通知した場合に、清算期間が経過した時の土地等の価額が予測どおりその時の債権等の額に満たない場合には、反対の特約がない限り、その価額の限度で債権が消滅する（同9条）。つまり債権者は見積額で土地等の所有権を取得したこととなり、債権は残りの額についてだけ存続する。仮登記担保が担保権であって、文字通りの代物弁済でないことがここに現われている。

　(イ)　設定者の受戻権　　上に述べたような担保仮登記の権利者の清算手続の進行に対して、債務者等は清算金の支払を受けるまでは、債権が消滅しなかったとすれば債務者が支払うべき債権等の額に相当する金銭を債権者に提供して、土地等の所有権の受戻しを請求することができる（仮登記担保11条本文）。債権者が通知した清算金の見積額が安すぎる場合など、債務者等が土地等を手離したくない場合の救済のための規定である。ただし、清算期間が経過した時から、清算金の支払を受けないまま5年が経過したとき、または第三者が所有権を取得したときは、この限りでない（同条但書）。

　(2)　担保権者と第三者との関係　　仮登記担保契約によって担保の目的とされた土地等につき、第三者がこれを譲り受け、もしくは先取特権、質権、抵当権に基づく競売手続が進行し、または債務者の一般債権者が強制競売の手続を進めてきた場合には、これらの者との間に複雑な関係を生ずる。

　(ア)　先順位の制限物権等の登記がある場合　　登記された先取特

権、質権、抵当権、地上権、対抗力を備える賃借権などがある土地等についてされた仮登記担保契約の場合には、債権者は、仮登記担保権を実行しても、それらの権利による制限を受けた所有権を取得することになる。したがって、清算金算定の基礎になる土地等の価額は、これらの先順位の権利によって制限された所有権の価額である。

　(イ)　後順位の権利の登記がある場合　　担保仮登記より後れた第三者の所有権取得、制限物権の設定、賃借権の設定は、それが対抗力を備えても、仮登記担保の実行手続の完了（債務者等に対する清算金の弁済）によってその効力を失う。手続上は、担保仮登記の本登記申請に対する承諾を強制され、その結果これらの登記は抹消される（不登109条）。仮登記担保権者はこれらの権利による制限を受けない土地等の所有権を取得することになる。しかし、これを無条件で認めることは、仮登記担保権の本質が担保権であり、常に清算を必要とするという考え方と矛盾する。そこで仮登記担保法は、これら後順位者との間の利害を調節するためにいくつかの対策を設けている。

　(a)　通知義務　　その１つは、担保仮登記の権利者が実行手続を進めるにあたっては利害関係人に通知するとしたことである。

　(i)　後順位担保権者への通知　　利害関係人のうち物上代位権者（担保仮登記後に登記または仮登記がされた先取特権、質権もしくは抵当権を有する者または後順位の担保仮登記の権利者）がある場合には、仮登記担保の実行手続を開始した債権者は、これらの者に対し、遅滞なく、実行通知をした旨、その通知が債務者に到達した日（清算期間の起算日に当たる）および実行通知に記載した事項——清算期間が経過する時の土地等の見積価額ならびにその時の債権および債

務者等が負担すべき費用で債権者が代わって負担したものの額（つまり清算金算定の基礎となるデータ）——を通知しなければならない（仮登記担保5条1項）。この通知義務は後述の後順位担保権者の取りうる措置を実行する機会を与えるためのものである。

(ii)　登記上利害関係を有する第三者への通知　利害関係人のうち担保仮登記に基づく本登記につき登記上利害関係を有する第三者（先に述べた仮登記担保法5条1項の規定による通知を受けるべき者を除く）がある場合に、債権者はその第三者に対して、債務者等に実行通知をした旨および債務者等に通知した債権等の額（土地等の見積価額は必要でない）を通知することを要する（同条2項）。この通知は第三取得者などに代位弁済の機会を与えようとするものである。

(b)　後順位担保権者の取りうる措置　後順位担保権者、たとえば担保仮登記後に同一の土地等に抵当権の設定を受けた第三者等は、2つの対応手段ないし方法を認められている。

(i)　物上代位　その1つは、仮登記担保権者の通知した債権額および土地等の評価が適正であると考えた場合には、その実行手続を受け入れてこれに便乗し、清算金から優先的に自己の債権の弁済を受けることである。すなわち、後順位担保権者たちは、その順位により、債務者等が支払を受けるべき清算金に対して物上代位をして、配当を受けることができる。この場合には、清算金の払渡し前に差押えをしなければならない（仮登記担保4条1項・2項）。

仮登記担保法はこの物上代位の実効性を確保するために、つぎのような規制を加えている。第1に、債務者等は、清算期間が経過するまでは、清算金の支払を目的とする債権について譲渡その他の処分をすることができない（仮登記担保6条1項）。また債権者は、同じく清算期間が経過する前に清算金を支払っても後順位担保権者に対

抗することができない。実行通知をしないで清算金を支払った場合
も同様である（同条2項）。第2に、清算金の支払を目的とする債
権につき差押えまたは仮差押えの執行があったときは、債権者は清
算期間が経過した後に清算金を債務履行地の供託所に供託して、そ
の限度において清算金支払の債務を免れることができる（同7条1
項）。この場合、債権者は債務者等および差押債権者または仮差押
債権者に対して、遅滞なく供託の通知をしなければならない（同条
4項）。供託がされたときは債務者等の供託金還付請求権につき差
押えまたは仮差押えの執行がされたものとみなされる（同条2項）。
債権者は強制競売等の開始決定があった場合を除き、供託金を取り
戻すことができない（同条3項）。第3に、債権者も後順位担保権
者も、実行通知で示された清算金の見積額に拘束され、その額を争
うことができない（同8条）。第4に、担保仮登記の権利者は、清
算金を供託した日から1月を経過した後に担保仮登記を本登記とす
る申請をする場合には、後順位担保権者が清算金の差押えをしたこ
とおよび自分が清算金を供託したことを証する書面をもって、これ
らの者の承諾書（不登109条1項）に代えることができる（物14(4)(イ)
参照）。ただし、その本登記の申請に係る土地等につき、これらの
者のために担保権の実行としての競売の申立ての登記がされている
ときは、この限りでない（仮登記担保18条）。

　(ii)　競売の請求　　後順位の担保権者に認められる第2の対応手
段は、競売の請求である。清算期間内には、先取特権、質権または
抵当権を有する者（当然のことながら、仮登記担保権者は含まれない）
は、被担保債権の弁済期の到来前であっても、土地等の競売を請求
できる（仮登記担保12条）。通知に示された債権額や目的物評価額が
適正でないと考えられる場合の対抗手段として認められたものであ

る。競売開始の決定があれば、仮登記担保の実行手続は中止され、競売手続に移行する。これによって、土地等の適正な評価が保障される建前である。その反面、仮登記担保権はその手続の中では抵当権とみなされ、その担保仮登記のされた時に抵当権設定登記がされたものとして、その順位で配当に参加することが認められる（同13条1項）。この場合、抵当権に関する民法375条と全く同じく利息その他の定期金については損害賠償も含めて最後の2年分についてのみ優先弁済権が認められる（同条2項・3項）。

　(ウ)　一般債権者による強制競売の申立ての場合　　担保仮登記のされた土地等につき債務者等の一般債権者の申立てによる強制競売の開始決定があった場合において、その決定が清算金の弁済前（清算金がないときは清算期間の経過前）にされた申立てに基づくときは、担保仮登記の権利者はその仮登記に基づく本登記の請求をすることができない（仮登記担保15条1項）。競売が実行されたときは、担保仮登記に係る権利は土地等の売却によって消滅する（同16条）。清算金の弁済後（清算金がないときは清算期間の経過後）にされた申立てに基づいて競売開始決定があった場合には、担保仮登記の権利者は、その土地等の所有権の取得をもって差押債権者に対抗することができる（同15条2項）。この場合、所有権の移転に関する仮登記が担保仮登記であるかどうか、およびその債権の内容いかんは当該の土地等の競売に重要な関連をもつので、執行裁判所が強制競売等の開始の決定をしたときは、仮登記権利者に対し、これらの点について届け出るよう催告しなければならない（同17条1項）。

　(3)　その他の一般的効力　　仮登記担保権の効力の及ぶ目的物の範囲（370条）や不可分性（最判昭和40・12・3民集19巻9号2071頁）などについては、その性質上、抵当権と同様に解してよい。法定借

地権の成立および利息その他の定期金債権についての制限について
は抵当権と同趣旨の規定がある（仮登記担保10条、13条２項・３項、
４条３項）。しかし、その他の規定については、本法は何も規定し
ていない。判例・学説の動向を注視するほかはないが、抵当権の規
定の準用が否定される事項が多いと思われる。

　⑷　**仮登記担保権の譲渡性**　　金銭債権とともに、これを担保する
ための代物弁済の予約ないし停止条件付代物弁済契約に係る権利を
譲渡できることは疑いない。この場合の担保仮登記の移転は附記登
記による。被担保債権が譲渡された場合、あるいは保証人などが代
位弁済した場合に、仮登記担保契約上の権利もそれに伴って移転す
る（随伴性）。被担保債権と切り離した仮登記担保権だけの処分に
ついては、仮登記担保法に民法376条のような規定がないため（物
111参照）、否定すべきであろう。

134　仮登記担保権の消滅

　仮登記担保権も担保権の一種であるから、被担保債権が弁済や時
効によって消滅すれば、それによって当然に消滅する（消滅におけ
る付従性）。債務者等は担保仮登記の抹消を請求できる。強制競売
等によって土地等が売却された場合も同様であり（仮登記担保16条）、
担保仮登記は抹消される。仮登記担保権そのものの消滅時効等によ
る消滅については、抵当権に関する民法396条以下の規定を準用す
べきである（物114参照）。

第３節　所有権留保

135　所有権留保の意義

　売主が買主に目的物の引渡しをするが、代金の完済があるまで目的物

の所有権を売主のもとに留めておくことを所有権留保という。それは
代金債権の確保という担保の役割を果たす。買主が残代金の支払を
しないときには、売主は売買契約を解除し、所有権に基づいて目的
物の返還を請求することができる。

　所有権留保は、事業者間の売買等においても広く用いられている
が、自動車、ピアノ、洋服その他の消費的商品の割賦販売につき行
われることが非常に多い。割賦販売法は、一定の指定商品の販売に
つき、賦払金の全部の支払があるまではその所有権が割賦販売業者
に留保されたものと推定している（割賦7条）。他方、宅地建物取
引業者が自ら宅地・建物の割賦売主となった場合には、原則として、
代金額の10分の3を超える額の金銭の支払を受けるまでに所有権移
転登記を履行しなければならないものとしている（宅建業43条）。

136　所有権留保の効果

　所有権留保売買では所有権の移転がないから、売主は留保してい
る所有権を対抗要件なしに第三者に対して主張しうる。そこで買主
の債権者が目的物を差し押さえたときには、売主は第三者異議の訴
え（民執38条）により、差押えを排除することができる（最判昭和
49・7・18民集28巻5号743頁）。売主には優先弁済権を認めれば足り
るという学説もあるが、割賦販売の対象の商品をめぐる流通機構の
実情（売主が専門的販売業者であること等）に照らして、多数説は判
例を支持している。ただし、倒産手続においては、所有権に基づく
取戻権（破産62条・民事再生54条）ではなく別除権（破産65条・民事
再生53条）として行使すべきものとされている（最判平成22・6・4
民集64巻4号1107頁、最判平成29・12・7民集71巻10号1925頁）。

　買主は、目的物を使用し果実を収取することができるが、目的物
の処分権を有しないことはいうまでもない。ただし、処分した場合

には、民法192条の適用がありうる。なお、AがBの倉庫内にある在庫商品について転売授権付集合動産譲渡担保契約を締結した後に，在庫商品のうちBがCから所有権留保特約付で買い受けた動産について、Bの代金債務不履行を理由に所有権留保売主Cが目的動産を引き上げたという事案で，売買代金完済まで目的動産の所有権はBに移転しないから、AはCに譲渡担保権を主張することができないとした判例がある（最判平成30・12・7民集72巻6号1044頁）。

　また、自動車の販売につき、ディーラーAがサブディーラーBとユーザーCとの自動車売買契約の履行に協力しておきながら、その後Bにその自動車を売却するにあたって所有権留保契約を付し、Bの代金不払いを理由にBとの売買契約を解除したうえ、留保した所有権に基づき、すでにBに代金を完済して自動車の引渡しを受けているCにその返還を請求することは権利の濫用として許されない、とした判例がある（最判昭和50・2・28民集29巻2号193頁）。この解釈によって、Cは自動車を使い続けることができるようになるが、所有権を取得したことにはならないので、C名義で自動車を登録することができず、第三者に売却することもできない（登録を対抗要件とする自動車は即時取得の対象にならない。物28(1)ア参照）。そこで、学説では、このような場合にはAからBに転売授権がなされていると解して、代金を完済したCが有効に所有権を取得したと解するものが多数になっている。

　なお、自動車購入代金立替金債務担保のために信販会社に所有権が留保された自動車について、その自動車が第三者所有地上に放置されている場合には、その信販会社は、立替金債務の不履行により目的物の占有・使用権原を有するに至るまでは目的物の交換価値を把握するにとどまるから、残債務全額の弁済期到来までは土地所有権侵

害を理由とする目的物撤去義務や不法行為責任を負わないものとした判例がある（最判平成21・3・10民集63巻3号385頁・基本判例154）。

第4節　その他の担保

137　代理受領

　債権を担保するために、債務者が第三債務者に対して有する債権を債権者が代理して受領する権限を授与する方法があり、代理受領と呼ばれている。代金請求権に譲渡禁止特約が付されているために債権質や債権譲渡担保の方法を使うことが難しい請負業界で利用されてきたものである。Aの注文により工事を請け負ったBが、将来工事が完成した後にAに請求できる報酬の代理受領権をCに与える代わりに、Cから金銭を借り受ける。このようにすることで、代理受領権がCのBに対する貸金債権の担保の役割を果たす。しかし、Aの債権はCに移転していないし、質権の対象にもなっていないから、AがBに報酬を支払ってしまったり、第三者に報酬請求権を譲渡してしまったりするとCは権利を行使できなくなるので、代理受領はそれほど確実な担保とはいえない。ただし、AがCのための代理受領を承認しておきながら請負代金をBに支払った場合に、CがAに対し不法行為に基づく損害賠償請求権を行使しうるとした判例がある（最判昭和44・3・4民集23巻3号561頁、最判昭和61・11・20判時1219号63頁）。

138　振込指定

　特定の銀行口座への振込みを指定する方法による担保が行われており、振込指定と呼ばれている。A銀行よりBが金銭を借り受けるにあたり、Bの債務者Cに対しA銀行におけるBの預金口座への振

込みを指定する。Aは、Bへの債権と、CがBの口座に振り込んだ金銭を含むBの預金債権とを相殺することによってBに対する債権を回収することができる（505条参照）。しかし、CがBに直接債務を弁済してしまうとAはBに対する債権を回収できなくなるので、振込指定も確実な担保とはいえない。判例では、Cが払込指定に合意していたとしてもAに対し振込みをすべき債務を負ったとまではいえないという判断のもとに、AのCに対する債務不履行に基づく損害賠償請求を否定した事例がある（最判昭和58・4・14金法1030号43頁）。

事 項 索 引

① 序，総，物は，それぞれ序論，総則編，物権編を表わし，通し番号で示す。
② 見出中の——は大見出を，〜は大見出をふくむ中見出を示す。

は　行

わ　行

判 例 索 引

著者略歴

我妻　榮（わがつま　さかえ）
　　明治30年米沢市に生まれる。大正9年東京帝国大学卒業，東京大
　　学教授，東京大学名誉教授，法務省特別顧問。昭和48年10月逝去。

有泉　亨（ありいずみ　とおる）
　　明治39年山梨県に生まれる。昭和7年東京帝国大学卒業，京城大
　　学法文学部を経て東京大学教授，社会科学研究所教授，東京大学
　　名誉教授。平成11年12月逝去。

川井　健（かわい　たけし）
　　昭和2年広島市に生まれる。昭和28年東京大学卒業，北海道大学
　　助教授・教授，一橋大学教授，一橋大学名誉教授。平成25年5月
　　逝去。

鎌田　薫（かまた　かおる）
　　昭和23年静岡県に生まれる。昭和45年早稲田大学卒業，早稲田大
　　学教授，早稲田大学総長，早稲田大学名誉教授。

民法1　総則・物権法　第4版

2003年11月20日	第1版第1刷発行
2005年4月15日	第2版第1刷発行
2008年3月25日	第3版第1刷発行
2021年4月20日	第4版第1刷発行

著　者　　我妻榮　妻泉井　榮亭健
　　　　　有川鎌　泉井田　亨健薫

発行者　　井　村　寿　人

発行所　　株式会社　勁　草　書　房

112-0005　東京都文京区水道 2-1-1　振替 00150-2-175253
（編集）電話 03-3815-5277／FAX 03-3814-6968
（営業）電話 03-3814-6861／FAX 03-3814-6854
堀内印刷所・中永製本

小型でパワフル名著ダットサン！
通説の到達した最高水準を簡明に解説する。

ダットサン民法 ◆◆◆◆◆◆◆◆◆◆◆◆◆◆◆◆◆◆◆◆◆◆◆◆

我妻榮・有泉亨・川井健・鎌田薫

民　法　1　総則・物権法　第4版　　　　四六判　2,420円

我妻榮・有泉亨・遠藤浩・川井健・野村豊弘

民　法　3　親族法・相続法　第4版　　　四六判　2,420円

姉妹書 ◆◆◆◆◆◆◆◆◆◆◆◆◆◆◆◆◆◆◆◆◆◆◆◆◆◆◆◆◆◆◆◆◆◆◆◆

遠藤浩・川井健・民法判例研究同人会編

民法基本判例集　第四版　　　　　　　　四六判　2,750円

◆◆

現代によみがえる名講義

我妻榮著　遠藤浩・川井健補訂

民法案内　1　私法の道しるべ　第二版　四六判　1,980円

我妻榮著　幾代通・川井健補訂

民法案内　3　物権法　上　　　　　　　四六判　1,980円

我妻榮著　幾代通・川井健補訂

民法案内　4　物権法　下　　　　　　　四六判　1,980円

我妻榮著　川井健補訂

民法案内　5　担保物権法　上　　　　　四六判　2,200円

我妻榮著　清水誠・川井健補訂

民法案内　6　担保物権法　下　　　　　四六判　2,420円

川井健著　良永和隆補筆

民法案内　13　事務管理・不当利得・不法行為　四六判　2,200円

◆◆

はじめて学ぶ人に読んでもらいたい民法の名所案内の地図

我妻榮・良永和隆著　遠藤浩補訂

民　　法　第10版　　　　　　　　　　　Ｂ6判　2,530円

──────────────── **勁草書房刊**

＊表示価格は2021年4月現在、消費税10％が含まれております。